# Pequeno Tratado das Grandes Virtudes

# Pequeno Tratado das Grandes Virtudes

André Comte-Sponville

Tradução
EDUARDO BRANDÃO

wmf martinsfontes

*Esta obra foi publicada originalmente em francês com o título*
*PETIT TRAITÉ DES GRANDES VERTUS*
*por Presses Universitaires de France, em 1995.*


**1ª edição** *1995*
**3ª edição** *2016*
**8ª tiragem** *2024*

**Tradução**
*EDUARDO BRANDÃO*

**Revisões**
*Luzia Aparecida dos Santos*
*Dinarte Zorzanelli da Silva*
**Produção gráfica**
*Geraldo Alves*
**Paginação**
*Studio 3 Desenvolvimento Editorial*
**Capa**
*Katia Harumi Terasaka*
**Foto**
*iStock.com/iBond79*

**Dados Internacionais de Catalogação na Publicação (CIP)**
**(Câmara Brasileira do Livro, SP, Brasil)**

---

Comte-Sponville, André
Pequeno tratado das grandes virtudes / André Comte-Sponville ; tradução Eduardo Brandão. – 3ª ed. – São Paulo : Editora WMF Martins Fontes, 2016.

Título original: Petit traité des grandes vertus.
ISBN 978-85-469-0032-9

1. Filosofia 2. Virtudes I. Título.

16-00586 CDD-179.9

---

**Índices para catálogo sistemático:**
1. Virtudes : Ética 179.9


***Editora WMF Martins Fontes Ltda.***
*Rua Prof. Laerte Ramos de Carvalho, 133 01325-030 São Paulo SP Brasil*
*Tel. (11) 3293-8150 e-mail: info@wmfmartinsfontes.com.br*
*http://www.wmfmartinsfontes.com.br*

# Índice

*a Vivien*

*Fabien*

*Louis*

Os capítulos 1, 2, 11 e 14 foram objeto, sob uma forma um pouco diferente, de uma primeira publicação nos n.ºˢ 1, 2, 8 e 13 da série "Morales" da revista *Autrement* (números editados entre 1991 e 1993, respectivamente sobre a fidelidade, a polidez, a humildade e a pureza). Agradeço à direção da revista, em especial a Nicole Czechowski, ter-me autorizado a fazê-los constar, como era minha intenção desde o início, deste *Pequeno tratado das grandes virtudes*. Os outros catorze capítulos são inéditos.

Meus agradecimentos também a meus colegas e amigos Laurent Bove, Monique Canto-Sperber e Marcel Conche, que consentiram em ler o manuscrito e me comunicar suas observações. Nem é preciso dizer que não se poderia imputar-lhes as teses que este livro enuncia nem as imperfeições que comporta. Sou o único responsável por todas elas.

# Preâmbulo

Se a virtude pode ser ensinada, como creio, é mais pelo exemplo do que pelos livros. Então, para que um tratado das virtudes? Para isto, talvez: tentar compreender o que deveríamos fazer, ou ser, ou viver, e medir com isso, pelo menos intelectualmente, o caminho que daí nos separa. Tarefa modesta, tarefa insuficiente, mas necessária. Os filósofos são alunos (só os sábios são mestres), e alunos precisam de livros; é por isso que eles às vezes escrevem livros, quando os que têm à mão não os satisfazem ou os sufocam. Ora, que livro é mais urgente, para cada um de nós, do que um tratado de moral? E o que é mais digno de interesse, na moral, do que as virtudes? Assim como Spinoza, não creio haver utilidade em denunciar os vícios, o mal, o pecado. Para que sempre acusar, sempre denunciar? É a moral dos tristes, e uma triste moral. Quanto ao bem, ele só existe na pluralidade irredutível das boas ações, que excedem todos os livros, e das boas disposições, também elas plurais, mas sem dúvida menos numerosas, que a tradição designa pelo nome de virtudes, isto é (este é o sentido em grego da palavra *areté*, que os latinos traduziram por *virtus*), de excelências.

O que é uma virtude? É uma força que age, ou que pode agir. Assim a virtude de uma planta ou de um remédio, que é tratar, de uma faca, que é cortar, ou de um homem, que é querer e agir humanamente. Esses exemplos, que vêm dos gregos, dizem suficientemente o essencial: virtude é poder, mas poder específico. A virtude do heléboro não é a da cicuta, a virtude da faca não é a da enxada, a virtude do homem não é a do tigre ou da cobra. A virtude de um ser é o que constitui seu valor, em outras palavras, sua excelência própria: a boa faca é a que corta bem, o bom remédio é o que cura bem, o bom veneno é o que mata bem...

Note o leitor que, nesse primeiro sentido, que é o mais geral, as virtudes são independentes do uso que delas se faz, como do fim a que visam ou servem. A faca não tem menos virtude na mão do assassino do que na do cozinheiro, nem a planta que salva mais virtude do que a que envenena. Não, claro, que esse sentido seja privado de todo e qualquer alcance normativo: qualquer que seja a mão e na maioria dos usos, a melhor faca será a que melhor corta. Sua capacidade específica também comanda sua excelência própria. Mas essa normatividade permanece objetiva ou moralmente indiferente. À faca basta cumprir sua função, sem a julgar, e é nisso, certamente, que sua virtude não é a nossa. Uma faca excelente na mão de um homem mau não é menos excelente por isso. Virtude é poder, e o poder basta à virtude.

Mas ao homem não. Mas à moral não. Se todo ser possui seu poder específico, em que excele ou pode exceler (assim, uma faca excelente, um remédio excelente...), perguntemo-nos qual é a excelência própria do homem. Aristóteles respondia que é o que o distingue dos animais, ou seja, a vida racional[1]. Mas a razão não basta: também é necessário o desejo, a educação, o hábito, a memória... O desejo de um homem não é o de um cavalo, nem os desejos de um homem educado são os de um selvagem ou de um ignorante. Toda virtude é, pois, histórica, como toda humanidade, e ambas, no homem virtuoso, sempre coincidem: a virtude de um homem é o que o faz humano, ou antes, é o poder específico que tem o homem de afirmar sua excelência própria, isto é, sua humanidade (no sentido normativo da palavra). Humano, nunca humano demais... A virtude é uma maneira de ser, explicava Aristóteles, mas adquirida e duradoura, é o que somos (logo o que podemos fazer), porque assim nos tornamos. Mas como, sem os outros homems? A virtude ocorre, assim, no cruzamento da hominização (como fato biológico) e da humanização (como exigência cultural); é nossa maneira de ser e de agir humanamente, isto é (já que a humanidade, nesse sentido, é um valor), nossa capacidade de agir *bem*. "Não há nada mais belo e mais legítimo do que o homem agir bem e devidamente", dizia Montaigne[2]. É a própria virtude.

Isso, que os gregos nos ensinaram, que Montaigne nos ensinou, também pode ser lido em Spinoza: "Por virtude e poder entendo a mesma coisa, isto é, a virtude, enquanto se refere ao homem, é a própria essência ou a natureza do homem enquanto ele tem o poder de fazer certas coisas que se podem conhecer apenas pelas leis de sua natureza"[3]; ou, eu acrescentaria, de sua história (mas esta, para Spinoza, faz parte daquela). Virtude, no sentido geral, é poder; no sentido particular, poder humano ou poder de humanidade. É o que também chamamos as virtudes morais, que fazem um homem parecer mais humano ou mais excelente, como dizia Montaigne, do que outro, e sem as quais, como dizia Spinoza, seríamos a justo título qualificados de inumanos[4]. Isso supõe um desejo de humanidade, desejo evidentemente histórico (não há virtude natural), sem o qual qualquer moral seria impossível. Trata-se de não ser indigno do que a humanidade fez de si, e de nós.

A virtude, repete-se desde Aristóteles, é uma disposição adquirida de fazer o bem. É preciso dizer mais, porém: ela é o próprio bem, em espírito e em verdade. Não o Bem absoluto, não o Bem em si, que bastaria conhecer ou aplicar. O bem não é para se contemplar, é para se fazer. Assim é a virtude: é o esforço para se portar bem, que define o bem nesse próprio esforço. Isso levanta certo número de problemas teóricos, que tratei em outra parte[5]. Este livro pretende ser, inteiro, de moral prática, isto é, de moral. A virtude ou, antes, *as* virtudes (pois há várias, visto que não se poderia reduzir todas elas a uma só, nem se contentar com uma delas) são nossos valores morais, se quiserem, mas encarnados, tanto quanto quisermos, mas vividos, mas em ato. Sempre singulares, como cada um de nós, sempre plurais, como as fraquezas que elas combatem ou corrigem. São essas virtudes que tomei aqui como objeto. Se bem que minha intenção não fosse evocar todas elas, nem esgotar qualquer uma delas. Quis apenas indicar, para as que me pareciam as mais importantes, o que elas são, ou o que deveriam ser, e o que as torna sempre necessárias e sempre difíceis. Daí este tratado, de que o título bem indica a ambição, quanto a seu objeto, e os limites, quanto a seu conteúdo.

Como procedi? Perguntei-me quais eram as disposições de coração, natureza ou caráter cuja presença, num indivíduo, aumentava a estima moral que eu tinha por ele e cuja ausência, ao contrário, a diminuía. Isso proporcionou uma lista de cerca de trinta virtudes. Eliminei as que podiam ser redundantes em relação a alguma outra (por exemplo, bondade e generosidade, ou honestidade e justiça) e, em geral, todas as que não me pareceu indispensável tratar. Restaram dezoito, isto é, muito mais do que eu pensara de início, mas não consegui suprimir mais. Tive, por isso, de ser mais breve em relação a cada uma, e essa necessidade, que fazia parte de meu projeto, não cessou de governar sua realização. Este livro se dirige ao grande público. Os filósofos profissionais podem lê-lo, contanto que não busquem nele nem erudição, nem exaustividade.

O fato de este conjunto começar pela polidez, que ainda não é moral, e terminar pelo amor, que não o é mais, obviamente é deliberado. Quanto ao resto, a ordem escolhida, sem ser absolutamente contingente, deve-se mais a uma espécie de intuição ou exigência, ora pedagógica, ora ética ou estética, do que a alguma vontade dedutiva ou hierarquizante. Um tratado das virtudes, sobretudo pequeno como este, não é um sistema da moral, é moral aplicada, mais do que teórica, e viva, na medida do possível, mais do que especulativa. Mas o que há de mais importante na moral do que a aplicação e a vida?

Citei muito, como sempre, e demais. É que eu queria fazer uma obra útil, mais do que elegante. A mesma razão me obrigava a dar todas as referências, ainda que para tanto tivesse de multiplicar as notas de rodapé. Ninguém é obrigado a lê-las – aliás, a princípio é melhor mesmo não se preocupar com elas. São feitas não para a leitura, mas para o estudo, não para os leitores, mas para os estudantes, quaisquer que sejam sua idade e sua profissão. Quanto ao fundamento, não quis fingir inventar o que a tradição me oferecia, quando eu não fazia mais que retomá-lo. Não que eu não tenha dito nada de meu neste livro, ao contrário! Mas só possuímos o que recebemos e transformamos, o que nos tornamos, graças a outros ou contra eles. Um tratado das virtudes não poderia, sem cair no ridículo, procurar a originalidade ou a novidade. De resto, há mais coragem e mais mérito em confrontar-se com os mestres, no terreno deles, do que em fugir de qualquer comparação por não sei que vontade de ineditismo. Há dois mil e quinhentos anos, para não dizer mais, os melhores espíritos refletem sobre as virtudes; quis apenas continuar seus esforços, a meu modo, com meus meios e apoiando-me neles tanto quanto necessário.

Alguns julgarão essa empresa presunçosa ou ingênua. A segunda crítica é, para mim, um elogio. Quanto à primeira, temo que seja um contra-senso. Escrever sobre as virtudes seria, antes, para quem se arrisca a fazê-lo, uma perpétua ferida narcísica, porque sempre remete, e vivamente, à própria mediocridade. Toda virtude é um ápice, entre dois vícios, uma cumeada entre dois abismos: assim a coragem, entre covardia e temeridade, a dignidade, entre complacência e egoísmo, ou a doçura, entre cólera e apatia[6]... Mas quem pode viver sempre no ápice? Pensar as virtudes é medir a distância que nos separa delas. Pensar sua excelência é pensar nossas insuficiências ou nossa miséria. É um primeiro passo, e talvez o único que se possa exigir de um livro. O resto é para ser vivido, e como um livro poderia substituir o viver? Isso não significa que ele seja sempre inútil, ou moralmente sem alcance. A reflexão sobre as virtudes não torna ninguém virtuoso; em todo caso é evidente que não poderia bastar para tanto. Todavia há às vezes uma virtude que ela desenvolve: a humildade, tanto intelectual, diante da riqueza da matéria e da tradição, quanto propriamente moral, diante da evidência de que essas virtudes nos fazem falta, quase todas, quase sempre, e de que, entretanto, não poderíamos nos resignar à sua ausência nem nos isentar de sua fraqueza, que é a nossa.

Este tratado das virtudes só será útil para os que não as têm, e isso, que lhe dá um público vastíssimo, deve desculpar o autor por ter ousado – não apesar de sua indignidade, mas por causa dela – empreendê-lo. O prazer que tive, e que foi intenso, pareceu-me uma justificativa suficiente. Quanto ao prazer dos leitores, ele só poderá vir, se vier, por acréscimo: já não é trabalho, mas graça. A eles, pois, minha gratidão.

# 1

# A polidez

A polidez é a primeira virtude e, quem sabe, a origem de todas. É também a mais pobre, a mais superficial, a mais discutível. Será apenas uma virtude? Pequena virtude, em todo caso, como se diz das damas de mesmo nome. A polidez faz pouco caso da moral, e a moral da polidez. Um nazista polido em que altera o nazismo? Em que altera o horror? Em nada, é claro, e a polidez está bem caracterizada por esse *nada*. Virtude puramente formal, virtude de etiqueta, virtude de aparato! A aparência, pois, de uma virtude, e somente a aparência.

Se a polidez é um valor, o que não se pode negar, é um valor ambíguo, em si insuficiente – pode encobrir tanto o melhor, como o pior – e, como tal, quase suspeito. Esse trabalho sobre a forma deve ocultar alguma coisa, mas o quê? É um artifício, e desconfiamos dos artifícios. É um enfeite, e desconfiamos dos enfeites. Diderot evoca em algum lugar a "polidez insultante" dos grandes, e também deveríamos evocar aquela, obsequiosa ou servil, de muitos pequenos. Seriam preferíveis o desprezo sem frases e a obediência sem mesuras.

Há pior. Um canalha polido não é menos ignóbil que outro, talvez seja até mais. Por causa da hipocrisia? É duvidoso, porque a polidez não tem pretensões morais. O canalha polido poderia facilmente ser cínico, aliás, sem por isso faltar nem com a polidez nem com a maldade. Mas, então, por que ele choca?

Pelo contraste? Sem dúvida. Mas não há contraste entre a aparência de uma virtude e sua ausência (o que seria a hipocrisia), pois nosso canalha, por hipótese, é efetivamente polido – de resto, quem o parece o é suficientemente. Contraste, muito mais, entre a aparência de uma virtude (que também é, no caso da polidez, sua realidade: o ser da polidez se esgota inteiro em seu aparecer) e a ausência de todas as outras, entre a aparência de uma virtude e a presença de vícios, ou antes, do único real, que é a maldade. Contudo, o contraste, considerado isoladamente, é mais estético do que moral; ele explicaria mais a surpresa do que o horror, mais o espanto do que a reprovação. A isso se acrescenta o seguinte, parece-me, que é de ordem ética: a polidez torna o mau mais odiável porque denota nele uma educação sem a qual sua maldade, de certa forma, seria desculpável. O canalha polido é o contrário de uma fera, e ninguém quer mal às feras. É o contrário de um selvagem, e os selvagens são desculpados. É o contrário de um bruto crasso, grosseiro, inculto, que decerto é assustador, mas cuja violência nativa e bitolada pelo menos poderia ser explicada pela incultura. O canalha polido não é uma fera, não é um selvagem, não é um bruto; ao contrário, é civilizado, educado, bem-criado e, com isso, dir-se-ia, não tem desculpa. Quem pode saber se o grosseirão agressivo é mau ou simplesmente mal-educado? No caso do torturador seleto, ao contrário, não há dúvida. Como o sangue se vê melhor nas luvas brancas, o horror se mostra melhor quando é cortês. Pelo que se relata, os nazistas, pelo menos alguns deles, distinguiam-se nesse papel. E todos compreendem que uma parte da ignomínia alemã esteve nisso, nessa mistura de barbárie e civilização, de violência e civilidade, nessa crueldade ora polida, ora bestial, mas sempre cruel, e mais culpada talvez por ser polida, mais desumana por ser humana nas formas, mais bárbara por ser civilizada. Um ser grosseiro, podemos acusar seu lado animal, a ignorância, a incultura, pôr a culpa numa infância devastada ou no fracasso de uma sociedade. Um ser polido, não. A polidez é, nesse sentido, como que uma circunstância agravante, que acusa diretamente o homem, o povo ou o indivíduo, e a sociedade, não em seus fracassos, que poderiam servir de desculpa, mas em seus sucessos. *Bem-educado*, diz-se – e, de fato, é dizer tudo. O nazismo como êxito da sociedade alemã (Jankélévitch acrescentaria: *e da cultura alemã*, mas só ele, talvez, ou seus contemporâneos podiam permitir-se tal coisa), eis o que julga tanto o nazismo como a Alemanha, quero dizer, aquela Alemanha, que tocava Beethoven nos *lager* e assassinava as criancinhas!

Estou digressando, porém é mais por vigilância do que por descuido. Diante da polidez, o importante antes de mais nada é não se deixar enganar. A polidez não é uma virtude, e não poderia fazer as vezes de nenhuma.

Por que dizer então que ela é a primeira, e talvez a origem de todas? É menos contraditório do que parece. A origem das virtudes não poderia ser uma (pois, nesse caso, esta mesma suporia uma origem e origem não poderia ser), e talvez seja próprio da essência das virtudes a primeira delas não ser virtuosa.

Por que *primeira*? Falo segundo a ordem do tempo e para o indivíduo. O recém-nascido não tem moral, nem pode ter. Tampouco o bebê e, por um bom tempo, a criança. O que esta descobre, em compensação, e bem cedo, são as proibições. "Não faça isso: é sujo, é ruim, é feio, é maldade..." Ou: "É perigoso", e a criança logo saberá diferenciar entre o que é mau (o erro) e o que *faz mal* (o perigo). O erro é o mal propriamente humano, o mal que não faz mal (pelo menos a quem o faz), o mal sem perigo imediato ou intrínseco. Mas então por que proibi-lo? Porque é assim, porque é sujo, feio, maldade... O fato precede o direito, para a criança, ou antes, o direito é apenas um fato como outro qualquer. Há o que é permitido e o que é proibido, o que se faz e o que não se faz. Bem? Mal? A regra basta, ela precede o julgamento e o funda. Mas a regra é, então, desprovida de outro fundamento além da convenção, de outra justificação além do uso e do respeito aos usos – regra de fato, regra puramente formal, regra de polidez! Não dizer palavrões, não interromper as pessoas, não empurrá-las, não roubar, não mentir... Todas essas proibições se apresentam identicamente para a criança ("é feio"). A distinção entre o que é ético e o que é estético só virá mais tarde, e progressivamente. Portanto, a polidez é anterior à moral ou, antes, a moral a princípio é apenas polidez: submissão ao uso (os sociólogos têm razão nesse ponto contra Kant, pelo menos têm razão de início, coisa que Kant provavelmente não contestaria), à regra instituída, ao jogo normatizado das aparências – submissão ao mundo e às maneiras do mundo.

Não se poderia, diz Kant, deduzir o que se deve fazer do que se faz. No entanto é a isso que a criança é obrigada, durante seus primeiros anos, e é unicamente por isso que ela se torna humana. "O homem só pode tornar-se homem pela educação", reconhece por sinal Kant, "ele é apenas o que a educação faz dele"[1], e é a disciplina que primeiro "transforma a animalidade em humanidade"[2]. Não poderíamos dizer melhor. O uso é anterior ao valor, a obediência ao respeito, e a imitação ao dever. A polidez, por conseguinte ("isso não se faz"), é anterior à moral ("isso não *se deve* fazer"), a qual só se constituirá pouco a pouco, como uma polidez interiorizada, livre de aparências e de interesses, toda concentrada na intenção (com a qual a polidez nada tem a ver). Mas como essa moral emergiria, se a polidez não fosse dada primeiro? As boas maneiras precedem as boas ações e levam a estas. A moral é como uma polidez da alma, um saber viver de si para consigo (ainda que se trate, sobretudo, do outro), uma etiqueta da vida interior, um código de nossos deveres, um cerimonial do essencial. Inversamente, a polidez é como uma moral do corpo, uma ética do comportamento, um código da vida social, um cerimonial do essencial. "Moeda de papel", diz Kant, mas que é melhor do que nada e que seria tão louco suprimir quanto tomar por ouro verdadeiro[3]; uns "trocados", diz ele também, que não passam de aparência de virtude, mas que a tornam amável[4]. E que criança se tornaria virtuosa sem essa aparência e essa amabilidade?

A moral começa, pois, no ponto mais baixo – pela polidez –, e de algum modo tem de começar. Nenhuma virtude é natural; logo é preciso *tornar-se* virtuoso. Mas como, se já não somos? "As coisas que é preciso ter aprendido para fazê-las", explicava Aristóteles, "é fazendo que aprendemos."[5] Como fazê-las, porém, sem as ter aprendido? Há um círculo vicioso aqui, do qual só podemos sair pelo *a priori* ou pela polidez. Mas o *a priori* não está a nosso alcance, a polidez sim. "É praticando as ações justas que nos tornamos justos", continuava Aristóteles, "praticando as ações moderadas que nos tornamos moderados e praticando as ações corajosas que nos tornamos corajosos."[6] Mas como agir justamente sem ser justo? Com moderação sem ser moderado? Com coragem sem ser corajoso? E como, então, vir a sê-lo? Pelo hábito, parece responder Aristóteles, mas a resposta é evidentemente insuficiente: o hábito supõe a existência antecedente daquilo a que nos habituamos e, portanto, não poderia explicá-lo. Kant nos esclarece melhor, ao explicar esses primeiros simulacros da virtude pela disciplina, isto é, por uma coerção externa: o que a criança, por falta de instinto, não pode fazer por si mesma, "é preciso que outros façam por ela", e é assim que "uma geração educa outra"[7]. Sem dúvida. Ora, o que é essa disciplina na família, senão, antes de tudo, o respeito dos usos e das boas maneiras? Disciplina normativa mais do que coerciva, que visa menos à ordem do que a certa sociabilidade amável – disciplina não de polícia, mas de polidez. É por ela que, imitando as maneiras da virtude, talvez tenhamos uma oportunidade de virmos a ser virtuosos. "A polidez", observava La Bruyère, "nem sempre inspira a bondade, a eqüidade, a complacência, a gratidão; pelo menos dá uma aparência disso e faz o homem parecer por fora como deveria ser por dentro."[8] Por isso ela é insuficiente no adulto e necessária na criança. É apenas um começo, mas o é. Dizer "por favor" ou "desculpe" é simular respeito; dizer "obrigado" é simular reconhecimento. É aí que começam o respeito e o reconhecimento. Como a natureza imita a arte, assim a moral imita a polidez, que a imita. "É inútil falar de dever com as crianças", reconhecia Kant[9], e evidentemente tinha razão. Mas quem renunciaria, por isso, a lhes ensinar a polidez? E que teríamos aprendido, sem ela, sobre nossos deveres? Se podemos nos tornar morais – e temos de nos tornar, para que a moral, e mesmo a imoralidade, sejam simplesmente possíveis –, não é por virtude mas por educação, não pelo bem mas pela forma, não por moral mas por polidez – por respeito, não dos valores, mas dos usos! A moral é, em primeiro lugar, um artifício, depois um artefato. É imitando a virtude que nos tornamos virtuosos: "Pelo fato de os homems representarem esses papéis", escreve Kant, "as virtudes, das quais por muito tempo eles só tomam a aparência concertada, despertam pouco a pouco e incorporam-se a seus modos."[10] A polidez é anterior à moral, e a permite. "Ostentação", diz Kant, mas moralizadora[11]. Tratase, primeiro, de assumir "os modos do bem", não, claro, para contentar-se com eles, mas para alcançar, por meio deles, o que eles imitam – a virtude – e que só advém imitando-os[12]. "A aparência do bem nos outros", escreve ainda Kant, "não é desprovida de valor para nós: desse jogo de dissimulações, que suscita o respeito sem talvez merecê-lo, pode nascer a seriedade"[13], sem a qual a moral não poderia se transmitir nem se constituir em cada um. "As disposições morais provêm de atos que lhes são semelhantes", dizia Aristóteles[14]. A polidez é essa *aparência* de virtude, de que as virtudes provêm.

Portanto, a polidez salva a moral do círculo vicioso (sem a polidez, seria necessário ser virtuoso para poder tornar-se virtuoso) criando as condições necessárias para seu surgimento e, mesmo, em parte, para seu pleno desenvolvimento. Entre um homem perfeitamente polido e um homem simplesmente benevolente, respeitador, modesto..., as diferenças, em muitas ocasiões, são ínfimas: acabamos nos parecendo com o que imitamos, e a polidez leva pouco a pouco – ou pode levar – à moral. Todos os pais sabem disso, e é o que chamam educar seus filhos. Sei muito bem que a polidez não é tudo, nem o essencial. No entanto, o fato é que ser *bem-educado*, na linguagem corrente, é antes de tudo ser polido, o que já diz muito sobre a polidez. Repreender os filhos mil vezes (o que estou dizendo, mil vezes!: muito mais...) para que digam "por favor", "obrigado", "desculpe" é coisa que nenhum de nós faria – salvo algum maníaco ou esnobe –, se se tratasse apenas de polidez. Mas o respeito se aprende assim, com esse treinamento. A palavra é desagradável, sei bem, mas quem poderia dispensar a coisa? O amor não basta para educar os filhos, nem mesmo para torná-los amáveis e amantes. A polidez também não basta, é por isso que um e outra são necessários. Toda a educação familiar situa-se aí, parece-me, entre a menor das virtudes, que ainda não é moral, e a maior, que já não é. Resta o aprendizado da língua. Mas, se a polidez é a arte dos signos, como queria Alain[15], aprender a falar decorre dela. É sempre uso e respeito do uso, que só é bom se respeitado. "*O bom uso*" poderia ser o título de um manual da arte de bem viver, e é o de uma gramática (a de Grevisse), famosa e bela. Fazer o que se faz, dizer o que se diz... É revelador que se fale em ambos os casos de *correção*, que nada mais é que uma polidez mínima e como que obrigatória. A virtude ou o estilo só virão mais tarde.

Portanto, a polidez não é uma virtude, mas como que o simulacro que a imita (nos adultos) ou que a prepara (nas crianças). Assim, ela muda com a idade, se não de natureza, pelo menos de alcance. Essencial durante a infância, inessencial na idade adulta. O que há de pior do que uma criança mal-educada, senão um adulto ruim? Ora, não somos mais crianças. Sabemos amar, julgar, querer... Capazes de virtude, pois capazes de amor, que a polidez não poderia substituir. Um grosseirão generoso sempre será melhor do que um egoísta polido; um homem honesto descortês melhor do que um crápula refinado. A polidez nada mais é que uma ginástica da expressão, dizia Alain[16]; é dizer claramente que ela pertence ao corpo, e, é claro, o coração ou a alma é que prevalecem. Inclusive, há pessoas em que a polidez incomoda, por causa de uma perfeição que inquieta. "Polido demais para ser honesto", diz-se então, pois a honestidade às vezes impõe ser desagradável, chocar, trombar. Mesmo honestos, aliás, muitos ficarão a vida toda como que prisioneiros de suas boas maneiras, só se mostrando aos outros através da vidraça – nunca totalmente transparente – da polidez, como se tivessem confundido de uma vez por todas a verdade e o decoro. No estilo certinho, como se diz hoje em dia, há muito disso. A polidez, se levada por demais a sério, é o contrário da autenticidade. Os certinhos são como crianças grandes bem-comportadas demais, prisioneiras das regras, enganadas quanto aos usos e às conveniências. Faltou-lhes a adolescência, graças à qual nos tornamos homem ou mulher – a adolescência que remete a polidez ao irrisório que lhe é próprio, a adolescência que está pouco ligando para os usos, a adolescência que só ama o amor, a verdade e a virtude, a bela, a maravilhosa, a incivil adolescência! Adultos, eles serão mais indulgentes e mais sensatos. Mas, enfim, se é absolutamente necessário escolher, e imaturidade por imaturidade, é melhor, moralmente falando, um adolescente prolongado do que uma criança obediente demais para crescer – é melhor ser honesto demais para ser polido do que polido demais para ser honesto!

O saber-viver não é a vida; a polidez não é a moral. Mas não quer dizer que não seja nada. A polidez é uma pequena coisa, que prepara grandes coisas. É um ritual, mas sem Deus; um cerimonial, mas sem culto; uma etiqueta, mas sem monarca. Forma vazia, que só vale por esse próprio vazio. Uma polidez cheia de si, uma polidez que se leva a sério, uma polidez que crê em si é uma polidez iludida por suas maneiras e que falta, por isso, às regras que ela mesma prescreve. A polidez não é suficiente, e é impolido ser suficiente.

A polidez não é uma virtude, mas uma qualidade, e uma qualidade apenas formal. Considerada em si, é secundária, irrisória, quase insignificante; ao lado da virtude ou da inteligência, é como que nada, e é o que ela, em sua fina reserva, também deve saber exprimir. Que os seres inteligentes e virtuosos não sejam dispensados dela, é mais do que claro. O próprio amor não poderia prescindir totalmente de formas. É o que as crianças devem aprender com seus pais, com esses pais que as amam tanto – embora demais, embora mal – e que, no entanto, não cessam de repreendê-las, não quanto ao fundo (quem ousaria dizer a seu filho: "Você não me ama o suficiente"?), mas quanto à forma. Os filósofos discutirão para saber se a forma primeira, na verdade, não é o todo e se o que distingue a moral da polidez é algo mais que uma ilusão. Pode ser que tudo não seja mais que uso e respeito do uso – que tudo não seja mais que polidez. Não creio, porém. O amor resiste, e a doçura, e a compaixão. A polidez não é tudo, é quase nada. Mas o homem, também, é quase um animal.

## 2

# A fidelidade

O passado não é mais, o futuro ainda não é; o esquecimento e a improvisação são fatos naturais. O que é mais improvisado, a cada vez, do que a primavera? E o que é esquecido mais depressa? A própria repetição, tão impressionante, não passa de um logro: é por se esquecerem que as estações se repetem, e justamente por causa do que torna a natureza sempre nova que ela só inova raramente. Toda invenção verdadeira, toda criação verdadeira supõe a memória. Foi o que viu Bergson, que por isso teve de inventar uma memória do mundo (a duração); mas essa memória seria Deus, e é por isso que ela não existe. A natureza se esquece de ser Deus, ou Deus se esquece na natureza. Se há uma história do universo – e é claro que há –, ela é uma seqüência de improvisações caóticas ou incertas, sem projeto (nem mesmo o de improvisar) nem memória. O contrário de uma obra, ou que só obra por casualidade. Um prodígio improvável e sem amanhã. Porque o que dura ou se repete só ocorre mudando, e nada começa que não deva acabar. A inconstância é a regra. O esquecimento é a regra. O real, de instante em instante, é sempre novo, e essa novidade cabal, essa novidade perene é o mundo.

A natureza é a grande esquecidiça, e é nisso também que ela é material. A matéria é o próprio esquecimento – só há memória do espírito. Portanto, o esquecimento é que terá a última palavra, como teve a primeira, como não pára de ter. O real é essa primeira palavra do ser, essa perpétua primeira palavra. Como poderia querer dizer algo? A criança-rei (o tempo) não é gaga, no entanto; ela não fala nem se cala, não inventa nem repete. Inconstância, esquecimento, inocência: realeza de uma criança! O devir é infiel, e mesmo as estações são volúveis.

Mas há o espírito, mas há a memória. De pouco peso, de pouca duração. Essa fragilidade é o próprio espírito. Mortal no coração dos mortais – mas vivo, como espírito, pela lembrança que guarda dele! O espírito é memória, e talvez seja apenas isso. Pensar é lembrar-se de seus pensamentos; querer é lembrar-se do que se quer. Não é, por certo, que só se possa pensar o mesmo ou querer o que já se quis. Mas o que seria uma invenção sem memória? E uma decisão sem memória? Como o corpo é o presente do presente, o espírito é o presente do passado, no duplo sentido da palavra *presente*: o que o passado nos lega e, em nós, o que permanece. É o que santo Agostinho chamava de "presente do passado", e é isso a memória[1]. O espírito começa aí. O espírito preocupado, o espírito fiel.

A preocupação, que é a memória do futuro, faz-se lembrar suficientemente a nós. É sua natureza, ou melhor, é a nossa. Quem esqueceria – fora os sábios e os loucos – que tem futuro? E quem, fora os maus, só se preocuparia com o seu? Os homems são egoístas, com certeza, mas menos absolutamente do que às vezes se imagina: ei-los, mesmo quando não têm filhos, a se preocupar com as gerações futuras, e é uma bela preocupação. O mesmo homem que não se angustia com seus cigarros inquieta-se com um buraco no ozônio. Despreocupado consigo, preocupado com os outros. Quem iria censurá-lo por isso? O fato é que não esquecemos o futuro (esqueceríamos antes o presente!), e tanto menos quanto mais o ignoramos.

O passado é mais desprovido. O futuro nos inquieta, o futuro nos atormenta. Seu nada constitui sua força. Do passado, ao contrário, parece que não temos mais nada a temer, mais nada a esperar, e isso sem dúvida não é totalmente errado. Epicuro fez disso uma sabedoria: na tempestade do tempo, o porto profundo da memória... Mas o esquecimento é um porto mais seguro. Se os neuróticos sofrem de reminiscência, como dizia Freud, a sanidade psíquica bem que deve, em alguma coisa, alimentar-se de esquecimento. "Deus preserve o homem de esquecer de esquecer!", escreve o poeta, e Nietzsche também enxergou muito bem onde estavam a vida e a felicidade. "É possível viver quase sem lembrança, e viver feliz, como demonstra o animal, mas é impossível viver sem esquecer."[2] Portanto, anotemos. Mas a vida é o objetivo? A felicidade é o objetivo? Pelo menos essa vida e essa felicidade? Devemos invejar o animal, a planta, a pedra? E, mesmo que os invejássemos, deveríamos nos submeter a essa inveja? Que restaria do espírito? Que restaria da humanidade? Devemos tender unicamente à sanidade ou à higiene? Pensamento *sanitário*[3], que aí encontra sua força e seus limites. Mesmo que o espírito fosse uma doença, mesmo que a humanidade fosse uma desgraça, essa doença, essa desgraça são nossas – pois são nós, pois só somos por elas. Do passado, não façamos tábua rasa. Toda a dignidade do homem está no pensamento; toda a dignidade do pensamento está na memória. Pensamento esquecidiço talvez seja pensamento, mas sem espírito. Desejo esquecidiço é desejo, sem dúvida, mas sem vontade, sem coração, sem alma. A ciência e o animal dão mais ou menos uma idéia disso – embora isso não seja verdade para todos os animais (alguns são fiéis, dizem) nem, talvez, para todas as ciências. Pouco importa. O homem só é espírito pela memória, só é humano pela fidelidade. Guarde-se, homem, de se esquecer de se lembrar!

O espírito fiel é o próprio espírito.

Pego o problema de longe, porque ele é imenso. A fidelidade não é um valor entre outros, uma virtude entre outras: ela é aquilo por que, para que há valores e virtudes. Que seria a justiça sem a fidelidade dos justos? A paz, sem a fidelidade dos pacíficos? A liberdade, sem a fidelidade dos espíritos livres? E que valeria a própria verdade sem a fidelidade dos verídicos? Ela não seria menos verdadeira, decerto, mas seria uma verdade sem valor, da qual nenhuma virtude poderia nascer. Não há sanidade sem esquecimento, talvez; mas não há virtude sem fidelidade. Higiene ou moral. Higiene *e* moral. Porque não se trata de esquecer nada, nem de ser fiel a qualquer coisa. Nem a sanidade basta, nem a santidade se impõe. "Não se trata de ser sublime, basta ser fiel e sério."[4] Aí está. A fidelidade é virtude de memória, e a própria memória como virtude.

Mas que memória? Ou memória de quê? E em que condições? E dentro de que limites? Não se trata, repitamos, de ser fiel a qualquer coisa; já não seria fidelidade, e sim passadismo, obstinação bitolada, teima, rotina, fanatismo... Toda virtude se opõe a dois excessos, lembraria um aristotélico: a versatilidade é um, a obstinação é outro, e a fidelidade rejeita ambos igualmente. Meio-termo? Se quisermos, mas não como entendem os tíbios ou os frívolos (não se trata de ser um pouco versátil e um pouco obstinado!). O centro do alvo daria a idéia disso, melhor do que o atoleiro de nossas assembléias. Cumeada, dizia eu, entre dois abismos[5]. A fidelidade não é nem versátil nem obstinada, e é nisso que é fiel.

Quer dizer, então, que ela vale em si mesma? Para si mesma? Por si mesma? Não, ou não somente. É sobretudo seu objeto que constitui seu valor. Não se muda de amigo como de camisa, notava aproximadamente Aristóteles[6], e seria tão ridículo ser fiel a suas roupas quanto condenável não o ser a seus amigos – salvo, como diz alhures o filósofo, "excesso de perversidade da parte deles"[7]. A fidelidade não desculpa tudo: ser fiel ao pior é pior do que renegá-lo. Os SS juravam fidelidade a Hitler; essa fidelidade no crime era criminosa. Fidelidade ao mal é má fidelidade. E "a fidelidade na tolice", observa Jankélévitch, "é uma tolice mais"[8]. Cabe aqui – fidelidade de escolar, ainda que rebelde – citar mais longamente o Mestre:

> A fidelidade é ou não louvável? "Conforme", ou seja: depende dos valores a que se é fiel. Fiel *a quê?* (...) Ninguém dirá que o ressentimento é uma virtude, embora ele permaneça fiel a seu

ódio ou a suas cóleras; a boa memória da afronta é uma má fidelidade. Tratando-se de fidelidade, o epíteto não é tudo? E há ainda uma fidelidade às pequenas coisas, que é mesquinharia e tenaz memória das bagatelas, repisamento e teima. (...) A virtude que queremos não é, pois, toda fidelidade, mas apenas boa fidelidade e grande fidelidade[9].

Muito bem: fidelidade amante, fidelidade virtuosa, fidelidade voluntária[10]. Não basta lembrar-se. Pode-se esquecer sem ser infiel, aliás, e ser infiel sem esquecer. Melhor, a infidelidade *supõe* a memória: uma pessoa só pode ser fiel ou infiel àquilo de que se lembra (um amnésico não poderia nem manter nem trair sua palavra), e é nisso que fidelidade e infidelidade são duas formas opostas da lembrança, uma virtuosa, a outra não. A fidelidade é "a virtude do Mesmo", dizia ainda Jankélévitch[11]; mas num mundo em que tudo muda, e é o mundo, só há *mesmo* por obra da memória e da vontade. Ninguém se banha duas vezes no mesmo rio, nem ama duas vezes a mesma mulher. Pascal: "Ele já não ama a pessoa que amava há dez anos. Acredito: ela não é mais a mesma, ele também não. Ele era jovem, ela também; ela está completamente diferente. Ele talvez ainda a amasse, tal como ela era então."[12] A fidelidade é a virtude do mesmo, pela qual o mesmo existe ou resiste.

Por que eu manteria minha promessa da véspera, já que não sou mais o mesmo hoje? Por quê? Por fidelidade. É esse, de acordo com Montaigne, o verdadeiro fundamento da identidade pessoal: "O fundamento de meu ser e de minha identidade é puramente moral: ele está na fidelidade à fé que jurei a mim mesmo. Não sou realmente o mesmo de ontem; sou o mesmo unicamente porque eu me *confesso* o mesmo, porque assumo um certo passado como sendo *meu*, e porque pretendo, no futuro, reconhecer meu compromisso presente como sempre meu."[13] Não há sujeito moral sem fidelidade de si para consigo, e é nisso que a fidelidade é devida: pois de outro modo não haveria deveres! É nisso também que a infidelidade é possível: como a fidelidade é virtude da memória, assim a infidelidade é sua falta* (muito mais que seu defeito ou sua ausência). A anamnésia não é tudo: a boa memória nem sempre é boa, a lembrança precisa nem sempre é amante ou respeitosa. Virtude de memória é mais que memória; fidelidade é mais que exatidão. A fidelidade é o contrário, não do esquecimento, mas da versatilidade frívola ou interessada, do renegamento, da perfídia, da inconstância. É verdade, porém, que ela se opõe ao esquecimento – como toda virtude se opõe à ladeira que ela sobe –, que a infidelidade, ao contrário, acaba por acarretar: traímos primeiro aquilo de que nos lembramos, depois esquecemos o que traímos... A infidelidade se abole, assim, em seu triunfo, ao passo que a fidelidade só triunfa, sempre provisoriamente, recusando abolir-se (não conhece outro triunfo, quero dizer, além da perpetuação sem fim do combate contra o esquecimento ou o renegamento). Fidelidade *desesperada*, escreve Jankélévitch[14], e não serei eu a censurá-lo por isso. É que "não é igual a luta entre a maré irresistível do esquecimento, que, com o tempo, submerge todas as coisas, e os protestos desesperados, mas intermitentes, da memória; recomendando-nos o esquecimento, os professores de perdão aconselham-nos, pois, o que não precisa ser aconselhado: os próprios esquecidiços se encarregarão de fazê-lo, é tudo o que querem. É o passado que reclama nossa piedade e nossa gratidão, pois o passado não se defende sozinho, como se defendem o presente e o futuro..."[15] É este o dever da memória: piedade e gratidão pelo passado. O duro dever, o exigente dever, o imprescritível dever de ser fiel!

Evidentemente esse dever tem sua gradação. Jankélévitch, no texto que acabo de citar, pensa nos campos de concentração nazistas e no martírio do povo judeu. Martírio absoluto: dever absoluto. Não temos de ser fiéis ao mesmo título, nem no mesmo

* O autor joga com o sentido dos termos *faute* (falta, no sentido de infração a uma regra, erro, mas também de ausência), *défaut* (defeito, mas também ausência, falta) e *manque* (ausência, falta, carência). (N. do T.)

grau, a nossos primeiros amores ou aos campeões de ciclismo que entusiasmaram nossa infância... A fidelidade só deve dirigir-se ao que vale, e proporcionalmente – se ouso dizer, já que se trata de grandezas por natureza não-quantificáveis – ao valor do que vale. Fidelidade primeiro ao sofrimento, à coragem desinteressada, ao amor... Assalta-me uma dúvida: o sofrimento é, então, um valor? Não, é claro, tomado em si mesmo, ou então apenas negativo: o sofrimento é um mal, e seria um engano ver nele uma redenção. Mas, embora o sofrimento não seja um valor, toda vida sofrida, sim, o é, pelo amor que exige ou merece: amar quem sofre (a caridade dos cristãos, a compaixão dos budistas, a *commiseratio* dos spinozistas...) é mais importante do que amar o que é belo ou grande, e o valor nada mais é do que o que merece ser amado. É nisso que toda fidelidade – seja ela fidelidade a um valor ou a alguém – é fidelidade ao amor e pelo amor. Fidelidade é amor fiel, o uso comum não se engana a esse respeito, ou só se engana enganando-se sobre o amor (se o limitar, erroneamente, apenas às relações do casal). Não que todo amor seja fiel (é por isso que a fidelidade não se reduz ao amor); mas toda fidelidade é amante, sempre (fidelidade no ódio não é fidelidade, mas rancor ou perseguição), e boa por isso, amável por isso. Fidelidade, pois, à fidelidade – e aos diferentes graus de fidelidade!

Quanto aos domínios particulares, não terminaríamos de enumerá-los. Permitam-me evocar, e bem rapidamente, apenas três: o pensamento, a moral, o casal.

Que existe uma fidelidade do pensamento, é mais do que claro. Não se pensa qualquer coisa, pois pensar qualquer coisa não seria mais pensar. A própria dialética, tão cômoda aos sofistas, só é um pensamento pela fidelidade às suas leis, às suas exigências, à própria contradição que ela assume e supera. "Não se deve confundir", dizia Sartre, "dialética com o borboletear das idéias." A fidelidade é mais ou menos o que as distingue, como podemos ver na grande *Lógica* de Hegel, toda ela fiel a seu começo e a seu improvável rigor. Mais geralmente, podemos dizer que um pensamento só escapa do nada ou do bate-papo pelo esforço, que o constitui, em resistir ao esquecimento, à inconstância das modas ou dos interesses, às seduções do momento ou do poder. Todo pensamento, observa Marcel Conche, "correrá continuamente o risco de perder-se, se não fizermos o esforço de guardá-lo. Não há pensamento sem memória, sem luta contra o esquecimento e o risco de esquecimento"[16]. Isso significa que não há pensamento sem fidelidade: para pensar, é preciso não apenas lembrar (o que ainda não permitiria mais que a consciência, e nem toda consciência é pensamento), mas *querer* lembrar. A fidelidade é essa vontade, ou antes, é seu ato e sua virtude.

Acaso ela não supõe também a vontade de sempre pensar o que lembramos ter pensado? Vontade, pois, não apenas de lembrar, mas de não mudar? Sim e não. Sim, pois querer lembrar-se de um pensamento seria inútil se este só devesse valer como lembrança, como um bibelô mental ou conceitual: ser fiel a suas idéias é não apenas lembrar-se de que as teve, mas querer conservá-las vivas (querer lembrar-se não apenas de que as teve, mas *de que as tem*). E não, porém, porque querer conservá-las à força seria recusar submetê-las, se necessário, à prova da discussão, da experiência ou da reflexão: ser fiel mais a seus pensamentos do que à verdade seria ser infiel ao pensamento como tal e condenar-se, ainda que por uma boa causa, à sofística. Fidelidade à verdade, antes de mais nada! É nisso que a fidelidade se distingue da fé e, *a fortiori*, do fanatismo. Ser fiel, para o pensamento, não é recusar-se a mudar de idéia (dogmatismo), nem submeter suas idéias a outra coisa que não a elas mesmas (fé), nem considerá-las como absolutos (fanatismo); é recusar-se a mudar de idéia sem boas e fortes razões e – já que não se pode examinar sempre – é dar por verdadeiro, até novo exame, o que uma vez foi clara e solidamente julgado. Nem dogmatismo, pois, nem inconstância. Tem-se o direito de mudar de idéia, mas apenas quando é um dever. Fidelidade à verdade, antes de mais nada, depois à lembrança da verdade (à verdade *conservada*): este é o pensamento fiel, isto é, o pensamento.

Quando digo que a ciência não se ocupa disso, compreendam-me corretamente: não se trata, é óbvio, dos cientistas nem, portanto, da ciência em via de se fazer. Mas, considerando-a em seus resultados, a ciência vive no presente e está sempre esquecendo seus primeiros passos. A filosofia, ao contrário, está sempre continuando os seus, desde o início. Que físico relê Newton? Que filósofo não relê Aristóteles? A ciência progride e esquece; a filosofia medita e se lembra. Aliás, o que é a filosofia, senão uma fidelidade extrema ao pensamento?

Mas vamos à moral. Faz parte da sua essência que ela tem algo a ver com a fidelidade. Kant, porém, não estaria de acordo com isso: a fidelidade é um dever, ele teria dito (por exemplo, entre amigos ou esposos), mas o dever não poderia ser reduzido à fidelidade. A lei moral, por ser atemporal, está sempre diante de nós; trata-se não de ser fiel, mas de obedecer. Fidelidade a que, de resto? Se é ao que o dever prescreve, ela é supérflua (pois o dever, fidelidade ou não, se impõe por si mesmo); se é a outra coisa, é acessória (pois só o dever importa absolutamente). Quanto à fidelidade que o dever impõe (fidelidade à palavra empenhada, fidelidade conjugal...), ela é, para Kant, apenas um caso particular do dever e a ele se reduz. A fidelidade está subordinada à lei moral, não a lei moral à fidelidade.

Sim, se é que há uma lei moral, no sentido em que Kant a entende: universal, absoluta, atemporal, incondicional... Se é que há, pois, uma razão prática, que comanda absolutamente, sem nenhuma preocupação com o tempo ou o espaço. Mas que sabemos de uma razão assim? Que experiência temos dela? E quem pode acreditar nela, hoje em dia? Kant teria razão se houvesse uma lei moral universal e absoluta, logo um fundamento objetivo da moral. Mas não os conheço, e é esse o destino que nossa época nos impõe, parece-me: termos de ser morais sem já crermos na verdade (absoluta) da moral. Em nome de que, pois, sermos virtuosos? Em nome da fidelidade: por fidelidade à fidelidade! É o espírito judaico contra a razão alemã, se quisermos, e só ele é capaz de salvá-la da barbárie. Que ingenuidade, objetaria Bergson a Kant, pretender fundar a moral sobre o culto da razão, em outras palavras, na prática, sobre o respeito ao princípio de não-contradição![17] Cavaillès, como grande lógico que era, dirá a mesma coisa. Que uma moral deva ser razoável, é óbvio, pois deve ser universal (em todo caso, universalizável); mas nenhuma razão basta para tanto: "Diante de uma tendência um pouco forte, o princípio de não-contradição nada pode, e as mais fulgurantes evidências se atenuam. A geometria nunca salvou ninguém."[18] Não há virtude *more geometrico*. Em que a barbárie é menos coerente do que a civilização? A avareza menos lógica que a generosidade? E, ainda que fossem, em que isso é um argumento contra a barbárie ou a avareza? Evidentemente, não se trata de renunciar à razão, pois o espírito não sobreviveria a isso. Trata-se simplesmente de não confundir a razão, que é fidelidade ao verdadeiro, com a moral, que é fidelidade à lei e ao amor. Ambas podem ir de par, é claro, e é isso que chamo de espírito. Mas razão e moral nem por isso deixam de ser duas, e irredutíveis uma à outra. Em outras palavras, a moral não é verdadeira, mas é válida: ela é objeto não de conhecimento (pelo menos o conhecimento que podemos ter dela é incapaz de exibir seu valor), mas de vontade. Não atemporal, mas histórica. Não à nossa frente, mas atrás de nós. Se não há fundamento para a moral, se não pode haver, a fidelidade é o que faz as vezes dele. Por ela, submetemo-nos não à atemporalidade de uma lei moral universal, mas à historicidade de um valor, à presença em nós, sempre particular, do passado, quer se trate do passado da humanidade em geral (a cultura, a civilização: o que nos separa da barbárie), quer se trate, em particular, de nosso passado pessoal ou daquele de nossos pais (o *superego* de Freud, a educação de cada um: o que separa nossa moral da moral dos outros). Fidelidade à lei, não como divina mas como humana, não como lei universal mas como particular (mesmo que essa lei seja universalizável, e deve sê-lo), não como lei atemporal mas como histórica: fidelidade à história, fidelidade à civilização e às Luzes, fidelidade à humanidade do homem! Não se trata de trair o que a humanidade fez de si, que nos fez.

A moral começa pela polidez, dizia eu[19]; ela continua – mudando de natureza – pela fidelidade. Fazemos primeiro o que se faz; depois, impomo-nos o que se *deve* fazer. Primeiro respeitamos as boas maneiras, depois as boas ações. Os bons costumes, depois a própria bondade. Fidelidade ao amor recebido, ao exemplo admirado, à confiança manifestada, à exigência, à paciência, à impaciência, à lei... O amor da mãe, a lei do pai. Não estou inventando nada, mas esquematizando muito. Cada um, porém, sabe o bastante a esse respeito. O dever, a proibição, o remorso, a satisfação de ter agido corretamente, a vontade de fazer direito, o respeito ao outro... Tudo isso "depende, no mais alto grau, da educação", como dizia Spinoza[20], o que não é motivo para dispensá-lo! É apenas moral, sem dúvida, e a moral não é tudo, e a moral não é o essencial (o amor e a verdade importam mais). Contudo, quem, fora o sábio ou o santo, poderia prescindir dela? E como ela poderia prescindir da fidelidade? A fidelidade está no princípio de toda moral; ela é o contrário da "derrubada de todos os valores", a qual deveria derrubar também a fidelidade, e não o pode, e se julga por isso. "Queremos ser *herdeiros* de toda a moralidade anterior", dizia Nietzsche, "*não pretendemos* começar com novos gastos. Toda nossa ação nada mais é que uma moralidade em revolta contra sua forma anterior."[21] Essa revolta e essa herança são, mais uma vez, fidelidade. E temos mesmo de nos revoltar? Contra quem? Contra Sócrates? Contra Epicteto? Contra o Cristo dos Evangelhos? Contra Montaigne? Contra Spinoza? Quem poderia? Quem quereria? Como não ver que são, no essencial, fiéis, uns e outros, aos mesmos valores, aos quais só se poderia renunciar renunciando à humanidade? "Não vim abolir, mas realizar..." Palavra de fiel – e mais bela ainda sem a fé, e mais urgente ainda sem a fé. Fidelidade não a Deus, mas ao homem, e ao espírito do homem (à humanidade não como fato biológico, mas como valor cultural).

Todas as barbáries deste século foram desencadeadas em nome do futuro (o *Reich* de mil anos, o "amanhã cantante", ou que deveria cantar, do stalinismo...). Ninguém me tira a idéia de que se resistiu a elas, moralmente, apenas por fidelidade a um certo passado. O bárbaro é o infiel. Mesmo o amanhã cantante só é moralmente desejável em nome de valores muito antigos; foi o que Marx viu e que os marxistas começam a compreender. Não há moral do futuro. Toda moral, como toda cultura, vem do passado. Não há moral que não seja fiel.

Para o casal é outra história. Que há casais fiéis e outros não, é uma verdade de fato, que não parece, ou já não parece, atingir o essencial. Pelo menos se entendemos por fidelidade, nesse sentido restrito, o uso exclusivo, e mutuamente exclusivo, do corpo do outro. Por que só amaríamos uma pessoa? Por que só desejaríamos uma pessoa? Ser fiel a suas idéias não é (felizmente!) ter uma só idéia; nem ser fiel em amizade supõe que tenhamos um só amigo. Fidelidade, nesses domínios, não é exclusividade. Por que deveria ser diferente no amor? Em nome do que poderíamos pretender o desfrute exclusivo do outro? É possível que isso seja mais cômodo ou mais seguro, mais fácil de viver, talvez, no fim das contas, mais feliz, e, enquanto houver amor, até acredito que seja. Mas nem a moral nem o amor parecem-me estar presos a isso por princípio. Cabe a cada um escolher, de acordo com sua força ou com suas fraquezas. A cada um, ou antes a cada casal: a verdade é valor mais elevado do que a exclusividade, e o amor me parece menos traído pelo amor (pelo *outro* amor) do que pela mentira. Outros pensarão o contrário, talvez eu também, em outro momento. Não é isso o essencial, parece-me. Há casais livres que são fiéis, à sua maneira (fiéis ao seu amor, fiéis à sua palavra, fiéis à sua liberdade comum...). E tantos outros, estritamente fiéis, tristemente fiéis, em que cada um dos dois preferiria não o ser... O problema, aqui, é menos a fidelidade do que o ciúme, menos o amor do que o sofrimento. Não é mais meu tema. Fidelidade não é compaixão. Serão duas virtudes? Sem dúvida, mas, justamente: são duas. Não fazer sofrer é uma coisa; não trair é outra, e é o que se chama fidelidade.

O essencial é saber o que faz com que um casal seja um casal. O simples encontro sexual, por mais repetido que seja, não bastaria evidentemente para tanto. Mas também não a simples coabitação, por mais duradoura que seja. O casal, no sentido em que uso a palavra, supõe tanto o amor como a duração. Supõe, portanto, a fidelidade, pois o amor só dura sob a condição de prolongar a paixão (breve demais para fazer um casal, suficiente para desfazê-lo!) por memória e vontade. É o que significa o casamento, sem dúvida, e que o divórcio vem interromper. Se bem que... Uma amiga minha, divorciada, depois recasada, dizia-me que permanecia fiel, em alguma coisa, a seu primeiro marido. “Quero dizer”, explicou-me, “ao que vivemos juntos, a nossa história, a nosso amor... Não quero renegar tudo isso.” Nenhum casal, com maior razão, poderia durar sem essa fidelidade, em cada um, à sua história comum, sem esse misto de confiança e de gratidão pelo qual os casais felizes (há alguns) se tornam tão comoventes, ao envelhecer, mais até que os namorados que começam, que, na maioria dos casos, ainda não fazem mais que sonhar seu amor. Essa fidelidade me parece preciosa, mais que a outra, e mais essencial ao casal. Que o amor se aplaque ou decline, é sempre o mais provável, e é bobagem afligir-se com isso. Mas quer se separe, quer continue a viver junto, o casal só continuará sendo casal por essa fidelidade ao amor recebido e dado, ao amor partilhado e à lembrança voluntária e reconhecida desse amor. Fidelidade é amor fiel, dizia eu, e assim é também o casal, mesmo o casal “moderno”, mesmo o casal “livre”. A fidelidade é o amor conservado ao que aconteceu, o amor ao amor, no caso, amor presente (e voluntário, e voluntariamente conservado) ao amor passado. Fidelidade é amor fiel, e fiel antes de mais nada ao amor.

Como eu poderia jurar que sempre te amarei ou que não amarei outra pessoa? Quem pode jurar seus sentimentos? E para que, quando não há mais amor, manter a ficção, os encargos ou as exigências do amor? Mas isso não é motivo para renegar ou não reconhecer o que houve. Por que precisaríamos, para amar o presente, trair o passado? Eu juro não que sempre te amarei, mas que sempre permanecerei fiel a esse amor que vivemos.

O amor infiel não é o amor *livre*: é o amor esquecidiço, o amor renegado, o amor que esquece ou detesta o que amou e que, portanto, se esquece ou se detesta. Mas será isso ainda amor?

Ama-me enquanto desejares, meu amor; mas *não nos esqueça*.

# 3

# A prudência

A polidez é a origem das virtudes; a fidelidade, seu princípio; a prudência, sua condição. Será ela mesma uma virtude? A tradição responde que sim, e é o que cumpre explicar em primeiro lugar.

A prudência é uma das quatro virtudes cardeais da Antiguidade e da Idade Média[1]. É a mais esquecida, talvez. Para os modernos pertence menos à moral do que à psicologia, menos ao dever do que ao cálculo. Kant já não via nela uma virtude: é apenas amor a si esclarecido ou hábil, explicava, não condenável, decerto, mas sem valor moral e sem outras prescrições que não sejam hipotéticas[2]. É prudente cuidar da saúde, mas quem veria nisso um mérito? A prudência é vantajosa demais para ser moral; o dever, absoluto demais para ser prudente. No entanto, não é seguro que Kant seja aqui o mais moderno, nem o mais justo. Porque ele concluía que a veracidade é um dever absoluto, em todas as circunstâncias (inclusive – é o exemplo que dava – quando assassinos perguntam a você se seu amigo, que eles perseguem, está refugiado em sua casa) e quaisquer que sejam suas conseqüência: é melhor faltar com a prudência do que faltar com seu dever, nem que seja para salvar um inocente ou a si mesmo![3] É o que não podemos mais aceitar, parece-me, por não acreditarmos muito nesse absoluto para sacrificar a ele nossa vida, nossos amigos ou nossos semelhantes. Essa ética da convicção, como dirá Max Weber, até nos apavoraria: o que vale o caráter absoluto dos princípios, se é em detrimento da simples humanidade, do bom senso, da doçura, da compaixão? Aprendemos a desconfiar também da moral, tanto mais quanto ela se crê mais absoluta. À ética da convicção, preferiremos o que Max Weber chama de ética da responsabilidade, a qual, sem renunciar aos princípios (como poderia?), também se preocupa com as conseqüências previsíveis da ação[4]. Uma boa intenção pode levar a catástrofes, e a pureza dos móbeis, ainda que confirmada, nunca bastou para impedir o pior; portanto seria condenável contentar-se com ela. A ética da responsabilidade quer que respondamos não apenas por nossas intenções ou nossos princípios, mas também pelas conseqüências de nossos atos, tanto quanto possamos prevê-las. É uma ética da prudência, e a única ética válida. Melhor é mentir à Gestapo do que lhe entregar um judeu ou um resistente. Em nome de quê? Em nome da prudência, que é a justa determinação (para o homem, pelo homem) desse *melhor*. É a moral aplicada, e o que seria uma moral que não se aplicasse? As outras virtudes, sem a prudência, não poderiam mais que revestir o Inferno com suas boas intenções.

Mas eu estava falando dos antigos. É que a palavra prudência é demasiado carregada de história para não estar sujeita a equívocos; e, de resto, ela quase desapareceu do vocabulário moral contemporâneo. O que não significa que não precisemos mais da coisa.

Examinemos com maior cuidado o problema. Sabemos que os latinos traduziram por *prudentia* a *phronésis* dos gregos e, especialmente, de Aristóteles ou dos estóicos. De que se trata? De uma virtude *intelectual*, explicava Aristóteles, pelo fato de haver-se com o verdadeiro, com o conhecimento, com a razão: a prudência é a disposição que permite deliberar corretamente sobre o que é bom ou mau para o homem (não em si, mas no mundo tal como é, não em geral, mas em determinada situação) e agir em conseqüência, como convier[5]. É o que poderíamos chamar de bom senso, mas que estaria a serviço de uma boa vontade. Ou de inteligência, mas que seria virtuosa. É nisso que a prudência condiciona todas as outras virtudes; nenhuma, sem ela, saberia o que se deve fazer, nem como chegar ao fim (o bem) que ela visa. Santo Tomás bem mostrou que, das quatro virtudes cardeais, a prudência é a que deve reger as outras três[6]: a temperança, a coragem e a justiça, sem ela, não saberiam o que se deve fazer, nem como; seriam virtudes cegas ou indeterminadas (o justo amaria a justiça sem saber como, na prática, realizá-la, o corajoso não saberia o que fazer de sua coragem, etc.), assim como a prudência, sem elas, seria vazia ou não seria mais que habilidade. A prudência tem algo de modesto ou de instrumental; ela se põe a serviço de fins que não são os seus e só se ocupa com a escolha dos meios[7]. Mas é isso que a torna insubstituível: nenhuma ação, nenhuma virtude – em todo caso, nenhuma virtude *em ato* – poderia prescindir dela[8]. A prudência não reina (mais vale a justiça, mais vale o amor), mas governa. Ora, que seria um reino sem governo? Não basta amar a justiça para ser justo, nem amar a paz para ser pacífico; é preciso, além disso, a boa deliberação, a boa decisão, a boa ação. A prudência decide e a coragem provê.

Os estóicos consideravam a prudência uma ciência ("a ciência das coisas a fazer e a não fazer", diziam eles)[9], o que Aristóteles recusara legitimamente, pois só há ciência do necessário e prudência do contingente[10]. A prudência supõe a incerteza, o risco, o acaso, o desconhecido. Um deus não a necessitaria; mas como um homem poderia prescindir dela? A prudência não é uma ciência; ela é o que faz as suas vezes quando a ciência falta. Só se delibera quando se tem escolha, em outras palavras, quando nenhuma demonstração é possível ou suficiente. É então que é necessário querer não apenas o bom fim, mas os bons meios que conduzem a ele! Não basta amar os filhos para ser bom pai, nem querer o bem deles para fazê-lo. Amar, diria o humorista, não dispensa ninguém de ser inteligente. Os gregos o sabiam, e talvez melhor do que nós. A *phronésis* é como que uma sabedoria prática, sabedoria da ação, para a ação, na ação. No entanto, ela não faz as vezes de sabedoria (de verdadeira sabedoria:

*sophia*), porque tampouco basta agir bem para viver bem, ou ser virtuoso par ser feliz. Aristóteles tem razão, aqui, contra quase todos os antigos[11]: a virtude não basta mais à felicidade do que a felicidade à virtude. A prudência é, porém, necessária a uma e à outra, e a própria sabedoria não poderia prescindir dela. Sabedoria sem prudência seria sabedoria louca, e não seria sabedoria.

Epicuro talvez diga o essencial: a prudência, que escolhe (pela "comparação e pelo exame das vantagens e desvantagens"[12]) os desejos que convém satisfazer e os meios para satisfazê-los, é "mais preciosa até que a filosofia" e é dela que "provêm todas as outras virtudes"[13]. Que importa o verdadeiro, se não sabemos viver? Que importa a justiça, se somos incapazes de agir justamente? E por que iríamos querê-la, se ela não nos trouxesse nada? A prudência é como um saber-viver real (e não simplesmente aparente, como a polidez), que também seria uma arte de desfrutar. Ocorre-nos recusar numerosos prazeres, explica Epicuro, quando devem acarretar maior desprazer, ou buscar determinada dor, se ela permitir evitar dores piores ou obter um prazer mais vivo ou mais duradouro[14]. Assim, é sempre pelo prazer que vamos, por exemplo, ao dentista ou ao trabalho, mas por um prazer no mais das vezes posterior ou indireto (pela evitação ou pela supressão de uma dor), que a prudência prevê ou calcula. Virtude temporal, sempre, e temporizadora, às vezes. É que a prudência leva em conta o futuro, na medida em que depende de nós encará-lo (nisso ela pertence não à esperança, mas à vontade). Virtude presente, pois, como toda virtude, mas previsora ou antecipadora. O homem prudente é atento, não apenas ao que acontece, mas ao que pode acontecer; é atento, e presta atenção. *Prudentia*, observava Cícero, vem de *providere*[15], que significa tanto *prever* como *prover*. Virtude da duração, do futuro incerto, do momento favorável (o *kairós* dos gregos), virtude de paciência e de antecipação. Não se pode viver no instante. Não se pode chegar sempre ao prazer pelo caminho mais curto. O real impõe sua lei, seus obstáculos, seus desvios. A prudência é a arte de levar isso tudo em conta, é o desejo lúcido e razoável. Os românticos, por preferirem os sonhos, torcerão o nariz. Os homems de ação sabem, ao contrário, que não há outro caminho, mesmo para realizar o improvável ou o excepcional. A prudência é o que separa a ação do impulso, o herói do desmiolado. No fundo, é o que Freud chamará de princípio da realidade, ou pelo menos a virtude que lhe corresponde: trata-se de desfrutar o mais possível, de sofrer o menos possível, mas levando em conta as imposições e incertezas do real, em outras palavras (tornamos a encontrar a virtude intelectual de Aristóteles), *inteligentemente*. Assim, no homem, a prudência faz as vezes do que é, nos animais, o instinto – e, dizia Cícero, do que é, nos deuses, a providência[16].

A *prudência* dos antigos (*phronésis, prudentia*) vai, portanto, bem além da simples evitação dos perigos, a que a nossa praticamente se reduz. As duas, no entanto, estão ligadas, e esta, de fato, aos olhos de Aristóteles ou de Epicuro, pertenceria ao domínio daquela. A prudência determina o que é necessário escolher e o que é necessário evitar. Ora, o perigo pertence, na maioria dos casos, a esta última categoria; daí a prudência, no sentido moderno do termo (a prudência como precaução). Todavia, há riscos que é necessário correr, perigos que é preciso enfrentar; daí a prudência, no sentido antigo (a prudência como "virtude do risco e da decisão")[17]. A primeira, longe de abolir a segunda, depende dela. A prudência não é nem o medo nem a covardia. Sem a coragem, ela seria apenas pusilânime, assim como a coragem, sem ela, seria apenas temeridade ou loucura.

Cumpre observar, aliás, que, mesmo em seu sentido restrito e moderno, a prudência continua a condicionar a virtude. Somente os vivos são virtuosos ou podem sê-lo (os mortos, no máximo, podem ter sido); somente os prudentes são vivos, ou o permanecem. Uma imprudência absoluta seria mortal, sempre, em prazos brevíssimos. Que restaria da virtude? E como ela poderia advir? Eu notava, a propósito da polidez, que a criança a princípio não diferencia o que é mau (o erro) do que faz mal (a dor, o perigo). Por isso ela não distingue a moral da prudência, ambas aliás submetidas, no essencial e por muito tempo, à palavra ou ao poder dos pais. Mas já crescemos (graças à prudência de nossos pais, depois à nossa); agora, essa distinção se impõe a nós, de modo que moral e prudência se constituem diferenciando-se. Confundi-las de maneira absoluta seria um erro; mas sempre as opor seria outro. A prudência aconselha, notava Kant, a moral comanda[18]. Portanto, precisamos de uma e de outra, solidariamente. A prudência só é uma virtude quando a serviço de um fim estimável (de outro modo, não seria mais que habilidade), assim como esse fim só é completamente virtuoso quando servido por meios adequados (de outro modo, não seria mais que bons sentimentos). Por isso, dizia Aristóteles, "não é possível ser homem de bem sem prudência, nem prudente sem virtude moral"[19]. A prudência não basta à virtude (pois ela só delibera sobre os meios, quando a virtude também se prende à consideração dos fins), mas nenhuma virtude poderia prescindir da prudência. O motorista imprudente não é apenas perigoso, também é – pelo pouco caso que faz da vida alheia – moralmente condenável. Inversamente, quem não vê que o sexo seguro, que nada mais é que uma sexualidade prudente, também pode ser uma disposição moral (pela atenção que um manifesta, mesmo que já esteja doente, pela saúde do outro)? Entre adultos que consentem, a sexualidade mais livre não é um erro. Mas a imprudência é. Nestes tempos de AIDS, comportamentos que, em si, não seriam em nada condenáveis podem vir a sê-lo, não pelos prazeres que proporcionam, e que são inocentes, mas pelos riscos que ocasionam ou fazem o outro correr. Sexualidade sem prudência é sexualidade sem virtude, ou cuja virtude, em todo caso, é deficiente. Isso pode ser encontrado em todos os domínios. O pai imprudente, diante de seus filhos, pode muito bem amá-los e querer sua felicidade. No entanto, falta alguma coisa à sua virtude de pai e, sem dúvida, a seu amor. Se ocorrer um drama, que ele poderia ter evitado, ele saberá que, sem ser absolutamente responsável pelo ocorrido, também não é de todo inocente. Primeiro, não prejudicar. Depois, proteger. É a própria prudência, sem a qual qualquer virtude seria impotente ou nefasta.

Eu já disse que a prudência não impede o risco e nem sempre evita o perigo. Veja o alpinista ou o navegador: a prudência faz parte de seu ofício. Que risco? Que perigo? Em que limites? Com que fim? O princípio de prazer o determina, e é isso que chamamos de desejo ou amor. Como? Por que meios? Com que precauções? O princípio de realidade o decide e – quando decide *da melhor maneira possível* – é o que chamamos prudência.

"A prudência", dizia santo Agostinho, "é um amor que escolhe com sagacidade."[20] Mas o que ela escolhe? Não, decerto, seu objeto (o desejo se encarrega disso), mas os meios de alcançá-lo ou protegê-lo. Sagacidade das mães e das amantes, sabedoria do amor louco. Elas fazem o que se deve, como se deve, pelo menos o que elas julgam como tal (quem diz virtude intelectual diz risco de erro), e dessa preocupação nasceu a humanidade – a delas, a nossa. O amor as guia; a prudência as ilumina.

Que ela possa iluminar também a própria humanidade! Vimos que a prudência levava em conta o futuro: é que seria perigoso e imoral esquecê-lo. A prudência é essa paradoxal *memória do futuro* ou, para dizer melhor (pois que a memória, enquanto tal, não é uma virtude), essa paradoxal e necessária *fidelidade ao futuro*. Os pais sabem disso e querem preservar o futuro de seus filhos – não para escrevê-lo no lugar deles, mas para deixar-lhes o direito e, se possível, dar-lhes os meios de eles próprios o escreverem. A humanidade também deverá compreendê-lo, se quiser preservar os direitos e as oportunidades de uma humanidade futura[21]. Mais poder, maiores possibilidades. A nossa nunca foi tão pesada; ela põe em jogo não apenas nossa existência ou a de nossos filhos, mas (devido aos progressos técnicos e seu temível alcance) a da humanidade inteira, e pelos séculos dos séculos... A ecologia, por exemplo, está ligada à prudência, e é por isso que tem pontos de contato com a moral. Enganar-se-ia quem acreditasse a prudência superada; ela é a mais moderna de nossas virtudes, ou antes aquela de nossas virtudes que a modernidade torna mais necessária.

Moral aplicada, dizia eu, e nos dois sentidos do termo: é o contrário de uma moral abstrata ou teórica, mas o contrário também de uma moral negligente. O fato de esta última noção ser contraditória deixa claro quanto a prudência é necessária, inclusive para proteger a moral do fanatismo (sempre imprudente, de tanto entusiasmo) e de si mesma. Quantos horrores consumados em nome do Bem? Quantos crimes, em nome da virtude? Era pecar contra a tolerância, quase sempre, mas também contra a prudência, na maioria das vezes. Desconfiemos desses Savonarola que o Bem cega. Demasiado apegados aos princípios para considerar os indivíduos, demasiado seguros de suas intenções para se preocuparem com as conseqüências...

Moral sem prudência é moral vã ou perigosa. "*Caute*", dizia Spinoza: "Cuidado."[22] É a máxima da prudência, e é preciso ter cuidado também com a moral, quando ela despreza seus limites ou suas incertezas. A boa vontade não é uma garantia, nem a boa consciência uma desculpa. Em suma, a moral não basta à virtude; são necessárias também a inteligência e a lucidez. É o que o humor recorda e a prudência prescreve.

É imprudente ouvir apenas a moral, e é imoral ser imprudente.

# 4

# A temperança

Não se trata de não desfrutar, nem de desfrutar o menos possível. Isso não seria virtude mas tristeza, não temperança mas ascetismo, não moderação mas impotência. Contra isso nunca será demais citar o belo escólio de Spinoza, o mais epicuriano que ele escreveu talvez, em que está tão bem dito o essencial: "Certamente apenas uma feroz e triste superstição proíbe ter prazeres. Com efeito, o que é mais conveniente para aplacar a fome e a sede do que banir a melancolia? Esta a minha regra, esta a minha convicção. Nenhuma divindade, ninguém, a não ser um invejoso, pode ter prazer com a minha impotência e a minha dor, ninguém toma por virtude nossas lágrimas, nossos soluços, nosso temor e outros sinais de impotência interior. Ao contrário, quanto maior a alegria que nos afeta, quanto maior a perfeição à qual chegamos, mais é necessário participarmos da natureza divina. Portanto, é próprio de um homem sábio usar as coisas e ter nisso o maior prazer possível (sem chegar ao fastio, o que não é mais ter prazer)."[1] A temperança se situa quase toda nesse parêntese. É o contrário do fastio, ou o que leva a ele; não se trata de desfrutar menos, mas de desfrutar melhor. A temperança, que é a moderação nos desejos sensuais, é também a garantia de um desfrutar mais puro ou mais pleno. É um gosto esclarecido, dominado, cultivado. Spinoza, no mesmo escólio, continuava assim: "É próprio de um homem sábio, digo eu, mandar servir em sua refeição e para a reparação de suas forças alimentos e bebidas agradáveis ingeridos em quantidade moderada, como também perfumes, o adorno das plantas verdejantes, os adereços, a música, os jogos que exercitam o corpo, os espetáculos e outras coisas da mesma sorte, de que cada um pode fazer uso sem prejuízo para outrem."[2] A temperança é essa moderação pela qual permanecemos senhores de nossos prazeres, em vez de seus escravos. É o desfrutar livre, e que, por isso, desfruta melhor ainda, pois desfruta também sua própria liberdade. Que prazer é fumar, quando podemos prescindir de fumar! Beber, quando não somos prisioneiros do álcool! Fazer amor, quando não somos prisioneiros do desejo! Prazeres mais puros, porque mais livres. Mais alegres, porque mais bem controlados. Mais serenos, porque menos dependentes. É fácil? Claro que não. É possível? Nem sempre, sei do que estou falando, nem para qualquer um. É nisso que a temperança é uma virtude, isto é, uma excelência: ela é aquela cumeada, dizia Aristóteles, entre os dois abismos opostos da intemperança e da insensibilidade[3], entre a tristeza do desregrado e a do incapaz de gozar, entre o fastio do glutão e o do anoréxico. Que infelicidade suportar seu corpo! Que felicidade desfrutá-lo e exercê-lo!

O intemperante é um escravo, mais subjugado ainda por transportar em toda parte seu amo consigo. Prisioneiro de seu corpo, prisioneiro de seus desejos ou de seus hábitos, prisioneiro de sua força ou de sua fraqueza. Tinha razão Epicuro, que, em vez de temperança ou moderação (*sophrosiné*), como Aristóteles ou Platão, preferia falar de independência (*autarkéia*). Mas uma não dispensa a outra: "Vemos a independência como um grande bem, não, em absoluto, para que vivamos de pouco, mas a fim de que, se não temos muito, nos contentemos com pouco, persuadidos de que os que menos necessitam da abundância a desfrutam com maior prazer, e de que tudo o que é natural é fácil de conseguir, mas o que é vão é difícil de obter."[4] Numa sociedade não muito miserável, a água e o pão não faltam quase nunca. Na sociedade mais rica, o ouro ou o luxo sempre faltam. Como seríamos felizes uma vez que somos insatisfeitos? E como seríamos satisfeitos uma vez que nossos desejos não têm limites? Epicuro, ao invés, fazia um banquete com um pouco de queijo ou de peixe seco. Que felicidade comer quando se tem fome! Que felicidade não ter mais fome quando se comeu! E que liberdade só estar submetido à natureza! A temperança é um meio para a independência, assim como esta é um meio para a felicidade. Ser temperante é poder contentar-se com pouco; mas não é o *pouco* que importa: é o poder, e é o contentamento.

A temperança – como a prudência e como todas as virtudes, talvez – pertence, pois, à arte de desfrutar; é um trabalho do desejo sobre si mesmo, do vivo sobre si mesmo. Ela não visa superar nossos limites, mas respeitá-los. É uma ocorrência entre outras do que Foucault chamava *a preocupação consigo*: virtude ética, muito mais que moral[5], e que é menos do âmbito do dever do que do bom senso. É a prudência aplicada aos prazeres; trata-se de desfrutar o mais possível, o melhor possível, mas por uma intensificação da sensação ou da consciência que se tem desse desfrutar, e não pela multiplicação indefinida de seus objetos. Pobre Don Juan, que necessita de tantas mulheres! Pobre alcoólatra, que precisa beber tanto! Pobre glutão, que precisa comer tanto! Epicuro ensinava a sentir, antes, os prazeres conforme eles aparecem, tão fáceis de satisfazer, quando são naturais, quanto o corpo de aplacar. Há coisa mais simples do que matar a sede? Mais fácil de satisfazer – salvo miséria extrema – do que um estômago ou um sexo? Mais limitada, e mais felizmente limitada, do que nossos desejos naturais e necessários?[6] Não é o corpo que é insaciável. A ilimitação dos desejos, que nos condena à falta, à insatisfação ou à infelicidade, nada mais é que uma doença da imaginação. Temos sonhos maiores que a barriga, e censuramos absurdamente nossa barriga por sua pequenez! Já o sábio "estabelece limites para o desejo, como para o temor"[7]: são os limites do corpo, e são os da temperança. Mas os intemperantes os desprezam ou querem livrar-se deles. Não têm mais fome? Provocam o próprio vômito. Não têm mais sede? Alguns amendoins bem salgados – ou o próprio álcool – resolvem. Não têm mais vontade de fazer amor? Alguma revista pornográfica dará um jeito de pôr a máquina para funcionar de novo... Sem dúvida, mas para quê? E a que preço? Ei-los prisioneiros do prazer, em vez de serem liberados dele (pelo próprio prazer)! Prisioneiros da falta, a tal ponto que, na saciedade, acaba por lhes faltar! Que tristeza, dizem então, não ter mais fome nem sede de nenhum tipo... É que eles querem mais, sempre mais, e não sabem se contentar, nem mesmo com o *excesso*! É por isso que os desregrados são tristes; é por isso que os alcoólatras são infelizes; e o que há de mais sinistro do que um glutão empanturrado? "Comi demais", diz ele refestelando-se, e ei-lo pesado, inchado, esgotado... "A intemperança é peste da volúpia", dizia Montaigne, "e a temperança não é seu flagelo: é seu tempero", que permite saborear o prazer "em sua mais graciosa doçura"[8]. Já faz assim o *gourmet* que, ao contrário do glutão, prefere a qualidade à quantidade. É um primeiro progresso. Mas o sábio tem objetivo mais elevado, mais próximo de si ou do essencial: a qualidade de seu prazer importa-lhe mais do que a do prato que o ocasiona. É um *gourmet*, se quisermos, mas em segundo grau, que, no entanto, seria o grau primordial: um *gourmet* de si ou, antes (pois o eu nada mais é que um prato como outro qualquer), da vida, do prazer anônimo e impessoal de comer, de beber, de sentir, de amar... Não é um esteta, é um conhecedor. Ele sabe que só há prazer do gosto, e só há gosto do desejo: "Os pratos simples", diz-se ele, "proporcionam um prazer igual ao de um regime suntuoso, uma vez suprimida toda a dor que vem da necessidade; e pão de cevada e água proporcionam o prazer extremo, quando alguém os leva à boca na necessidade. Portanto, o costume de regimes simples e não-dispendiosos é adequado para perfazer a saúde, torna o homem ativo nas ocupações essenciais da vida, coloca-nos em melhor disposição quando nos aproximamos, por intervalos, dos alimentos custosos, e deixa-nos sem temor diante da fortuna."[9] Numa sociedade desenvolvida, como era a de Epicuro, como é a nossa, o que é necessário é fácil de conseguir; o que não, difícil de conseguir ou de conservar serenamente. Mas quem sabe se contentar com o necessário? Quem sabe apreciar o supérfluo apenas quando este se apresenta? Somente o sábio, talvez. A temperança intensifica seu prazer, quando o prazer está presente, e faz as vezes deste, quando não está. Portanto, ele sempre está, ou quase sempre. Que prazer estar vivo! Que prazer não carecer de nada! Que prazer ser senhor de seus prazeres! O sábio epicurista pratica a cultura intensiva – em vez de extensiva – de suas volúpias. O melhor, não o mais, é o que o atrai e que basta à sua felicidade. Ele vive com "o coração contente de pouco", como dirá Lucrécio, ainda mais seguro do seu bem-estar por saber que "desse pouco nunca há penúria"[10], ou que esta, se viesse a se impor, o curaria rapidamente dela mesma, e de tudo. Aquele a quem a vida basta, de que poderia carecer? São Francisco de Assis redescobrirá esse segredo, talvez, de uma pobreza feliz. Mas a lição vale, sobretudo, para nossas sociedades de abundância, nas quais se morre e se sofre com maior freqüência por intemperança do que por fome ou ascetismo. A temperança é uma virtude para todos os tempos, tanto mais necessária, contudo, quanto mais favoráveis eles são. Não é uma virtude excepcional, como a coragem (tanto mais necessária, ao contrário, quanto mais difíceis os tempos), mas uma virtude comum e humilde: virtude não de exceção mas de regra, não de heroísmo mas de comedimento. É o contrário do *desregramento de todos os sentidos*, caro a Rimbaud. É por isso, talvez, que nossa época, que prefere os poetas aos filósofos e as crianças aos sábios, tende a esquecer que a temperança é uma virtude, para só ver nela – *"tomo cuidado"*, dizem – uma higiene. Pobre época, que acima dos poetas só sabe pôr os médicos!

Santo Tomás bem viu que essa virtude cardeal, embora menos elevada do que as outras três (a prudência é a mais necessária, a coragem e a justiça as mais admiráveis), prevalecia muitas vezes sobre elas pela dificuldade[11]. É que a temperança tem por objeto os desejos mais necessários à vida do indivíduo (beber, comer) e da espécie (fazer amor), que são também os mais fortes[12] e, portanto, os mais difíceis de dominar. Isso quer dizer que não se trata de suprimi-los – a insensibilidade é um defeito[13] –, mas no máximo, e tanto quanto possível, controlá-los (no sentido em que se fala em inglês de *self-control*), de regrá-los (como se acerta um balé ou se regula um motor), de mantê-los em equilíbrio, em harmonia ou em paz. A temperança é uma regulação voluntária da pulsão de vida, uma afirmação sadia de nosso poder de existir, como diria Spinoza, em especial do poder de nossa alma sobre os impulsos irracionais de nossos afetos ou de nossos apetites[14]. A temperança não é um sentimento, é um poder, isto é, uma virtude[15]. Ela é "a virtude que supera todos os gêneros de embriaguez", dizia Alain[16], e deve, portanto, superar também a embriaguez da virtude[17], e de si mesma – e é aí que ela se aproxima da humildade.

# 5

# A coragem

De todas as virtudes, a coragem é sem dúvida a mais universalmente admirada. Fato raro, o prestígio que desfruta parece não depender nem das sociedades, nem das épocas, e quase nada dos indivíduos. Em toda parte a covardia é desprezada; em toda parte a bravura é estimada. As formas podem variar, claro, assim como os conteúdos: cada civilização tem seus medos, cada civilização suas coragens. Mas o que não varia, ou quase não varia, é que a coragem, como capacidade de superar o medo, vale mais que a covardia ou a poltronice, que ao medo se entregam. A coragem é a virtude dos heróis; e quem não admira os heróis?

Essa universalidade, porém, não prova nada, seria até suspeita. O que é universalmente admirado o é, portanto, também pelos maus e pelos imbecis. São eles tão bons juízes assim? Além do mais, admiramos também a beleza, que não é uma virtude; e muitos desprezam a doçura, que o é. O fato de a moral ser universalizável, em seu princípio, não prova que ela seja universal em seu sucesso. A virtude não é um espetáculo e não lhe importam os aplausos.

Sobretudo, a coragem pode servir para tudo, para o bem como para o mal, e não alteraria a natureza deste ou daquele. Maldade corajosa é maldade. Fanatismo corajoso é fanatismo. Essa coragem – a coragem para o mal, no mal – também é uma virtude? Parece difícil achar que sim. Ainda que se possa admirar em alguma coisa a coragem de um assassino ou de um SS, em que isso os faz virtuosos? Um pouco mais covardes, teriam feito menos mal. O que é essa virtude que pode servir para o pior? O que é esse valor que parece indiferente aos valores?

"A coragem não é uma virtude", dizia Voltaire, "mas uma qualidade comum aos celerados e aos grandes homems."[1] Uma excelência, pois, mas que não seria, em si, nem moral nem imoral. O mesmo se dá com a inteligência ou a força, também elas admiradas, também elas ambíguas (podem servir tanto ao mal como ao bem) e, por isso, moralmente indiferentes. No entanto, não estou muito certo de que a coragem não signifique mais. Consideremos um patife qualquer: ele ser inteligente ou idiota, robusto ou magricela, não muda em nada, do ponto de vista moral, seu valor. Inclusive, em certo grau, a idiotice poderia desculpá-lo, como também, talvez, alguma deficiência física que tivesse perturbado seu caráter. Circunstâncias atenuantes, dirão: se ele não fosse idiota ou manco, seria tão mau? A inteligência ou a força, longe de atenuarem a ignomínia de um indivíduo, antes a aumentariam, tornando-a ao mesmo tempo mais nefasta e mais condenável. O mesmo não se dá com a coragem. Se a covardia às vezes pode servir de desculpa, a coragem, enquanto tal, ainda assim continua eticamente valorizada (o que não prova, veremos, que seja sempre uma virtude) e, parece-me, mesmo no patife. Suponhamos dois SS, em tudo comparáveis mas sendo que um se revela tão covarde quanto o outro corajoso; o segundo talvez seja mais perigoso, mas quem poderá dizer que é mais culpado? mais desprezível? mais odiável? Se digo de alguém: "é cruel e covarde", os dois qualificativos se somam. Se digo: "é cruel e corajoso", antes se subtrairiam. Como odiar ou desprezar inteiramente um camicase?

Mas deixemos a guerra, que nos levaria longe demais. Imaginemos em vez disso dois terroristas, em tempo de paz, que explodem cada um um avião de carreira cheio de turistas... Como não desprezar o que faz isso de terra, sem correr pessoalmente nenhum risco, mais do que o que fica no avião e morre, em conhecimento de causa, com os outros passageiros? Detenho-me nesse exemplo. Podemos supor nesses dois indivíduos motivações semelhantes, por exemplo ideológicas, como também que seus atos terão, em relação às vítimas, idênticas conseqüências. E admitiremos que essas conseqüências são demasiado pesadas e essas motivações demasiado discutíveis para que aquelas possam ser justificadas por estas; em outras palavras, os dois atentados são moralmente condenáveis. Mas um de nossos dois terroristas acrescenta a isso a covardia, ao saber que não corre risco nenhum, e o outro, coragem, sabendo que vai morrer. Em que isso altera as coisas? Em nada, repitamos, para as vítimas. Mas e para nossos colocadores de bombas? A coragem contra a covardia? Sem dúvida, mas isso é moral ou psicologia? Virtude ou caráter? Que a psicologia ou o caráter possam influir, e mesmo que influem necessariamente, é inegável. Mas parece-me que se acrescenta o seguinte, que diz respeito à moral: o terrorista heróico atesta pelo menos, com seu sacrifício, a sinceridade e, talvez, o desinteresse de suas motivações. Aludo como prova que a espécie de estima (mista, sem dúvida) que podemos sentir por ele seria atenuada, ou até desapareceria, se soubéssemos, lendo seu diário íntimo, por exemplo, que só cometeu seu delito na convicção de que ganharia com isso – pensemos em algum fanatismo religioso – muito mais do que perderia, a saber, uma eternidade de vida feliz. Nesta última hipótese, o egoísmo resgataria seus direitos ou, antes, nunca os teria perdido, e a moralidade do ato recuaria na mesma medida. Já não estaríamos lidando com alguém que está pronto a sacrificar vítimas inocentes para sua felicidade própria, em outras palavras, de um patife ordinário, por certo corajoso, em se tratando desta vida, mas de uma coragem interessada, ainda que *post mortem*, e, portanto, privada de todo e qualquer valor moral. Coragem egoísta é egoísmo. Imaginemos, ao contrário, um terrorista ateu: se ele sacrifica a vida, como lhe atribuir motivações baixas? Coragem desinteressada é heroísmo; e, se isso nada prova quanto ao valor do ato, indica pelo menos algo quanto ao valor do indivíduo.

Esse exemplo me esclarece. O que estimamos, na coragem, e que culmina no sacrifício de si, seria, pois, em primeiro lugar, o risco aceito ou corrido sem motivação egoísta, em outras palavras, uma forma, se não sempre de altruísmo, pelo menos de desinteresse, de desprendimento, de distanciamento do eu? É, em todo caso, o que na coragem parece *moralmente* estimável. Alguém agride você na rua, cortando qualquer possibilidade de retirada. Você vai se defender furiosamente ou, ao contrário, implorar clemência? É um problema principalmente de estratégia ou, digamos, de temperamento. Que se possa achar a primeira atitude mais gloriosa ou mais viril, está bem. Mas a glória não é moral, nem a virilidade, virtude. Supondo-se que por outro lado, sempre na rua, você ouça uma mulher pedir socorro porque um malfeitor a quer estuprar, está claro que a coragem de que você dará ou não prova, sempre devendo algo, por certo, a seu caráter, comprometerá também sua responsabilidade propriamente moral; em outras palavras, sua virtude ou sua indignidade. Em resumo, embora sempre estimada, de um ponto de vista psicológico ou sociológico, a coragem só é verdadeiramente estimável *do ponto de vista moral* quando se põe, ao menos em parte, a serviço de outrem, quando escapa, pouco ou muito, do interesse egoísta imediato. É por isso que, sem dúvida, e especialmente para um ateu, a coragem diante da morte é a coragem das coragens[2], pois o eu não pode encontrar nenhuma gratificação concreta ou positiva. Digo "imediata", "concreta" e "positiva" porque todos sabem muito bem que não nos desvencilhamos sem mais nem menos do ego; até mesmo o herói é suspeito de ter buscado a glória ou fugido do remorso, em outras palavras, de ter buscado na virtude, ainda que indiretamente e a título póstumo, sua própria felicidade ou seu bem-estar. Não se escapa do ego; não se escapa do princípio de prazer. Mas encontrar seu prazer em servir ao outro, encontrar seu bem-estar na ação generosa, longe de contrariar o altruísmo, é a própria definição e o princípio da virtude.

O amor a si, dizia Kant, sem ser sempre condenável, é a fonte de todo mal[3]. Acrescento de bom grado: e o amor ao outro, de todo bem. Mas seria alargar demais o fosso que os separa. Só se ama a outro, sem dúvida, amando a si (é por isso que as Escrituras nos dizem justamente que é preciso amar ao próximo "como a si mesmo"), e só se ama a si mesmo, talvez, na proporção do amor recebido e interiorizado. Nem por isso deixa de haver uma diferença de ênfase, ou de orientação, entre o que só ama a si e o que também ama, às vezes até de maneira desinteressada, a um outro, entre o que só gosta de receber ou tomar e o que também gosta de dar, em suma, entre um comportamento sordidamente egoísta e o egoísmo sublimado, purificado, libertado (isso mesmo: o egoísmo libertado do ego!), a que chamamos... altruísmo ou generosidade.

Mas voltemos à coragem. O que retenho de meus exemplos, e poderíamos encontrar muitos outros, é, pois, que a coragem, de traço psicológico que é a princípio, só se torna uma virtude quando a serviço de outrem ou de uma causa geral e generosa. Como traço de caráter, a coragem é, sobretudo, uma fraca sensibilidade ao medo, seja por ele ser pouco sentido, seja por ser bem suportado, ou até com prazer. É a coragem dos estouvados, dos brigões ou dos impávidos, a coragem dos "durões", como se diz em nossos filmes policiais, e todos sabem que a virtude pode não ter nada a ver com ela. Isso quer dizer que ela é, do ponto de vista moral, totalmente indiferente? Não é tão simples assim. Mesmo numa situação em que eu agiria apenas por egoísmo, pode-se estimar que a ação corajosa (por exemplo, o combate contra um agressor, em vez da súplica) manifestará maior domínio, maior dignidade, maior liberdade, qualidade moralmente significativas e que darão à coragem, como que por retroação, algo de seu valor: sem ser sempre moral, em sua essência, a coragem é aquilo sem o que, sem dúvida, qualquer moral seria impossível ou sem efeito. Alguém que se entregasse totalmente ao medo que lugar poderia deixar a seus deveres? Donde a espécie de estima humana – eu diria pré-moral ou quase-moral – de que a coragem, mesmo que puramente física e mesmo que a serviço de uma ação egoísta, é objeto. A coragem força o respeito. Fascínio perigoso, decerto (pois a coragem, moralmente falando, não prova nada), mas que se explica talvez pelo fato de que a coragem manifesta pelo menos uma disposição para furtar-se ao puro jogo dos instintos ou dos temores, digamos um domínio de si e de seu medo, disposição ou domínio de si que, sem serem sempre morais, são pelo menos a condição – não suficiente, mas necessária – de toda moralidade. O medo é egoísta. A covardia é egoísta. Não obstante essa coragem primeira, física ou psicológica, ainda não é uma virtude, ou essa virtude (essa excelência) ainda não é moral. Os antigos consideravam-na a marca da virilidade (*andreia*, que significa coragem em grego, vem, como de resto *virtus* em latim, de uma raiz que designa o homem, *anêr* ou *vir*, não como ser genérico, mas por oposição à mulher), e muitos, ainda hoje, concordariam com eles. "Ter ou não ter"*, diz-se vulgarmente, o que indica pelo menos que a fisiologia, mesmo fantasista, nesse caso importa mais que a moralidade. Não nos deixemos enganar muito por essa coragem (coragem física, coragem do guerreiro). É evidente que uma mulher pode dar prova dela. Mas essa prova, moralmente falando, não prova nada. Essa coragem pode pertencer tanto ao patife como ao homem de bem. É apenas uma regulação feliz ou eficaz da agressividade: coragem patológica, diria Kant, ou passional, diria Descartes[4], por certo útil, na maioria das vezes, mas útil antes de tudo ao que a sente, e por isso privada em si mesma de qualquer valor propriamente moral. Um assalto a banco não acontece sem perigo nem, portanto, sem coragem. Mas nem por isso é moral; em todo caso seriam necessárias circunstâncias bem particulares (relativas, em especial, às motivações do ato) para que pudesse vir a sê-lo. Como virtude, ao contrário, a coragem supõe sempre uma forma de desinte-

* "En avoir ou pas", que em francês corresponde a "ter colhões ou não ter". (N. do T.)

resse, de altruísmo ou de generosidade. Ela não exclui, sem dúvida, uma certa insensibilidade ao medo, até mesmo um certo gosto por ele. Mas não os supõe necessariamente. Essa coragem não é a ausência do medo, é a capacidade de superá-lo, quando ele existe, por uma vontade mais forte e mais generosa. Já não é (ou já não é apenas) fisiologia, é força de alma, diante do perigo. Já não é uma paixão, é uma virtude, e a condição de todas. Já não é a coragem dos durões, é a coragem dos doces, e dos heróis.

Digo que essa coragem é a condição de qualquer virtude; e eu dizia a mesma coisa, talvez estejam lembrados, da prudência. Por que não? Por que as virtudes seriam condicionadas por uma só dentre elas? As outras virtudes, sem a prudência, seriam cegas ou loucas; mas, sem a coragem, seriam vãs ou pusilânimes. O justo, sem a prudência, não saberia como combater a injustiça; mas, sem a coragem, não ousaria empenhar-se nesse combate. Um não saberia que meios utilizar para alcançar seu fim; outro recuaria diante dos riscos que eles supõem. O imprudente e o covarde não seriam, pois, verdadeiramente justos (de uma justiça em ato, que é a verdadeira justiça), nem um nem outro. Qualquer virtude é coragem; qualquer virtude é prudência. Como o medo poderia substituir esta ou aquela?

É o que explica muito bem santo Tomás: tanto quanto a prudência, embora de forma diferente, a *fortitudo* (a força de alma, a coragem) é "condição de qualquer virtude" ao mesmo tempo que, diante do perigo, é uma delas[5]. Virtude geral, pois, e cardeal propriamente, pois suporta as outras como um pivô ou um gonzo (*cardo*), já que se requer para qualquer virtude, dizia Aristóteles, "agir de maneira firme e inabalável" (é o que podemos chamar de força de alma); mas também virtude especial (que chamamos de *coragem*, estritamente), que permite, como dizia Cícero, "enfrentar os perigos e suportar os labores"[6]. Porque a coragem, notemos de passagem, é o contrário da covardia, decerto, mas também da preguiça ou da frouxidão. É a mesma coragem nos dois casos? Sem dúvida não. O perigo não é o trabalho; o medo não é o cansaço. Mas é preciso superar, nos dois casos, o impulso primeiro ou animal, que preferiria o repouso, o prazer ou a fuga. Na medida em que a virtude é um esforço – sempre o é, fora a graça ou o amor –, toda virtude é coragem, e é por isso que a palavra "covarde", notava Alain, é "a mais grave das injúrias"[7]. Não porque a covardia seja o pior no homem, mas porque sem coragem não se poderia resistir ao pior em si ou em outrem.

Resta saber que relação a coragem mantém com a verdade. Platão interrogou-se muito sobre esse ponto, tentando, sem nunca conseguir de maneira satisfatória, reduzir a coragem ao saber (no *Laques* e no *Protágoras*) ou à opinião (na *República*). A coragem seria "a ciência das coisas temíveis e das que não o são", explica, ou pelo menos a "salvaguarda constante de uma opinião reta e legitimamente acreditada sobre as coisas que são ou não são temíveis"[8]. Era esquecer que a coragem supõe o medo e se contenta com enfrentá-lo. Podemos mostrar coragem diante de um perigo ilusório; e ela pode nos faltar diante de um perigo comprovado. O medo comanda. O medo basta. Medo justificado ou não, legítimo ou não, razoado ou desarrazoado? Não é esse o problema. Dom Quixote dá prova de coragem contra seus moinhos, ao passo que a ciência, embora muitas vezes tranqüilize, nunca deu coragem a ninguém. Não há virtude que resista mais ao intelectualismo. Quantos ignorantes heróicos? Quantos eruditos covardes? Os sábios? Se o fossem inteiramente, não teriam mais medo de nada (como se vê em Epicuro ou em Spinoza), e qualquer coragem lhes seria inútil. Os filósofos? É indiscutível que precisam de coragem para pensar; mas o pensamento nunca bastou para lhes dar coragem. A ciência ou a filosofia podem, às vezes, dissipar os medos, dissipando seus objetos; mas a coragem, repitamos, não é ausência de medo, é a capacidade de enfrentá-lo, de dominá-lo, de superá-lo, o que supõe que ela existe ou deveria existir. O fato de um eclipse, por exemplo, para um moderno e graças ao saber que temos a seu respeito, já não ser motivo de temor não nos dá, em relação a ele, nenhuma coragem – no máximo, tira-nos uma oportunidade de dar prova de coragem... ou de sua falta. Do mesmo modo, se pudéssemos nos convencer, com Epicuro, de que a morte não é nada para nós (ou, com Platão, de que é desejável!), não precisaríamos mais de coragem para suportar a idéia de morrer. A ciência basta num caso, a sabedoria ou a fé bastariam no outro. Mas só precisamos de coragem justamente quando estas não bastam, ou por estarem ausentes, ou por serem, em relação a nossa angústia, sem pertinência ou sem eficácia. O saber, a sabedoria ou a opinião dão ou tiram ao medo seus objetos. Não dão coragem, dão a oportunidade de servir-se dela ou dispensá-la.

Foi o que Jankélévitch bem viu: a coragem não é um saber, mas uma decisão, não é uma opinião, mas um ato[9]. É por isso que a razão aqui não basta: "O raciocínio nos diz *o que* devemos fazer, se o devemos, mas não nos diz *que* devemos fazê-lo; e menos ainda ele mesmo faz o que diz."[10] Se há uma coragem da razão, ela está apenas em que a razão nunca tem medo, quero dizer que nunca é a razão que em nós se atemoriza ou se assusta. Cavaillès sabia disso, como também que a razão não basta para agir ou querer[11]: não há coragem *more geometrico*, nem ciência corajosa. Vá demonstrar, sob tortura, que *não se deve* falar! Aliás, se essa demonstração fosse possível, quem poderia acreditar que bastasse? A razão é a mesma, em Cavaillès (que não falou...) e em qualquer outro. Mas a vontade não; mas a coragem não, e a coragem nada mais é que a vontade mais determinada e, diante do perigo ou do sofrimento, mais necessária.

Toda razão é universal; toda coragem, singular. Toda razão é anônima; toda coragem, pessoal. É por isso, aliás, que é preciso coragem para pensar, às vezes, como é preciso para sofrer ou lutar, porque ninguém pode pensar em nosso lugar – nem sofrer em nosso lugar, nem lutar em nosso lugar –, e porque a razão não basta, porque a verdade não basta, porque é necessário ainda superar em si tudo o que estremece ou resiste, tudo o que preferiria uma ilusão tranqüilizadora ou uma mentira confortável. Daí o que chamamos de coragem intelectual, que é a recusa, no pensamento, de ceder ao medo, a recusa de se submeter a outra coisa que não a verdade, à qual nada assusta e ainda que ela fosse assustadora.

É também o que chamamos lucidez, que é a coragem do verdadeiro, mas a que nenhuma verdade basta. Toda verdade é eterna; a coragem só tem sentido na finitude e na temporalidade – na duração. Um deus não precisaria dela. Nem um sábio, talvez, se só vivesse nos bens imortais ou eternos evocados por Epicuro ou Spinoza[12]. Mas isso não é possível, e é por isso que, de novo, precisamos de coragem. Coragem para durar e agüentar, coragem para viver e para morrer, coragem para suportar, para combater, para enfrentar, para resistir, para perseverar... Spinoza chama de *firmeza de alma* (*animositas*) esse "desejo pelo qual cada um se esforça por conservar seu ser sob o exclusivo ditame da razão"[13]. Mas a coragem está no desejo, não na razão; no esforço, não no ditame. Trata-se sempre de perseverar em seu ser (é o que Éluard chamará de "*o duro desejo de durar*"), e toda coragem é feita de vontade[14].

Não estou certo de que a coragem seja a virtude do começo[15], pelo menos que seja apenas isso, ou essencialmente isso: é preciso tanta a mesma coragem, às vezes mais, para continuar ou manter. Mas é verdade que continuar é recomeçar sempre e que a coragem, não podendo ser "nem entesourada nem capitalizada"[16], só continua sob essa condição, como uma duração sempre incoativa do esforço, como um começo sempre recomeçado, apesar do cansaço, apesar do medo, e por isso sempre necessário e sempre difícil... "É preciso, pois, sair do medo pela coragem", dizia Alain; "e esse movimento, que começa cada uma de nossas ações, também está, quando é retido, no nascimento de cada um de nossos pensamentos."[17] O medo paralisa, e toda ação, mesmo de fuga, furta-se um pouco a ele. A coragem triunfa sobre o medo, pelo menos tenta triunfar, e já é corajoso tentar. Qual virtude, de outro modo? Qual vida? Qual felicidade?

Um homem de alma forte, lemos em Spinoza, "esforça-se por agir bem e manter-se alegre"[18]; confrontado com os obstáculos, que são muitos, esse esforço é a própria coragem.

Como toda virtude, a coragem só existe no presente. Ter tido coragem não prova que se terá, nem mesmo que se tem. É todavia uma indicação positiva e, literalmente, encorajadora. O passado é objeto de conhecimento e, por isso, mais significativo, moralmente falando, que o futuro, que é apenas objeto de fé ou de esperança – apenas de imaginação. Querer dar amanhã ou outro dia não é ser generoso. Querer ser corajoso na semana que vem ou daqui a dez anos não é coragem. Trata-se apenas de projetos de querer, de decisões sonhadas, de virtudes imaginárias. Aristóteles (ou o discípulo que fala em seu nome) evoca com graça, na *Grande moral*, os que "se fazem de corajosos porque o risco é para ser corrido daqui a dois anos, e morrem de medo quando estão cara a cara e nariz a nariz com o perigo"[19]. Heróis imaginários, poltrões reais. Jankélévitch, que cita essa frase, acrescenta com razão que "a coragem é a intenção do instante em instância", que o instante corajoso designa nisso "nosso ponto de tangência com o futuro próximo", em suma, que se trata de ser corajoso, não amanhã ou daqui a pouco, mas "*no ato*"[20]. Muito bem. Mas o que é esse instante *em instância*, em contato com o futuro próximo ou imediato, senão o presente que dura? Não precisamos de coragem para enfrentar o que já não é, claro; mas tampouco para superar o que ainda não é. Nem o nazismo nem o fim do mundo, nem meu nascimento nem minha morte são para mim objetos de coragem (a idéia da morte talvez, sendo atual, como também, sob certos aspectos, a idéia do nazismo ou do fim do mundo; mas uma idéia requer muitíssimo menos coragem, nesses domínios, que a própria coisa!). O que há de mais ridículo do que esses heróis por contumácia, que só enfrentam, imaginariamente é claro, perigos excluídos? Todavia, acrescenta Jankélévitch, "também não há ar para a respiração da coragem se a ameaça já foi realizada e se, quebrando o encanto do possível, suspendendo os transes da incerteza, o perigo transformado em infortúnio deixa de ser perigo"[21]. É tão certo assim? Se fosse verdade, a coragem não seria necessária, seria até inútil, contra a dor, física ou moral, contra a enfermidade, contra o luto. Em que situação, porém, precisamos mais dela? Aquele que resiste à tortura, como Cavaillès ou Jean Moulin, quem pode crer que é antes de mais nada o futuro, antes de mais nada o perigo, que mobilizam sua coragem (que futuro é pior que o presente deles? que perigo é pior que a tortura?), e não a atroz atualidade do sofrimento? Dirão que a escolha é, então, se é que há escolha, fazer cessar ou continuar esse horror, o que, como toda escolha, só tem sentido com referência ao futuro. Sem dúvida: o presente é uma duração, muito mais que um instante, uma *distensão*, como dizia santo Agostinho, sempre proveniente do passado, sempre voltada para o futuro. E é necessário coragem, dizia eu, para durar e agüentar, para suportar sem se quebrar essa tensão que nós somos, ou essa divisão entre passado e futuro, entre memória e vontade. É a propria vida, e o esforço de viver (o *conatus* de Spinoza). Mas esse esforço está sempre presente e, na maioria das vezes, é difícil. Se é o futuro que tememos, é o presente que suportamos (inclusive nosso medo presente do futuro), e a realidade atual do infortúnio, do sofrimento ou da angústia não requer menos coragem, nesse presente que dura, do que a ameaça do perigo ou os transes, como diz Jankélévitch, da incerteza. É verdade para a tortura, e para qualquer tortura. O canceroso em fase terminal, quem acredita que é apenas diante do futuro, apenas diante da morte, que ele precisa de coragem? E a mãe que perdeu o filho? "Tenha coragem", dizem-lhe. Se isso se refere ao futuro, como todo conselho, não quer dizer que a coragem seja aqui necessária contra um perigo, um risco ou uma ameaça, mas sim contra um infortúnio presente, atrozmente presente, e que só está indefinidamente por vir porque é e será, doravante – pois o passado e a morte são irrevogáveis – definitivamente presente. É preciso coragem ainda para suportar uma deficiência, para assumir um fracasso ou um erro, e também essas coragens referem-se antes de mais nada ao presente que dura e ao futuro apenas enquanto é, enquanto não pode ser mais que a continuação desse presente. O cego precisa de maior coragem do que aquele que enxerga bem, e não apenas porque a vida para ele é mais perigosa. Irei mais longe até. Na medida em que o sofrimento é pior que o medo, pelo menos sempre que o é, é necessária maior coragem para suportá-lo. Isso depende, é claro, dos sofrimentos e dos medos. Consideremos então um sofrimento extremo: a tortura; e um medo extremo: o medo da morte, o medo da tortura, ambas iminentes. Quem não percebe que é preciso mais coragem para resistir à tortura do que à sua ameaça, ainda que perfeitamente determinada e crível? E quem não preferiria suicidar-se, apesar do medo, a sofrer a esse ponto? Quantos não o fizeram? Quantos lamentaram não ter meios para fazê-lo? Pode ser que seja preciso ter coragem para se suicidar, e sem dúvida sempre é preciso. Menos, contudo, do que para resistir à tortura. Embora a coragem diante da morte seja a coragem das coragens, quero dizer, o modelo ou o arquétipo de todas, ela não é necessariamente nem sempre a maior. É a mais simples, porque a morte é o mais simples. É a mais absoluta, se quisermos, porque a morte é absoluta. Mas não é a maior, porque a morte não é o pior. O pior é o sofrimento que dura, é o horror que se prolonga, ambos atuais, atrozmente atuais. E no próprio medo, quem não vê que é preciso coragem para superar a atualidade da angústia, tanto quanto e às vezes mais do que para enfrentar a virtualidade do perigo?

Em resumo, a coragem não se refere apenas ao futuro, ao medo, à ameaça; refere-se também ao presente, e sempre está ligada à vontade, muito mais do que à esperança. Os estóicos, que dela fizeram uma filosofia, sabiam disso. Só esperamos o que não depende de nós; só queremos o que depende de nós. É por isso que a esperança só é uma virtude para os crentes, ao passo que a coragem o é para qualquer homem. Ora, o que é necessário para ser corajoso? Basta querê-lo[22], em outras palavras, sê-lo de fato. Mas não basta esperá-lo, apenas os covardes se contentam com isso.

Isso nos leva ao famoso tema da coragem do desespero. "É nos casos mais perigosos e mais desesperados que se empregam mais ousadia e coragem", escrevia Descartes[23]; e embora isso não exclua a esperança, como ele também diz, exclui que a esperança e a coragem tenham o mesmo objeto ou se confundam[24]. O herói, diante da morte, bem pode esperar a glória ou a vitória póstuma de suas idéias. Mas essa esperança não é o objeto de sua coragem e não poderia fazer as vezes dela. Os covardes esperam a vitória, tanto quanto os heróis; e, sem dúvida, só se foge tendo esperança da salvação. Essas esperanças não são coragem, nem bastam, infelizmente, para dá-la.

Isso não quer dizer, é claro, que a esperança sempre seja uma quantidade desprezível! Ela pode reforçar a coragem ou sustentá-la, isso é ponto pacífico, e Aristóteles já o havia ressaltado: é mais fácil ser bravo no combate quando se espera vencê-lo[25]. Mas isso é ser mais corajoso? Pode-se pensar o contrário: já que, de fato, a esperança fortalece a coragem, é necessário ser corajoso, sobretudo, quando falta esperança; e o verdadeiro herói será aquele que for capaz de enfrentar não apenas o risco, que risco sempre há, mas, se preciso, a certeza da morte ou, mesmo, pode acontecer, da derrota final. É a coragem dos vencidos, que não é menor, quando estes a têm, nem menos meritória, longe disso, do que a dos vencedores. Que podiam esperar os insurretos do gueto de Varsóvia? Nada para eles mesmos, pelo menos, e por isso mesmo sua coragem foi ainda mais patente e heróica. Por que combater então? Porque é preciso. Porque o contrário seria indigno. Ou pela beleza do gesto, como se diz, estando entendido que essa beleza é de ordem ética e não estética. "As pessoas verdadeiramente corajosas só agem pela beleza do gesto corajoso", escrevia Aristóteles, só "pelo amor ao bem", como também se pode traduzir, ou "impelidas pelo sentimento da honra"[26]. As paixões, sejam elas cólera, ódio ou esperança, também podem intervir e prestar seu concurso[27]. Mas a coragem, sem elas, ainda é possível, e mais necessária, e mais virtuosa.

Lê-se, inclusive, em Aristóteles que a coragem, em sua forma mais elevada, é "sem esperança"[28], ou até "antinômica da esperança; pelo simples fato de não ter mais nenhuma esperança, o homem corajoso diante de uma doença mortal o é mais do que o marinheiro na tempestade; daí 'os que a esperança sustenta já não serem, por isso, bravos verdadeiros', assim como aqueles que têm a convicção de serem mais fortes, de poderem triunfar no combate"[29]. Não estou certo de que se possa ir tão longe, ou pelo menos que isso não seja, a partir de uma interpretação um tanto unilateral, levar Aristóteles até onde eu aceitaria chegar, por minha parte e pelo menos no abstrato, porém mais longe, temo, do que ele queria chegar ou do que consentiria em nos acompanhar[30]. Não tem importância, é só história da filosofia. A vida nos ensina que é preciso coragem para suportar o desespero, e também que o desespero, às vezes, pode dar coragem. Quando não há mais nada a esperar, não há mais nada a temer: eis toda a coragem disponível, e contra toda esperança, para um combate presente, para um sofrimento presente, para uma ação presente! É por isso que, explicava Rabelais, "de acordo com a verdadeira disciplina militar, nunca se deve pôr o inimigo em situação de desespero, porque essa necessidade multiplica sua força e aumenta sua coragem"[31]. Pode-se temer tudo de quem nada teme. E o que temeriam, se nada mais têm a esperar? Os militares sabem disso e tratam de evitá-lo, do mesmo modo que os diplomatas ou os estadistas. Toda esperança dá margem a outra; todo desespero, a si. Para se suicidar? Muitas vezes há coisa melhor a ser feita: a morte nada mais é que uma esperança como outra. Alain, que foi soldado, e soldado corajoso, encontrou na guerra alguns heróis de verdade. Eis o que diz deles: "Sem dúvida, é preciso não esperar mais nada para ser totalmente bravo; e vi tenentes e subtenentes de infantaria que pareciam ter posto um ponto final em sua vida; sua alegria me dava medo. Nisso, eu estava na retaguarda; sempre estamos na retaguarda de alguém."[32] É verdade, e não só na guerra. Alain evoca em outra página a coragem de Lagneau, não mais no combate mas numa sala de aula, seu "desespero absoluto", graças ao qual ele pensava "com alegria, sem nenhum temor e sem nenhuma esperança"[33]. Todas essas coragens se assemelham e nos dão medo. Mas o que prova nosso medo, a não ser que precisamos de coragem? É igualmente conhecida a fórmula de Guilherme de Orange: "Não é necessário esperar para empreender, nem ter êxito para perseverar." Diziam-no taciturno, o que não o impediu nem de agir, nem de ousar. Onde se viu que só os otimistas sabem o que é coragem? Sem dúvida é mais fácil empreender ou perseverar quando a esperança ou o êxito estão à vista. Mas, quando é mais fácil, tem-se menos necessidade de coragem.

O que Aristóteles mostrou claramente, em todo caso, e com o que cumpre concluir, é que a coragem é inseparável da medida. Não quer dizer, é claro, que não se possa ser extremamente corajoso, ou enfrentar um perigo extremo. Mas que é necessário proporcionar os riscos que se correm ao fim que se tem em vista: é bonito arriscar a vida por uma causa nobre, mas insensato fazê-lo por bagatelas ou por puro fascínio pelo perigo. É o que distingue o corajoso do temerário e graças ao que a coragem – como toda virtude, segundo Aristóteles – se mantém no cume, entre esses dois abismos (ou no meio-termo, entre esses dois excessos) que são a covardia e a temeridade: o covarde é submisso demais a seu medo, o temerário despreocupado demais com sua vida ou com o perigo, para poderem ser, um ou outro, verdadeiramente (isto é, virtuosamente) corajosos[34]. A ousadia, ainda que extrema, só é assim virtuosa se temperada pela prudência – o medo contribui para ela, a razão a provê. "A virtude de um homem livre se revela tão grande quando ele evita os perigos", escreve Spinoza, "como quando os supera; ele escolhe com a mesma firmeza de alma, ou presença de espírito, a fuga ou o combate."[35]

Quanto ao resto, é bom lembrar que a coragem não é o mais forte, mas sim o destino ou, é a mesma coisa, o acaso. A própria coragem está ligada a ele (basta querer, mas quem escolhe sua vontade?) e a ele permanece submetida. Para todo homem, há o que ele pode e o que ele não pode suportar. O fato de encontrar ou não, antes de morrer, o que o vai abater é uma questão de sorte, pelo menos tanto quanto de mérito. Os heróis sabem disso, quando são lúcidos: é o que os torna humildes diante de si mesmos e misericordiosos diante dos outros. Todas as virtudes se relacionam, e todas se relacionam com a coragem.

# 6

# A justiça

Com a justiça abordamos a última das quatro virtudes cardeais. Precisaremos das outras três, a tal ponto o tema é imenso. E dela mesma, a tal ponto ele está exposto aos interesses e aos conflitos de todas as ordens.

Da justiça, aliás, não nos podemos isentar, qualquer que seja a virtude que consideremos. Falar injustamente de uma delas, ou de várias, seria traí-las, e é por isso talvez que, sem fazer as vezes de nenhuma, ela contém todas as demais. *A fortiori* ela é necessária, tratando-se dela mesma. Mas quem pode gabar-se de conhecê-la ou de possuí-la totalmente?

"A justiça não existe", dizia Alain; "a justiça pertence à ordem das coisas que se devem fazer justamente porque não existem."[1] E acrescentava: "A justiça existirá se a fizermos. Eis o problema humano." Muito bem – mas que justiça? E como fazê-la, sem saber o que ela é ou deve ser?

Das quatro virtudes cardeais, a justiça é sem dúvida a única que é absolutamente boa. A prudência, a temperança ou a coragem só são virtudes a serviço do bem, ou relativamente a valores – por exemplo, a justiça – que as superam ou as motivam. A serviço do mal ou da injustiça, prudência, temperança e coragem não seriam virtudes, mas simples talentos ou qualidades do espírito ou do temperamento, como diz Kant. Talvez não seja inútil recordar este texto famoso:

> De tudo o que é possível conceber no mundo, e mesmo em geral fora do mundo, não há nada que possa ser considerado bom sem restrições, a não ser, apenas, uma vontade boa. A inteligência, a fineza, a faculdade de julgar e os demais *talentos* do espírito, qualquer que seja o nome pelo qual os designemos, ou então a coragem, a decisão, a perseverança nos desígnios, como qualidades do *temperamento*, são, sem dúvida nenhuma, sob muitos aspectos, coisas boas e desejáveis; mas esses dons da natureza também podem se tornar extremamente ruins e funestos, se a vontade que deve utilizá-los, cujas disposições próprias chamam-se por isso *caráter*, não é boa[2].

Kant evoca aqui apenas a coragem, mas quem não vê que o mesmo se poderia dizer da prudência ou da temperança? O assassino, ou o tirano, pode praticar uma e outra, conhecemos mil exemplos disso, sem ser por isso virtuoso no que quer que seja. Se, ao contrário, ele for justo, seu ato imediatamente mudará de sentido ou de valor. Irão me perguntar o que é um justo assassinato, uma justa tirania... É reconhecer pelo menos a singularidade da justiça. Porque um assassino prudente ou um tirano sóbrio nunca surpreenderam ninguém.

Em suma, a justiça é boa em si, como a boa vontade de Kant[3], e é por isso que esta não poderia ignorá-la. Cumprir seu dever, por certo; mas não à custa da justiça, nem contra ela! Como seria possível, de resto, uma vez que o dever a supõe, o que estou dizendo, uma vez que o dever é a própria justiça, como exigência e como obrigação?[4] A justiça não é uma virtude como as outras. Ela é o horizonte de todas e a lei de sua coexistência. "Virtude completa", dizia Aristóteles[5]. Todo valor a supõe; toda humanidade a requer. Não é, porém, que ela faça as vezes da felicidade (por que milagre?); mas nenhuma felicidade a dispensa.

É um problema que encontramos em Kant e que voltaremos a encontrar, desculpem-me se cito poucos, em Dostoiévski, Bergson, Camus ou Jankélévitch: se para salvar a humanidade fosse preciso condenar um inocente (torturar uma criança, diz

Dostoiévski), teríamos de nos resignar a fazê-lo? Não, respondem eles. A cartada não valeria o jogo, ou antes, não seria uma cartada, mas uma ignomínia. "Porque, se a justiça desaparece", escreve Kant, "é coisa sem valor o fato de os homems viverem na Terra."[6] O utilitarismo chega aqui a seu limite. Se a justiça fosse apenas um contrato de utilidade, como queria por exemplo Epicuro[7], apenas uma otimização do bem-estar coletivo, como queriam Bentham ou Mill[8], poderia ser justo, para a felicidade de quase todos, sacrificar alguns, sem seu acordo e ainda que fossem perfeitamente inocentes e indefesos. Ora, é o que a justiça proíbe, ou deve proibir. Rawls tem razão aqui, após Kant: a justiça é mais e melhor do que o bem-estar e a eficácia, e não poderia ser sacrificada a eles, nem mesmo em nome da felicidade da maioria[9]. A que, aliás, se poderia sacrificar legitimamente a justiça, uma vez que sem ela não haveria legitimidade nem ilegitimidade? E em nome de que, uma vez que mesmo a humanidade, mesmo a felicidade, mesmo o amor não valeriam absolutamente nada sem a justiça? Ser injusto por amor é ser injusto – e o amor não é mais que favoritismo ou parcialidade. Ser injusto para sua própria felicidade ou para a felicidade da humanidade é ser injusto – e a felicidade nada mais é que egoísmo ou conforto. A justiça é aquilo sem o que os valores deixariam de ser valores (não seriam mais que interesses ou móbeis), ou não valeriam nada. Mas o que é ela? O que ela vale?

A justiça se diz em dois sentidos: como conformidade ao direito (*jus*, em latim) e como igualdade ou proporção. "Não é justo", diz a criança que tem menos que as outras, ou menos do que julga lhe caber; e dirá a mesma coisa a seu amiguinho que trapaceia – nem que seja para restabelecer uma igualdade entre eles –, não respeitando as regras, escritas ou não-escritas, do jogo que os une e os opõe. Do mesmo modo, os adultos julgarão injustas tanto a diferença demasiado gritante das riquezas (é nesse sentido sobretudo que se fala de justiça social) quanto a transgressão da lei (que a justiça, isto é, no caso, a instituição judiciária, terá de conhecer e julgar). O justo, inversamente, será aquele que não viola nem a lei nem os interesses legítimos de outrem, nem o direito (em geral) nem os direitos (dos particulares), em suma, aquele que só fica com a sua parte dos bens, explica Aristóteles, e com toda a sua parte dos males[10]. A justiça situa-se inteira neste duplo respeito à *legalidade*, na Cidade, e à *igualdade* entre indivíduos: "O justo é o que é conforme à lei e o que respeita a igualdade, e o injusto o que é contrário à lei e o que falta com a igualdade."[11]

Esses dois sentidos, embora ligados (é justo que os indivíduos sejam iguais diante da lei), são, contudo, diferentes. Como legalidade, a justiça existe de fato, e sem outro valor que não o circular: "todas as ações prescritas pela lei são justas, (nesse) sentido", observava Aristóteles[12]; mas o que isso prova, se a lei não é justa? E Pascal, mais cinicamente: "A justiça é o que é estabelecido; assim, todas as nossas leis estabelecidas serão necessariamente consideradas justas sem ser examinadas, pois são estabelecidas."[13] Que Cidade, de outro modo? E que justiça, se o juiz não fosse obrigado a respeitar a lei – e a letra da lei – mais que suas próprias convicções morais ou políticas? O fato da lei (a *legalidade*) importa mais que seu valor (sua *legitimidade*), ou antes faz as vezes deste. Não há Estado de outro modo, não há direito de outro modo – logo, não há Estado de direito. *"Auctoritas, non veritas, facit legem"*: é a autoridade, não a verdade, que faz a lei. Isso, que podíamos ler em Hobbes[14], governa também nossas democracias. Os mais numerosos, não os mais justos ou os mais inteligentes, prevalecem e fazem a lei. Positivismo jurídico, diz-se hoje, tão insuperável com relação ao direito quanto insuficiente com relação ao valor. A justiça? O soberano decide, e é o que se chama *lei* propriamente[15]. Mas o soberano – mesmo que seja o povo – nem sempre é justo. Pascal mais uma vez: "A igualdade dos bens é justa, mas..."[16] Mas o soberano decidiu de outro modo: a lei protege a propriedade privada, tanto em nossas democracias como na época de Pascal, e garante assim a desigualdade das riquezas. Quando a igualdade e a legalidade se opõem, onde está a justiça?

A justiça, lemos em Platão, é o que reserva a cada um sua parte, seu lugar, sua função, preservando assim a harmonia hierarquizada do conjunto[17]. Seria justo dar a todos as mesmas coisas, quando eles não têm nem as mesmas necessidades nem os mesmos méritos? Exigir de todos as mesmas coisas, quando eles não têm nem as mesmas capacidades nem os mesmos encargos? Mas como manter então a igualdade, entre homems desiguais? Ou a liberdade, entre iguais? Discutia-se isso na Grécia; continua-se a discuti-lo. O mais forte prevalece, é o que se chama política: "A justiça está sujeita à discussão. A força é reconhecível e indiscutível. Por isso não se pôde dar força à justiça, porque a força contradisse a justiça e disse que ela era injusta, e disse que era ela que era justa. Assim, não se podendo fazer que o justo fosse forte, fez-se que o forte fosse justo."[18] É um abismo que a própria democracia seria incapaz de superar: "A pluralidade é o melhor caminho, porque é visível e tem força para se fazer obedecer; no entanto, essa é a opinião dos menos hábeis"[19], e dos menos justos, por vezes. Rousseau, muito útil mas incerto. Nada garante que a vontade geral seja sempre justa (a não ser que se defina a justiça como a vontade geral, círculo que esvaziaria evidentemente essa garantia de qualquer valor, se não de qualquer conteúdo); portanto, nada poderia condicionar sua validade. Todos os democratas sabem disso. Todos os republicanos sabem disso. Lei é lei, seja justa ou não. Mas ela não é, portanto, a justiça, o que nos remete ao segundo sentido. Não mais a justiça como fato (a legalidade), mas a justiça como valor (a igualdade, a eqüidade) ou, aí estamos, como virtude.

Esse segundo ponto concerne à moral, mais que ao direito. Quando a lei é injusta, é justo combatê-la – e pode ser justo, às vezes, violá-la. Justiça de Antígona, contra a de Creonte. Dos resistentes, contra a de Vichy. Dos justos, contra a dos juristas. Sócrates, condenado injustamente, recusou a salvação que lhe propunham pela fuga, preferindo morrer respeitando as leis, dizia ele, a viver transgredindo-as[20]. Era levar longe demais o amor à justiça, parece-me, ou antes, confundi-la erroneamente com a legalidade. É justo sacrificar a vida de um inocente a leis iníquas ou iniquamente aplicadas? É claro em todo caso que tal atitude, mesmo que sincera, só é tolerável para si: o heroísmo de Sócrates, já discutível em seu princípio, tornar-se-ia pura e simplesmente criminoso se ele sacrificasse às leis qualquer outro inocente que não ele mesmo. Respeitar as leis, sim, ou pelo menos obedecer a elas e defendê-las. Mas não à custa da justiça, não à custa da vida de um inocente! Para quem podia salvar Sócrates, mesmo que ilegalmente, era justo tentar – e só Sócrates podia legitimamente recusar a tentativa. A moral vem antes, a justiça vem antes, pelo menos quando se trata do essencial, e é por aí, talvez, que se reconhece o essencial. O essencial? A liberdade de todos, a dignidade de cada um e os direitos, primeiramente, do outro.

Lei é lei, dizia eu, seja justa ou não; nenhuma democracia, nenhuma república seria possível se apenas obedecêssemos às leis que aprovamos. Sim. Mas nenhuma seria aceitável se fosse necessário, por obediência, renunciar à justiça ou tolerar o intolerável. Questão de grau, que não se pode resolver de uma vez por todas. É o domínio da casuística, exatamente, no bom sentido do termo. Às vezes é necessário entrar na luta clandestina, às vezes obedecer ou desobedecer tranqüilamente... O desejável é, evidentemente, que leis e justiça caminhem no mesmo sentido, e é nisso que cada um, enquanto cidadão, tem a obrigação moral de se empenhar. A justiça não pertence a ninguém, a nenhum campo, a nenhum partido; todos são moralmente obrigados a defendê-la. Estou me exprimindo mal. Os partidos não têm moral. A justiça deve ser preservada não pelos partidos, mas pelos indivíduos que os compõem ou resistem a eles. A justiça só existe e só é um valor, inclusive, quando há justos para defendê-la.

Mas o que é um justo? Aí está o mais difícil, talvez. Aquele que respeita a legalidade? Não, pois ela pode ser injusta. Aquele que respeita a lei moral? É o que podemos ler em Kant, que, no entanto, apenas recua o problema: o que é a lei moral?

Conheci vários justos que não pretendiam conhecê-la, ou mesmo que negavam totalmente sua existência. Veja-se Montaigne, em nossas Letras. Se a lei moral existisse, aliás, ou se fosse conhecida por nós, teríamos menos necessidade dos justos: a justiça bastaria. Kant, por exemplo, pretendia deduzir da justiça, ou da idéia que tinha dela, a necessidade absoluta da pena de morte para todo assassino[21] – o que outros justos recusaram, como se sabe, e recusam. Esses desacordos entre justos são essenciais à justiça, pois assinalam sua ausência. A justiça não é deste mundo, nem de nenhum outro. Aristóteles é que tem razão, contra Platão e contra Kant, pelo menos é assim que o leio: não é a justiça que faz os justos, são os justos que fazem a justiça. Como, se não a conhecem? Por respeito à legalidade, como vimos, e à igualdade. Mas legalidade não é justiça; e como a igualdade poderia bastar? Cita-se com freqüência o juízo de Salomão; é psicologia, não é justiça – ou, antes, só é justo o segundo juízo, o que devolve o filho à sua verdadeira mãe e renuncia assim à igualdade. Quanto ao primeiro, que queria cortar a criança em dois, não seria justiça, mas barbárie. A igualdade não é tudo. Seria justo o juiz que infligisse a todos os acusados a mesma pena? O professor que atribuísse a todos os alunos a mesma nota? Dir-se-á que penas ou notas devem ser, em vez de iguais, proporcionais ao delito ou ao mérito. Sem dúvida, mas quem julgará isso? E segundo que tabela? Para um roubo, quanto? Para um estupro? Para um assassinato? E em tais circunstâncias? E em tais outras? A lei responde mais ou menos, e os júris, e os juristas. Mas a justiça não. Mesma coisa no ensino. Deve-se recompensar o aluno estudioso ou o aluno dotado? O resultado ou o mérito? Ambos? Mas como fazer, quando se trata de um concurso em que só se podem aprovar uns recusando-se os outros? E segundo quais critérios, que deveriam ser, eles próprios, avaliados? Segundo que normas, que deveriam ser, elas próprias, julgadas? Os professores respondem como podem, pois é preciso responder; mas a justiça não. A justiça não responde, a justiça nunca responde. Por isso que é preciso haver juízes, nos tribunais, e professores para corrigir as provas... Espertos os que fazem isso com a consciência tranqüila, porque *conhecem* a justiça! Os justos são, ao contrário, os que a ignoram, parece-me, que reconhecem ignorá-la e que a fazem como podem, se não às cegas, seria exagero dizê-lo, pelo menos sob risco (o maior, infelizmente, não são eles que correm) e na incerteza. Cabe aqui citar novamente Pascal: "Só há dois tipos de homems: os justos que se crêem pecadores e os pecadores que se crêem justos."[22] Mas nunca sabemos em qual dessas categorias nos classificamos – se soubéssemos já estaríamos na outra!

No entanto, é necessário um critério, ainda que aproximativo, e um princípio, ainda que incerto. O princípio deve estar do lado de certa igualdade, ou reciprocidade, ou equivalência, entre indivíduos, sem se reduzir a ela. É a origem da palavra *eqüidade* (de *aequus*, igual), que seria sinônimo de *justiça* – voltaremos a isso – se não fosse também e sobretudo sua perfeição. Isso parece indicar novamente o símbolo da balança, cujos dois pratos estão em equilíbrio e devem estar. A justiça é a virtude da ordem, mas eqüitativa, e da troca, mas honesta. Mutuamente vantajosa? É esse, claro, o caso mais favorável, talvez o mais freqüente (quando compro pão na minha padaria, eu e o padeiro achamos vantagem nesse comércio); mas como garantir que seja sempre assim? Garanti-lo não é possível; mas simplesmente constatar que a ordem ou a troca não seriam *justas* de outro modo. Se procedo a uma troca que me é desvantajosa (por exemplo, se troco minha casa por um pão), devo estar louco, mal-informado ou forçado, o que, nos três casos, esvaziaria a troca não necessariamente de todo valor jurídico (pelo menos, cabe ao soberano decidir), mas, claramente, de toda justiça. A troca, para ser justa, deve efetuar-se entre iguais, ou pelo menos nenhuma diferença (de fortuna, de poder, de saber...) entre os parceiros deve lhes impor uma troca que seja contrária a seus interesses ou a suas vontades livres e esclarecidas, tais como se exprimiriam numa situação de igualdade. Ninguém se engana quanto a isso – o que não quer dizer que todo o mundo se submeta! Aproveitar-se da ingenuidade de uma criança, da cegueira de um louco, do engano de um ignorante ou da aflição de um miserável para obter deles, sem que saibam ou por coerção, um ato contrário a seus interesses ou a suas intenções é ser injusto, mesmo que a legislação, em determinados países ou circunstâncias, não se oponha formalmente. A vigarice, a extorsão e a usura são injustas, não menos que o roubo. E o simples comércio só é justo quando respeita, entre comprador e vendedor, certa paridade, tanto na quantidade de informações disponíveis, concernentes ao objeto da troca, quanto nos direitos e deveres de cada um. Digamos mais: o próprio roubo pode tornar-se justo, talvez, quando a propriedade é injusta. Mas quando ela é injusta, a não ser quando avilta demais as exigências de certa igualdade, pelo menos relativa, entre os homens? Dizer que "a propriedade é roubo", como fazia Proudhon, é sem dúvida exagerado, até mesmo impensável (pois é negar uma propriedade que o roubo, no entanto, supõe). Mas quem pode desfrutar, em toda justiça, o supérfluo quando outros morrem por não ter o necessário? "A igualdade dos bens seria justa", dizia Pascal. Sua desigualdade, em todo caso, não poderia absolutamente ser justa, pois condena uns à miséria ou à morte, enquanto outros acumulam riquezas sobre riquezas e prazeres sobre fastios.

A igualdade que é essencial à justiça é, portanto, menos a igualdade entre os *objetos* trocados, a qual é sempre discutível e quase sempre admissível (de outro modo não haveria troca), do que entre os *sujeitos* que trocam – igualdade não de fato, é claro, mas de direito, o que supõe, no entanto, que sejam todos igualmente informados e livres, pelo menos no que diz respeito a seus interesses e às condições da troca. Dir-se-á que tal igualdade nunca se realizou completamente. Decerto, mas os justos são aqueles que tendem a ela; os injustos, os que a ela se opõem. Você vende uma casa, depois de ter morado nela durante anos; você a conhece necessariamente melhor do que qualquer comprador possível. Mas a justiça é, então, informar o eventual comprador acerca de qualquer defeito, aparente ou não, que possa existir nela, e mesmo, embora a lei não obrigue a tanto, acerca de algum problema com a vizinhança. E, sem dúvida, nem todos nós fazemos isso, nem sempre, nem completamente. Mas quem não vê que seria justo fazê-lo e que somos injustos não o fazendo? Um comprador se apresenta, você lhe mostra a casa. Deverá dizer-lhe que o vizinho é um bêbado que berra depois da meia-noite? Que as paredes são úmidas no inverno? Que o madeiramento está comido pelo cupim? A lei pode ordenar essa informação ou ignorar o problema, conforme os casos; mas a justiça sempre manda fazê-lo.

Dir-se-á que seria difícil, com tais exigências, ou pouco vantajoso, vender casas... Pode ser. Mas onde se viu a justiça ser fácil e vantajosa? Só o é para quem a recebe ou dela beneficia, e melhor para ele; mas só é uma virtude em quem a pratica ou a faz.

Devemos então renunciar a nosso próprio interesse? Claro que não. Mas devemos submetê-lo à justiça, e não o contrário. Senão? Senão, contente-se com ser rico, responde Alain, e não tente ainda por cima ser justo[23].

O princípio, portanto, é mesmo a igualdade, como vira Aristóteles, mas antes de mais nada e sobretudo a igualdade dos homens entre si, tal como resulta da lei ou tal como é moralmente pressuposta, pelo menos em direito e ainda que contra as desigualdades de fato mais evidentes, mais bem estabelecidas (inclusive juridicamente), quando não mais respeitáveis. A riqueza não dá nenhum direito particular (ela dá um poder particular, mas o poder, precisamente, não é a justiça). O gênio ou a santidade não dão nenhum direito particular. Mozart tem de pagar seu pão, como qualquer um. E são Francisco de Assis, diante de um tribunal verdadeiramente justo, não teria nem mais nem menos direitos do que qualquer outro. A justiça é a igualdade, mas a igualdade *dos direitos*, sejam eles juridicamente estabelecidos ou moralmente exigidos. É o que Alain confirma, após Aristóteles, e ilustra: "A justiça é a igualdade. Não entendo com isso uma quimera, que existirá, talvez, algum dia; entendo a relação que qualquer troca justa logo estabelece entre o forte e o fraco, o sábio e o ignorante, e que consiste no fato de que, por uma troca mais profunda e inteiramente generosa, o forte e sábio quer supor no outro uma força e uma ciência igual à sua, fazendo-se assim conselheiro, juiz e reparador."[24] Quem vende um carro usado sabe perfeitamente disso, assim como quem o compra, e é nisso, sobre a justiça, que estão de acordo, quase sempre, mesmo que nenhum dos dois a respeite absolutamente. Como seria alguém injusto, se não soubesse o que quer dizer justiça? Ora, o que um e outro sabem, por menos que reflitam sobre o assunto, é que sua transação só será justa se, e somente se, for tal que pessoas iguais – em poder, saber, direitos... – *poderiam* consentir nela. Esse condicional é muito bem denominado: a justiça é uma condição de igualdade, à qual nossas trocas devem submeter-se.

Isso também fornece o critério ou, como diz Alain, a regra de ouro da justiça: "Em todo contrato e em toda troca ponha-se no lugar do outro, mas com tudo o que você sabe e, supondo-se tão livre das necessidades quanto um homem pode sê-lo, veja se, no lugar dele, você aprovaria essa troca ou esse contrato."[25] Regra de ouro, lei de bronze: há coerção mais rigorosa e mais exigente? É querer a troca apenas entre sujeitos iguais e livres, e é nisso que a justiça, mesmo como valor, tem a ver tanto com a política como com a moral. "É justa", dizia Kant, "toda ação que permite, ou cuja máxima permite, que a livre vontade de qualquer um coexista com a liberdade de qualquer outro, segundo uma lei universal."[26] Essa coexistência das liberdades sob uma mesma lei supõe sua igualdade, pelo menos de direito, ou antes ela a realiza, e somente ela: é a própria justiça, sempre a fazer e refazer[27], e sempre ameaçada.

Isso tem a ver com a política, dizia eu. Postular sujeitos livres e iguais (livres, logo iguais) é o princípio de toda democracia verdadeira e o cadinho dos direitos humanos. É nisso que a teoria do contrato social, muito mais que a do direito natural, é essencial à nossa modernidade. São duas ficções, sem dúvida, mas uma pressupõe uma realidade, o que é sempre vão (se existisse um direito natural, não precisaríamos *fazer* a justiça: bastaria ministrá-la), enquanto a outra afirma um princípio ou uma vontade. O que está implicado, na idéia de contrato original, em Spinoza ou Locke, como em Rousseau ou Kant, é menos a existência de fato de um livre acordo entre iguais (tal contrato, nossos autores sabem muito bem, nunca existiu), do que a postulação de direito de uma liberdade igual, para todos os membros de um corpo político, pelo que são possíveis e necessários acordos que, de fato, conjuguem – e é aí que voltamos a encontrar Aristóteles – a *igualdade* (pois toda liberdade é postulada como igual a qualquer outra) e a *legalidade* (pois esses acordos podem ter, em determinadas condições, força de lei). Kant, mais claramente talvez do que Rousseau, Locke ou Spinoza, mostrou muito bem que tal acordo original era apenas hipotético, mas que essa hipótese era necessária a toda representação não-teológica do direito e da justiça:

> Eis, portanto, um *contrato original*, e unicamente sobre ele pode se fundar entre os homens uma constituição civil, logo inteiramente legítima, e constituída uma república. Mas, esse contrato (...), não é de modo algum necessário supô-lo como um *fato*, e nem mesmo é possível supô-lo como tal (...). Ao contrário, é uma simples Idéia da razão, mas ela tem uma realidade (prática) indubitável, no sentido de que obriga todo legislador a editar suas leis como *podendo* ter emanado da vontade coletiva de todo um povo e a considerar todo sujeito, na medida em que este quer ser cidadão, como se tivesse concorrido para formar, mediante seu sufrágio, uma vontade desse gênero. Pois é esta a pedra de toque da legitimidade de qualquer lei pública. Se, de fato, essa lei é de tal natureza que seja *impossível* que todo um povo *possa* lhe dar seu assentimento (se, por exemplo, ela decreta que uma classe determinada de sujeitos deve ter hereditariamente o privilégio da nobreza), ela não é justa; mas se é apenas *possível* que um povo lhe dê seu assentimento, então é um dever considerá-la justa, a supor inclusive que o povo se encontre presentemente numa situação ou numa disposição de sua maneira de pensar tais que, se consultado, provavelmente negaria seu assentimento[28].

Em outras palavras, o contrato social "é a regra e não a origem da constituição do Estado; ele não é o princípio de sua fundação, mas de sua administração"; ele não explica um devir, mas esclarece um ideal – no caso, "o ideal da legislação, do governo e da justiça pública"[29]. Hipótese puramente reguladora, pois, mas necessária: o contrato original não permite conhecer a "origem do Estado", nem o que ele é, mas "o que deve ser"[30]. A idéia de justiça, como coexistência das liberdades sob uma lei pelo menos possível, não está ligada ao conhecimento, mas à vontade (da razão simplesmente prática, diria Kant). Ela não é um conceito teórico ou explicativo, para uma sociedade dada, mas um guia para o julgamento e um ideal para a ação.

Rawls não dirá coisa muito diferente. Se for necessário imaginar os homens numa "posição original" em que cada um ignore o lugar que lhe é reservado na sociedade (é o que Rawls chama de "véu de ignorância"), é para se darem os meios de pensar a justiça como eqüidade (e não como simples legalidade ou utilidade), o que só é possível desde que se coloquem entre parênteses as diferenças individuais e o apego de cada um, mesmo quando justificado, a seus interesses egoístas ou contingentes[31]. Posição puramente hipotética, também nesse caso, e até fictícia, mas operacional, visto que permite libertar, pelo menos parcialmente, a exigência de justiça dos interesses demasiado particulares que nos levam a ela e com os quais, quase irresistivelmente, somos tentados a confundi-la. A posição original, diria eu, é como que a suposta reunião de *iguais sem ego* (pois nela supõe-se que cada um ignore não apenas "sua posição de classe ou seu *status* social", mas até sua inteligência, sua força ou "os traços particulares de sua psicologia"[32]), e é nisso que ela é esclarecedora. O eu é injusto, sempre[33], e não se pode pensar a justiça, por essa razão, a não ser colocando o eu fora de jogo ou, em todo caso, fora de condições de governar o julgamento. É a isso que leva a posição original, na qual ninguém jamais viveu, nem pode viver, mas na qual podemos tentar nos instalar, pelo menos provisória e artificialmente, para pensar e julgar. Tal modelo equivale a desviar do egoísmo (na posição original, "ninguém conhece sua situação na sociedade nem seus trunfos naturais, e é por isso que ninguém tem a possibilidade de elaborar princípios para sua vantagem própria"[34]), sem com isso postular um improvável altruísmo (pois, nele, cada um se recusa a sacrificar seus interesses, ainda que indeterminados, em benefício dos de outrem)[35]. Isso esclarece muito sobre o que é a justiça: nem egoísmo nem altruísmo, mas a pura equivalência dos direitos atestada ou manifestada pela intercambiabilidade dos indivíduos. Trata-se de que cada um contar por um, como se diz, mas isso só é possível – pois todos os indivíduos reais são diferentes e apegados a seus interesses próprios, que os opõem – desde que cada um possa colocar-se no lugar de qualquer outro, e é a isso que leva, de fato, o *véu de ignorância* que deve, segundo Rawls, caracterizar a posição original: cada um, ignorando quem ele será, só pode procurar seu interesse no interesse de todos e de cada um, e é esse interesse indiferenciado (esse interesse ao mesmo tempo mutuamente e, pelo artifício do véu de ignorância, individualmente desinteressado!) que podemos chamar de justiça ou que permite, em todo caso, nos aproximarmos dela. Aliás, seria necessário nos perguntarmos se, já em Rousseau, a alienação total de cada um (no contrato original) e a dupla universalidade da lei (na República) não conduziam, pelo menos tendencialmente, a um resultado comparável[36]. Mas isso nos levaria longe demais – ao pensamento político propriamente dito –, ao passo que se trata, antes, de voltarmos à moral, isto é, à justiça, não como exigência social, mas como virtude.

As duas estão evidentemente vinculadas: o ego é esse vínculo, quando é deslindado. Ser justo, no sentido moral do termo, é recusar-se a se colocar acima das leis (pelo que a justiça, mesmo como virtude, permanece ligada à igualdade). O que significa isso, senão que a justiça é essa virtude pela qual cada um tende a superar a tentação inversa, que consiste em se colocar acima de tudo e se sacrificar a tudo, por conseguinte a seus desejos ou a seus interesses? O eu "é injusto em si", escreve Pascal, "pelo fato de se fazer o centro de tudo"; e "incômodo aos outros, pelo fato de querer subjugá-los, porque cada eu é inimigo e gostaria de ser tirano de todos os outros"[37]. A justiça é o contrário dessa tirania, o contrário, pois, do egoísmo e do egocentrismo (mas talvez seja o caso de toda virtude), ou, digamos, a recusa a se entregar a eles. Por isso ela está mais próxima do altruísmo ou – é este o único altruísmo, na verdade – do direito. Apenas mais perto, porém: amar é difícil demais, sobretudo quando se trata de nosso próximo (só sabemos amar, quando muito, nossos próximos), sobretudo quando se trata dos homens tais como são ou como parecem (Doistoiévksi, mais cruel que Lévinas, nota que muitos seriam mais fáceis de amar se não tivessem rosto...)[38], amar exige demais, amar é perigoso demais, amar, numa palavra, é nos pedir demais! Diante do desmedido da caridade, para a qual o outro é tudo, diante do desmedido do egoísmo, para o qual o eu é tudo, a justiça se mantém na medida que sua balança simboliza, em outras palavras, no equilíbrio ou na proporção: a cada um sua parte, nem de mais nem de menos, como diz Aristóteles[39], e a mim mesmo – graças ao que a justiça, apesar de sua medida, ou por causa dela, permanece para cada qual um horizonte quase inacessível – *como se eu fosse qualquer um.*

O que eu sou, no entanto, é a verdade da justiça, que os outros, justos ou injustos, se encarregarão de me lembrar...

"A justiça", lemos em Spinoza, "é uma disposição constante da alma a atribuir a cada um o que lhe cabe de acordo com o direito civil."[40] Em outras palavras, é chamado justo "quem tem uma vontade constante de atribuir a cada um o que lhe cabe"[41]. É a definição tradicional, tal como já a encontrávamos em Simônides ou em santo Agostinho[42]. Mas o que é meu? Nada, segundo a natureza, isso porque a justiça supõe uma vida social política e juridicamente organizada: "Não há nada na natureza que possa ser dito coisa de um ou de outro, mas tudo pertence a todos; em conseqüência, no estado natural, não se pode conceber vontade de atribuir a cada um o que lhe cabe, ou de tirar de cada um o que é seu; ou seja, no estado natural não há nada que possa ser dito *justo* ou *injusto*."[43] Para Spinoza, como para Hobbes, o justo e o injusto são "noções extrínsecas"[44] que só descrevem "qualidades relativas ao homem em sociedade, não ao homem solitário"[45]. Isso não impede, decerto, que a justiça também seja uma virtude[46], mas essa virtude só é possível quando direito e propriedade estão estabelecidos. E como, senão pelo consentimento, livre ou forçado, dos indivíduos? A justiça só existe na medida em que os homens a querem, de comum acordo, e a fazem. Portanto, não há justiça no estado natural, nem justiça natural. Toda justiça é humana, toda justiça é histórica: não há justiça (no sentido jurídico do termo) sem leis, nem (no sentido moral) sem cultura – não há justiça sem sociedade.

Mas pode-se conceber, inversamente, uma sociedade sem justiça? Hobbes ou Spinoza responderiam que não, e eu os seguiria de bom grado. Que sociedade pode haver sem leis e sem um mínimo de igualdade ou de proporção? Até os bandidos, como foi tantas vezes notado, só podem formar uma comunidade, embora de malfeitores, desde que respeitem entre si certa justiça, pelo menos, cabe dizer, distributiva[47]. Como poderia ser diferente na escala de toda uma sociedade? Encontramos no entanto em Hume uma resposta diferente, que faz pensar. Ela se apóia em cinco hipóteses, de valor desigual, parece-me, mas todas sugestivas e merecedoras de exame.

Claro, Hume não contesta em nada a utilidade, e mesmo a necessidade, da justiça para toda sociedade real. Ele dá inclusive a base da sua teoria – utilitarista *ante litteram*: "A necessidade da justiça para manter a sociedade é o único fundamento dessa virtude", escreve[48], e se podemos discutir essa unicidade, como vimos e tornaremos a ver, não é possível contestar essa necessidade. Qual de nossas sociedades poderia sobreviver sem leis, tanto jurídicas quanto morais? É verdade, em se tratando de qualquer sociedade humana efetiva. Mas essas sociedades são muito complexas: como saber se essa necessidade da justiça é de fato, como pensa Hume, seu *único* fundamento? Tentando, responde Hume, conceber sociedades pelo menos possíveis em que essa necessidade não existisse. Se a justiça subsistir nelas, pelo menos como exigência, isso significará que a necessidade não basta para explicar; se desaparecer, será um argumento fortíssimo para concluir que só a necessidade basta, numa sociedade dada, para explicar seu aparecimento e fundamentar seu valor. É nesse espírito que Hume, como eu anunciava, avança cinco suposições sucessivas, que irão suprimir a *necessidade* da justiça e, com isso, pretende ele mostrar, sua *validade*. Se essas hipóteses fossem aceitáveis e a inferência justificada, seria necessário concluir que a utilidade ou a necessidade públicas são, de fato, "a única origem da justiça" e "o único fundamento de seu mérito"[49].

Essas cinco hipóteses, para resumir, são as seguintes: uma abundância absoluta, um amor universal, uma miséria ou uma violência extremas e generalizadas (como na guerra ou no estado natural de Hobbes), a confrontação com seres dotados de razão porém fracos demais para se defenderem, enfim uma separação total dos indivíduos, acarretando para cada um deles uma solidão radical[50]. Nesses cinco modelos, quer mostrar Hume, a justiça, deixando de ser necessária ou útil, deixaria também de valer. Ora, o que resulta disso?

A quinta dessas suposições é sem dúvida a mais forte. Regendo nossas relações com outrem, na solidão ela não teria objeto, não teria pertinência, não teria conteúdo. Que poderia ela valer e que sentido teria considerar como virtude uma disposição que nunca encontrasse oportunidade de se execer? Não que seja impossível ser justo ou injusto para consigo mesmo. Mas isso, sem dúvida, só é possível, em referência, ainda que implícita, aos outros. Julgar é sempre mais ou menos comparar, e é nisso que toda justiça, mesmo a justiça reflexiva, é social. Não há justiça sem sociedade, como vimos, e isso dá razão a Hume: não há justiça na solidão absoluta.

A rigor, também se pode admitir o alcance da segunda hipótese. Se cada indivíduo fosse cheio de amizade, de generosidade e de benevolência para com seus semelhantes, não precisaria mais de leis, nem precisaria respeitar para com eles um dever de igualdade: o amor iria além do simples respeito dos direitos, como se vê nas famílias unidas, e faria as vezes de justiça. Digo "a rigor", pois seria necessário perguntar-se se esse amor *aboliria* a justiça, como pensa Hume, ou então se nos tornaria justos, como me inclino a pensar, ao mesmo tempo que nos levaria além. Recordemos a bela fórmula de Aristóteles: "Amigos, não necessitamos da justiça; justos, ainda necessitamos da amizade."[51] Isso não significa que sejamos injustos para com nossos amigos, mas que a justiça então – quem pode mais, pode menos – é óbvia, incluída que está, e ultrapassada, nas doces exigências da amizade. Todavia a implicação não é considerável: é verdade que o amor, sobretudo se universal e sem limites, não tem de se preocupar com obrigações que satisfaz de passagem, decerto, mas sem se deter e, até (pois nada o leva a transgredi-las), sem se sentir submetido a elas. Tudo bem, pois, no que concerne ao amor e à solidão.

As três outras hipóteses são muito mais problemáticas.

A abundância, em primeiro lugar. Imaginemos que todos os bens possíveis se ofereçam, em quantidade infinita, a quem os desejar; em tal situação, explica Hume,

> a prudente e zelosa virtude de justiça nunca viria ao espírito de ninguém. Com que fim dividir os bens, se cada um já tem mais do que é suficiente? Por que estabelecer a propriedade, quando é impossível ela ser lesada? Por que declarar esse objeto *meu*, quando, se alguém viesse tomá-lo, bastaria eu esticar a mão para me apoderar de outro objeto de igual valor? A justiça, nesse caso, sendo totalmente inútil, seria um cerimonial vão e nunca poderia encontrar seu lugar no catálogo das virtudes[52].

No entanto, será tão certo assim? Sem dúvida, já não haveria por que proibir o roubo nem, portanto, garantir a propriedade. Mas será ela, como Hume parece pensar[53], o único objeto da justiça? Será este o único direito do homem que pode ser ameaçado, o único que deve ser defendido? Numa sociedade de abundância, como a idade de ouro dos poetas ou o comunismo de Marx, seria sempre possível caluniar o próximo ou condenar um inocente (o roubo não teria motivo, talvez, mas e o assassinato?), e isso seria tão injusto quanto em nossas sociedades de penúria ou (como diz Rawls, de acordo aqui com Hume) de "raridade relativa dos recursos"[54]. Se a justiça, como estamos de acordo em pensar, é a virtude que respeita a igualdade dos direitos e que concede a cada um o que lhe é devido, como crer que só possa dizer respeito a propriedades... ou a proprietários? Possuir, será esse meu único direito? Proprietário, será essa minha única dignidade? E estaremos quites com a justiça pela simples razão de nunca termos roubado?

Eu faria a mesma observação, ou uma observação do mesmo gênero, a propósito da extrema miséria ou da generalização da violência. "Suponhamos", escreve Hume, "que uma sociedade chegue a não poder mais satisfazer todas as necessidades ordinárias, a tal ponto que a frugalidade e a indústria, por maiores que sejam, não possam impedir que a maioria pereça e o conjunto caia numa miséria completa. Admitir-se-á facilmente, creio eu, que em tão premente urgência as leis estritas da justiça sejam suspensas e cedam lugar aos motivos, mais imperiosos, da necessidade e da preservação de si."[55] No entanto, parece-me que é isso que a experiência dos campos de concentração nazistas ou stalinistas refuta. Tzvetan Todorov, apoiando-se nos testemunhos dos sobreviventes, mostrou que, "mesmo no interior dos campos de concentração, nesse extremo do extremo, a opção entre o bem e o mal permanecia possível" e que a "raridade dos Justos" não poderia autorizar que fossem esquecidos – a não ser que se fizesse o jogo de seus carrascos[56]. Nos campos de concentração como alhures, as diferenças individuais eram também diferenças éticas[57]. Alguns roubavam a ração de seus co-detentos, denunciavam os líderes aos guardas, oprimiam os mais fracos, cortejavam os mais fortes... Injustiça. Outros organizavam a resistência e a solidareidade, dividiam os recursos comuns, protegiam os mais fracos, em suma, tentavam restabelecer apesar de tudo, no horror generalizado, como que uma aparência de direito ou de eqüidade... Justiça. Que ela tivesse de mudar de formas, imagina-se, mas sem com isso desaparecer, nem como exigência, nem como valor, nem como possibilidade; nos campos de concentração também havia justos e canalhas, ou antes era possível (desconfiemos das globalizações extremadas e simplificadoras) ser *mais ou menos justo*, e alguns o foram, muitas vezes à custa da própria vida, heroicamente. Sacha Peterski, Milena Jesenska, Etty Hillesum, Rudi Massarek, Maxymilien Kolbe, Else Krug, Mala Zimetbaum, Hiasl Neumeier... Devemos fazer como se não tivessem existido? E quantos outros, por serem menos heróicos, foram apesar de tudo mais justos do que poderiam ser, até mesmo mais do que – se se tratasse de sua sobrevivência apenas – teriam interesse de ser? De tanto repetir que, nos campos de concentração, toda moral havia desaparecido, dá-se razão aos que gostariam de fato de fazê-la desaparecer, e esquecem-se os que resistiram – em seu nível, com seus meios – a essa aniquilação. Combate de todos os dias, de todos os instantes, contra os guardas, contra os outros detentos e contra si. Quantos heróis desconhecidos? Quantos justos esquecidos? Quem, por exemplo, sem o testemunho de Robert Antelme, se lembraria de Jacques, o estudante de medicina?

> Se fôssemos encontrar um SS e lhe mostrássemos Jacques, poderíamos dizer-lhe: "Olhe para ele, vocês fizeram dele este homem apodrecido, amarelado, o que melhor deve parecer o que vocês pensam que ele é por natureza: o lixo, a escória, vocês conseguiram. Pois bem, vamos lhe dizer o seguinte, que deveria fazer você cair duro, se o "erro" pudesse matar: vocês permitiram que ele se tornasse o homem mais consumado, mais seguro de seus poderes, dos recursos de sua consciência e do alcance de seus atos, o mais forte. (...) Com Jacques, vocês nunca ganharam. Queriam que ele roubasse, e ele não roubou. Queriam que ele lambesse as botas dos *kapos* para comer, e ele não lambeu. Queriam que ele risse para ser bem-visto, quando um *meister* batia num companheiro, e ele não riu."[58]

Jacques, dizia pouco antes Robert Antelme, é "o que na religião se chama de santo"[59]. E que, em toda parte, se chama de justo.

Por que seria diferente na guerra? É evidente que ela subverte as condições de exercício da justiça e torna sua prática infinitamente mais difícil e aleatória: não há guerra justa, se entendemos com isso uma guerra que respeite, como se nada estivesse acontecendo, as leis e os direitos ordinários da humanidade. No entanto, isso não impede que um soldado ou um oficial possa ser, numa situação dada, mais justo do que outro, ou menos injusto, o que basta para provar que nem a exigência da justiça nem seu valor são pura e simplesmente abolidos pela guerra. Aliás, Hume o reconhece, em outra passagem, dando a entender que isso ocorre porque as guerras deixam subsistir, mesmo entre inimigos, um interesse comum ou uma utilidade compartilhada[60]. Mas isso não poderia esgotar a exigência de justiça, pois esta pode ir contra esses interesses ou essa utilidade! Nada nos impede de considerar, por exemplo, e apenas a título de hipótese, que a tortura ou a execução de prisioneiros possam ser, numa guerra, mutuamente vantajosas (cada exército poderia tirar proveito delas); mas isso bastaria para fazer com que fosse justo? É incontestável que a utilidade comum reforça a exigência de justiça e é, com freqüência, a motivação mais forte que nos leva a respeitá-la. Mas se ela constituísse toda a justiça, já não haveria nem justiça nem injustiça. Só haveria o útil e o prejudicial, o interesse e o cálculo; a inteligência bastaria à justiça, ou antes faria as vezes dela. Mas não é assim, e é o que os justos, mesmo diante do pior, nos lembram.

Quanto à quarta hipótese de Hume, ela é de arrepiar, e nos faz mal ver um gênio tão grande e tão cativante escrever o que ele escreve:

> Se houvesse uma espécie de criaturas, vivendo entre os homens, dotadas de razão, mas dotadas de uma força tão inferior, tanto física como mental, que elas fossem incapazes de qualquer resistência e nunca pudessem, mesmo diante da mais flagrante provocação, nos fazer sentir os efeitos de seu ressentimento, acho

> que seríamos necessariamente obrigados, pelas leis da humanidade, a tratar essas criaturas com doçura; mas, falando propriamente, não estaríamos obrigados por nenhum dever de justiça para com elas, e elas não poderiam ter nem direito nem propriedade a opor a esses amos arbitrários. Nossas relações com elas não poderiam ser chamadas "sociedade", pois esse nome supõe certo grau de igualdade, mas sim "poder absoluto" de um lado e "obediência servil" do outro. Elas devem renunciar de imediato a tudo o que cobiçamos; nossa permissão é o único contrato pelo qual elas têm suas posses; nossa compaixão e nossa gentileza são os únicos freios que lhes permitem alterar nosso querer arbitrário. E, como nunca resulta nenhum inconveniente do exercício de um poder tão firmemente estabelecido pela natureza, as exigências da justiça e da propriedade, sendo totalmente *inúteis*, nunca teriam seu lugar numa associação tão desigual[61].

Quis citar esse parágrafo por inteiro para não correr o risco de traí-lo. Vê-se que as qualidades pessoais de Hume, em especial sua humanidade, não estão em causa. Mas é quanto ao fundo, e filosoficamente, que esse pensamento parece inaceitável. Que a doçura e a compaixão sejam devidas aos fracos, estou de acordo, é evidente; aliás, elas figuram em seu devido lugar neste tratado. Mas como aceitar que elas façam as vezes da justiça ou a ministrem? Não há justiça, escreve Hume, nem mesmo sociedade, sem "um certo grau de igualdade". Muito bem, contanto que se acrescente que a igualdade em questão não é uma igualdade de fato ou de poder, mas uma igualdade *de direitos*! Ora, para se terem direitos, bastam a consciência e a razão, mesmo virtuais e mesmo sem nenhuma força para se defender ou atacar. Se não fosse assim, as crianças não teriam direitos, nem os doentes, e afinal (como nenhum indivíduo é forte o suficiente para se defender de maneira eficaz) ninguém teria.

Imaginemos por um instante esses indivíduos racionais e sem defesas que Hume evoca. Teria eu, por exemplo, o *direito* de explorá-los ou roubá-los a meu bel-prazer (já que doçura e compaixão são de outra ordem)? "É essa, manifestamente, a situação dos homens em relação aos animais", escreve Hume[62]. De maneira nenhuma, pois os animais não são, no sentido usual do termo, "dotados de razão"![63] Hume bem o sente, pois toma dois outros exemplos, e que exemplos! "A grande superioridade dos europeus civilizados sobre os indígenas bárbaros", escreve, "convidou-nos a nos imaginar numa relação assim com eles e nos fez rejeitar qualquer obrigação de justiça, e mesmo de humanidade, na maneira como os tratamos."[64] Pode ser, mas era justo? A fraqueza deles diante dos europeus, no entanto, era incontestável, e a justiça para com eles deixava, como os acontecimentos mostraram, de ser socialmente necessária. E isso significa que nenhuma justiça lhes fosse devida? Pode-se admitir que doçura e compaixão esgotavam tudo o que lhes devíamos ou, antes (pois, por sua fraqueza, supõe-se que não tinham nenhum direito), tudo o que não lhes *devíamos*? Não é possível aceitar tal argumento, parece-me, sem renunciar à própria idéia de justiça.

É o que Montaigne, tão próximo de Hume em tantos outros pontos, soube perceber. A fraqueza dos indígenas da América, longe de nos isentar de justiça, devia recomendá-los à nossa justiça (e não apenas à nossa compaixão!), e somos culpados, muito intensamente culpados, por ter ultrapassado nossos direitos ao violar os deles[65]. A justiça, "que distribui a cada um o que lhe pertence", como diz Montaigne[66], não poderia autorizar massacres e saques. E, embora ela tenha sido evidentemente "engendrada para a sociedade e a comunidade dos homens"[67], nada autoriza a pensar que se baseie apenas em sua própria e exclusiva utilidade. É uma hipótese que não encontramos em Montaigne, mas tudo leva a crer que ele a teria aceito: imaginemos uma nova América, que descobriríamos em outro planeta, habitada por seres racionais, mas doces e sem defesas; estaríamos prontos a bancar de novo os conquistadores, a massacrar de novo, a saquear de novo? Poderia ser, se o interesse e a utilidade nos impelissem a isso com bastante força. Mas que isso possa ser justo, não.

O segundo exemplo que Hume toma, aparentemente mais jocoso, não é menos discutível: "Em muitas nações", continua ele, "o sexo feminino está reduzido a uma escravidão análoga e é colocado, diante de seus senhores e amos, na incapacidade de possuir o que quer que seja. No entanto, embora os homens, quando unidos, tenham em todos os países força física suficiente para impor essa severa tirania, a persuasão, a habilidade e os encantos de suas belas companheiras são tais, que as mulheres são geralmente capazes de quebrar essa união e dividir com o outro sexo todos os direitos e privilégios da vida em sociedade."[68] Não contesto a realidade dessa escravidão, nem dessa habilidade, nem desses encantos. Mas essa escravidão era justa? E seria justa, num país em que a lei não a proibisse, ou até mesmo a prescrevesse, no caso de uma mulher totalmente desprovida de persuasão, de habilidade ou de encantos? Não podemos sequer pensá-lo, nem que doçura e compaixão fossem, em relação a uma mulher feia e inábil, os únicos limites que devêssemos – se a legislação não impusesse limites positivos – respeitar!

Encontramos em Lucrécio (ele também, entretanto, como Epicuro, antes utilitarista em matéria de justiça) uma idéia rigorosamente inversa: a fraqueza das mulheres e das crianças, nos tempos pré-históricos, longe de excluí-las da justiça, é o que a torna necessária (mas *moralmente* necessária) e desejável:

> Quando souberam servir-se das cabanas, das peles de animais e do fogo, quando a mulher, pelos vínculos do casamento, tornou-se propriedade de um só esposo e quando viram crescer a descendência nascida de seu sangue, então o gênero humano começou a perder pouco a pouco sua rudeza. (...) Vênus tirou parte de seu vigor; e as crianças pelas suas carícias não tiveram dificuldade de dobrar o temperamento feroz de seus pais. Então também a amizade começou a atar seus vínculos entre vizinhos, desejosos de poupar qualquer violência mútua; recomendaram-se, e a seus filhos e mulheres, dando a entender confusamente com a voz e o gesto que era justo [*aecum*] que todos tivessem piedade dos fracos[69].

A doçura e a compaixão não fazem as vezes da justiça, nem assinalam seu fim; elas são antes sua origem, e é por isso que a justiça, que vale primeiro em relação aos mais fracos, em caso algum os excluiria de seu campo, nem nos dispensaria do dever de respeitá-la, diante deles. É evidente que a justiça é socialmente útil e, até, socialmente indispensável, é evidente; mas essa utilidade ou essa necessidade sociais não poderiam limitar totalmente seu alcance. Uma justiça que só valesse para os fortes seria injusta, e isso mostra o essencial da justiça como virtude: ela é o respeito à igualdade de direitos, não de forças, e aos indivíduos, não às potências.

Pascal, mais que Hume, é freqüentemente cínico. Mas não transige quanto ao essencial: "A justiça sem a força é impotente; a força sem a justiça é tirânica."[70] Não são os justos que prevalecem; são os mais fortes, sempre. Mas isso, que proíbe sonhar, não proíbe combater. Pela justiça? Por que não, se nós a amamos? A impotência é fatal; a tirania é odiosa. Portanto, é necessário "pôr a justiça e a força juntas"[71]; é para isso que a política serve e é isso que a torna necessária.

O desejável, dizia eu, é evidentemente que leis e justiça caminhem no mesmo sentido. Pesada responsabilidade, para o soberano e, em especial, em nossas democracias, para o poder legislativo! No entanto, não poderíamos descarregar em nossos parlamentares: todo poder deve ser tomado, ou defendido, e ninguém obedece inocentemente. Mas também seria um equívoco sonhar uma legislação absolutamente justa, que bastaria aplicar. Aristóteles já mostrara que a justiça não poderia estar toda contida nas disposições necessariamente gerais de uma legislação. É por isso que, em seu ápice, ela é eqüidade: porque a igualdade que ela visa ou instaura é uma igualdade de direito, apesar das desigualdades de fato e até, muitas vezes, apesar das que nasceriam de uma aplicação demasiado mecânica ou demasiado intransigente da lei. "O eqüitativo", explica Aristóteles, "embora sendo justo, não é o justo de acordo com a lei, mas um corretivo da justiça legal", o qual permite adaptar a generalidade da lei à complexidade cambiante das circunstâncias e à irredutível singularidade das situações concretas[72]. Embora o homem eqüitativo seja justo, e até eminentemente justo, mas no sentido em que a justiça, muito mais do que simples conformidade a uma lei, é um valor e uma exigência. "O eqüitativo", dizia também Aristóteles, "é o justo, tomado independentemente da lei escrita."[73] Ao homem eqüitativo, a legalidade importa menos que a igualdade, ou pelo menos ele sabe corrigir os rigores e as abstrações daquela mediante as exigências muito mais flexíveis e complexas (pois se trata, repitamos, da igualdade entre indivíduos que são, todos, diferentes) desta. Isso pode levá-lo muito longe, e até em detrimento de seus interesses: "Quem tende a escolher e realizar as ações eqüitativas e não se atém rigorosamente a seus direitos no sentido do pior, mas tende a tomar menos do que lhe é devido, embora tenha a lei do seu lado, é um homem eqüitativo, e essa disposição é a eqüidade, uma forma especial de justiça e não uma disposição inteiramente distinta."[74] Digamos que é justiça aplicada, justiça viva, justiça concreta – justiça verdadeira.

Ela não dispensa a misericórdia ("a eqüidade", dizia Aristóteles, "é perdoar o gênero humano"[75]), não no sentido de que se renuncie sempre a punir, mas de que, para ser eqüitativo, o juízo precisa ter superado o ódio e a cólera.

A eqüidade também não dispensa a inteligência, a prudência, a coragem, a fidelidade, a generosidade, a tolerância... É nisso que coincide com a justiça, não mais como virtude particular, tal como a consideramos aqui, mas como virtude geral e completa[76], aquela que contém ou supõe todas as outras[77], aquela de que Aristóteles dizia tão belamente que a consideramos "a mais perfeita das virtudes e (que) *nem a estrela da noite, nem a estrela da manhã* são tão admiráveis"[78].

O que é um justo? É alguém que põe sua força a serviço do direito, e dos direitos, e que, decretando nele a igualdade de todo homem com todo outro, apesar das desigualdades de fato ou de talentos, que são inúmeras, instaura uma ordem que não existe, mas sem a qual nenhuma ordem jamais poderia nos satisfazer. O mundo resiste, e o homem. Portanto, é preciso resistir a eles – e resistir antes de tudo à injustiça que cada um traz em si mesmo, que é si mesmo. É por isso que o combate pela justiça não terá fim. Esse Reino, pelo menos, nos é proibido, ou antes já estamos nele só quando nos esforçamos por alcançá-lo. Felizes os famintos de justiça, que nunca serão saciados!

# 7

# A generosidade

A generosidade é a virtude do dom. Não se trata mais de "atribuir a cada um o que é seu", como dizia Spinoza a propósito da justiça[1], mas de lhe oferecer o que não é seu, o que é de quem oferece e que lhe falta. Que também se possa assim satisfazer a justiça, certamente é possível (dar a alguém o que, sem ainda lhe pertencer, sem mesmo lhe caber segundo a lei, lhe é devido de uma maneira ou de outra: por exemplo, dar de comer a quem tem fome), mas isso não é necessário nem essencial à generosidade. Daí o sentimento que às vezes se pode ter de que a justiça é mais importante, mais urgente, mais necessária, e de que ao lado dela a generosidade seria como que um luxo ou um suplemento de alma. "É preciso ser justo antes de ser generoso", dizia Chamfort, "do mesmo modo que se tem camisas antes de se terem rendas."[2] Sem dúvida. Como as duas virtudes são de um registro diferente, não é seguro, porém, que o problema sempre se coloque nesses termos, nem com freqüência. Claro, justiça e generosidade dizem respeito, ambas, a nossas relações com outrem (principalmente, pelo menos: também podemos necessitar delas para nós mesmos); mas a generosidade é mais subjetiva, mais singular, mais afetiva, mais espontânea, ao passo que a justiça, mesmo quando aplicada, guarda em si algo mais objetivo, mais universal, mais intelectual ou mais refletido. A generosidade parece dever mais ao coração ou ao temperamento; a justiça, ao espírito ou à razão. Os direitos humanos, por exemplo, podem constituir objeto de uma declaração. A generosidade não: trata-se de agir, e não em função de determinado texto, de determinada lei, mas além de qualquer texto, além de qualquer lei, em todo caso humana, e unicamente de acordo com as exigências do amor, da moral ou da solidariedade.

Detenho-me nesta última palavra. Antes de mais nada, a solidariedade deveria figurar neste tratado, e talvez não seja inútil indicar brevemente por que renunciei a incluí-la, já que era necessário escolher (eu queria fazer apenas um *pequeno* tratado), e sobretudo por que a justiça e a generosidade pareceram-me poder substituí-la com vantagem.

O que é a solidariedade? É um estado de fato antes de ser um dever; depois é um estado de alma (que sentimos ou não), antes de ser uma virtude ou um valor. O estado de fato é bem indicado pela etimologia: ser solidário é pertencer a um conjunto *in solido*, como se dizia em latim, isto é, "para o todo"[3]. Assim devedores são ditos solidários, na linguagem jurídica, se cada um pode e deve responder pela totalidade da soma que tomaram emprestada coletivamente. Isso tem suas relações com a *solidez*, de que a palavra provém: um corpo sólido é um corpo em que todas as partes se sustentam (em que as moléculas, poderíamos dizer igualmente, são mais *solidárias* do que nos estados líquidos ou gasosos), de tal sorte que tudo o que acontece com uma acontece também com a outra ou repercute nela. Em suma, a solidariedade é antes de mais nada o fato de uma coesão, de uma interdependência, de uma comunidade de interesses ou de destino. Ser solidários, nesse sentido, é pertencer a um mesmo conjunto e partilhar, conseqüentemente – quer se queira, quer não, quer se saiba, quer não – uma mesma história. Solidariedade objetiva, dir-se-á: é o que distingue o seixo dos grãos de areia, e uma sociedade de uma multidão.

Como estado de alma, a solidariedade nada mais é que o sentimento ou a afirmação dessa interdependência. Solidariedade subjetiva: "Operários, estudantes, mesmo combate", dizíamos em 1968, ou então "Somos todos judeus alemães"; em outras palavras, a vitória de uns será a vitória dos outros, ou vice-versa, e o que se faz a um de nós, mesmo que esse um seja diferente (por ser judeu, por ser alemão...), se faz a todos. É óbvio que não tenho nada contra esses sentimentos, que são nobres. Mas serão por isso virtudes? Ou, se há virtude neles, trata-se mesmo de solidariedade? Os empresários ou a polícia, em maio de 1968, não eram menos solidários entre si (e sem dúvida eram até mais) do que operários e estudantes, e, embora isso não condene nem uns nem outros, torna a moralidade do conjunto um tanto duvidosa ou suspeita. É raro que a virtude seja tão bem distribuída... De resto, se a solidariedade é comunidade de interesses (solidariedade subjetiva), do ponto de vista moral ela vale tanto quanto valem os interesses, que não valem nada. De fato, das duas uma: ou essa comunidade é real, efetiva, e então ao defender o outro nada mais faço do que defender a mim mesmo (o que, decerto, nada tem de censurável, mas é por demais vinculado ao egoísmo para o ser à moral); ou essa comunidade é ilusória, formal ou ideal, e então se luto pelo outro já não se trata de solidariedade (pois meu interesse não está em jogo), mas de justiça (se o outro é oprimido, lesado, espoliado...) ou de generosidade (se não o é, mas simplesmente infortunado ou fraco). Em suma, a solidariedade é demasiado interessada ou demasiado ilusória para ser uma virtude. Nada mais é que egoísmo bem entendido ou generosidade mal entendida. Isso não impede que ela seja um valor, mas um valor que vale, sobretudo, na medida em que escapa ao encolhimento do eu, ao egoísmo estreita ou limitado, digamos, ao solipsismo ético. É muito mais a ausência de um defeito do que uma qualidade. Dou como prova que a língua resiste, apesar do mau uso que dela fazem os políticos, a qualquer tentativa de moralizar ou absolutizar a solidariedade. Se digo de alguém: "É justo, é generoso, é corajoso, é tolerante, é sincero e doce...", todos compreendem que estou enunciando suas virtudes, que dele fazem um homem moralmente estimável, ou mesmo admirável. Se acrescento: "É solidário", todos, diante desse uso intransitivo, ficam surpresos e provavelmente me perguntarão: "Solidário... com quem?"

O mau uso que se faz dessa palavra hoje em dia me parece indicar, sobretudo, a incapacidade em que nos encontramos, com freqüência, de utilizar as palavras que conviriam e que nos assustam. *Solidariedade*, observam os lexicógrafos, tornou-se "no vocabulário sociopolítico um substituto prudente de *igualdade*"[4], bem como, eu acrescentaria, de *justiça* ou de *generosidade*. Mas que importa essa prudência, que nada mais é que timidez ou má-fé? Alguém acha que, suprimindo-se essas palavras, se tornará mais aceitável a falta daquilo – as virtudes – que elas designam? Alguém imagina que uma comunidade de interesses possa fazer as vezes delas? Triste época, que suprime as grandes palavras para não ver nada mais que sua própria pequenez!

Sendo este um tratado das virtudes, e não um dicionário de idéias prontas, deixei, pois, a solidariedade no universo que lhe é próprio, o universo dos interesses convergentes ou opostos, dos diferentes corporativismos, ainda que fossem planetários, dos *lobbies* de todo tipo, ainda que fossem legítimos. Não acredita que sejamos todos solidários, isto é, todos interdependentes. Em que sua morte me torna menos vivo? Em que sua pobreza me torna menos rico? Não só a miséria do Terceiro Mundo não é prejudicial à riqueza do Ocidente, como esta só é possível, direta ou indiretamente, graças àquela, que ela explora ou acarreta. E o fato de habitarmos todos a mesma Terra, de sermos, pois, ecologicamente solidários, não impede que sejamos também, e mais ainda, economicamente concorrentes. Não venhamos com histórias. Não é de solidariedade que a África ou a América do Sul necessitam, mas de justiça e de generosidade! Quanto a pensar que os que têm trabalho, em nossos países, seriam solidários com os que não o têm, basta olhar o que fazem concretamente os sindicatos, em cada ramo de atividade, para constatar que a defesa dos interesses na verdade só vale para os interesses *comuns* e que nenhuma solidariedade objetiva (nem, por conseguinte, subjetiva, pois esta só se distingue da generosidade graças àquela) bastará evidentemente para resolver o problema do desemprego, nem para empreender seriamente sua solução. Mais uma vez, não é de solidariedade que se trata (pode ser que desempregados e assalariados tenham interesses divergentes ou mesmo opostos), mas de justiça e de generosidade. Pelo menos se considerarmos o problema, como convém neste pequeno livro, de seu aspecto moral ou ético. É dizer pouco afirmar que esse aspecto não é tudo; nem a política nem a economia poderiam reduzir-se a ele, nem mesmo, absolutamente, submeter-se a ele. Mas o fato de não ser tudo não significa que não seja nada. A moral só conta na medida em que queremos. É por isso que ela conta pouco, e um pouco.

Mas voltemos à generosidade. Que a solidariedade pode motivá-la, suscitá-la, reforçá-la, não há dúvida. Mas ela só é verdadeiramente generosa desde que vá além do interesse, ainda que bem compreendido, ainda que partilhado – logo, contanto que vá além da solidariedade! Se fosse de fato de meu interesse ajudar, por exemplo, as crianças do Terceiro Mundo, não precisaria ser generoso para fazê-lo. Bastaria ser lúcido e prudente. "Combater a fome para salvar a paz", dizia um movimento católico na década de 60. Aquilo chocava nossa juventude e nossa generosidade, que achavam sórdida essa barganha. Estávamos errados? Não sei. O caso é que, se fosse de fato nosso interesse, faríamos essa barganha, a não ser que fôssemos uns idiotas, sem que precisássemos, para tanto, ser generosos – e então a *teríamos feito* efetivamente! Não a fazermos, ou fazermos tão pouco, basta para provar que a nossos olhos este não é nosso interesse verdadeiro, que somos, pois, uns hipócritas quando pretendemos o contrário, o que não prova de maneira nenhuma que nossos olhos são ruins ou que nos falta lucidez. O coração é que é mau, pois é egoísta; a generosidade, muito mais que a lucidez, é que nos falta.

Sem querer reduzir tudo a uma questão de dinheiro, pois se pode dar outra coisa, não omitamos, porém, que o dinheiro tem o mérito, e até serve para isso, de ser quantificável. Assim, ele autoriza, por exemplo, esta pergunta: que porcentagem de sua renda você consagra a ajudar os mais pobres ou mais infelizes que você? Devem-se deixar de lado os impostos, pois não são voluntários; e a família ou os amigos muito próximos, pois o amor, muito mais do que a generosidade, basta para explicar o que fazíamos por eles sem deixar, por isso (pois sua felicidade é nossa felicidade), de o fazer também por nós... Estou simplificando um pouco, até demais. Tratando-se dos impostos, por exemplo, pode ser um ato de generosidade, quando se faz parte das classes média ou abastada, votar num partido político que anunciou sua firme intenção de aumentá-los. Mas a coisa é tão rara que essa generosidade tem pouquíssima ocasião de se manifestar; e os partidos, que só sabem anunciar diminuição dos impostos, mostram com isso o crédito que dão a nossa generosidade! Julgam-me pessimista; mas quem não vê que os homens políticos o são muito mais, não obstante o que dizem, e por razões muito sólidas? Quanto à família ou aos amigos íntimos, dá-se mais ou menos a mesma coisa. É simplificar excessivamente não querer ver nenhuma generosidade possível ou necessária em relação a eles. Se bem que a felicidade de meus filhos constitua a minha, ou a condicione, nem por isso deixa de acontecer que seus desejos se oponham aos meus, suas brincadeiras a meu trabalho, seu entusiasmo a meu cansaço... são oportunidades de dar prova, ou não, de generosidade em relação a eles! Mas não é essa aqui minha intenção. Eu só queria colocar a questão de dinheiro com a maior nitidez e, para isso, globalizar – é preciso – os orçamentos familiares. Eis que, portanto, voltamos ao ponto: que porcentagem de sua renda familiar você consagra a despesas que se possam chamar de generosidade, em outras palavras, a uma felicidade diferente da sua ou de seus ímtimos? Cada qual responderá por sua conta. Imagino que estaremos quase todos abaixo dos 10%, e muitas vezes, faça o cálculo, abaixo de 1%... Certo, o dinheiro não é tudo. Mas por que milagre seríamos mais generosos nos domínios não financeiros ou não quantificáveis? Por que teríamos o coração mais aberto do que a carteira? O inverso é mais verossímil. Como saber se o pouco que damos é generosidade, de fato, ou se é o preço de nosso conforto moral, o precinho de nossa conscienciazinha tranqüila? Resumindo, a generosidade só é uma virtude tão grande e tão gabada porque é muito fraca em cada um, porque o egoísmo é mais forte sempre, porque a generosidade só brilha, na maioria das vezes, por sua ausência... "Como o coração do homem é oco e cheio de lixo", dizia Pascal[5]. Porque, quase sempre, só está cheio de si mesmo.

Mas deve-se distinguir, como faço, ou mesmo opor, amor e generosidade? "Claro, a generosidade pode não ser amante", reconhece Jankélévitch, "mas o amor é quase necessariamente generoso, pelo menos em relação ao amado e enquanto ama."[6] Sem se reduzir ao amor, a generosidade tenderia pois, "em seu mais extremo ápice", a se confundir com ele: "Pois, se é possível dar sem amar, é por assim dizer impossível amar sem dar."[7] Que seja. Mas trata-se então de amor ou de generosidade? É uma questão de definição, e não vou brigar por causa de palavras. No entanto, a idéia de me sentir generoso em relação a meus filhos, ou mesmo de dever sê-lo, nunca me ocorreu. Há aqui amor demais, e angústia demais, para me deixar iludir. O que você faz por eles faz por você também. E para que precisa da virtude para isso? Basta o amor, e que amor! Como é que amo tanto meus filhos e tão pouco os filhos dos outros? É que meus filhos são *meus*, justamente, e eu me amo através deles... Generosidade? Que nada: apenas egoísmo dilatado, transitivo, familiar. Quanto ao outro amor, o que liberado do ego, o dos santos ou dos bem-aventurados, também não tenho muita certeza de que a generosidade nos ensine grande coisa a respeito dele, nem ele a respeito dela. Não vale para a generosidade o mesmo que para a justiça? O amor não as ultrapassa, uma e outra, muito mais do que está submetido a elas? Dar, quando se ama, é dar prova de generosidade ou de amor? Mesmo os amantes não se enganam quanto a isso. Uma mulher manteúda pode falar da generosidade de seus clientes ou protetores. Mas e uma mulher amada? Mas e uma mulher amante? Quanto aos santos... Cristo era generoso? Será essa a palavra que convém? Duvido muito, e por sinal registro que essa virtude não é muito evocada na tradição cristã, por exemplo, em santo Agostinho ou em santo Tomás, como também não era, diga-se de passagem, nos gregos ou nos latinos. Quem sabe não é apenas uma questão de vocabulário? A palavra *generositas* existia em latim, mas para designar antes a excelência de uma linhagem (*gens*) ou de um temperamento. Podia no entanto, como às vezes em Cícero, traduzir a *megalopsuchia* dos gregos (grandeza de alma), mais simplesmente do que a pomposa *magnanimitas*, que é seu decalque erudito. Isso é verdade sobretudo em francês: *magnanimité* [magnanimidade] praticamente não saiu das escolas; é *générosité* [generosidade], sem dúvida, que melhor diz o que a grandeza pode ter de propriamente moral e em que, de fato, ela é então uma virtude. Assim é em Corneille ou, voltaremos a ele, em Descartes. Na linguagem contemporânea, todavia, a grandeza conta menos que o dom, ou só é generosa por sua facilidade em dar. A generosidade aparece então no cruzamento de duas virtude gregas, que são a *magnanimidade* e a *liberalidade*. O magnânimo não é nem vaidoso nem baixo, o liberal não é nem avaro nem pródigo[8], por isso são sempre generosos, quando não se identificam.

Mas isso ainda não é o amor e não faz as vezes dele.

A generosidade é a virtude do dom, dizia eu. Dom de dinheiro (pelo qual tem a ver com a liberalidade), dom de si (pelo qual tem a ver com a magnanimidade, ou mesmo com o sacrifício). Mas só podemos dar o que possuímos e somente com a condição de não sermos possuídos. Nisso a generosidade é indissociável de uma forma de liberdade ou de domínio de si que será, em Descartes, o essencial de seu conteúdo. De que se trata? De uma paixão e, ao mesmo tempo, de uma virtude. A definição é dada num artigo famoso do *Tratado das paixões*, que convém citar integralmente:

> Creio assim que a verdadeira generosidade, que faz um homem se estimar ao mais alto grau que ele pode legitimamente estimar-se, consiste, apenas, parte em ele saber que não há nada que lhe pertença verdadeiramente além dessa livre disposição de suas vontades, nem por que ele deva ser elogiado ou censurado, a não ser por usá-la bem ou mal; parte em ele sentir em si uma firme e constante resolução de bem utilizá-la, isto é, nunca carecer de vontade para empreender e executar todas as coisas que julgar serem as melhores. O que é seguir perfeitamente a virtude[9].

A redação é um tanto laboriosa, mas o sentido é claro. A generosidade é ao mesmo tempo consciência de sua própria liberdade (ou de si mesmo como livre e responsável) e firme resolução de bem usá-la. Consciência e confiança, pois: consciência de ser livre, confiança no uso que se fará disso. É por isso que a generosidade produz auto-estima, que é muito mais conseqüência dela do que seu princípio (isso distingue a generosidade cartesiana da magnanimidade aristotélica). O princípio é a vontade e nada mais que ela: ser generoso é saber-se livre para agir bem e querer-se assim. Vontade sempre necessária, para Descartes, e sempre suficiente, se efetiva. O homem generoso não é prisioneiro de seus afetos, nem de si; ao contrário, é senhor de si e, por isso, não tem desculpas nem as procura. A vontade lhe basta. A virtude lhe basta. Nisso coincide com a generosidade no sentido comum do termo, explica-o o artigo 156: "Os que são generosos dessa maneira são naturalmente levados a fazer grandes coisas, e todavia a não empreender nada de que não se sintam capazes. E por não estimarem nada maior do que fazer o bem aos outros homens e desprezar seu próprio interesse, por causa disso são sempre perfeitamente corteses, afáveis e oficiosos [serviçais] para com todos. E além disso são inteiramente senhores de suas paixões, particularmente dos desejos, do ciúme e da inveja..."[10] A generosidade é o contrário do egoísmo, como a magnanimidade o é da mesquinharia. Essas duas virtudes são uma só e mesma coisa[11], assim como esses dois defeitos. O que há de mais mesquinho que o eu? O que há de mais sórdido do que o egoísmo? Ser generoso é ser livre de si, de suas pequenas covardias, de suas pequenas posses, de suas pequenas cóleras, de seus pequenos ciúmes... Descartes via nisso não apenas o princípio de toda virtude, mas o bem soberano, para cada um, o qual consiste apenas, dizia ele, "numa firme vontade de agir bem e no contentamento que ela produz"[12]. Felicidade generosa, que reconcilia, dizia ele ainda, "as duas opiniões mais contrárias e mais célebres dos antigos", a saber, a dos epicuristas (para os quais o bem soberano é o prazer) e a dos estóicos (para os quais é a virtude)[13]. O Jardim e o Pórtico, graças à generosidade, finalmente se encontram. Que virtude é mais agradável, que prazer mais virtuoso, do que desfrutar sua própria e excelente vontade? Onde encontramos a grandeza de alma: ser generoso é ser livre, e é esta a única grandeza verdadeira.

Quanto a saber o que é feito dessa liberdade, é outra questão, mais metafísica do que moral, da qual a generosidade não depende nem um pouco. Quantos avaros acreditaram no livre-arbítrio? Quantos heróis não acreditaram? Ser generoso é ser capaz de querer, explica Descartes, e portanto de dar, de fato, quando tantos outros não sabem o que desejar, o que pedir, o que pegar... Vontade livre? Sem dúvida, pois ela quer o que quer! Quanto a saber se ela teria podido querer outra coisa, e mesmo se essa questão tem sentido (como poderíamos querer outra coisa que não a que queremos?), é um problema de que já tratei suficientemente em outro lugar[14], e que não tem seu lugar num tratado das virtudes. Seja uma vontade determinada ou não, seja ela necessária ou contingente (seja livre no sentido de Epicteto ou no de Descartes), ela não deixa de se confrontar com as mesquinharias do eu, e só ela, fora a graça ou o amor, é capaz de vencê-las. A generosidade é esse triunfo, quando a vontade é sua causa.

Poder-se-ia preferir, é claro, que o amor bastasse. Mas, se ele bastasse, teríamos necessidade de ser generosos? O amor não está em nosso poder, nem pode estar. Quem escolhe amar? O que pode a vontade sobre um sentimento? O amor não se comanda[15]; a generosidade sim: basta querer. O amor não depende de nós, é o maior mistério, por isso escapa às virtudes, por isso é uma graça, e a única. A generosidade depende dele, por isso é uma virtude, por isso se distingue do amor, inclusive nesse gesto do dom pelo qual, no entanto, ela se parece com ele.

Ser generoso seria, pois, dar sem amar? Sim, se é verdade que o amor dá sem precisar para tanto ser generoso! Que mãe se sente generosa por alimentar seus filhos? Que pai, por cobri-los de presentes? Eles se sentiriam antes egoístas por fazerem tanto pelos filhos (por amor? sim, mas o amor não desculpa tudo) e tão pouco pelos dos outros, ainda que infinitamente mais infelizes ou mais desprovidos que os seus... Dar, quando se ama, está ao alcance de qualquer um. Não é virtude, é graça irradiante, é plenitude de existência ou de alegria, é efusão feliz, é facilidade transbordante. Será mesmo dar, já que não se perde nada? A comunidade do amor torna todas as coisas comuns; como poderíamos nela dar prova de generosidade? Amigos de verdade, observava Montaigne, "não podem se emprestar nem se dar nada", pois tudo é "comum entre eles", tal como as leis, dizia ele, "proíbem as doações entre o marido e a mulher, querendo inferir com isso que tudo deve ser de cada um e que eles não têm nada a dividir e partir juntos [compartilhar]"[16]. Como dariam entre si prova de generosidade? Que as leis mudaram, eu sei e me regozijo, pois os casais devem sobreviver tão freqüentemente ao amor, ou os indivíduos aos casais. Mas terá também o amor mudado a tal ponto, e a amizade, que necessitemos sempre de generosidade? "Sendo a união de tais amigos verdadeiramente perfeita", escrevia ainda Montaigne, "ela lhes faz perder o sentimento desses deveres, e odiar e expulsar de entre entre eles estas palavras de divisão e de diferença: benefício, obrigação, reconhecimento, súplica, agradecimentos, e semelhantes..."[17] Quem não vê que a generosidade faz parte delas e que uma amizade verdadeira nada tem a ver com ela? O que eu poderia lhe dar, uma vez que tudo o que é meu é dele? Objetar-me-ão, e com razão, que isso só vale para as amizades perfeitas, como as que viveu Montaigne, ao que parece – e estas são tão raras... Mas é me dar razão, pelo menos quanto ao essencial: só precisamos de generosidade na falta de amor, e é por isso que, quase sempre, precisamos.

A generosidade, como a maioria das virtudes, obedece a seu modo ao mandamento evangélico. Amar ao próximo como a si mesmo? Se pudéssemos, para que a generosidade? Só precisaríamos dela justamente com nós mesmos (que só precisamos, às vezes, quando já não conseguimos nem mesmo nos amar). E para que nos mandar amar, se não podemos? Só se pode ordenar uma ação. Portanto, não se trata de amar, mas de agir *como se* amássemos[18] – com o próximo como com nós mesmos, com um desconhecido como com nós mesmos. Não, é claro, no caso das paixões ou da afetividade singular, que não são transferíveis. Mas no caso das ações, que o são. Por exemplo, se você amasse esse estranho que sofre ou que tem fome, você ficaria sem fazer nada para ajudá-lo? Se você amasse esse miserável, você lhe recusaria o socorro que ele lhe pede? Se você o amasse *como a você mesmo*, o que faria? A resposta, que é de uma simplicidade cruel e louca, é a resposta moral e o que exige – ou exigiria – a virtude. O amor não precisa de generosidade, mas só ele infelizmente pode prescindir dela sem egoísmo e sem erro.

Nós amamos o amor e não sabemos amar. A moral nasce desse amor e dessa impotência. Existe aí uma imitação das afeições, como poderia dizer Spinoza[19], mas na qual cada um imita, sobretudo, as que lhe faltam... Como a polidez é uma aparência de virtude (ser polido é conduzir-se como se se fosse virtuoso)[20], toda virtude, sem dúvida – em todo caso toda virtude moral –, é uma aparência de amor: ser virtuoso é agir como se se amasse. Como não somos virtuosos, fingimos ser, é o que se chama polidez. Como não sabemos amar, fingimos amar, é o que se chama moral. E os filhos imitam os pais, que imitam os seus... O mundo é um teatro, a vida é uma comédia, em que, no entanto, nem todos os papéis se equivalem, e nem todos os atores.

Sabedoria de Shakespeare: a moral é uma comédia, talvez, mas não há boa comédia sem moral. O que há de mais sério, de mais real, do que rir ou chorar? Fingimos, mas não é um jogo: as próprias regras que respeitamos nos constituem, para o melhor e para o pior, muito mais do que nos divertem. Representamos um papel, se quisermos, mas é o nosso, é nossa vida, é nossa história. Não há nada de arbitrário ou de contingente nisso. Nosso corpo nos leva a ele, pelo desejo; nossa infância nos leva a ele, pelo amor e pela lei. Porque o desejo quer primeiro tomar. Porque o amor quer primeiro consumir, devorar primeiro, possuir primeiro. Mas a lei o proíbe. Mas o amor o proíbe, o amor que dá e que protege. Freud está menos distante do que ele mesmo imaginava, talvez, de uma certa inspiração evangélica. Mamamos o amor ao mesmo tempo que o leite, o bastante para saber que só ele podia nos satisfazer (que "sem amor não somos nada", como diz a canção) e que, portanto, ele nunca deixaria de nos fazer falta... Daí essas virtudes, às vezes, mesmo aproximadas, mesmo fracas, que são a homenagem que prestamos ao amor, quando ele está ausente, e o indício de que ele continua a valer, como exigência, mesmo quando falta, de que reina, se quisermos, onde não governa – ou ainda de que comanda (é o que se chama um valor) mesmo em sua ausência!

O amor nos falta, dizia eu, e é essa, muitas vezes, a mais segura experiência que temos dele.

Fizemos dessa falta uma força, ou várias, e é a isso que chamamos virtudes.

Isso vale por exemplo, e em especial, para a generosidade. Ela nasce como exigência quando o amor falta, claro, mas não totalmente, pois pelo menos amamos o amor (*"nondum amabam et amare amabam"*[21]: não saímos disso), suficientemente em todo caso para que continue a valer, como modelo ou como mandamento, quando, como sentimento, ele fracassa em triunfar ou em se expandir plenamente. E visto que daríamos, se amássemos, a generosidade nos convida, na falta do amor, a dar exatamente aos que não amamos, tanto mais por necessitarem mais ou por estarmos mais bem situados para ajudá-los. Sim, quando o amor não nos pode guiar, por estar ausente, que a urgência e a proximidade o façam! É o que se chama erradamente de caridade (pois a verdadeira caridade é amor, e a falsa, condescendência ou compaixão) e que se devia chamar de generosidade, pois depende de fato de nós, só de nós, pois é livre nesse sentido, pois é – contra a escravidão dos instintos, das posses e dos medos – a própria liberdade, em espírito e em ato!

Seria melhor o amor, é claro, e é por isso que a moral não é tudo, nem mesmo o essencial. Mas a generosidade é melhor, porém, que o egoísmo, e a moral que a frouxidão.

Não, é claro, que a generosidade seja o contrário do egoísmo, se entendermos com isso que ela lhe escaparia totalmente. Como seria possível? Por que seria necessário? "Como a razão não pede nada que seja contra a natureza", escreve Spinoza, "ela pede, pois, que cada um ame a si mesmo, procure o útil próprio, o que é realmente útil para ele, deseje tudo o que leva realmente o homem a uma perfeição maior e, falando de modo absoluto, que cada um se esforce por conservar seu ser, tanto quanto este está em cada um."[22] Não saímos do princípio do prazer, pois não saímos da realidade. Mas isso não quer dizer que todos os prazeres se equivalem. A alegria decide. O amor decide[23]. O que é então a generosidade? "Um desejo", responde Spinoza, "pelo qual um indivíduo, a partir do simples mandamento da razão, se esforça por assistir os outros homens e estabelecer entre estes e ele um vínculo de amizade."[24] A generosidade é, nisso, com a firmeza ou a coragem (*animositas*), uma das duas ocorrências da força de alma: "As ações que visam apenas a utilidade do agente, refiro-as à firmeza", explica Spinoza, "e as que visam igualmente a utilidade de outrem, a generosidade."[25] Portanto, há utilidade nos dois casos, utilidade do próprio sujeito. Não saímos do ego, ou só saímos dele desde que assumamos primeiro nossa exigência própria, que é a de perseverar em nosso ser, o mais possível, o melhor possível, em outras palavras, "agir e viver"[26]. Que isso nem sempre é realizável, que às vezes é preciso morrer, e até que o é necessariamente, pois o universo é o mais forte, todos sabemos e Spinoza não desmente. Mas aquele que prefere morrer a trair, morrer a renunciar, morrer a abandonar, é ainda seu ser que ele está afirmando, é a potência vital – seu *conatus* – que ele opõe à morte ou à ignomínia, e vitoriosamente enquanto vive, e utilmente enquanto combate ou resiste. Que a virtude é afirmação de si e busca do útil próprio, Spinoza não cessa de repetir[27]; mas também Cristo, mesmo na cruz, é o melhor exemplo disso[28]. O útil próprio não é o maior conforto, nem sempre a vida mais longa: é a vida mais livre, é a vida mais verdadeira. Não se trata de viver sempre, pois não se pode, mas de viver bem. Mas como, sem coragem e sem generosidade?

Ter-se-á notado que a generosidade é definida como desejo, não como alegria, o que basta para distingui-la do amor ou, como diz também Spinoza, da caridade. Que a alegria possa nascer em acréscimo, e mesmo que ela seja expressamente visada, é mais que claro, pois a amizade (a que tende a generosidade) nada mais é que alegria partilhada. Mas, precisamente, a alegria ou o amor podem *nascer* da generosidade, e não se reduzir a ela ou com ela se confundir. Para fazer bem a quem se ama, não é preciso o "mandamento da razão", nem, pois, da generosidade: basta o amor, basta a alegria![29] Mas, quando o amor falta, quando a alegria falta ou é muito fraca (e ainda que não interviesse a compaixão, que nos torna benevolentes)[30], a razão subsiste, e ela nos ensina – ela, que não tem ego e, por isso, nos liberta do egoísmo – que "nada é mais útil ao homem do que o homem"[31], que todo ódio é ruim[32], enfim que "quem é conduzido pela razão deseja para os outros o que deseja para si mesmo"[33]. É aí que a utilidade do agente encontra a de outrem e que o desejo se faz generoso: trata-se de combater o ódio, a cólera, o desprezo ou a inveja – que não passam de tristezas e de causas de tristezas – pelo amor, quando ele existe, ou pela generosidade, quando ele não existe[34]. Pode ser que aqui (tratando-se da distinção entre o amor e a generosidade) eu force um pouco o texto, que é equívoco[35]. Mas não seu espírito, que é claro: "o ódio deve ser vencido pelo amor"[36], a tristeza pela alegria, e é função da generosidade – como desejo, como virtude – tender a isso ou esforçar-se para isso. A generosidade é desejo de amor, desejo de alegria e de partilha, e a própria alegria, pois o generoso se regozija com esse desejo e ama pelo menos nele esse amor do amor. Lembramo-nos da forte definição de Spinoza: "O amor é uma alegria que acompanha a idéia de uma causa externa."[37] Amar o amor, por conseguinte, é regozijar-se com a idéia de que o amor existe, ou existirá[38]; mas é também esforçar-se por fazê-lo advir[39], e é a própria generosidade: ser generoso, diria eu, é esforçar-se por amar e agir em conseqüência disso. A generosidade se opõe assim ao ódio (e ao desprezo, e à inveja, e à cólera, sem dúvida também à indiferença...), assim como a coragem se opõe ao medo, ou, em geral, assim como a firmeza de alma se opõe à impotência e a liberdade à escravidão[40]. Ainda não é a salvação, pois isso não nos dá nem a beatitude, nem a eternidade; mas essas virtudes nem por isso deixam de ser para nós "as primeiras dentre as coisas"[41]. Estão ligadas ao que Spinoza chama "uma conduta reta da vida"[42], "regras de vida"[43], "preceitos da razão"[44], ou, simplesmente, "moralidade"[45]. Porque não é verdade que se deva viver além do bem e do mal, pois não é possível[46]. Nem, contudo, que a moral dos tristes ou dos censores possa nos convir[47]. O que intervém aqui é uma moral da generosidade[48], que conduz a uma ética do amor. "Agir bem e manter-se alegre", dizia Spinoza[49]; o amor é a finalidade, a generosidade é o caminho.

A generosidade, dizia Hume, se fosse absoluta e universal, nos dispensaria da justiça[50]; e vimos que isso, de fato, podia se conceber. É claro, por outro lado, que a justiça, mesmo consumada, não poderia nos dispensar da generosidade, por isso esta última é socialmente menos necessária, e humanamente, parece-me, mais preciosa.

Para que essas comparações, perguntarão, já que somos tão pouco capazes de uma e da outra? É que esse *pouco,* apesar de tudo, não é nada, ele nos sensibiliza quanto à sua pouquidão e às vezes nos dá desejo de aumentá-la... Qual virtude não é antes de mais nada, mesmo pequenamente, um desejo de virtude?

Quanto a saber se a generosidade resulta de um sentimento natural e primeiro, como queria Hume, ou de um processo de elaboração do desejo e do amor a si (especialmente pela imitação dos afetos e a sublimação das pulsões), como puderam pensar Spinoza ou Freud[51], cabe aos antropólogos decidir, e isso, moralmente, não importa muito. É enganar-se sobre as virtudes fundar seu valor em sua origem, assim como querer, em nome dessa origem, invalidá-las. Que elas vêm todas da animalidade, logo do mais baixo (pelo menos do que assim nos parece; é claro que a matéria e o vazio, de que tudo vem, inclusive a animalidade, não têm nem alto nem baixo em lugar nenhum), disso estou pessoalmente persuadido. Mas isso também significa que elas nos elevam, e é por isso que o contrário de toda virtude, sem dúvida, é uma forma de baixeza.

A generosidade nos eleva *em direção aos outros*, poderíamos dizer, e em direção a nós mesmos enquanto libertos de nosso pequeno eu. Aquele que não fosse nem um pouco generoso, a língua nos adverte que seria baixo, covarde, mesquinho, vil, avaro, cupido, egoísta, sórdido... E todos nós o somos, no entanto nem sempre ou completamente: a generosidade é o que nos separa dessa baixeza ou, às vezes, nos liberta dela.

Notemos, para concluir, que a generosidade, como todas as virtudes, é plural, tanto em seu conteúdo como nos nomes que lhe prestamos ou que servem para designá-la. Somada à coragem, pode ser heroísmo. Somada à justiça, faz-se eqüidade. Somada à compaixão, torna-se benevolência. Somada à misericórdia, vira indulgência. Mas seu mais belo nome é seu segredo, que todos conhecem: somada à doçura, ela se chama bondade.

# 8

# A compaixão

A compaixão tem má reputação; ninguém gosta de ser objeto dela, nem tampouco de senti-la. Isso a distingue nitidamente, por exemplo, da generosidade. Compadecer é sofrer com, e todo sofrimento é ruim. Como a compaixão poderia ser boa?

No entanto, a linguagem nos adverte, também aqui, para não a rejeitarmos tão depressa assim. Seus contrários, podemos ler nos dicionários, são dureza, crueldade, frieza, indiferença, secura de coração, insensibilidade... Isso torna a compaixão amável, ao menos por diferença. Depois seu quase sinônimo, em todo caso seu duplo etimológico, é *simpatia*, que diz em grego exatamente o que *compaixão* diz em latim. Isso deveria recomendá-la à nossa atenção: num século em que a simpatia desempenha um papel tão importante, por que a compaixão é tão mal vista? Sem dúvida porque se preferem os sentimentos às virtudes. Mas que pensar então da compaixão, se é verdade, como tento mostrar, que ela pertence a essas duas ordens? Não será nisso, nessa ambigüidade, que ela encontra uma parte da sua fraqueza e o essencial de sua força?

Antes de mais nada, porém, uma palavra sobre a simpatia. Que qualidade é mais sedutora? Que sentimento é mais agradável? Essa mistura, que constitui seu encanto, já é singular: a simpatia é, ao mesmo tempo, uma qualidade (quando a suscitamos, quando *somos* simpáticos) e um sentimento (quando a sentimos, quando *temos* simpatia). E, como essa qualidade e esse sentimento se correspondem, quase por definição, a simpatia promove entre dois indivíduos, e muitas vezes em ambos os sentidos, como que um encontro feliz. É um sorriso da vida, como que um presente do acaso. Que a simpatia não prova nada, no entanto, todos sabem, o que não prova nada a mais sobre ela. Um canalha pode ser simpático? Claro, à primeira vista, mesmo à segunda. Mas um canalha, como vimos, também pode ser polido, fiel, prudente, temperante, corajoso... E por que não generoso, às vezes, e justo, ocasionalmente? Todavia isso diferencia, entre as virtudes completas, como diria Aristóteles, as que bastam para atestar o valor de um ser, como a justiça e a generosidade (o canalha só pode ser justo ou generoso de longe em longe, cessando então, ao menos desse ponto de vista, de ser canalha), e as virtudes parciais, as que, tomadas isoladamente, são compatíveis com a maioria dos vícios e das ignomínias. Um canalha pode ser fiel e corajoso; mas, se fosse sempre justo e generoso, já não seria um canalha. A hipótese do canalha simpático, que é mais que uma hipótese, prova somente, pois, que a simpatia não é uma virtude completa, o que é claro, mas não que ela não é uma virtude, o que cumpre examinar.

O que é a simpatia? É a participação afetiva dos sentimentos do outro (ter simpatia é sentir juntos, ou do mesmo modo, ou um pelo outro), assim como o prazer ou a sedução que dela resultam. Por conseguinte, como bem viu Max Scheler, a simpatia só vale pelo que valem esses sentimentos, se é que valem alguma coisa – em todo caso não poderia inverter o valor deles. "Partilhar a alegria que alguém sente diante do mal, (...) partilhar seu ódio, sua maldade, sua alegria perversa – tudo isso decerto nada tem de moral."[1] É por isso que a simpatia não poderia, enquanto tal, ser uma virtude: "A simpatia pura e simples não tem, como tal, a menor consideração pelo valor e pela qualidade dos sentimentos dos outros. (...) Ela é, em todas as suas manifestações, totalmente e por princípio indiferente ao valor."[2] Simpatizar é sentir com. Que isso pode abrir para a moral é óbvio, pois já é sair, pelo menos parcialmente, da prisão do eu. Resta saber *com quem* se simpatiza. Participar do ódio de outrem é ser odiento. Participar da crueldade de outrem é ser cruel. Assim, aquele que simpatiza com o torturador, participando de seu regozijo sádico, sentindo a excitação que ele sente, também partilha sua culpa ou, pelo menos, sua malignidade. Simpatia no horror: horrível simpatia!

Logo se compreende que é diferente no caso da compaixão. No entanto, ela é uma das formas da simpatia: a compaixão é a simpatia na dor ou na tristeza[3], em outras palavras, é participar do sentimento do outro. Mas, justamente, se nem todos os sofrimentos se equivalem, se há inclusive maus sofrimentos (como o sofrimento do invejoso diante da felicidade do outro), nem por isso deixam de ser sofrimentos, e todo sofrimento merece compaixão. Há nisso uma assimetria notável. Todo prazer é um bem, mas nem sempre, longe disso, um bem moral (a maioria de nossos prazeres são moralmente indiferentes), nem mesmo – pensemos no prazer de um torturador – um bem moralmente aceitável. A simpatia no prazer não vale o mesmo que o prazer em questão, ou antes, se ela às vezes pode valer mais (pode ser louvável participar do prazer, ainda que moralmente indiferente, de outrem: é o contrário da inveja), é apenas na medida em que esse prazer não é moralmente pervertido, isto é, dominado pelo ódio ou pela crueldade. Todo sofrimento, ao contrário, é um mal, e um mal moral, não decerto por ele sempre ser moralmente condenável (há muitos sofrimentos inocentes, outros virtuosos ou heróicos), mas por sempre ser moralmente lastimável. A compaixão é essa lástima, ou antes, essa lástima é a forma mínima da compaixão.

"Compartilhar a alegria que A sente diante do mal de que B é vítima", indaga Max Scheler, "é mostrar uma atitude moral?"[4] Claro que não. Mas participar do sofrimento de B, claro que sim!

Será o caso, no entanto, se o sofrimento de B for um sofrimento ruim, por exemplo se ele sofrer com a felicidade de C? A compaixão responde com a afirmativa, e é o que a torna tão misericordiosa. Compartilhar o sofrimento do outro não é aprová-lo nem compartilhar suas razões, boas ou más, para sofrer; é recusar-se a considerar um sofrimento, qualquer que seja, como um fato indiferente, e um ser vivo, qualquer que seja, como coisa. É por isso que, em seu princípio, ela é universal, e tanto mais moral por não se preocupar com a moralidade de seus objetos – e é aí que ela leva à misericórdia. É sempre a mesma assimetria entre prazer e sofrimento. Simpatizar com o prazer do torturador, com sua alegria má, é compartilhar sua culpa. Mas ter compaixão por seu sofrimento ou por sua loucura, por tanto ódio nele, tanta tristeza, tanta miséria, é ser inocente do mal que o corrói, e recusar-se, pelo menos, a somar ódio ao ódio. Compaixão de Cristo por seus carrascos; de Buda pelos maus. Esses exemplos nos esmagam? Por sua elevação, sem dúvida, mas é assim que a percebemos. A compaixão é o contrário da crueldade, que se regozija com o sofrimento do outro, e do egoísmo, que não se preocupa com ele. Tão certamente quanto esses são dois defeitos, a compaixão é uma qualidade. Uma virtude? O Oriente (em especial o Oriente budista) responde que sim, e a maior de todas, talvez[5]. Quanto ao Ocidente, é mais matizado, e é isso que precisamos examinar brevemente.

Dos estóicos a Hannah Arendt (passando por Spinoza e por Nietzsche), seria infindável evocar os críticos da compaixão ou, para utilizarmos a palavra geralmente empregada por seus detratores, da piedade. Críticas de boa-fé, quase sempre, e com freqüência legítimas. A piedade é uma tristeza que sentimos diante da tristeza do outro, o que não salva esta, que continua, nem justifica aquela, que se acrescenta a esta. A piedade apenas aumenta a quantidade de sofrimento no mundo, e é isso que a condena. Para que acumular tristeza sobre tristeza, infelicidade sobre infelicidade? O sábio não tem piedade, diziam os estóicos, pois não tem pesar[6]. Não, é claro, que não queira socorrer o próximo; mas para isso não necessita da piedade: "Em vez de lamentar as pessoas, por que não as socorrer, se possível? Não podemos ser generosos sem sentir piedade? Não somos obrigados a tomar sobre nós as penas dos outros; mas, se pudermos, aliviar os outros de suas penas."[7] Ação, pois, em vez de paixão, e generosa, em vez de piedosa. Sim, quando a generosidade existe e quando basta. Mas e em outras circunstâncias?

Spinoza, nesse domínio, está bastante próximo dos estóicos. Cita-se com freqüência – seja para se regozijar, seja para se ofuscar – sua condenação da *commiseratio*: "A piedade, num homem que vive sob a condução da razão, é em si má e inútil"[8], isso porque o sábio "se esforça, na medida do possível, em não se deixar tocar"[9] por ela. Está dito aí algo de essencial. A piedade é uma tristeza (é uma tristeza nascida, por imitação ou identificação, daquela de outrem)[10]. Ora, a alegria é que é boa, a razão é que é justa; o amor e a generosidade, não a piedade, devem levar-nos a ajudar nossos semelhantes, e para tanto bastam[11]. Pelo menos bastam no sábio, isto é, naquele que, como diz Spinoza, "vive exclusivamente sob a condução da razão". É por aí, talvez, que se reconhece a sabedoria: essa pura acolhida do verdadeiro, esse amor sem tristeza, essa leveza, essa generosidade serena e alegre... Mas quem é sábio? Para todos os outros, e é o que se esquece com tanta freqüência, isto é, para nós todos (pois ninguém é sábio por inteiro), a piedade é melhor que seu contrário e até do que a ausência dele: "Estou falando aqui expressamente do homem que vive sob a condução da razão", esclarece Spinoza. "Aquele que nem a razão nem a piedade impelem a socorrer os outros chamamos justamente de inumano, pois não se parece com um homem."[12] De modo que, apesar de não ser uma virtude, a piedade "é boa"[13], pela mesma razão, aliás, que a vergonha ou o arrependimento[14]: por ser fator de benevolência e de humanidade[15]. Spinoza, não obstante o que se tenha dito a seu respeito, encontra-se aqui no oposto de Nietzsche: não se trata de derrubar os valores ou as hierarquias[16], mas simplesmente de aprender a praticar na alegria – isto é, por amor ou por generosidade – o que as pessoas de bem se esforçam na maioria das vezes por praticar na tristeza, isto é, por dever ou por piedade. "Há uma bondade que anuvia a vida", escreverá Alain numa consideração muito spinozista de 1909, "uma bondade que é tristeza, que chamamos comumente piedade e que é um dos flagelos do humano."[17] Sim. Isso todavia é melhor que a crueldade e o egoísmo, como Montaigne e Spinoza viram, e como Alain confirma: "Evidentemente, a piedade, num homem injusto ou totalmente irrefletido, é melhor que uma insensibilidade de bruto."[18] Mas isso ainda não faz dela uma virtude: é apenas tristeza e paixão. "A piedade não vai longe", dirá ainda Alain[19]. No entanto ela é melhor que nada; é apenas um começo, mas o é. Aqui Spinoza talvez seja mais esclarecedor. Entre a moral do sábio e a moral de todo o mundo[20], há sem dúvida uma diferença importante quanto aos afetos envolvidos (dever e piedade de um lado, amor e generosidade de outro: tristeza ou alegria); mas não quanto às ações: o amor liberta da lei mas sem a abolir e, ao contrário, inscrevendo-a "no fundo dos corações"[21]. A lei? Que lei? A única que Spinoza fez sua, que é lei de justiça e de caridade[22]. A razão e o amor lhe bastam, no sábio; mas a piedade leva a ela, nos demais. Bem presunçoso seria quem pretendesse prescindir dela!

De resto, não estou certo de que a piedade ou a tristeza esgotem tudo o que entendo por compaixão. Não poderá existir também uma espécie de compaixão, se não alegre, pelo menos positiva, que seria menos sofrimento suportado do que disponibilidade atenta, menos tristeza do que solicitude, menos paixão do que paciência e escuta? Talvez fosse o que Spinoza visava ao falar de *misericordia*, que se traduz comumente por misericórdia, é a tradução mais fácil, mas que me parece mais próximo do que entendo por compaixão (pois nesta não transparecem as noções de erro e de perdão, essenciais à misericórdia), de modo que traduzirei assim sua definição: "A compaixão [*misericordia*] é o amor enquanto afeta o homem de tal sorte que ele se regozije com a felicidade de outrem e se entristeça com seu infortúnio."[23] É verdade que, no sentido usual, a compaixão vale antes – ou até exclusivamente – para o infortúnio do outro, não para sua felicidade. Mas parece haver essa hesitação em Spinoza, pois ele nos diz também, curiosamente, que entre a *commiseratio* e a *misericordia*, isto é, em nossa tradução, entre a piedade e a compaixão, "parece não haver nenhuma diferença, salvo, talvez, a de que a piedade se refere a uma afeição singular e a compaixão, a uma disposição habitual para a sentir"[24] – curiosamente, dizia eu, pois é supor que também a piedade deveria poder não apenas entristecer-se com o infortúnio do outro, mas também, como a *misericordia*, regozijar-se com sua felicidade, o que excede o uso comum – e mesmo spinozista – da palavra. Mas, afinal de contas, que importa o uso, se nos entendemos quanto às definições? O que me esclarece nas definições – paralelas – da compaixão e da piedade é que a piedade (*commiseratio*) é definida como tristeza, ao passo que a compaixão (*misericordia*) é definida como amor, isto é, antes de mais nada, como alegria[25]. Isso não suprime a tristeza da compaixão, que todos nós podemos experimentar (quando nos regozijamos com a existência de alguém, isto é, quando amamos esse alguém ficamos tristes ao vê-lo sofrer)[26], mas muda sua orientação, parece-me, e seu valor. Pois o amor é uma alegria[27], e, ainda que a tristeza prevalecesse, na compaixão e na piedade, são pelo menos tristezas sem ódio[28], ou são ódios apenas do infortúnio, não do infortunado, e preocupadas com ajudar, não com desprezar[29]. A vida é difícil demais e os homens são infortunados demais para que esse sentimento não seja necessário e justificado. Mais vale uma verdadeira tristeza, eu disse tantas vezes, do que uma falsa alegria. Cabe acrescentar: mais vale um amor entristecido – o que é, exatamente, a compaixão – do que um ódio alegre.

Mais valeria um amor alegre? Claro que sim: mais valeria a sabedoria ou a santidade, mais valeria o puro amor, mais valeria a caridade! "A compaixão", escreve Jankélévitch, "é uma caridade reativa ou secundária, que necessita, para amar, do sofrimento do outro, que depende dos andrajos do enfermo, do espetáculo de sua miséria. A piedade está a reboque do infortúnio; a piedade só ama o próximo se ele é lastimável, a comiseração só simpatiza com o outro se ele é miserando! Espontânea, ao contrário, é a caridade (...): a caridade não espera encontrar o próximo em farrapos para descobrir sua miséria; nosso próximo, afinal de contas, pode e deve ser amado mesmo que não seja infortunado..."[30] Sim, sem dúvida, mas é tão difícil! O infortúnio se desvia da inveja, por definição, e a piedade, do ódio – obstáculos a menos ao amor, à proximidade dilacerante do outro! A compaixão, precisamente por ser reativa, projetiva, identificatória, é o amor mais baixo, talvez, mas também o mais fácil. Nietzsche é divertido, querendo nos levar a repugná-la[31]. Como se não a repugnássemos de antemão! Como se não fosse nosso desejo mais vivo, mais natural, mais espontâneo, nos livrarmos dela! Quem não se fartaria de seu próprio sofrimento? Quem não preferiria esquecer o dos outros, ou ser insensível a ele? Vauvenargues, mais lúcido que Nietzsche: "O avaro pronuncia em segredo: acaso sou encarregado da fortuna dos miseráveis? E repele a piedade que o importuna."[32] Viveríamos melhor sem a piedade, pelo menos os que vivem bem viveriam melhor. Mas esse conforto é a finalidade? Mas essa vida é a norma? De que adianta filosofar a marteladas, se é para nos acariciar assim, como o primeiro demagogo, no sentido do pêlo? Schopenhauer é muito mais profundo, ao ver na compaixão o móbil por excelência da moralidade e a origem – insuperável e não suscetível de ser abatida! – de seu valor[33]. A compaixão se opõe diretamente à crueldade, que é o mal maior, ao egoísmo, que é o princípio de todos, e nos conduz com muito maior segurança do que um mandamento religioso ou uma máxima dos filósofos. Podemos derivar dela até mesmo as virtudes de justiça e de caridade, como queria Schopenhauer? Não totalmente, parece-me. Mas são virtudes últimas, que requerem um considerável desenvolvimento da humanidade ou da civilização. Quem pode saber se, sem a piedade, elas teriam surgido um dia?

Notemos de passagem, sempre com Schopenhauer, que a compaixão também vale em relação aos animais. A maioria de nossas virtudes só visa à humanidade, é sua grandeza e seu limite. A compaixão, ao contrário, simpatiza universalmente com tudo o que sofre: se temos deveres para com os animais, como acredito[34], é antes de tudo por ela, ou nela, e é por isso que a compaixão talvez seja a mais universal de nossas virtudes. Dirão que também podemos amar os animais e demonstrar, por eles, fidelidade ou respeito. Sim, são Francisco de Assis dá um exemplo disso, no Ocidente, e tantos outros no Oriente. Seria inconveniente, todavia, colocar no mesmo plano os sentimentos que possamos ter pelos animais e aqueles, evidentemente superiores e muito mais exigentes, que devemos aos seres humanos. Não se é fiel a seu amigo como a seu cachorro, nem se respeita um homem, mesmo que desconhecido, da mesma maneira que se respeita um passarinho ou um cervo. No entanto, no que diz respeito à compaixão, essa evidência se esfuma. O que é pior: dar uma bofetada numa criança ou torturar um gato? Se este último ato é mais grave, como me inclino a pensar, é necessário concluir também que esse desgraçado animal, no exemplo considerado, merece muito mais nossa compaixão. A dor prevalece aqui sobre a espécie, e a compaixão sobre o humanismo. A compaixão é, assim, essa virtude singular que nos abre não apenas a toda a humanidade, mas também ao conjunto dos seres vivos ou, pelo menos, dos que sofrem. Uma sabedoria fundada nela, ou nutrida dela, seria a mais universal das sabedorias, como viu Lévi-Strauss[35], e a mais necessária. É a sabedoria do Buda, mas também a de Montaigne[36], e é a verdadeira. Sabedoria dos vivos, sem a qual toda sabedoria humana seria demais, ou antes, pouco demais. A humanidade, enquanto é uma virtude, é quase um sinônimo da compaixão, o que diz muito sobre ambas. O fato de podermos ser humanos também em relação aos animais, e devermos sê-lo, é a mais clara superioridade que a humanidade pode se arrogar, contanto que permaneça digna dela. Carecer totalmente de compaixão é ser inumano, e somente um homem pode sê-lo. Há lugar aqui para um novo humanismo, que não seria o desfrutar exclusivo de uma essência ou dos direitos que são vinculados a esta, mas percepção exclusiva – até prova do contrário – de exigências ou de deveres que o sofrimento do outro, qualquer que seja, nos impõe. Humanismo cósmico: humanismo da compaixão.

Schopenhauer cita longamente Rousseau[37], e Lévi-Strauss, como se sabe, reinvidica-o expressamente[38]. De fato, é difícil não evocá-lo, tanto soube ele dizer, e foi um dos primeiros, o essencial – que, por sinal, coincide, pelo menos hoje, com a experiência ou a sensibilidade comuns. É bom reler a bela passagem do *Segundo discurso*, em que Rousseau mostra que a piedade é a primeira de todas as virtudes e a única natural[39]. É que ela é um sentimento antes de ser uma virtude, "sentimento natural", diz Rousseau, ainda mais forte por derivar sem dúvida do amor a si (por identificação com os outros) e temperar, assim, em todo homem, "o ardor que tem por seu bem-estar com uma repugnância inata a ver seu semelhante sofrer"[40]. Compaixão sem margem, ou sem outra margem que não a dor, pois tudo o que sofre é, por isso mesmo, meu semelhante em alguma coisa. Compadecer é comungar no sofrimento; e essa comunidade, que é inumerável, nos impõe sua lei, ou antes, a propõe, e é uma lei de doçura: "*Faz teu bem com o menor mal possível a outrem.*"[41] A piedade é, assim, o que nos separa da barbárie, como Mandeville viu, mas também, para Rousseau, a virtude-mãe, de que todas as demais derivam:

> Mandeville percebeu que, com toda a sua moral, os homens nunca teriam sido mais que monstros, se a Natureza não lhes tivesse dado a piedade em apoio à razão; mas ele não viu que dessa qualidade decorrem todas as virtudes sociais que ele quer questionar nos homens. De fato, o que é a generosidade, a clemência, a humanidade, senão a piedade aplicada aos fracos, aos culpados, ou à espécie humana em geral? A benevolência e a própria amizade são, se pesarmos bem, produções de uma piedade constante, fixada num objeto particular, porque desejar que alguém não sofra o que é senão desejar que ele seja feliz?[42]

Não sei se podemos ir tão longe, nem desejo, de resto, reduzir todas as virtudes a uma só. Por que esse privilégio da unidade? Mas estou de fato convencido de que a piedade se opõe ao pior, que é crueldade, e ao mal, que é egoísmo. Tanto quanto no caso da generosidade, isso não prova que ela esteja totalmente isenta deles. É ao contrário um lugar-comum, desde Aristóteles, ver na piedade "um infortúnio de que somos testemunhas (...), quando presumimos que ele pode alcançar a nós mesmos ou a algum dos nossos"[43]. A piedade não seria mais que um egoísmo projetivo, ou transferencial; na verdade, "o que tememos para nós [é que] nos inspira piedade pelos outros que o padecem", quando compreendemos que "poderíamos passar pela mesma provação"[44]. Por que não? Mas também: que diferença faz? A piedade que sentimos não é menos real por causa disso, e aliás ela subsiste, notemos de passagem, no caso de males que não poderiam atingir-nos. A morte de uma criança e o sofrimento atroz de seus pais apiedarão igualmente o velho sem filhos. Sentimento absolutamente desinteressado? Não sei, e não me importo. Sentimento real, no entanto, e realmente compadecido. O resto são as pequenas intrigas do eu, que não valem mais do que valem as intrigas. Seria como querer condenar o amor, ou negar sua existência, a pretexto de que ele estaria sempre ligado a alguma pulsão sexual. Freud, no que concerne ao amor, não era tão bobo assim; por que, no que concerne à compaixão, nós o seríamos?

Quanto à relação da compaixão com a crueldade, para ser mais paradoxal, também não é impensável. Primeiro porque a ambivalência se encontra em toda parte, inclusive em nossas virtudes; depois porque a própria piedade pode suscitar ou autorizar a crueldade. Foi o que Hannah Arendt mostrou a propósito da Revolução francesa ("a piedade, considerada como mola da virtude, revelou possuir um potencial de crueldade superior ao da própria crueldade"[45]), e, se isso não condena em absoluto nem a piedade nem a revolução, justifica sim, em relação a uma e à outra, certa vigilância: o fato de que a piedade nos separa do pior, ou se opõe a ele, não impede, por vezes, que também possa levar a ele. A piedade não é nem uma garantia nem uma panacéia. Mas o que Hannah Arendt mostra é que a piedade só pôde justificar a violência e a crueldade, durante o Terror, devido à sua abstração: por piedade pelos infortunados em geral, isto é, pelo povo, no sentido do século XVIII, não se hesitou em fazer alguns infortunados singulares a mais... É o que distingue, para Hannah Arendt, a *piedade* da compaixão: a compaixão, ao contrário da piedade, "só pode compreender o particular, mas fica sem conhecimento do geral"; assim, ela não pode "ir além do que sofre uma pessoa única", nem, *a fortiori*, "ser inspirada pelos sofrimentos de uma classe inteira"[46]. A piedade é abstrata, globalizante, loquaz. A compaixão, concreta, singular (ainda que tivéssemos, como Jesus, "a capacidade de sentir compaixão por todos os homens em sua singularidade, isto é, sem os reunir numa entidade como a humanidade sofredora"[47], como faria a piedade), naturalmente silenciosa[48]. Daí a violência da piedade, sua crueldade às vezes, diante da grande doçura da compaixão. Ao aceitarmos essa distinção, poderíamos dizer que Robespierre e Saint-Just, em nome da piedade (pelos pobres em geral), não tiveram compaixão (pelos adversários, ou supostamente tais, da Revolução enquanto indivíduos singulares). Mas, então, essa piedade não é mais que um sentimento abstrato (Spinoza diria: imaginário), e a compaixão é que é uma virtude.

Eu proporia outra distinção entre essas duas noções, que se somasse à que sugere Hannah Arendt (e não que a substituísse): a piedade, parece-me, nunca existe sem uma parte de desprezo ou, pelo menos, sem o sentimento, em quem a sente, de sua superioridade. *Suave mari magno*[49]... Há, na piedade, uma suficiência que ressalta a insuficiência de seu objeto. Tomo como prova o duplo sentido do adjetivo *pitoyable**, que designa primeiro aquele que é propenso à piedade, que a sente, mas também, e cada vez mais, aquele que é objeto dessa piedade ou a merece. Ora,

* Piedoso, compassivo, mas também lamentável, deplorável. (N. do T.)

neste último sentido, *pitoyable* é claramente depreciativo: é sinônimo de *medíocre, lastimável* ou *desprezível*. Nada semelhante no caso da compaixão: *compatissant* [compassivo] só se diz de quem sente compaixão, e nenhum adjetivo passivo (como poderia ser *compatissable* [compassível]) lhe corresponde em francês. Talvez porque a compaixão não suponha, quanto a seu objeto, nenhum juízo de valor determinado: pode-se ter compaixão pelo que se admira, como também pelo que se condena. Em compensação, parece-me que só temos compaixão pelo que respeitamos, ao menos um pouco; senão seria – em todo caso é a distinção que proponho – piedade, não mais compaixão. Essa distinção parece-me fiel ao espírito da língua. Podemos participar àquele que sofre, por exemplo por estar gravemente enfermo, nossa compaixão ou nossa simpatia. Não ousaríamos lhe exprimir nossa piedade, que seria considerada depreciativa ou insultante. A piedade é sentida de cima para baixo[50]. A compaixão, ao contrário, é um sentimento horizontal, só tem sentido entre iguais, ou antes, e melhor, ela *realiza* essa igualdade entre aquele que sofre e aquele (ao lado dele e, portanto, no mesmo plano) que compartilha do seu sofrimento. Nesse sentido, não há piedade sem uma parte de desprezo; não há compaixão sem respeito.

É, talvez, o que Alain queria dizer quando escrevia que "o espírito não tem piedade, e não pode ter; o respeito o desvia dela"[51]. Não é, por certo, que o espírito seja implacável, se entendemos com isso que ele nunca poderia ceder ou lamentar. Mas como poderia apiedar-se do que respeita ou venera? Isso porque, dizia ainda Alain, "a piedade é do corpo, não do espírito"[52]: o espírito (o espírito respeitoso, o espírito fiel) só pode sentir compaixão. Não caiamos, no entanto, na religião ou no espiritualismo. Estritamente falando, não é o espírito que tem compaixão ou respeito, o respeito e a compaixão é que *fazem* o espírito. Assim, o espírito nasce no sofrimento: no próprio, e é coragem; no do outro, e é compaixão.

Portanto, deve-se evitar confundir a compaixão com a condescendência ou, no sentido caricatural que essas palavras adquiriram, com as boas ações, a caridade (no sentido de que se *faz* caridade) ou a esmola. Pode-se pensar por exemplo, com Spinoza, que cabe ao Estado, não aos particulares, ocupar-se dos miseráveis[53]; que, em conseqüência, contra a miséria, mais vale *fazer política* do que *fazer caridade*. Eu estaria de acordo. Ainda que desse tudo o que tenho, até tornar-me tão pobre quanto eles, em que isso alteraria a miséria, no fim das contas? Para problema social, solução social. A compaixão, como a generosidade, pode assim justificar, por exemplo, que se lute pelo *aumento* dos impostos, e por sua melhor utilização, o que seria sem dúvida mais eficaz (e para muitos de nós mais oneroso, logo mais generoso!) do que as moedinhas que damos a torto e a direito. Isso não nos dispensa, por outro lado, de termos para com os pobres ou os excluídos uma atitude de proximidade fraterna, de respeito, de disponibilidade à ajuda, de simpatia, em suma de compaixão – a qual, aliás, pode se manifestar também, pois a política não basta a tudo, por uma ação concreta de benevolência, no sentido de Spinoza[54], ou de solidariedade. Cada um faz o que pode nesse sentido, ou antes, o que quer, em função de seus meios e do pouco de generosidade de que é capaz. O ego comanda e decide. Mas não sozinho, e é isso que significa a compaixão.

A compaixão é um sentimento. Enquanto tal, é estendida ou não, não é ordenada. É por isso que, como Kant nos lembra, ela não pode ser um dever[55]. Todavia, os sentimentos não são um destino, que poderíamos apenas ter de suportar. O amor não se decide, mas se educa. O mesmo vale para a compaixão: não é um dever senti-la, mas sim, explica Kant, desenvolver em si a capacidade de senti-la[56]. Nisso a compaixão também é uma virtude, isto é, ao mesmo tempo, um esforço, um poder e uma excelência. O fato de ela ser um e outro – sentimento e virtude, tristeza e poder[57] – explica o privilégio que Rousseau e Schopenhauer, com razão ou sem (sem dúvida, com razão *e* sem), nela viram: ela é o que permite passar de um ao outro, da ordem afetiva à ordem ética, do que sentimos ao que queremos, do que somos ao que devemos. Dir-se-á que o amor também realiza essa passagem. Sem dúvida. Mas o amor não está a nosso alcance, a compaixão sim.

A compaixão, dizia eu, é a grande virtude do Oriente budista. Sabe-se que a caridade – desta vez no bom sentido do termo: como amor de benevolência – é a grande virtude, pelo menos em palavras, do Ocidente cristão. Será necessário escolher? Para quê, se as duas não se excluem? Se fosse preciso, porém, parece-me que poderíamos dizer o seguinte: a caridade seria melhor, com certeza, se dela fôssemos capazes; mas a compaixão é mais acessível, assemelha-se a ela (pela doçura) e a ela pode nos levar. Quem pode ter certeza de já ter conhecido um verdadeiro movimento de caridade? De compaixão, quem pode duvidar? É necessário começar pelo mais fácil, e somos muito mais dotados, infelizmente, para a tristeza do que para a alegria... Coragem a todos, e compaixão também para si.

Ou, para dizer de outro modo: a mensagem de Cristo, que é de amor, é mais exaltante; mas a lição de Buda, que é de compaixão, mais realista.

"Ama e faz o que queres"[58], pois – ou compadece-te e faz o que deves.

# 9

# A misericórdia

A misericórdia, no sentido em que tomo a palavra, é a virtude do perdão – ou antes, e melhor, sua verdade.

O que é, de fato, perdoar? Se entendermos, como certa tradição nos convida a fazer, que é apagar a falta, considerá-la nula e não acontecida, é um poder que não temos, ou uma tolice que é melhor evitar. O passado é irrevogável e toda verdade é eterna: mesmo Deus, notava Descartes, não pode fazer com que o que foi feito não o tenha sido[1]. Nós também não podemos, e para com o impossível ninguém tem obrigação. Quanto a esquecer a falta, além de que, muitas vezes, isso seria faltar com a fidelidade às vítimas (devemos esquecer os crimes do nazismo? devemos esquecer Auschwitz e Oradour?), seria também uma tolice, quase sempre, e por conseguinte seria faltar com a prudência. Certo amigo seu o traiu: seria inteligente você manter a confiança nele? Certo comerciante o roubou: é imoral trocá-lo? Seria zombar das palavras pretender que sim e ostentar uma virtude bem cega ou bem tola. *Caute*, dizia Spinoza, *cuidado*[2], e não era pecar contra a misericórdia. Seus biógrafos contam também que, tendo sido apunhalado por um fanático, ele conservou a vida inteira seu gibão furado, para não esquecer aquele acontecimento nem, sem dúvida, aquela lição[3]. Isso não quer dizer que ele não tivesse perdoado (veremos que o perdão, em certo sentido, faz parte das exigências da doutrina), mas simplesmente que perdoar não é apagar, que perdoar não é esquecer. Então, é o quê? É cessar de odiar, e é essa de fato a definição da misericórdia: ela é a virtude que triunfa sobre o ressentimento, sobre o ódio justificado (pelo que ela vai além da justiça), o rancor, o desejo de vingança ou de punição. A virtude que perdoa, pois, não suprimindo a falta ou a ofensa, o que não é possível, mas cessando de, como se diz, ter raiva de quem nos ofendeu ou prejudicou. Não é a clemência, que só renuncia a punir (podemos odiar sem punir, assim como punir sem odiar), nem a compaixão, que só simpatiza no sofrimento (podemos ser culpados sem sofrer, assim como sofrer sem sermos culpados), nem enfim a absolvição, entendida como o poder – que só poderia ser sobrenatural – de anular os pecados ou as faltas. Virtude singular e limitada, pois, todavia bastante difícil e bastante louvável para ser uma virtude. Cometemos faltas demais, uns e outros, somos miseráveis demais, fracos demais, vis demais, para que ela não seja necessária.

Voltemos um instante à sua diferença em relação à compaixão. Esta refere-se a um sofrimento, como vimos, e a maioria destes são inocentes. A misericórdia refere-se às faltas, e muitas destas são indolores. Portanto, a misericórdia e a compaixão são duas virtudes diferentes, que, quanto a seus objetos, não se sobrepõem. É verdade, porém, que perdoaremos mais facilmente quem sofre, mesmo que seu sofrimento não tenha relação com sua falta (e, especialmente, não seja arrependimento). A misericórdia é o contrário do rancor, e o rancor é um ódio. Ora, como vimos a propósito da compaixão, é quase impossível odiar quem vemos sofrer atrozmente: a piedade desvia-se do ódio, dizia eu, e é nisso que a compaixão, sem se confundir com ela, pode de fato levar à misericórdia. O inverso também pode ser verdadeiro, às vezes (condoemo-nos mais facilmente quando paramos de odiar); mas a compaixão, que é mais afetiva, mais natural, mais espontânea, é o primeiro movimento, quase sempre. A misericórdia é mais difícil e mais rara.

Porque ela requer reflexão, que a piedade dispensa sem problema. Sobre o que reflete o misericordioso? Sobre si mesmo, que muito pecou? Pode ser, e isso o dissuadirá, como dizem os Evangelhos[4], de atirar a primeira pedra... Mas essa misericórdia por identificação só vale quando a identificação é possível: apenas nas faltas comuns, ou que poderiam vir a sê-lo. Assim, posso perdoar o ladrão, pois já me ocorreu roubar (livros, na minha juventude). O mentiroso, pois às vezes minto. O egoísta, pois o sou. O covarde, pois eu poderia sê-lo. Mas e o estuprador de crianças? E o torturador? Quando a falta excede a medida comum, a identificação perde sua força, ou mesmo sua plausibilidade. Ora, são sobretudo esses crimes, e os mais horríveis dentre eles, que reclamam nossa misericórdia. Para que o perdão, se ele só se refere a bagatelas? Para que a misericórdia, se ela só perdoa o que, mesmo sem ela, seria perdoável?

Portanto é necessária outra coisa que não a identificação, mas o quê? O amor? Quando ele existe, e quando subsiste depois da descoberta da falta, acarreta evidentemente a misericórdia, mas também a deixa sem objeto. Perdoar é cessar de odiar, é renunciar à vingança, e é por isso que o amor nem precisa perdoar, pois sempre já o fez, sempre o fará, ele só existe com essa condição. Como cessar de odiar, quando não se odeia? Como perdoar, quando não se tem em si nenhum rancor a vencer? O amor é misericordioso, mas tal como respira e sem que isso seja nele uma virtude específica. "Perdoamos enquanto amamos", dizia La Rochefoucauld[5]. Mas enquanto amamos não é misericórdia, é amor. Os pais sabem disso, e os filhos às vezes também. Amor infinito? Não, pois não é possível. Mas incondicional, e superior parece, a qualquer falta possível, a qualquer ofensa possível. "O que você não me perdoaria?", pergunta o garotinho a seu pai. E o pai não encontra nada. Não, nem mesmo o pior. Os pais não têm o que perdoar aos filhos: o amor toma neles o lugar da misericórdia. Cabe aos filhos perdoar aos pais, se puderem, ou quando puderem. Perdoar o quê? Amor e egoísmo demais, amor e tolice demais, angústia e infelicidade demais... Ou então pouco amor demais, e o perdão não será menos necessário. Que outra coisa é tornar-se adulto? Aprecio muito a fórmula de Oscar Wilde, em *O retrato de Dorian Gray*: "Os filhos começam por amar os pais; quando crescem, julgam-nos; às vezes, perdoam-nos." Felizes os filhos que podem perdoar seus pais, felizes os misericordiosos!

Quanto ao resto, quero dizer fora da família, somos tão pouco capazes de amor, sobretudo para com os maus, que é improvável que a misericórdia possa nascer dele. Como poderíamos amar nossos inimigos, ou mesmo suportá-los, sem perdoá-los primeiro? Como o amor poderia resolver um problema que só se coloca por causa da sua ausência? Porque amar nós não sabemos, e amar os maus ainda menos. É por isso mesmo que precisamos tanto de misericórdia! Não porque o amor está presente, mas porque não está, porque só há ódio, porque só há cólera! Como amaríamos os canalhas? Quando aos bons, eles não precisam de nossa misericórdia, nem nós precisamos ter misericórdia por eles. A admiração basta, e é melhor.

De novo, é preciso outra coisa, portanto. Não um sentimento primeiramente, o que faz a misericórdia ser mais difícil que a compaixão. O corpo se projeta no sofrimento do outro e quer poupar aquele que sofre: piedade. Mas o corpo quer punir, mas o corpo quer vingar: cólera, rancor, ódio. Talvez pudesse renunciar a isso, se o adversário sofresse, se a piedade viesse socorrer a misericórdia. Mas e em outro caso? É preciso mais ou menos que uma sensação, mais ou menos que um sentimento: uma idéia. Como a prudência, a misericórdia é virtude intelectual, em todo caso intelectual a princípio e por muito tempo. Trata-se de compreender alguma coisa. O quê? Que o outro é mau, se for, ou que está enganado, se estiver, ou que é fanático ou dominado por sua paixões, se paixões ou idéias o dominarem, enfim que lhe seria difícil, em todo caso, agir ao contrário do que ele é (por que milagre?) ou de se tornar subitamente bom, doce, razoável e tolerante... Perdoar: aceitar. Não para cessar de combater, é claro, mas para cessar de odiar. "Morro sem ódio em mim ao povo alemão..."[6] E sem ódio a seus próprios carrascos? É mais difícil, e a história não o diz. No entanto, quem não vê que ele é mais livre do que eles? Sim, mesmo agrilhoado, mais livre do que seus assassinos, que são escravos! É o que o perdão registra ou exprime, pelo que coincide com a generosidade (em *perdoar* há *doar*): é como uma superabundância de liberdade, que vê bem demais a que falta aos culpados para lhes querer mal absolutamente, e que lhes concede a graça de compreendê-los, de desculpá-los, de perdoá-los por existirem e serem o que são... Que canalha escolheu livremente sê-lo? Inocente? Digamos antes que não é culpa dele ser culpado, que ele é prisioneiro de seu ódio, de sua tolice, de sua cegueira, que ele não escolheu ser o que é, nem seu corpo, nem sua história, que ninguém escolheria livremente estar em seu lugar, ser tão ruim assim, tão mau, que tudo isso tem suas causas, que seria valorizar demais esse canalha imaginá-lo livre ou incompreensível (por que não sobrenatural, logo de uma vez?), que seria prejudicar a nós mesmos odiá-lo, que nos basta combatê-lo ou resistir-lhe tranqüilamente, serenamente, alegremente se pudermos, e perdoá-lo, se não pudermos, sim, que se trata de vencer pelo menos o ódio em nós, na impossibilidade de poder vencê-lo nele, de pelo menos sermos capazes de nos dominar, na impossibilidade de dominá-lo, de pelo menos alcançarmos essa vitória sobre o mal, sobre o ódio, de não somarmos ódio ao ódio, de não sermos cúmplices ao mesmo tempo que vítimas, de nos atermos ao bem, que é amor, ao amor, que é misericórdia, à misericórdia, que é compaixão. Pois bem, e como dizia Epicteto: "Homem, se for absolutamente necessário que o mal em outrem te faça experimentar um sentimento contrário à natureza, que seja antes a piedade que o ódio."[7] Ou então, como dizia Marco Aurélio: "Instrui-os ou suporta-os."[8] Ou ainda, como dizia Cristo: "Pai, perdoa-lhes: eles não sabem o que fazem."[9]

Jankélévitch, que cita esta última frase, acha-a "socrática" demais para seu gosto. Se não sabem o que fazem, sua falta é um erro, não um crime: haverá motivo para perdoar?[10] Todo erro é involuntário, merece antes correção do que castigo, antes desculpa do que perdão. Mas para que, então, a misericórdia? Ninguém é mau voluntariamente, dizia Sócrates[11]: é o que se chama intelectualismo socrático, para o qual o mal não passa de um erro. Mas não passa de um erro, sem dúvida, sobre o mal. O mal está na vontade, não na ignorância. No coração, não na inteligência ou no espírito. No ódio, não na tolice. O mal não é um erro, que não é nada; o mal é egoísmo, maldade, crueldade... É por isso, aliás, que ele reclama o perdão, com o qual o erro nada tem a ver. "*Desculpa-se* o ignorante, mas *perdoa-se* o mau."[12] Apenas a vontade é culpada, apenas ela pode sê-lo: ela é o único objeto legítimo do rancor, e portanto da misericórdia. Não queremos mal à chuva que cai, nem ao raio que fulmina, e por conseguinte nada temos que lhes perdoar. Ninguém é mau involuntariamente, e apenas os maus podem depender do perdão. O perdão só se dirige à liberdade, como só pode nascer de uma liberdade: livre graça, por uma livre falta.

Sim, mas que liberdade? Liberdade de agir, claro: é a vontade que é culpada, e uma ação só o é se voluntária. Um dançarino pisa no seu pé, sem querer: não é maldade, é mau jeito. Ele lhe pede desculpas, que você aceita de bom grado: não é perdão, é polidez. Só se tem motivo de perdoar quem agiu de propósito, como se diz, portanto quem fez o que queria, em outras palavras quem agiu *livremente*. Liberdade de ação: ser livre, nesse sentido, é fazer o que se quer. Quanto a saber se ele era livre não apenas para fazê-lo, mas também para querê-lo, portanto se poderia querer outra coisa, é uma questão insolúvel, que já não tem por objeto a liberdade de ação, que todos podem constatar, mas a liberdade da vontade (o livre-arbítrio), que está fora do alcance das provas e da experiência (pois só se poderia experimentá-la querendo-se uma coisa diferente da que se quer). Dessa liberdade, os antigos, salvo às vezes Platão, não se ocuparam, pois eles não buscavam um culpado absoluto para um castigo eterno. Isso não os impedia, acabo de recordá-lo a propósito dos estóicos, de opor a piedade à cólera, a justiça à vingança, enfim a misericórdia ao rancor. Seria preciso, a pretexto de nos preocuparmos mais com nossa culpa, que nos tornássemos incapazes de perdoar? Como subordinar uma decisão a uma questão insolúvel?

Como a propósito da generosidade, não quero tratar aqui do problema do livre-arbítrio. A virtude não poderia depender desta ou daquela tese metafísica. Direi simplesmente o seguinte: quer o mau tenha escolhido livremente sê-lo, quer tenha se tornado mau necessariamente (devido ao seu corpo, à sua infância, à sua educação, à sua história...), não é menos mau por isso, em todo caso é responsável por seus atos, pois agiu voluntariamente. Por isso pode ser punido, se for preciso, odiado até, se se quiser. Todavia são duas coisas diferentes. O castigo pode ser justificado por sua utilidade, social ou individual, e até por certa idéia que se tem da justiça ("Ele matou, é justo matá-lo..."). Mas e o ódio? É apenas uma tristeza a mais, e não no culpado, mas em quem a sente[13]. Para quê? Principalmente, se o mau é o que é, e quer o seja livremente, quer não, sua própria maldade é uma espécie de desculpa: seja pelas causas que a provocam, se é uma maldade determinada, seja por esse amor ao mal, por essa vontade intrinsecamente má, em suma, por si mesma, se é maldade livre. É culpa dele ser mau? Sim, dir-se-á, pois ele escolheu o ser! Mas será que o teria escolhido, se já não fosse mau? Pois supor que ele tenha escolhido o mal quando preferia o bem é supô-lo louco e, com isso, mais uma vez inocentá-lo. Em suma, cada um é culpado por seus atos, e ainda que fosse culpado também por si (tendo escolhido livremente ser o que é), isso só confirma sua maldade, se ele faz o mal pelo mal, ou seu mau coração, como diz Kant, se faz o mal apenas por egoísmo (para seu próprio bem)[14]. A misericórdia não anula essa vontade má, nem renuncia a combatê-la: ela se recusa a compartilhá-la, a somar ódio a seu ódio, egoísmo a seu egoísmo, cólera a sua violência. A misericórdia deixa o ódio ao odiento, a maldade aos maus, o rancor aos ruins. Não porque estes não sejam verdadeiramente odientos, maus ou ruins (ainda que fossem por causa deste ou daquele determinismo, como creio, nenhum determinismo poderia anular aquilo que produz), mas *porque o são*. Foi o que Jankélévitch percebeu muito bem: "Eles são maus, mas precisamente por esse motivo devemos perdoá-los – pois são ainda mais infelizes do que maus. Ou melhor, é sua própria maldade que é uma infelicidade; a infinita infelicidade de ser mau!"[15]

O fato, entretanto, é que perdoaremos mais facilmente quando tivermos consciência das causas que pesam sobre um ato ou, sobretudo, sobre uma personalidade. O que há de mais atroz, o que há de mais imperdoável do que martirizar uma criança? Todavia, quando ficamos sabendo que aquele pai carrasco é (como acontece com freqüência) um ex-filho martirizado, alguma coisa muda no juízo que temos dele; isso não suprime o horror da falta, mas ajuda a compreendê-la e, por conseguinte, a perdoá-la. Como saber se educado como ele, no medo e na violência, não teríamos evoluído como ele? E, ainda que assim não fosse, é porque somos diferentes do que ele é (pois supomos que as circunstâncias teriam sido idênticas). Mas terá ele escolhido por sê-lo? E nós não o sermos? Como escolheríamos o que somos, aliás, já que toda escolha supõe o que somos e depende disso? Como a existência precederia a essência – não seria existência de nada, seria apenas, portanto, inexistência. Essa liberdade não passaria de um nada, o que dá razão a Sartre, e o refuta.

Mas eis que me deixo levar a falar disso, do livre-arbítrio, que eu queria deixar de lado. Digamos antes o seguinte. Pode ser que haja duas maneiras de perdoar, conforme acreditemos ou não no livre-arbítrio do culpado: pura graça, como diria Jankélévitch, se o acreditarmos, ou conhecimento verdadeiro, como diria Spinoza, se não o acreditarmos. Mas as duas coincidem no fato – que é a própria misericórdia – de que o ódio desaparece e de que a falta, sem ser esquecida nem justificada, é aceita pelo que é: um horror a combater, uma infelicidade a lamentar, uma realidade a suportar, um homem, enfim, a amar – se pudermos. Os que leram meus livros precedentes sabem que, pessoalmente, nunca pude acreditar no livre-arbítrio, mas não cabe aqui eu me explicar[16]. Que me baste evocar a grande idéia de Spinoza, com a qual cada um fará o que quiser: os homens se detestam tanto mais quando se imaginam livres, e tanto menos quando se sabem necessários ou determinados[17]. É com isso que a razão se aplaca, com isso que o conhecimento é misericordioso. "Julgar", dizia Malraux, "é evidendemente não compreender, pois, se compreendêssemos, já não poderíamos julgar." Digamos antes que não poderíamos mais odiar, e é tudo o que a misericórdia pede – ou antes, tudo o que ela propõe.

É esse o sentido de uma das mais famosas fórmulas de Spinoza: "Não zombar, não chorar, não detestar, mas compreender."[18] É a própria misericórdia[19], sem outra graça, aqui, senão a da verdade. Ainda é um perdão? Não exatamente, pois quando se compreende já não há verdadeiramente o que perdoar (o conhecimento, como o amor, torna o perdão a um só tempo necessário e supérfluo). Desculpa? Não vou discutir por causa de palavras. Tudo se desculpa, se quiserem, pois tudo tem suas causas. Mas não basta sabê-lo: o perdão *realiza* essa idéia, que sem ele não passaria de uma abstração. Não queremos mal à chuva que cai ou ao raio que fulmina, dizia eu, e por conseguinte nada temos a lhes perdoar. O mesmo não vale para o mau, finalmente, e não é esse o verdadeiro milagre – que não é milagre – da misericórdia? Que o perdão se abole no mesmo instante em que se dá? Que o ódio se dissolve na verdade? O homem não é um império num império: tudo é real, tudo é verdadeiro, o mal como o bem, e é por isso que não há nem bem nem mal fora do amor ou do ódio que introduzimos. É nisso que a misericórdia de Deus, como diria Spinoza[20], é verdadeiramente infinita, porque ela é a própria verdade, que não julga. Nessas regiões de que se aproximam os sábios, os místicos e os santos, ninguém pode habitar em permanência. Mas a misericórdia tende a elas; mas a misericórdia leva a elas. É o ponto de vista de Deus, se quisermos, no coração do homem: grande paz da verdade, grande doçura do amor e do perdão! Mas o amor prevalece sobre o perdão, ou o perdão arrebata a si mesmo nesse dom do amor. Perdoar é cessar de odiar, é portanto cessar também de poder perdoar: quando o perdão é consumado, quando é completo, quando não há nada mais além da verdade e do amor, não há mais ódio a fazer cessar, e o perdão se abole na misericórdia. Por isso eu dizia no início que a misericórdia era menos a virtude do perdão do que sua verdade: ela o realiza, mas suprimindo seu objeto (não a falta: o ódio); ela o consuma, mas abolindo-o. O sábio spinozista, em certo sentido, nada tem a perdoar: não porque não pode ser vítima de injustiça ou de agressão, mas porque nunca é conduzido pelo pensamento do mal nem enganado pela ilusão do livre-arbítrio[21]. Sua sabedoria nem por isso é menos misericordiosa, e é até mais: pois o ódio desaparece de todo, levando consigo toda e qualquer idéia de culpa absoluta (que seria responsabilidade não pelo ato, mas pelo ser), pois o próprio amor torna a ser possível. É por isso que, em outro sentido, ele perdoa tudo. Todos inocentes? Todos amáveis? Não, é claro, pela mesma razão! Embora as obras das pessoas de bem e as dos maus façam igualmente parte da natureza e decorram de suas leis, explica Spinoza, nem por isso elas deixam de diferir "umas das outras, não apenas em grau, mas por sua essência: de fato, embora tanto um rato quanto um anjo, tanto a tristeza quanto a alegria dependam de Deus [isto é, da natureza], um rato não pode ser uma espécie de anjo, nem a tristeza uma espécie de alegria"[22]. A misericórdia não acarreta nem a abolição da falta, que permanece, nem as diferenças de valor, que ela supõe e manifesta, nem, é preciso lembrar, as necessidades do combate[23]. Mas suprimindo o ódio, ela dispensa que lhe busquemos justificativas. Aplacando a cólera e o desejo de vingança, ela permite a justiça e, se necessário, o castigo sereno[24]. Enfim ela torna concebível que os maus, fazendo parte do real, também sejam oferecidos a nosso conhecimento, à nossa compreensão e – pelo menos é esse o horizonte que a misericórdia deixa entrever – a nosso amor. Nem tudo se equivale, claro, mas tudo é verdadeiro, e o canalha tanto quanto o homem de bem. Misericórdia para todos, paz para todos – e no próprio combate!

A imaginação resiste, e o ódio. Resistiríamos a menos. "Se Spinoza tivesse sido contemporâneo dos extermínios maciços", diz vigorosamente Robert Misrahi, "não teria havido spinozismo. Um Spinoza escapado de Auschwitz não teria podido dizer: '*Humanas actiones non ridere, non lugere, neque detestari, sed intelligere.*' A partir daqui, compreender já não é perdoar. Ou melhor, não se pode mais compreender; não há nada mais a compreender. Porque os abismos da maldade pura são incompreensíveis."[25] No entanto, será mesmo? Não é dar um crédito singular a esses brutos supô-los inexplicáveis ou incompreensíveis? Como? Einstein, Mozart ou Jean Moulin seriam explicáveis e os SS não? A vida seria racional e o ódio não? O amor poderia se compreender e não a crueldade? De tanto ver nos campos de concentração um irracional absoluto, dá-se razão (apenas nesse ponto, é claro, mas já não é demais?) aos irracionalistas que os construíram ou prepararam. De que valeria a razão, se só pudesse compreender os que a seguem ou se submetem a ela? O fato de o nazismo não ser *razoável*, o que é claríssimo, não impede que seja *racional*, como tudo o que é real – o fato de a razão não poder aprová-lo não impede que possa conhecê-lo e explicá-lo. Que outra coisa fazem nossos historiadores? E como, senão, combatê-lo?

É aí que importa sobretudo distinguir o esquecimento da misericórdia. Que podemos perdoar *tudo*, é o que a tradição atesta e os modernos, mesmo os mais fiéis, estão prontos a aceitar:

> O perdão não indaga se o crime é digno de ser perdodado, se a expiação foi suficiente, se o rancor durou bastante... Não há falta tão grave que não se possa, em último recurso, perdoar. Nada é impossível à onipotente remissão! O perdão, nesse sentido, pode tudo. Onde o pecado abunda, diz são Paulo, o perdão superabunda. (...) Se há crimes tão monstruosos que o criminoso desses crimes não pode sequer expiá-los, resta sempre o recurso de per-

doá-los, pois o perdão foi feito precisamente para esses casos desesperadores ou incuráveis.[26]

Isso não autoriza, evidentemente, a *esquecer* o crime, nem nossos deveres de fidelidade para com as vítimas, nem as exigências do combate contra os criminosos de hoje ou contra os que zelaram pelos de ontem. Jankélévitch explicou-se bastante bem a esse respeito, ou antes, bem demais, para que seja necessário nos determos aqui[27]. No entanto, permanece um problema, como uma chaga aberta[28]: pode-se, ou deve-se, perdoar os que nunca pediram perdão? Não, responde Jankélévitch:

> Apenas o arrependimento do criminoso e, principalmente, seu remorso dão um sentido ao perdão, assim como apenas o desespero dá um sentido à graça. (...) O perdão não se destina às consciências tranqüilas satisfeitas de si, nem aos culpados não-arrependidos (...). O perdão não é feito para os porcos ou para suas porcas. Antes que se possa falar em perdão, seria necessário que o culpado, em vez de contestar, se reconhecesse culpado, sem arrazoados nem circunstâncias atenuantes, e sobretudo sem acusar suas próprias vítimas – é o mínimo! Para que perdoássemos, seria necessário primeiro, não é?, que nos viessem pedir perdão. (...) Por que perdoaríamos os que lamentam tão pouco e tão raramente seus monstruosos delitos? (...) Porque se os crimes não-expiados são precisamente os que precisam ser perdoados, os criminosos não-arrependidos são precisamente os que não necessitam de perdão.[29]

Eles não, sem dúvida. Mas e nós? O ódio é uma tristeza, sempre, a alegria é que é boa. Não, decerto, que devamos reconciliar-nos com os brutos, nem tolerar seus abusos. Mas será que precisamos odiá-los para combatê-los? Não, tampouco, que se deva esquecer o passado. Mas será que precisamos do ódio para nos lembrar dele? Não se trata de remitir os pecados, o que não podemos fazer, repitamos – e, aliás, não devemos (apenas as vítimas poderiam acreditar-se autorizadas a tanto, mas aqui faltam vítimas, pois foram mortas). Trata-se de suprimir o ódio, na medida do possível, e de combater portanto com a alegria no coração, quando ela for possível[30], ou com a misericórdia na alma, quando a alegria for impossível ou despropositada – trata-se de amar nossos inimigos, se pudermos, ou de perdoá-los, se não pudermos[31].

Cristo ou santo Estêvão deram o exemplo, a crermos na tradição, desse perdão sem preliminares nem condições[32]; desse perdão que não espera que o mau o seja menos (pois ele lamentaria tê-lo sido) para o perdoar, desse perdão que é verdadeiramente um dom, e não uma troca (meu perdão contra seu arrependimento), desse perdão incondicional, desse perdão em pura perda, se quisermos, mas que é, contudo, contra o ódio, a maior vitória, e a única talvez, desse perdão que nunca esquece mas que compreende, que não apaga mas que aceita, desse perdão que não renuncia nem ao combate nem à paz, nem a si nem ao outro, nem à lucidez nem à misericórdia! Estou plenamente de acordo com que esses exemplos nos excedem. Mas isso acaso impede que nos esclareçam?

Não é, no entanto, que as Escrituras possam fazer as vezes de sabedoria, nem que tenham resposta para tudo, nem que eu as aprove por inteiro (mesmo deixando de lado a religião). Não estou disposto a oferecer a outra face, e contra a violência prefiro o gládio à fraqueza[33]. Amar nossos inimigos supõe que os tenhamos (como poderíamos amar o que não existe?). Mas termos inimigos não supõe necessariamente que os odiemos. O amor é uma alegria, não uma impotência ou um abandono: amar os inimigos não é cessar de combatê-los; é combatê-los alegremente.

A misericórdia é a virtude do perdão, e seu segredo, e sua verdade. Ela não abole a falta mas o rancor, não a lembrança mas a cólera, não o combate mas o ódio. Ela ainda não é amor mas o que faz as vezes dele, quando ele é impossível, ou que o prepara, quando ele seria prematuro. Virtude de segunda ordem, se quisermos, mas de primeira urgência, e por isso tão necessária! Máxima da misericórdia: se não podes amar, cessa ao menos de odiar.

Notar-se-á que a misericórdia pode ter por objeto tanto as faltas como as ofensas. Tal hesitação é bem reveladora de nossa pequenez, que sempre condena o que nos condena, para a qual toda ofensa é uma falta, para a qual toda afronta é condenável. Assim é, e é preciso que se saiba. Misericórdia para todos, e para nós mesmos.

Por ser o ódio uma tristeza, a misericórdia (como o trabalho do luto, com o qual ela se parece e de que talvez dependa: perdoar é fazer o luto de seu ódio); por ser o ódio uma tristeza, dizia, a misericórdia está do mesmo lado da alegria: sem ainda ser alegre, e nesse caso é perdão, ou já sendo, e nesse caso é amor. Virtude mediadora, ou de transição. No fim, porém, para quem puder chegar a ele, não há nada mais a perdoar: a misericórdia triunfa nessa paz (adeus ódio! adeus cólera!) em que o perdão culmina e se abole. Misericórdia infinita, como é o mal, ou que deveria sê-lo, e por isso fora de nosso alcance, sem dúvida. Mas já é uma virtude esforçar-se nesse sentido: a misericórdia é o caminho, que inclui até mesmo os que fracassam nela. Perdoa-te, minh'alma, teus ódios e tuas cóleras.

Podemos perdoar a nós mesmos? Claro, pois podemos nos odiar e cessar de nos odiar. Senão, que sabedoria? Que felicidade? Que paz? Temos de nos perdoar por sermos apenas nós... E nos perdoar também, quando pudermos, sem injustiça, por ser o ódio às vezes forte demais, ou o sofrimento, ou a cólera, para que possamos perdoar a este ou aquele de nossos inimigos... Felizes os misericordiosos, que combatem sem ódio ou odeiam sem remorso!

10

# A gratidão

A gratidão é a mais agradável das virtudes; não é, no entanto, a mais fácil. Por que seria? Há prazeres difíceis ou raros, que nem por isso são menos agradáveis. Talvez sejam até mais. No caso da gratidão, todavia, a satisfação surpreende menos que a dificuldade. Quem não prefere receber um presente a um tapa? Agradecer a perdoar? A gratidão é um segundo prazer, que prolonga um primeiro, como um eco de alegria à alegria sentida, como uma felicidade a mais para um mais de felicidade. O que há de mais simples? Prazer de receber, alegria de ser alegre: gratidão. O fato de ela ser uma virtude, porém, basta para mostrar que ela não é óbvia, que podemos carecer de gratidão e que, por conseguinte, há mérito – apesar do prazer ou, talvez, por causa dele – em senti-la. Mas por quê? A gratidão é um mistério, não pelo prazer que temos com ela, mas pelo obstáculo que com ela vencemos. É a mais agradável das virtudes, e o mais virtuoso dos prazeres.

Objetar-me-ão a generosidade: prazer de oferecer, diz-se... O fato de ser um argumento publicitário deve, porém, nos deixar vigilantes. Se fosse agradável dar, acaso teríamos necessidade dos publicitários para pensar nisso? Se a generosidade fosse um prazer, ou antes, se fosse apenas um prazer, ou sobretudo um prazer, será que ela nos faltaria a esse ponto? Não se dá sem perda, por isso a generosidade se opõe ao egoísmo, e o supera. Mas e receber? A gratidão não nos tira nada, ela é dom em troca, mas sem perda e quase sem objeto. A gratidão nada tem a dar, além do prazer de ter recebido. Que virtude mais leve, mais luminosa, diríamos mais mozartiana, e não apenas porque Mozart nos inspira essa virtude, mas porque a canta, porque a encarna, porque há nele essa alegria, esse reconhecimento desvairado por sabe-se lá o que, por tudo, essa generosidade da gratidão, sim, que virtude mais feliz e mais humilde, que graça mais fácil e mais necessária do que *ser grato*, justamente, com um sorriso ou um passo de dança, com um canto ou uma felicidade? Generosidade da gratidão... Esta última expressão, que devo a Mozart, esclarece-me: se a gratidão nos falta com tanta freqüência, não será, de novo, mais por incapacidade de dar do que de receber, mais por egoísmo do que por insensibilidade? Agradecer é dar; ser grato é dividir. Esse prazer que devo a você não é apenas para mim. Essa alegria é a nossa. Essa felicidade é a nossa. O egoísta pode regozijar-se em receber. Mas seu regozijo é seu bem, que ele guarda só para si. Ou, se o mostra, é mais para fazer invejosos do que felizes: ele exibe seu prazer, mas é o prazer *dele*. Já esqueceu que outros têm algo a ver com isso. Que importância têm os outros? Por isso o egoísta é ingrato: não porque não goste de receber, mas porque não gosta de reconhecer o que deve a outrem, e a gratidão é esse reconhecimento, porque não gosta de retribuir, e a gratidão, de fato, retribui com o agradecimento, porque não gosta de partilhar, porque não gosta de dar. O que a gratidão dá? Ela dá a si mesma: como um eco de alegria, dizia eu, pelo que ela é amor, pelo que ela é partilha, pelo que ela é dom. É prazer somado ao prazer, felicidade somada à felicidade, gratidão somada à generosidade... O egoísta é incapaz disso, pois só conhece suas próprias satisfações, sua própria felicidade, pelas quais zela como um avaro por seu cofre. A ingratidão não é incapacidade de receber, mas incapacidade de retribuir – sob a forma de alegria, sob a forma de amor – um pouco da alegria recebida ou sentida. É por isso que a ingratidão é tão freqüente. Nós absorvemos a alegria como outros absorvem a luz: buraco negro do egoísmo.

A gratidão é dom, a gratidão é partilha, a gratidão é amor: é uma alegria que acompanha a idéia de sua causa, como diria Spinoza[1], quando essa causa é a generosidade do outro, ou sua coragem, ou seu amor. Alegria retribuída: amor retribuído. No sentido próprio ela só pode, portanto, referir-se a seres vivos. No entanto, podemos nos indagar se toda alegria recebida, qualquer que seja a sua causa, não pode ser objeto dessa alegria retribuída que é a gratidão. Como não agradecer ao sol por existir? _ vida, às flores, aos passarinhos? Nenhuma alegria seria possível para mim sem o resto do universo (pois, sem o resto do universo, eu não existiria). É nisso que toda alegria, mesmo puramente interior ou reflexiva (a *acquiescentia in se ipso* de Spinoza)[2], tem uma causa externa, que é o universo, Deus ou a natureza: que é tudo. Ninguém é causa de si, nem portanto (em última instância) de sua alegria. Toda série de causas, e há uma infinidade delas, é infinita: tudo se amarra, e nos amarra, e nos atravessa. Todo amor, levado a seu limite, deveria pois tudo amar: todo amor deveria ser amor a tudo (quanto mais amamos as coisas singulares, poderia dizer Spinoza, mais amamos a Deus)[3], o que produziria como que uma gratidão universal, não indiferenciada, é claro (como poderíamos ter a mesma gratidão pelos passarinhos e pelas cobras, por Mozart e por Hitler?), mas global pelo menos no fato de que seria gratidão pelo todo, de que não excluiria nada, de que não recusaria nada, mesmo o pior (gratidão *trágica*, logo, no sentido de Nietzsche)[4], pois o real é para pegar ou largar, pois o todo do real é a única realidade.

Essa gratidão é gratuita, por não se poder exigir dela, ou para ela, nenhum pagamento. O reconhecimento talvez seja um dever, em todo caso uma virtude, mas, observa Rousseau, não poderia ser um direito exigi-lo ou exigir o que quer que seja em seu nome[5]. Não confundamos gratidão com retribuição de cortesias. Como quer que seja, porém, o amor quer bem ao amado, quase necessariamente, pelo menos se é amor ao outro e não a si, portanto, se é antes benevolência que concupiscência. Voltaremos a isso em nosso último capítulo. Digamos apenas que a gratidão é levada a agir, por sua vez, em favor de quem a suscita, não decerto para trocar um obséquio por outro (não seria mais gratidão, e sim troca)[6], mas porque o amor quer dar alegria a quem o alegra, com o que a gratidão nutre a generosidade, quase sempre, que nutre a gratidão. Daí um "amor recíproco", como diz Spinoza, e um "zelo de amor", que caracterizam também a gratidão: "O *reconhecimento* ou *gratidão* é o desejo ou o zelo de amor pelo qual nos esforçamos em fazer o bem àquele que o fez a nós, em virtude de um sentimento semelhante de amor por nós."[7] É aí que passamos da gratidão simplesmente afetiva, como dirá Kant[8], à gratidão ativa: da alegria retribuída à ação retribuída. Quanto a mim, e apesar de Spinoza, eu veria nisso menos uma definição (pois, por exemplo, podemos ter gratidão por um morto, ao qual não poderíamos fazer o bem) do que uma conseqüência, mas pouco importa. O certo é que a gratidão se distingue da ingratidão precisamente por saber ver no outro (e não, como o amor-próprio, unicamente em si mesmo)[9] a causa de sua alegria – pelo que a ingratidão é ruim[10], pelo que a gratidão é boa, e torna bom.

A força do amor-próprio explica assim a raridade ou a dificuldade ("tudo o que é belo é tão difícil quanto raro..."[11]) da gratidão: cada um, do amor recebido, prefere tirar glória, que é amor a si, em vez de reconhecimento, que é amor ao outro[12]. "O orgulho não quer dever", escreve La Rochefoucauld, "e o amor-próprio não quer pagar."[13] Como não seria ele ingrato, se só sabe amar a si, admirar a si, celebrar a si? Há humildade na gratidão, e a humildade é difícil. Uma tristeza? É o que diz Spinoza, e voltaremos a isso no próximo capítulo. O que a gratidão ensina, porém, é que existe também uma humildade alegre, ou uma alegria humilde, porque ela sabe que não é sua própria causa, nem seu próprio princípio – e se regozija ainda mais (que prazer dizer obrigado!) com isso –, porque ela é amor, e não amor a si antes de tudo ou sobretudo, porque se sabe devedora, se quisermos, ou antes (pois nada tem a reembolsar), porque se sabe plenamente satisfeita, além de qualquer expectativa e anteriormente a qualquer expectativa, pela própria existência do que a suscita, e que pode ser Deus, quando se crê nele, que pode ser o mundo, que pode ser um amigo, um desconhecido, que pode ser qualquer um, porque ela se sabe objeto de uma graça – aí está! – que é a existência, talvez, ou a vida, ou tudo, e que ela agradece, sem saber a quem nem como, porque é bom agradecer, regozijar-se com seu regozijo e com seu amor, cujas causas sempre nos excedem, nos contêm, nos fazem viver, nos arrebatam. Humildade de Bach, humildade de Mozart, tão diferentes uma da outra (o primeiro agradece, *dá graças*, com gênio sem igual, o segundo, poder-se-ia dizer, é a própria graça...), mas ambas comoventes de gratidão feliz, de simplicidade verdadeira, de potência quase sobre-humana, com a serenidade, mesmo na angústia ou no sofrimento, de quem se sabe efeito, não princípio, e contido naquilo que canta, e que o faz ser, e que o arrebata... Clara Haskil, Dinu Lipatti ou Glenn Gould souberam exprimir isso, parece-me, pelo menos em seus melhores momentos, e essa alegria que temos em ouvi-los diz o essencial da gratidão, que é a própria alegria enquanto recebida, enquanto imerecida (sim, mesmo para os melhores!), enquanto graça, e sempre integrada (e parte integrante, porém) numa graça mais elevada, que é existir, o que estou dizendo, que é a própria existência, que é o próprio ser, e o princípio de toda existência, e o princípio de todo ser, e de toda alegria, e de todo amor... Sim, isso que podemos ler na *Ética* de Spinoza também ouvimos na música, e nas de Bach e de Mozart, parece-me, melhor do que em qualquer outra (em Haydn ouvem-se mais a polidez e a generosidade, em Beethoven a coragem, em Schubert a doçura, em Brahms a fidelidade...), e é o suficiente para dizer a que altura a gratidão se situa: virtude de ápice, e para os gigantes muito mais que para os anões. No entanto, isso não nos poderia dispensar dela: agradeçamos à graça, antes de mais nada aos que a revelam celebrando-a!

Nenhum homem é causa de si. O espírito, dizia Claude Bruaire, está "em dívida de seu ser"[14]. Mas que nada, pois ninguém *pediu* para estar (o empréstimo, não o dom, é que faz a dívida), pois ninguém, de resto, poderia saldar essa dívida. A vida não é dívida: a dívida é graça, o ser é graça, e esta é a mais elevada lição de gratidão.

A gratidão se regozija com o que aconteceu, ou com o que é; ela é, portanto, o inverso do arrependimento ou da nostalgia (que sofrem com um passado que foi, ou que não é mais), como também da esperança ou da angústia, que desejam ou temem (desejam *e* temem!) um futuro que ainda não é, que talvez nunca seja, mas que as tortura com sua ausência... Gratidão ou inquietude. A alegria do que é ou foi, contra a angústia do que poderia vir a ser. "A vida do insensato", dizia Epicuro, "é ingrata e inquieta: ela se volta toda para o futuro."[15] Por isso eles vivem em vão, incapazes de se saciarem, de se satisfazerem, de serem felizes: eles não vivem, dispõem-se a viver, como dizia Sêneca[16], esperam viver, como dizia Pascal[17], depois lamentam o que viveram ou, mais freqüentemente, o que não viveram... O passado como o futuro lhes falta. Já o sábio regozija-se com viver, claro, mas também com ter vivido. A gratidão (*charis*) é essa alegria da memória, esse amor do passado – não o sofrimento do que não é mais, nem o pesar pelo que não foi, mas a lembrança alegre do que foi. É o tempo reencontrado, se quisermos ("A gratidão do que foi", diz Epicuro)[18]. Compreendemos que esse tempo torna a idéia da morte indiferente, como dirá Proust, pois aquilo que vivemos, a própria morte, que nos levará, não poderia tomar de nós: são bens imortais, diz Epicuro[19], não porque não morremos, mas porque a morte não poderia anular o que vivemos, o que fugidia e definitivamente vivemos. A morte só nos privará do futuro, que não é. A gratidão liberta-nos dele, pelo saber alegre do que foi. O reconhecimento é um conhecimento (ao passo que a esperança nada mais é que uma imaginação); é por aí que ela alcança a verdade, que é eterna, e a habita. Gratidão: desfrutar eternidade.

Isso não nos restituirá o passado, objetar-se-á a Epicuro, nem o que perdemos... Sem dúvida, mas quem pode fazê-lo? A gratidão não anula o luto, consuma-o: "É necessário curar os infortúnios com a lembrança reconhecida do que perdemos, e pelo saber de que não é possível tornar não-consumado o que aconteceu."[20] Pode haver formulação mais bela do trabalho do luto? Trata-se de aceitar o que é, portanto, também o que não é mais, e de amá-lo como tal, em sua verdade, em sua eternidade: trata-se de passar da dor atroz da perda à doçura da lembrança, do luto a consumar ao luto consumado ("a lembrança reconhecida do que perdemos"), da amputação à aceitação, do sofrimento à alegria, do amor dilacerado ao amor apaziguado. "Doce é a lembrança do amigo desaparecido", dizia Epicuro[21] – a gratidão é essa própria doçura, quando se torna alegre. No entanto, o sofrimento é mais forte primeiro: "Que terrível ele ter morrido!" Como poderíamos aceitar? Por isso o luto é necessário, por isso é difícil, por isso é doloroso. Mas a alegria retorna, apesar dos pesares: "Que bom ele ter vivido!" Trabalho do luto: trabalho da gratidão.

Não estou persuadido de que a gratidão seja um dever, como pensavam Kant e Rousseau[22]. Aliás, não acredito muito nos deveres. Mas o fato de ela ser uma virtude, isto é, uma excelência, é atestado pela evidente baixeza de quem é incapaz de gratidão, e atesta a mediocridade de nós todos, que carecemos dela. Como o ódio sobrevive melhor que o amor! Como o rancor é mais forte que a gratidão! Pode ser até que esta às vezes se inverta naquela, a tal ponto o amor-próprio é suscetível: a ingratidão para com o benfeitor, escreve Kant, "é um vício na verdade extremamente detestável ao juízo de todos, embora o homem tenha tão má reputação sob esse aspecto, que ninguém considera inverossímil que seja possível fazer um inimigo mediante benefícios notáveis"[23]. Grandeza da gratidão: pequenez do homem.

Sem contar que o próprio reconhecimento pode ser às vezes suspeito. La Rochefoucauld não via nele mais que interesse disfarçado[24], e Chamfort notava com razão que "há uma espécie de reconhecimento baixo"[25]. É servilidade disfarçada, egoísmo disfarçado, esperança disfarçada. Só se agradece para se ter mais (diz-se "obrigado", pensa-se "mais"!). Não é gratidão, é lisonja, obsequiosidade, mentira. Não é virtude, é vício. Aliás, mesmo sincero, o reconhecimento não poderia nos dispensar de nenhuma outra virtude, nem justificar qualquer falta que fosse. Virtude segunda, se não secundária, que cumpre manter em seu devido lugar: a justiça ou a boa-fé podem autorizar uma falta com a gratidão, mas não a gratidão uma falta com a justiça ou a boa-fé. Ele me salvou a vida: devo, por isso, impor-me um falso testemunho em seu favor e com isso condenar um inocente? Claro que não! Não esquecer não é ser ingrato, pelo que devemos a determinado indivíduo, o que devemos a todos os demais e a nós mesmos. Não é ingrato, escreve Spinoza, "aquele que os dons de uma cortesã não transformam em instrumento dócil de sua lubricidade, os de um ladrão num receptador de seus roubos, ou qualquer outra coisa semelhante. Pois esse, ao contrário, mostra que é dotado de constância de alma, que não se deixa corromper por nenhum presente, seja para sua própria perda, seja para a perda comum."[26] Gratidão não é complacência. Gratidão não é corrupção.

A gratidão é alegria, repitamos, a gratidão é amor. É por isso que ela se aproxima da caridade, que seria como "uma gratidão incoativa, uma gratidão sem causa, uma gratidão incondicional, assim como a gratidão é uma caridade segunda ou hipotética"[27]. Alegria somada a alegria: amor somado a amor. A gratidão é nisso o segredo da amizade, não pelo sentimento de uma dívida, pois nada se deve aos amigos, mas por superabundância de alegria comum, de alegria recíproca, de alegria partilhada. "A amizade conduz sua dança ao redor do mundo", dizia Epicuro, "convidando todos nós a despertar para dar graças."[28] *Obrigado por existir*, dizem um ao outro, e ao mundo, e ao universo. Essa gratidão é de fato uma virtude, pois é a felicidade de amar, e a única.

# 11

# A humildade

A humildade é uma virtude humilde: ela até duvida que seja uma virtude! Quem se gabasse da sua mostraria simplesmente que ela lhe falta.

Isso todavia não prova nada: não nos devemos gabar, nem nos orgulhar, de nenhuma virtude, e é isso que a humildade ensina. Ela torna as virtudes discretas, como que despercebidas de si mesmas, quase negadas. Inconsciência? É antes uma consciência extrema dos limites de qualquer virtude, e de si. Essa discrição é o sinal – ele mesmo discreto – de uma lucidez sem falha e de uma exigência sem fraquezas. A humildade não é a depreciação de si, ou é uma depreciação sem falsa apreciação. Não é ignorância do que somos, mas, ao contrário, conhecimento, ou reconhecimento, de tudo o que não somos. É seu limite, pois refere-se a um nada. Mas é nisso, também, que ela é humana: "Tão sábio quanto quiser, mas enfim é um homem: o que é mais caduco, mais miserável e mais nada?"[1] Sabedoria de Montaigne: sabedoria da humildade. É absurdo querer superar o homem, o que não podemos, o que não devemos fazer[2]. A humildade é virtude lúcida, sempre insatisfeita consigo mesma, mas que o seria ainda mais se não o fosse. É a virtude do homem que sabe não ser Deus.

Assim, é a virtude dos santos, quando os sábios, fora Montaigne, às vezes parecem desprovidos dela. Pascal não está de todo errado ao criticar a *soberba* dos filósofos. É que alguns deles levaram a sério sua divindade, sobre a qual os santos não se iludem. *"Divino, eu?"* Seria preciso ignorar Deus, ou ignorar a si mesmo. A humildade recusa pelo menos a segunda dessas duas ignorâncias, e é nisso, antes de tudo, que ela é uma virtude: está vinculada ao amor à verdade e a ele se submete. Ser humilde é amar a verdade mais que a si mesmo.

É nisso também que todo pensamento digno desse nome supõe a humildade: o pensamento humilde, isto é, o pensamento, opõe-se nisso à vaidade, que não pensa mas crê em si. Dirão que essa humildade não dura muito... Mas o pensamento também não. Daí os orgulhosos sistemas.

A humildade, por sua vez, pensaria antes sem crer em si: ela duvida de tudo, especialmente de si mesma. Humana, humana demais... Quem sabe se ela não é a máscara de um orgulho muito sutil?

Mas tentemos antes de mais nada defini-la.

"A humildade", escreve Spinoza, "é uma tristeza nascida do fato de o homem considerar sua impotência ou sua fraqueza."[3] Essa humildade é menos uma virtude do que um estado: é um afeto, diz Spinoza, em outras palavras, um estado de alma. Se alguém imagina sua própria impotência, sua alma "se entristece por isso mesmo"[4]. É a experiência de nós todos, e seria enganoso fazer dela uma força. Ora, a virtude, para Spinoza, não é outra coisa: virtude é força de alma, e sempre alegre! A humildade, portanto, não é uma virtude[5], e o sábio não tem por que se preocupar com ela.

É possível, no entanto, que seja apenas uma questão de palavras. Não apenas porque a humildade, para Spinoza, sem ser uma virtude, é não obstante "mais útil que prejudicial"[6] (ela pode ajudar quem a pratica a "viver enfim sob a condução da razão", e os Profetas tiveram razão de recomendá-la)[7], mas também, e sobretudo, porque Spinoza tem em vista expressamente um outro afeto, positivo, que corresponde exatamente a nossa humildade virtuosa: "Se supusermos um homem concebendo sua impotência porque ele conhece algo mais potente que ele mesmo, e por esse conhecimento delimita sua potência de agir, estaremos concebendo então apenas que esse homem se conhece distintamente, isto é, que sua potência de agir é secundada."[8] Essa humildade é de fato uma virtude, pois é uma força maior, para a alma, conhecer-se adequadamente (o contrário da humildade é o orgulho, e todo orgulho é ignorância) ao mesmo tempo que se conhece outra coisa maior. Sem tristeza? Por que não, se cessa de amar unicamente a si?

Portanto, apesar de alguns tradutores, evite-se confundir a humildade com a *micropsuchia* de Aristóteles, que é mais bem vertida por *baixeza* ou *pequenez*. De que se trata? Estamos lembrados de que toda virtude, para Aristóteles, é uma cumeada entre dois abismos. Assim é no caso da magnanimidade ou grandeza de alma: quem se afasta dela por excesso cai na vaidade; quem se afasta por falta, cai na baixeza. Ser baixo é privar-se daquilo de que se é digno, é desconhecer seu valor real, a ponto de se interditar qualquer ação um pouco elevada, por nunca se acreditar capaz dela[9]. Essa pequenez corresponde muito bem ao que Spinoza, distinguindo-a da humildade (*humilitas*), chama de *abjectio*, que se costuma traduzir por desestima ou desprezo por si, mas que Bernard Pautrat teve razão de traduzir por *baixeza*: "A baixeza (*abjectio*) é fazer de si, por tristeza, menos caso do que seria justo."[10] É evidente que essa baixeza pode nascer da humildade[11], e é isso então que torna esta última viciosa. Mas não há aí nenhuma fatalidade: alguém pode sentir-se triste com sua impotência sem com isso exagerá-la, e mesmo – é o que chamo de humildade virtuosa – achando nessa tristeza um acréscimo de força para combatê-la. Dir-se-á que isso sai do spinozismo. Não estou certo[12], e, claro, pouco me importa. Que a tristeza é uma força em nós, às vezes, ou que ela pode mobilizar a força de que dispomos, a experiência ensina, parece-me, o que Spinoza por sinal reconhece[13] e que importa muito mais do que os sistemas. Há uma coragem do desespero, e também uma coragem da humildade. De resto, não podemos escolher. Mais vale uma verdadeira tristeza do que uma falsa alegria.

A humildade, como virtude, é essa tristeza verdadeira de sermos apenas nós. E como poderíamos ser outra coisa? A misericórdia também vale para nós mesmos, temperando a humildade com um pouco de doçura. Que é necessário contentar-se consigo, é o que ensina a misericórdia. Mas sentir-se contente consigo, quem poderia, sem vaidade? Misericórdia e humildade vão de par e se completam. Aceitar-se – mas não se iludir.

"O contentamento de si", escreve Spinoza, "é na realidade o objeto supremo de nossa esperança."[14] Digamos que a humildade é seu desespero, e tudo estará dito.

Tudo? Ainda não, porém. Pode até ser que o essencial não tenha sido abordado. O essencial? O *valor* da humildade. Virtude, disse eu. Mas de que importância? De que nível? De que dignidade?

Vê-se o problema: se a humildade é digna de respeito ou de admiração, não é um erro ela ser humilde? E se ela tiver razão de o ser, como se teria razão de admirá-la? Parece que a humildade é uma virtude contraditória, que só poderia justificar-se por sua própria ausência, ou só valer à sua custa.

"Sou muito humilde": autocontradição performática.

"Falta-me humildade": é um primeiro passo em sua direção.

Mas como um sujeito pode valer desvalorizando-se?

Alcançamos aqui, no fundo, a dupla crítica, kantiana e nietzscheana, da humildade. Vejamos um pouco os textos. Na *Doutrina da virtude*, Kant opõe legitimamente o que chama de "falsa humildade" (ou baixeza) ao dever de respeitar em si a dignidade do homem como sujeito moral: a *baixeza* é o contrário da *honra*, explica ele, e aquela é tão certamente um vício quanto esta, uma virtude[15]. Kant apressa-se evidentemente em acrescentar que também existe uma verdadeira humildade (*humilitas moralis*), da qual ele dá esta bela definição: "A consciência e o sentimento de seu pequeno valor moral *em comparação com a lei* é a humildade."[16] Longe de atentar à dignidade do sujeito, esta última humildade a supõe (não haveria razão alguma para submeter à lei um indivíduo que não fosse capaz de tal legislação interior: a humildade implica a elevação) e a confirma (submeter-se à lei é uma exigência da própria lei: a humildade é um dever).

O fato é que Kant a mantém dentro de limites rigorosíssimos, bem aquém, diga-se de passagem, dos hábitos cristãos (ou apenas católicos?), e mesmo, parece-me, de certa disposição espiritual de que os místicos, e não só no Ocidente, atestam a generalidade e – em todo caso para quem leva a sério o que eles têm a nos dizer – o valor. "Ajoelhar-se ou prosternar-se até o chão, mesmo para tornar sensível a si a adoração das coisas celestes, é contrário à dignidade humana", escreve Kant[17], e isso é bonito. Mas é verdade? É evidente que ninguém deve ser servil nem bajulador. Mas será necessário para tanto – e contra as tradições espirituais mais elevadas e mais comprovadas – condenar também, por exemplo, a mendicidade?[18] São Francisco de Assis ou Buda pecaram contra a humanidade? A rigor, podemos admitir que é "em todos os casos indigno de um homem humilhar-se e curvar-se diante de outro"[19]. Mas, além de que humildade não é humilhação e nada tem a ver com ela (a humilhação só serve para os orgulhosos ou para os perversos), acaso devemos por isso levar totalmente a sério, tratando-se de nós, essa *sublimidade*, como diz Kant, de nossa constituição moral? Não seria, precisamente, carecer de humildade, de lucidez – e de humor? O homem empírico (*homo phaenomenon, animal rationale*) não tem importância, explica Kant, mas considerado como pessoa (*homo noumenon*), isto é, como sujeito moral, ele possui uma dignidade absoluta: "seu pequeno valor enquanto *homem animal* não pode prejudicar sua dignidade como *homem razoável*"[20]. Que seja. Mas o que sobra, se os dois são apenas um? São mais humildes os materialistas, que nunca esquecem o animal neles. Filhos da terra (*humus*, de que vem *humildade*) e indignos para sempre do céu que inventam para si. E mesmo se tratando da "comparação de si com outros homens?"[21]: é de fato condenável ou baixo inclinar-se diante de Mozart, Cavaillès ou do *abbé* Pierre? "Quem se transforma em minhoca não deve queixar-se, depois, de ser pisado", escreve altivamente Kant[22]. Mas quem se transforma em estátua – ainda que uma estátua à glória do Homem ou da Lei –, deverá se queixar se o acharem suspeito de presunção ou frieza? Mais vale o mendigo sublime, que lava os pés do pecador.

Quanto a Nietzsche, poderíamos segui-lo e retomá-lo interminavelmente: ele tem razão em tudo, está errado em tudo, e o que diz da humildade não escapa desse turbilhão. Quem pode contestar que há na humildade, tantas vezes, uma boa parte de niilismo ou de ressentimento? Quantos só se acusam para melhor acusar o mundo ou a vida – e com isso se desculparem? Quantos só se negam por incapacidade de afirmar – e fazer! – o que quer que seja? Sim. "Aqueles que imaginamos mais cheios de desestima por si mesmos e de humildade são geralmente os mais cheios de ambição e de inveja", já dizia Spinoza[23]. Mais uma vez sim. No entanto, será o caso de todos? Há uma humildade em Cavaillès, em Simone Weil, em Etty Hillesum – e mesmo em Pascal ou Montaigne! –, ao lado da qual a grandeza nietzscheana é que parece presunção. Nietzsche retoma a mesma imagem de Kant, a da minhoca: "A minhoca se enrola quando pisamos nela. Isso encerra muita sabedoria. Com isso, ela diminui a possibilidade de que tornem a pisar nela. Na linguagem da moral: *humildade*."[24] Mas a humildade é só isso? Será isso o essencial? Alguém imagina, com esse gênero de psicologia, explicar a humildade de um são Francisco de Assis ou de um são João da Cruz? "Os mais generosos costumam ser os mais humildes", escreve Descartes, que nada tinha de minhoca[25]. Também não se poderia ver na humildade apenas o inverso de não sei que ódio a si. Não confundamos humildade e consciência pesada, humildade e remorso, humildade e vergonha. Trata-se de julgar não o que se fez, mas o que se é. E somos tão pouco... Haverá mesmo o que julgar? O remorso, a consciência pesada ou a vergonha supõem que poderíamos ter agido de outro modo, e melhor. A humildade constataria, antes, que não poderíamos ser melhores.

"Você pode fazer melhor": esta fórmula do mestre acusa antes de incentivar, e é também o que diz o remorso. A humildade diria antes: "É o que ele pode." Humilde demais para se acusar ou se desculpar. Lúcida demais para ter plena raiva de si. Mais uma vez, humildade e misericórdia andam juntas – e a coragem não precisa de encorajamentos. O remorso é um erro (porque supõe o livre-arbítrio: os estóicos e Spinoza recusam-no por isso) antes de ser uma falta. A humildade, um saber antes de ser uma virtude. Triste saber? Se quisermos. Porém mais útil ao homem do que uma alegre ignorância. Mais vale se depreciar do que se enganar.

Sem confundir uma com a outra, poderíamos aplicar à humildade, e *a fortiori* (pois ela não supõe a ilusão do livre-arbítrio, nem o mesmo o aumento de sofrimento), o que Spinoza diz da vergonha: "Embora seja triste, na realidade, o homem que tem vergonha do que fez é, no entanto, mais perfeito do que o impudente que não tem nenhum desejo de viver honestamente."[26] Mesmo triste, o homem humilde é entretanto mais perfeito do que o impudente pretensioso. É o que todos sabem (mais vale a humildade do homem de bem do que a arrogância satisfeita do canalha), e que faz Nietzsche estar errado. A humildade é virtude de escravo, diz ele; os amos, "altaneiros e orgulhosos", nada têm a ver com ela: toda humildade lhes é desprezível[27]. Admitamos. Mas o desprezo não é mais desprezível do que a humildade? E a "glorificação de si mesmo", graças à qual o aristocrata se reconhece[28], é compatível com essa lucidez, da qual aliás Nietzsche, e com razão, faz a virtude filosófica por excelência? "Conheço-me demais para me glorificar do que quer que seja", objetaria o homem humilde; "preciso antes de toda a misericórdia de que sou capaz apenas para poder me suportar..." O que é mais ridículo do que bancar o super-homem? Para que deixar de crer em Deus, se é para se enganar a este ponto sobre si mesmo? A humildade é o ateísmo na primeira pessoa: o homem humilde é ateu de si, como o não-crente o é de Deus. Por que pretender quebrar todos os ídolos, se é para glorificar o último (o eu!), se é para celebrar seu próprio culto? "Humildade igual a verdade", dirá Jankélévitch[29] – como isso é mais verdadeiro, e mais humilde, do que a *glorificação* nietzscheana! Sinceridade e humildade são irmãs: "A implacável e lúcida sinceridade, a sinceridade sem ilusões é, para o sincero, uma lição contínua de modéstia; e, vice-versa, a modéstia favorece o exercício da autoscopia sincera."[30] É esse também o espírito da psicanálise ("sua majestade, o eu", como diz Freud, nela perde seu trono), pelo qual, sobretudo, ela é estimável. Deve-se amar a verdade, ou amar a si. Todo conhecimento é uma ferida narcísica.

Devemos então nos odiar, como queria Pascal? Claro que não: seria faltar com a caridade, à qual todos têm direito (inclusive nós mesmos), ou antes, que dá a cada um, para além de todo direito, o amor que cada um não merece mas que o ilumina, como uma graça injustificável e devida, gratuita e necessária – o pouco de amor verdadeiro, mesmo nos dizendo respeito (mas então ele não se refere mais ao ego: ele o atravessa), de que às vezes somos capazes!

Amar ao próximo como a si mesmo, e a si mesmo como a um próximo: "Onde está a humildade", dizia santo Agostinho, "está também a caridade."[31] É que a humildade leva ao amor, como Jankélévitch recordou[32], e todo amor verdadeiro, sem dúvida, a supõe: sem a humildade, o eu ocupa todo o espaço disponível, e só vê o outro como objeto (de concupiscência, não de amor!) ou como inimigo. A humildade é esse esforço, pelo qual o eu tenta se libertar das ilusões que tem sobre si mesmo e – porque essas ilusões o constituem – pelo qual ele se dissolve. Grandeza dos humildes. Eles vão ao fundo de sua pequenez, de sua miséria, de seu nada: onde não há mais nada, onde não há mais que tudo. Ei-los sós e nus, com qualquer um: expostos sem máscara ao amor e à luz.

Mas o amor sem ilusões nem concupiscência – a caridade –, será que somos capazes dele?

Não cabe aqui responder a essa questão. Mas, ainda que não sejamos, resta a compaixão, que é sua face mais humilde e sua aproximação cotidiana.

Em seu capítulo sobre a humildade, Jankélévitch observa com razão que "os gregos quase não conheceram esta virtude[33]". Talvez seja por não se terem dado um Deus suficientemente grande para que a pequenez do homem aparecesse como deveria? Não é certo, entretanto, que eles tenham se enganado sempre acerca da sua grandeza (Jankélévitch se engana, me parece, como Pascal, sobre o "orgulho estóico"[34]: também há uma humildade em Epicteto, pela qual o ego sabe não ser Deus, e não ser nada); mas talvez eles tivessem menos narcisismo a combater, ou menos ilusões a dissipar. O fato é que esse Deus (o nosso: o dos judeus, dos cristãos e dos muçulmanos), quer se creia nele ou não, é agora, para todos, por diferença, uma terrível lição de humildade. Os antigos se definiam como mortais: apenas a morte, pensavam eles, os separava do divino. Não estamos mais nesse ponto e sabemos agora que mesmo a imortalidade seria incapaz (e por isso, sem dúvida, insuportável) de fazer de nós outra coisa, infelizmente, que não o que somos... Quem às vezes não aspira a morrer, para ser libertado de si?

A humildade é nisso, talvez, a mais religiosa das virtudes. Como gostaríamos de nos ajoelhar nas igrejas! Por que recusá-lo? Estou falando apenas por mim: é que eu precisaria imaginar que um Deus me criou – e dessa pretensão ao menos estou libertado. Somos tão pouca coisa, tão fracos, tão miseráveis... A humanidade constitui uma criação tão irrisória: como imaginar que um Deus tenha querido *isso*?

É assim que a humildade, nascida da religião, pode conduzir ao ateísmo.

Crer em Deus seria pecado de orgulho.

12

# A simplicidade

À humildade às vezes falta simplicidade, por causa dessa duplicação de si para si que ela supõe. Julgar-se é levar-se a sério demais. O simples não se questiona tanto assim sobre si mesmo. Porque se aceita como é? Já seria dizer demais. Ele não se aceita nem se recusa. Não se interroga, não se contempla, não se considera. Não se louva nem se despreza. Ele é o que é, simplesmente, sem desvios, sem afetação, ou antes – pois *ser* lhe parece uma palavra grandiosa demais para tão pequena existência –, faz o que faz, como todos nós, mas não vê nisso matéria para discursos, para comentários, nem mesmo para reflexão. Ele é como os passarinhos de nossas florestas, leve e silencioso sempre, mesmo quando canta, mesmo quando pousa. O real basta ao real, e essa simplicidade é o próprio real. Assim é o simples: um indivíduo real, reduzido à sua expressão mais simples. O canto? O canto, às vezes; o silêncio, mais freqüentemente; a vida, sempre. O simples vive como respira, sem maiores esforços nem glória, sem maiores efeitos nem vergonha. A simplicidade não é uma virtude que se some à existência. É a própria existência, enquanto nada a ela se soma. Por isso é a mais leve das virtudes, a mais transparente e a mais rara. É o contrário da literatura: é a vida sem frases e sem mentiras, sem exagero, sem grandiloqüência. É a vida insignificante, a verdadeira vida.

A simplicidade é o contrário da duplicidade, da complexidade, da pretensão. Por isso é tão difícil. Não é sempre dupla a consciência, que só é consciência de alguma coisa? Não é sempre complexo o real, que só é real pelo entrelaçamento em si das causas e das funções? Não é sempre pretensioso todo homem, assim que se esforça para pensar? Que outra simplicidade além da tolice? da inconsciência? do nada?

O homem simples pode não se fazer essas indagações. O que não as anula, nem nos basta para resolvê-las. Simplicidade não é simploriedade. Mas essas questões tampouco poderiam anular a simplicidade de tudo, nem a virtude ligada a ela. Inteligência não é congestionamento, complicação, esnobismo. Que o real é complexo, não há dúvida, e de uma complexidade infinita, por certo. Poderá ser infindável descrever ou explicar uma árvore, uma flor, uma estrela, uma pedra... Isso não as impede de serem simplesmente o que são (sim: muito simplesmente e muito exatamente o que são, sem nenhuma falta, sem nenhuma duplicidade, sem nenhuma pretensão!), nem obriga ninguém a se perder nesse infinito da descrição ou do conhecimento. Complexidade de tudo: simplicidade de tudo. "A rosa não tem porquê, floresce porque floresce, não se preocupa consigo, não deseja ser vista..."[1] O que há de mais complicado do que uma rosa, para quem a quer compreender? O que há de mais simples, para quem não quer nada? Complexidade do pensamento: simplicidade do olhar. "Tudo é mais simples do que podemos imaginar e, ao mesmo tempo, mais intricado do que poderíamos conceber", dizia Goethe[2]. Complexidade das causas: simplicidade da presença. Complexidade do real: simplicidade do ser. "O contrário do ser não é o nada", escreve Clément Rosset, "mas o duplo."[3] O contrário do simples não é o complexo, mas o falso.

A simplicidade no homem – a simplicidade como virtude – tampouco tem por que negar a consciência ou o pensamento. Ao contrário, ela se reconhece por essa sua capacidade de, sem anular uma e outro, ir além de ambos, libertar-se de ambos, não se deixar enganar por eles, nem ser sua prisioneira. Que toda consciência seja dupla, pois é consciência de um objeto (intencionalidade) e da consciência que toma dele (reflexividade), está bem.

Mas isso nada prova contra a simplicidade do real, nem da vida, nem mesmo da consciência pura, pré-reflexiva e antepredicativa, sem a qual nenhuma predicação e nenhuma reflexão seriam possíveis. Simplicidade não é inconsciência, simplicidade não é tolice; o espírito simples não é um simples de espírito! A simplicidade constitui, ao contrário, o "antídoto da reflexividade"[4] e da inteligência, que evita que estas se envaideçam, se percam em si e com isso percam o real, se dêem demasiada importância, dissimulem, façam enfim obstáculo àquilo mesmo que pretendem revelar ou desvelar. A simplicidade aprende a se desprender, ou antes, ela é esse desprendimento de tudo e de si mesmo: "Largar de mão", como diz Bobin, "acolher o que vem, sem nada guardar como coisa sua..."[5] Simplicidade é nudez, despojamento, pobreza. Sem outra riqueza senão tudo. Sem outro tesouro senão nada. Simplicidade é liberdade, leveza, transparência. Simples como o ar, livre como o ar: a simplicidade é o ar do pensamento, como uma janela aberta para o grande sopro do mundo, para a infinita e silenciosa presença de tudo... Há algo mais simples que o vento? Há algo de mais aéreo que a simplicidade?

Intelectualmente, talvez não seja diferente do bom senso, que é o julgamento reto, quando não é estovado por aquilo que sabe ou crê, mas aberto primeiro ao real, à simplicidade do real e, como sempre, novo em cada uma de suas operações. É a razão, quando ela não se engana a seu próprio respeito: razão lúcida, razão encarnada, razão mínima, se quisermos, mas que é a condição de todas. Entre duas demonstrações, entre duas hipóteses, entre duas teorias, os cientistas costumam privilegiar a mais simples: é apostar na simplicidade do real, mais do que na força de nosso espírito. Essa escolha, que não tem como ser provada, é entretanto de bom senso. Aconteceu-me muitas vezes lamentar que os filósofos, sobretudo os filósofos contemporâneos, façam ordinariamente a escolha inversa, preferindo o mais complicado, o mais obscuro, o mais contorto... Isso os protege contra qualquer refutação e torna suas teorias tão inverossímeis quanto enfadonhas. Complicação não do real, mas do pensamento: má complicação. Mais vale "uma verdade simples e ingênua", como dizia Montaigne[6], decerto proporcional à complexidade do real, quando necessário, mas sem lhe acrescentar os enredamentos de nosso espírito nem confundi-la com estas. A inteligência é a arte de reduzir o mais complexo ao mais simples, não o inverso. Inteligência de Epicuro, inteligência de Montaigne, inteligência de Descartes... E inteligência, hoje, de nossos cientistas. Há coisa mais simples do que $E = mc^2$? Simplicidade do real, mesmo que complexo; clareza do pensamento, mesmo que difícil. "Aristófanes, o gramático, não sabia como reaver em Epicuro a simplicidade de suas palavras e a fineza de sua arte oratória, que era apenas a clareza de linguagem", escreve Montaigne[7]. Por que complicar quando se pode simplificar, demorar quando se pode abreviar, obscurecer quando se pode esclarecer? E que vale um pensamento que não o pode? Prestamos a nossos sofistas uma obscuridade afetada. Não acredito nisso. É profundidade que eles afetam, e a obscuridade é necessária a ela. Uma água pouco profunda só pode iludir se for turva... Seus argumentos seriam mais convincentes se fossem mais claros. Mas, se fossem convincentes, precisariam ser obscuros?

Isso não data de hoje. A escolástica é eterna, ou antes, cada época tem a sua. Toda geração tem seus sofistas, seus intrujões, seus preciosos ridículos, seus pretensiosos. Descartes, contra os de seu tempo, soube dizer o essencial, que também vale contra os do nosso: "Sua maneira de filosofar é muito cômoda, para aqueles que só têm espíritos muito medíocres; pois a obscuridade das distinções e dos princípios de que se servem permite-lhes que falem de todas as coisas tão ousadamente como se delas soubessem e que sustentem tudo o que dizem contra os mais sutis e mais hábeis, sem que se tenha meio de convencê-los."[8] A obscuridade protege. A complexidade protege. A isso Descartes opõe os princípios "muito simples e muito evidentes" que utiliza, os quais tornam sua filosofia compreensível para todos e discutível por todos. Não pensamos para nos proteger. A simplicidade também é uma virtude intelectual.

Mas é antes de mais nada uma virtude moral, ou mesmo espiritual. Transparência do olhar, pureza do coração, sinceridade do discurso, retidão da alma ou do comportamento... Parece que só podemos nos aproximar dela indiretamente, por outra coisa que não ela mesma. Porque a simplicidade não é a pureza, não é a sinceridade, não é a retidão... Por exemplo, nota Fénelon, "vêem-se muitas pessoas que são sinceras sem serem simples: nada dizem que não creiam ser verdadeiro, querem passar apenas pelo que são, mas temem o tempo todo passar pelo que não são; estão sempre se estudando, sempre compassando [medindo-se como com um compasso] todas as suas palavras e todos os seus pensamentos e rememorando tudo o que fizeram por temerem ter feito ou dito demais"[9]. Em suma, ocupam-se demais consigo mesmas, ainda que tenham bons motivos, e isso é o contrário da simplicidade. Não, é claro, que seja necessário impedir-se de pensar em si. "Querendo ser simples", escreve Fénelon, "nos afastaríamos da simplicidade."[10] Trata-se de não afetar nada, nem mesmo simplicidade. Mais vale ser simplesmente egoísta do que afetar generosidade. Mais vale ser simplesmente volúvel do que afetar fidelidade. Não, mais uma vez, que a simplicidade se reduza à sinceridade, à ausência de hipocrisia ou de mentira. Ela é antes a ausência de cálculo, de artifícios, de composição. Mais vale uma simples mentira do que uma sinceridade calculada. "Essas pessoas são sinceras", prossegue Fénelon, "mas não são simples; não se sentem à vontade com os outros, e os outros não se sentem à vontade com elas; não encontramos nelas nada de desembaraçado, nada de livre, nada de ingênuo, nada de natural; preferiríamos pessoas menos regulares e mais imperfeitas, que fossem menos compostas. Eis o gosto dos homems, e o de Deus é o mesmo: ele quer almas que não se ocupem de si mesmas, como que sempre ao espelho para se comporem."[11] A simplicidade é espontaneidade, coincidência imediata consigo mesmo (inclusive naquilo em nós que ignoramos), improvisação alegre, desinteresse, desprendimento, desprezo de provar, de prevalecer, de parecer... Daí essa impressão de liberdade, de leveza, de ingenuidade feliz. "A simplicidade", escreve Fénelon, "é uma retidão da alma que corta qualquer volta inútil sobre si mesma e sobre suas ações. [...] Ela é livre em seu trajeto, porque não pára para se compor com arte."[12] Ela é despreocupada, mas não descuidada: ela se ocupa do real, não de si. É o contrário do amor-próprio. Fénelon, mais uma vez: "Como somos interiormente desprendidos de nós mesmos pelo corte de todos os retornos voluntários, agimos mais naturalmente. [...] Essa verdadeira simplicidade parece às vezes um pouco negligente e menos regular, mas tem um sabor de candura e verdade que se faz sentir, um quê de ingênuo, de doce, de inocente, de alegre, de tranqüilo, que encanta quando olhamos de perto e imediatamente com olhos puros."[13] A simplicidade é esquecimento de si, é nisso que ela é uma virtude: não o contrário do egoísmo, como a generosidade, mas o contrário do narcisismo, da pretensão, da auto-suficiência. Dir-se-á que mais vale a generosidade. Sim, enquanto o ego permanecer e dominar. Mas nem toda generosidade é simples (que auto-suficiência em Descartes!), ao passo que a absoluta simplicidade é sempre generosa (que generosidade em são Francisco!). É que o eu nada mais é do que o conjunto das ilusões que tem acerca de si mesmo: o narcisismo não é o efeito do ego, mas seu princípio. A generosidade o supera; a simplicidade o dissolve. A generosidade é um esforço; a simplicidade, um repouso. A generosidade é uma vitória; a simplicidade, uma paz. A generosidade é uma força; a simplicidade, uma graça.

Jankélévitch bem viu que toda virtude, sem ela, careceria do essencial[14]. Que valeria uma gratidão afetada, uma humildade pernóstica, uma coragem que só serviria para exibição? Não seria nem generosidade, nem humildade, nem coragem. Modéstia sem simplicidade é falsa modéstia. Sinceridade sem simplicidade é exibicionismo ou cálculo. A simplicidade é a verdade das virtudes: cada virtude só é ela mesma se livre da preocupação de parecer, e mesmo da preocupação de ser (sim: livre de si!), se, pois, for sem rebuscamento, sem artifício, sem pretensão. Aquele que só é corajoso em público, generoso em público, virtuoso em público não é verdadeiramente corajoso, nem verdadeiramente generoso, nem verdadeiramente virtuoso. E aquele que só é simples em público (isso acontece: alguns tratam de "você" o primeiro que aparece, mas tratam a si mesmos de "senhor" diante do espelho) é simplesmente amaneirado. "A simplicidade afetada", dizia La Rochefoucauld, "é uma impostura delicada."[15] Qualquer virtude, sem a simplicidade, é pois pervertida, como que esvaziada de si mesma, como que cheia de si mesma. Inversamente, uma simplicidade verdadeira, sem suprimir os defeitos, torna-os mais suportáveis: ser simplesmente egoísta, simplesmente covarde, simplesmente infiel nunca impediu ninguém de ser sedutor ou simpático. Ao passo que o imbecil pretensioso, o egoísta hipócrita ou o covarde exibido são insuportáveis, assim como o bonitão vazio que banca o romântico ou alardeia suas conquistas. A simplicidade é a verdade das virtudes e a desculpa dos defeitos. É a graça dos santos e o encanto dos pecadores.

Que ela não desculpa tudo, no entanto, está claro, e na verdade é menos uma desculpa do que uma sedução. Mas quem quisesse utilizá-la como tal estaria faltando com a simplicidade.

O simples é aquele que não simula, que não presta atenção (em si, na sua imagem, na sua reputação), que não calcula, que não tem artimanhas nem segredos, que não tem segundas intenções, programa, projeto... Virtude de infância? Não creio muito. É antes a infância como virtude, mas uma infância reencontrada, reconquistada, como que libertada de si mesma, da imitação dos adultos, da impaciência de crescer, da grande seriedade de viver, do grande segredo de ser si mesmo... A simplicidade só se aprende pouco a pouco. Vejam Clara Haskil, em Mozart ou em Schumann. Nenhuma criança nunca tocará como essa velha senhora as *Variações em dó maior* ("Ah, vous dirai-je maman") ou as *Cenas infantis*, com essa graça, essa poesia, essa leveza, essa inocência... É a infância do espírito, a que as crianças quase nunca têm acesso.

O fato de a mesma palavra poder designar também uma forma de tolice ilustra bastante bem o que pensamos da inteligência e o uso que geralmente fazemos dela. Mas isso não esconderia o essencial, que é a própria simplicidade, como virtude e como graça. Sopra aí o espírito dos Evangelhos. "Observai as aves do céu: não semeiam, não colhem, nem recolhem em celeiros, e vosso Pai celeste as sustenta!... Considerai como crescem os lírios do campo: eles não trabalham nem fiam..."[16] A prudência nos lembra de que não podemos viver sempre assim. Virtude intelectual contra virtude espiritual. Quem não vê que a prudência é mais necessária e a simplicidade, mais elevada? O Pai celeste sustenta bem mal seus filhos, e é prudente não viver como uma ave. Mas também sábio por não esquecer totalmente a sabedoria, que é feita de simplicidade. Sabedoria de poeta: "Vamos aqui e ali, à procura de uma alegria por toda parte em migalhas, e o saltitar do pardal é nossa única possibilidade de saborear Deus espalhado no chão."[17] Tudo é simples para Deus; tudo é divino para os simples. Mesmo o trabalho, mesmo o esforço. "Não vos inquieteis com o dia seguinte, pois o amanhã se inquietará consigo mesmo. Basta a cada dia seu próprio penar..."[18] Não é proibido semear, nem colher. Mas por que se preocupar com a colheita, quando se semeia? Por que ter saudade da semeadura, quando se colhe? A simplicidade é virtude presente, virtude atual, é por isso que nenhuma virtude é real se não é simples. Não é proibido fazer projetos, programas, cálculos... Mas a simplicidade, portanto também a virtude, é o que lhes escapa. Nada é grave, nada é complicado, a não ser o futuro. Nada é simples, a não ser o presente.

A simplicidade é esquecimento de si, de seu orgulho e de seu medo: é quietude contra inquietude, alegria contra preocupação, ligeireza contra seriedade, espontaneidade contra reflexão, amor contra amor-próprio, verdade contra pretensão... O eu subsiste nela, é claro, mas como que mais leve, purificado, libertado (*"desligado de si"*, como diz Bobin, *"desprendido de todo reino"*)[19]. Faz muito tempo, até, que ele renunciou a buscar sua salvação, que já não se preocupa com sua perda. A religião é complicada demais para ele. A própria moral é complicada demais para ele. Para que essas perpétuas voltas sobre si mesmo? Nunca acabaríamos de nos avaliar, de nos julgar, de nos condenar... Nossa melhores ações são suspeitas; nossos melhores sentimentos, equívocos. O simples sabe disso e nem se importa. Ele não se interessa suficientemente para se julgar. Para ele, a misericórdia faz as vezes de inocência, ou a inocência, talvez, de misericórdia. Ele não se leva nem a sério nem a trágico. Segue seu pequeno caminho, de coração leve, alma em paz, sem objetivo, sem nostalgia, sem impaciência. O mundo é seu reino, e lhe basta. O presente é sua eternidade, e o satisfaz. Nada tem a provar, pois não quer parecer nada. Nada tem a buscar, pois tudo está ali. Há coisa mais simples que a simplicidade? Há coisa mais leve? É a virtude dos sábios, e a sabedoria dos santos.

# 13

# A tolerância

É um tema de dissertação que foi proposto várias vezes no exame de *baccalauréat**: "Julgar que há o que seja intolerável é sempre dar prova de intolerância?" Ou então, numa forma diferente: "Ser tolerante é tolerar tudo?" A resposta, nos dois casos, é evidentemente não, pelo menos se quisermos que a tolerância seja uma virtude. Deveríamos considerar virtuoso quem tolerasse o estupro, a tortura, o assassinato? Quem veria, nessa tolerância do pior, uma disposição estimável? Mas, embora a resposta só possa ser negativa (o que, para um tema de dissertação, é antes uma fraqueza), a argumentação não deixa de colocar um certo número de problemas, que são de definições e de limites, e que podem ocupar suficientemente nossos secundaristas, imagino, durante as quatro horas da prova... Uma dissertação não é uma sondagem de opinião. É preciso responder, sem dúvida, mas a resposta só vale pelos argumentos que a preparam e que a justificam. Filosofar é pensar sem provas (se houvesse provas não seria mais filosofia), mas não pensar qualquer coisa (pensar qualquer coisa, de resto, não é mais pensar), nem de qualquer jeito. A razão comanda, como nas ciências, mas sem verificação nem refutação possíveis. Por que não se contentar, então, com as ciências? Porque não podemos: elas não respondem a nenhu-

* Corresponderia a um exame final do nosso colegial. (N. do T.)

ma das questões essenciais que nos colocamos, nem mesmo às que elas nos colocam. A questão: "É preciso fazer matemática?" Não é suscetível de uma resposta matemática. A questão: "As ciências são verdadeiras?" Não é suscetível de uma resposta científica. Como tampouco – isso é óbvio – as questões relativas ao sentido da vida, à existência de Deus ou ao valor de nossos valores... Ora, como renunciar a isso? Trata-se de pensar tão longe quanto vivemos, portanto mais longe do que podemos, portanto mais longe do que sabemos. A metafísica é a verdade da filosofia, mesmo em epistemologia, mesmo em filosofia moral ou política. Tudo se sustenta, e nos sustenta. Uma filosofia é um conjunto de opiniões razoáveis: a coisa é mais difícil, e mais necessária do que se crê.

Dir-se-á que estou me afastando do meu tema. É que não estou fazendo uma dissertação. A escola não pode durar para sempre, ainda bem. De resto, não é certo que tenha me afastado tanto assim da tolerância. Filosofar, dizia eu, é pensar sem provas. É onde também a tolerância intervém. Quando a verdade é conhecida com certeza, a tolerância não tem objeto. Não toleraríamos que o contador que se engana em seus cálculos se recusasse a corrigi-los. Nem o físico, quando a experiência diz que está errado. O direito ao erro só é válido *a parte ante*; uma vez demonstrado o erro, este deixa de ser um direito e não dá direito algum: perseverar no erro, *a parte post*, já não é um erro, mas uma falta. É por isso que os matemáticos não precisam da tolerância. As demonstrações bastam para sua paz. Quanto aos que gostariam de impedir os cientistas de trabalhar ou de se exprimir (como a Igreja contra Galileu), não é a tolerância que lhes falta primeiramente: é a inteligência e o amor à verdade. Primeiro conhecer. O verdadeiro prima e se impõe a todos, sem nada impor. Os cientistas necessitam não de tolerância, mas de liberdade.

Que se trata de duas coisas diferentes, a experiência basta para atestar. Nenhum cientista pedirá, nem mesmo aceitará, que tolerem seus erros, uma vez conhecidos, nem suas incompetências, na sua especialidade, uma vez reveladas. Mas nenhum aceitaria, tampouco, que lhe ditassem o que deve pensar. Não há outra coerção, para ele, além da experiência e da razão: não há outra coerção além da verdade pelo menos possível, e é isso que se chama liberdade de espírito. Qual a diferença em relação à tolerância? É que esta (a tolerância) só intervém na falta de conhecimento; aquela (a liberdade de espírito) seria antes o próprio conhecimento, enquanto nos liberta de tudo e de nós mesmos. A verdade não obedece, dizia Alain; é nisso que é livre, embora necessária (ou *porque* necessária), e que torna livre. "A Terra gira em torno do Sol": aceitar ou não essa proposição não decorre em absoluto, de um ponto de vista científico, da tolerância. Uma ciência só avança corrigindo seus erros; portanto não poderíamos pedir-lhe que os tolerasse.

O problema da tolerância só surge nas questões de opinião. É por isso que ele surge com tanta freqüência, e quase sempre. Ignoramos mais do que sabemos, e tudo o que sabemos depende, direta ou indiretamente, de algo que ignoramos. Quem pode provar absolutamente que a Terra existe? Que o Sol existe? E que sentido há, se nenhum dos dois existe, em afirmar que aquela gira em torno deste? A mesma proposição que não tem a ver com a tolerância, de um ponto de vista científico, pode ter a ver com ela, de um ponto de vista filosófico, moral ou religioso. É o caso da teoria evolucionista de Darwin: os que pedem que seja tolerada (ou, *a fortiori*, os que pedem que seja proibida) não compreenderam em que ela é científica[1]; e os que gostariam de impô-la autoritariamente como verdade absoluta do homem e de sua gênese, entretanto, dariam prova de intolerância. A Bíblia não é nem demonstrável nem refutável; portanto, ou se crê nela, ou se tolera que se creia nela.

É aí que voltamos a encontrar nosso problema. Se devemos tolerar a Bíblia, por que não *Mein Kampf*? E, se toleramos *Mein Kampf*, por que não o racismo, a tortura, os campos de concentração?

Uma tolerância universal seria, é claro, moralmente condenável: porque esqueceria as vítimas, porque as abandonaria à sua sorte, porque deixaria perpetuar-se seu martírio. Tolerar é aceitar o que poderia ser condenado, é deixar fazer o que se poderia impedir ou combater. Portanto, é renunciar a uma parte de seu poder, de sua força, de sua cólera... Assim, toleramos os caprichos de uma criança ou as posições de um adversário. Mas isso só é virtuoso se assumirmos, como se diz, se superamos para tanto nosso próprio interesse, nosso próprio sofrimento, nossa própria impaciência. A tolerância só vale contra si mesmo, e a favor de outrem. Não há tolerância quando nada se tem a perder, menos ainda quando se tem tudo a ganhar em suportar, isto é, em nada fazer. "Temos todos bastante força", dizia La Rochefoucauld, "para suportar os males de outrem."[2] Talvez, mas ninguém veria nisso tolerância. Sarajevo era, dizem, cidade de tolerância; abandoná-la hoje (dezembro de 1993) a seu destino de cidade sitiada, de cidade esfomeada, de cidade massacrada, não passaria, para a Europa, de covardia. Tolerar é se responsabilizar: a tolerância que responsabiliza o outro já não é tolerância. Tolerar o sofrimento dos outros, tolerar a injustiça de que não somos vítimas, tolerar o horror que nos poupa não é mais tolerância: é egoísmo, é indiferença, ou pior. Tolerar Hitler era ser seu cúmplice, pelo menos por omissão, por abandono, e essa tolerância já era colaboração. Antes o ódio, antes a fúria, antes a violência, do que essa passividade diante do horror, do que essa aceitação vergonhosa do pior! Uma tolerância universal seria tolerância do atroz: atroz tolerância!

Mas essa tolerância universal também seria contraditória, pelo menos na prática, e por isso não apenas moralmente condenável, como acabamos de ver, mas politicamente condenada. Foi o que mostraram, em problemáticas diferentes, Karl Popper e Vladimir Jankélévitch. Levada ao extremo, a tolerância "acabaria por negar a si mesma"[3], pois deixaria livres as mãos dos que queram suprimi-la. A tolerância só vale, pois, em certos limites, que são os de sua própria salvaguarda e da preservação de suas condições de possibilidade. É o que Karl Popper chama de *"o paradoxo da tolerância"*: "Se formos de uma tolerância absoluta, mesmo para com os intolerantes, e se não defendermos a sociedade tolerante contra seus assaltos, os tolerantes serão aniquilados, e com eles a tolerância."[4] Isso só vale na medida em que a humanidade é o que é, conflitual, passional, atormentada, mas é por isso que vale. Uma sociedade em que uma tolerância universal fosse possível já não seria humana, e aliás já não necessitaria de tolerância.

Ao contrário do amor ou da generosidade, que não têm limites intrínsecos nem outra finitude além da nossa, a tolerância é, pois, essencialmente limitada: uma tolerância infinita seria o fim da tolerância! Não dar liberdade aos inimigos da liberdade? Não é tão simples assim. Uma virtude não poderia se isolar na intersubjetividade virtuosa: aquele que só é justo com os justos, generoso com os generosos, misericordioso com os misericordiosos, etc., não é nem justo nem generoso nem misericordioso. Tampouco é tolerante aquele que só o é com os tolerantes. Se a tolerância é uma virtude, como acredito e como geralmente se aceita, ela vale por si mesma, inclusive para com os que não a praticam. A moral não é nem um mercado nem um espelho. É verdade, claro, que os intolerantes não teriam nenhum motivo para queixar-se de que se é intolerante para com eles. Mas onde já se viu uma virtude depender do ponto de vista dos que não a têm? O justo deve ser guiado "pelos princípios da justiça, e não pelo fato de que o injusto não pode se queixar"[5]. Do mesmo modo, o tolerante, pelos princípios da tolerância. Se não se deve tolerar tudo, pois seria destinar a tolerância à sua perda, também não se poderia renunciar a toda e qualquer tolerância para com aqueles que não a respeitam. Uma democracia que proibisse todos os partidos não democráticos seria muito pouco democrática, assim como uma democracia que os deixasse fazer tudo e qualquer coisa seria democrática demais, ou antes, mal democrática demais e, por isso, condenada – pois ela renunciaria a defender o direito pela força, quando necessário, e a liberdade pela coerção. O critério não é moral, aqui, mas político. O que deve determinar a tolerabilidade de determinado indivíduo, grupo ou comportamento não é a tolerância de que eles dão mostra (porque então todos os grupos extremistas de nossa juventude deveriam ter sido proibidos, o que só lhes daria razão), mas sua periculosidade efetiva: uma ação intolerante, um grupo intolerante, etc., devem ser proibidos se, e somente se, ameaçarem efetivamente a liberdade ou, em geral, as condições de possibilidade da tolerância. Numa República forte e estável, uma manifestação contra a democracia, contra a tolerância ou contra a liberdade não basta para colocá-las em perigo; portanto não há motivo para proibi-las, e seria uma falta de tolerância querê-lo. Mas, se as instituições estão fragilizadas, se a guerra civil está iminente ou já começou, se grupos facciosos ameaçam tomar o poder, a mesma manifestação pode se tornar um perigo verdadeiro; então pode ser necessário proibi-la, impedi-la, até pela força, e seria falta de firmeza ou de prudência renunciar a essa possibilidade. Em suma, depende dos casos, e essa "casuística da tolerância", como diz Jankélévitch[6], é um dos problemas principais de nossas democracias. Depois de ter evocado o paradoxo da tolerância, que faz com que a enfraqueçamos à força de querer estendê-la infinitamente, Karl Popper acrescenta o seguinte:

> Não quero dizer com isso que seja sempre necessário impedir a expressão de teorias intolerantes. Enquanto for possível enfrentá-las com argumentos lógicos e contê-las com ajuda da opinião pública, seria um erro proibi-las. Mas é necessário reivindicar o *direito* de fazê-lo, mesmo pela força, se necessário, porque pode muito bem acontecer que os partidários dessas teorias se recusem a qualquer discussão lógica e só respondam aos argumentos com a violência. Seria necessário então considerar que, assim fazendo, eles se colocam fora da lei e que a incitação à tolerância é tão criminosa quanto a incitação ao assassinato, por exemplo.[7]

Democracia não é fraqueza. Tolerância não é passividade.

Moralmente condenável e politicamente condenada, uma tolerância universal não seria, pois, nem virtuosa nem viável.

Ou, para dizer de outro modo: há muita coisa intolerável, mesmo e sobretudo para o tolerante! Moralmente: o sofrimento de outrem, a injustiça, a opressão, quando poderiam ser impedidos ou combatidos por um mal menor. Politicamente: tudo o que ameaça efetivamente a liberdade, a paz ou a sobrevivência de uma sociedade (o que supõe uma avaliação, sempre incerta, dos riscos), logo também tudo o que ameaça a tolerância, quando essa ameaça não é simplesmente a expressão de uma posição ideológica (a qual poderia ser tolerada), mas sim um perigo real (o qual deve ser combatido, pela força, se necessário). Isso deixa espaço para a casuística, no melhor dos casos, e para a má-fé, no pior[8] – isso deixa espaço para a democracia, para suas incertezas e para seus riscos, que são preferíveis, no entanto, ao conforto e às certezas de um totalitarismo.

O que é o totalitarismo? É o poder total (de um partido ou do Estado) sobre o todo (de uma sociedade). Mas, se o totalitarismo se distingue da simples ditadura ou do absolutismo, isso se dá sobretudo por sua dimensão ideológica. O totalitarismo nunca é o poder exclusivo de um homem ou grupo: é também, talvez antes de mais nada, o poder de uma doutrina, de uma ideologia (freqüentemente com pretensões científicas), de uma "verdade", ou pretensa verdade. A cada tipo de governo seu princípio, dizia Montesquieu: como uma monarquia funciona com base na honra, uma república na virtude e um despotismo no temor, o totalitarismo, acrescenta Hannah Arendt, funciona com base na ideologia ou (visto de dentro) na "verdade"[9]. É nisso que o totalitarismo é intolerante: porque a verdade não se discute, não se vota e independe das preferências ou das opiniões de cada um. É como uma tirania do verdadeiro. É nisso também que toda intolerância tende ao totalitarismo ou, em matéria religiosa, ao integrismo: não se pode pretender impor seu ponto de vista a não ser em nome de sua suposta verdade, ou antes, é apenas nessa condição que tal imposição pode se pretender legítima. Uma ditadura que se impõe pela força é um despotismo; se ela se impõe pela ideologia, um totalitarismo. Compreende-se que a maioria dos totalitarismos também sejam despotismos (afinal, a força, se necessário, tem de vir socorrer a Idéia...) e que, em nossas sociedades modernas, que são sociedades de comunicação, a maioria dos despotismos tendam ao totalitarismo (afinal, a Idéia tem de dar razão à força). Doutrinamento e sistema policial caminham juntos. O caso é que a questão da tolerância, que durante muito tempo foi apenas uma questão religiosa, tende a invadir o todo da vida social; ou antes, pois é obviamente o inverso que se tem de dizer, o sectarismo, de religioso que era no início, tornou-se no século XX onipresente e multiforme, agora muito mais sob a dominação da política do que da religião: daí o terrorismo, quando o sectarismo está na oposição, ou o totalitarismo, quando ele está no poder. Dessa história, que foi a nossa, talvez saiamos um dia. Por outro lado, não sairemos da intolerância, do fanatismo, do dogmatismo. O que é a tolerância? Alain respondia: "Uma espécie de sabedoria que supera o fanatismo, esse temível amor à verdade."[10]

Devemos então deixar de amar o verdadeiro? Seria dar um bonito presente ao totalitarismo e quase proibir-se combatê-lo! "O sujeito ideal do reinado totalitário", observava Hannah Arendt, "não é nem o nazista convicto, nem o comunista convicto, mas o homem para quem a distinção entre fato e ficção (*i.e.*, a realidade da experiência) e a distinção entre verdadeiro e falso (*i.e.*, as normas do pensamento) não existem mais."[11] A sofística faz o jogo do totalitarismo: se nada é verdade, o que opor a suas mentiras? Se não há fatos, como acusá-lo de mascará-los, de deformá-los e o que opor à sua propaganda? Pois o totalitarismo, se prentende a verdade, não se pode impedir, cada vez que a verdade frustra sua expectativa, de inventar outra, mais dócil. Não me deterei nisso: esses fatos são bem conhecidos. O totalitarismo começa como dogmatismo (pretende que a verdade lhe dá razão e justifica seu poder) e acaba como sofística (chama de "verdade" o que justifica seu poder lhe dando razão)... Primeiro a "ciência", depois a lavagem cerebral. Que se trata de falsas verdades ou de falsas ciências (como o biologismo nazista ou o historicismo stalinista), está muito claro; entretanto o essencial, no fundo, não está nisso. Um regime que se apoiasse numa ciência verdadeira – imaginemos por exemplo uma tirania dos médicos – nem por isso seria menos totalitário a partir do momento em que pretendesse governar em nome de suas verdades, porque a verdade nunca governa, nem diz o que deve ser feito, nem proibido. A verdade não obedece, lembrei citando Alain, e é por isso que ela é livre. Mas tampouco comanda, e é por isso que nós o somos. É verdade que morreremos: isso não condena a vida, nem justifica o assassinato. É verdade que mentimos, que somos egoístas, infiéis, ingratos... Isso não nos desculpa, nem inculpa os que, às vezes, são fiéis, generosos ou reconhecidos. Disjunção das ordens: o verdadeiro não é o bem; o bem não é o verdadeiro. Portanto, o conhecimento não poderia fazer as vezes de vontade, nem para os povos (nenhuma ciência, mesmo que verdadeira, poderia substituir a democracia), nem para os indivíduos (nenhuma ciência, mesmo se verdadeira, poderia fazer as vezes da moral)[12]. É aí que o totalitarismo fracassa, pelo menos teoricamente, porque a verdade, ao contrário do que pretende, não poderia lhe dar razão nem justificar seu poder. É certo, entretanto, que uma verdade não se vota, mas ela tampouco governa; portanto, qualquer governo pode ser submetido a um voto, e deve sê-lo.

Longe de se dever, para ser tolerante, renunciar a amar a verdade, é, ao contrário, esse próprio amor – mas sem quimeras – que nos fornece nossas principais razões de o ser. A primeira delas é que amar a verdade, sobretudo nesses domínios, também é reconhecer que nunca a conhecemos absolutamente, nem com toda certeza. O problema da tolerância, como vimos, só se coloca nas questões de opinião. Ora, o que é uma opinião, senão uma crença incerta ou, em todo caso, sem outra certeza que não subjetiva? O católico pode muito bem, subjetivamente, estar certo da verdade do catolicismo. Mas, se ele é intelectualmente honesto (se ama a verdade mais que a certeza), deve reconhecer que é incapaz de convencer um protestante, um ateu ou um muçulmano, ainda que cultos, inteligentes e de boa-fé. Cada um, por mais convencido que possa estar de ter razão, deve pois admitir que não tem condições de prová-lo... A tolerância, como força prática (como virtude), funda-se assim em nossa fraqueza teórica, isto é, na incapacidade em que estamos de alcançar o absoluto. Foi o que viram Montaigne, Bayle, Voltaire: "É dar um preço muito alto a suas conjecturas", dizia o primeiro, "assar um homem vivo por causa delas"; "a evidência é uma qualidade relativa" dizia o segundo; e o terceiro, como que insistindo: "O que é a tolerância? É o apanágio da humanidade. Somos todos feitos de fraquezas e de erros; perdoemo-nos reciprocamente nossas tolices, é esta a primeira lei da natureza."[13] É aí que a tolerância tem a ver com a humildade, ou antes, dela decorre, como esta da boa-fé: amar a verdade até o fim é também aceitar a dúvida em que ela resulta, para o homem. De novo Voltaire: "Devemos tolerar-nos mutuamente, porque somos todos fracos, inconseqüentes, sujeitos à mutabilidade, ao erro. Um caniço vergado pelo vento sobre a lama porventura dirá ao caniço vizinho, vergado em sentido contrário: 'Rasteja a meu modo, miserável, ou farei um requerimento para que te arranquem e te queimem'?"[14] Humildade e misericórdia andam juntas, e esse conjunto, no que se refere ao pensamento, conduz à tolerância.

A segunda razão prende-se mais à política do que à moral, e mais aos limites do Estado do que do conhecimento. Ainda que tivesse acesso ao absoluto, o soberano não teria condições de impô-lo a ninguém, porque não se poderia forçar um indivíduo a pensar de maneira diferente da que pensa, nem a crer verdadeiro o que lhe parece falso. Foi o que viram Spinoza e Locke[15], e que, no século XX, a história dos diferentes totalitarismos confirma. Pode-se impedir um indivíduo de exprimir o que crê, mas não de pensá-lo. Ou então tem-se de suprimir o próprio pensamento, e enfraquecer assim o Estado... Não há inteligência sem liberdade de julgamento, nem sociedade próspera sem inteligência. Portanto, um Estado totalitário tem de se resignar à tolice ou à dissidência, à pobreza ou à crítica... A história recente dos países do Leste europeu mostra que esses escolhos, entre os quais o totalitarismo pode sem dúvida navegar por muito tempo, no entanto o condenam a um naufrágio tão imprevisível, em suas formas, quanto difícil, a mais ou menos longo prazo, a se evitar... A intolerância torna tolo, assim como a tolice torna intolerante. É uma sorte para nossas democracias, e talvez explique uma parte da sua força, que surpreendeu muitos, ou afinal a fraqueza dos Estados totalitários. Nem uma nem outra teriam deixado surpreso Spinoza, que fazia do totalitarismo esta descrição antecipada: "Suponhamos", escreve, "que essa liberdade [de julgamento] possa ser comprimida e que seja possível manter os homems em tal dependência que não ousem proferir uma palavra, a não ser por prescrição do soberano; ainda assim este não conseguirá nunca que só tenham os pensamentos que ele quiser; e desse modo, por uma conseqüência necessária, os homems não deixariam de ter opiniões em desacordo com sua linguagem, e a boa-fé, esta primeira necessidade do Estado, se corromperia; o incentivo dado à detestável adulação e à perfídia traria o reinado da esperteza e da corrupção de todas as relações sociais..."[16] Em suma, com o tempo, a intolerância do Estado (portanto, também o que chamamos de totalitarismo) não pode deixar de debilitá-lo, pela debilitação do vínculo social e da consciência de cada um. Num regime tolerante, ao contrário, a força do Estado constitui a liberdade de seus membros, assim como sua liberdade constitui sua força: "O que exige antes de mais nada a segurança do Estado", conclui Spinoza, é evidentemente que cada um submeta sua ação às leis do soberano (do povo, portanto, numa democracia), mas também "que, quanto ao mais, seja permitido a cada um pensar o que quer e dizer o que pensa"[17]. O que é isso senão a laicidade? E o que é a laicidade, senão a tolerância instituída?

A terceira razão é a que evoquei a princípio; mas ela talvez seja, em nosso universo espiritual, a mais recente e a menos comumente aceita: trata-se do divórcio (ou, digamos, da independência recíproca) entre a verdade e o valor, entre o verdadeiro e o bem. Se é a verdade que comanda, como acreditam Platão, Stálin ou João Paulo II, a única virtude é submeter-se a ela. E, uma vez que a verdade é a mesma para todos, todos devem submeter-se igualmente aos mesmos valores, às mesmas regras, aos mesmos imperativos: uma mesma verdade para todos, logo uma mesma moral, uma mesma política, uma mesma religião para todos! Fora da verdade não há salvação, e fora da Igreja ou do Partido, não há verdade... O dogmatismo prático, que pensa o valor como uma verdade, conduz assim à consciência tranqüila, à auto-suficiência, à rejeição ou ao desprezo do outro – à intolerância. Todos os que não se submetem à "verdade sobre o bem e sobre o mal moral", escreve por exemplo João Paulo II, "verdade estabelecida pela 'Lei divina', *norma universal e objetiva da moralidade*"[18], todos estes, pois, vivem no pecado, e embora, é claro, devam ser lastimados e amados, não se poderia reconhecer seu direito de julgar de modo diferente: seria cair no subjetivismo, no relativismo ou no ceticismo[19], e esquecer com isso "que não há liberdade nem fora da verdade, nem contra ela"[20]. Como a verdade, assim também a moral não depende de nós: "a verdade moral", como diz João Paulo II[21], impõe-se a todos e não poderia depender nem das culturas, nem da história, nem de uma autonomia qualquer do homem ou da razão[22]. Que verdade? Claro que a "verdade revelada", tal como a Igreja, e só ela, a transmite[23]! Façam o que fizerem todos os casais católicos que utilizam pílulas ou preservativos, todos os homossexuais, todos os teólogos modernos, isso em nada alterará o problema: "O fato de que certos crentes ajam sem seguir os ensinamentos do Magistério ou considerem, erroneamente, ser justa do ponto de vista moral uma conduta que seus pastores declararam contrária à Lei de Deus, não pode ser um argumento válido para refutar a verdade das normas morais ensinadas pela Igreja."[24] E tampouco o seria a consciência individual ou coletiva: "*É a voz de Jesus Cristo, a voz da verdade sobre o bem e o mal que ouvimos na resposta da Igreja.*"[25] A verdade se impõe a todos, portanto também à religião (pois ela é a *verdadeira* religião), portanto também à moral (pois a moral “é fundada na verdade”)[26]. É uma filosofia de boneca russa: é preciso obedecer à verdade, logo a Deus, logo à Igreja, logo ao Papa... O ateísmo ou a apostasia, por exemplo, são pecados mortais, isto é, pecados que, salvo arrependimento, acarretam “a condenação eterna”[27]. Eis, pois, seu servidor, sem falar de seus outros erros, que são inúmeros, já danado duas vezes... É o que João Paulo II chama de “a certeza reconfortante da lei cristã”[28]. *Veritatis terror!*

Não quero deter-me nessa encíclica, que não tem maior importância. Como as circunstâncias históricas tiram toda e qualquer plausibilidade (pelo menos no Ocidente e a curto ou médio prazo) de não sei que volta à inquisição ou à ordem moral, as posições da Igreja, ainda que intolerantes, devem é claro ser toleradas. Vimos que apenas a periculosidade de uma atitude (e não a tolerância ou a intolerância de que ela dá prova) devia determinar que tal atitude seja ou não tolerada: feliz época a nossa, e feliz país em que mesmo as Igrejas deixaram de ser perigosas! Já se foi o tempo em que podiam queimar Giordano Bruno, supliciar Calas ou guilhotinar (aos dezenove anos!) o cavaleiro de La Barre... De resto, só tomei essa encíclica como exemplo para mostrar que o dogmatismo prático sempre leva, ainda que de forma atenuada, à intolerância. Se os valores são verdadeiros, se são conhecidos, não se poderia nem discuti-los nem escolhê-los, e os que não compartilham os nossos estão, por conseguinte, errados – por isso não merecem outra tolerância além daquela que podemos ter, às vezes, para com os ignorantes ou os imbecis. Mas isso será ainda tolerância?

Para quem reconhece que valor e verdade são duas ordens diferentes (esta ligada ao conhecimento, aquela ao desejo), há nesta disjunção, ao contrário, uma razão suplementar para ser tolerante: ainda que tivéssemos acesso a uma verdade absoluta, com efeito, isso não poderia obrigar todo o mundo a respeitar os mesmos valores, nem portanto a viver da mesma maneira. O conhecimento, que se refere ao ser, nada diz sobre o dever-ser: o conhecimento não julga, o conhecimento não comanda! A verdade se impõe a todos, decerto, mas não impõe nada. Ainda que Deus existisse, por que deveríamos aprová-lo sempre? E que direito teria eu, quer ele exista quer não, de impor meu desejo, minha vontade ou meus valores aos que não os compartilham? São necessárias leis comuns? Sem dúvida, mas apenas nos domínios que nos são comuns! Que me importam as esquisitices eróticas de fulano ou de beltrano, se são praticadas entre adultos que concordam com elas? Quanto às leis comuns, embora sejam obviamente necessárias (para impedir o pior, para proteger os fracos...), cabe à política e à cultura cuidar delas – e estas sempre são relativas, conflituais, evolutivas –, e não a uma verdade absoluta qualquer que se impusesse a nós e que, portanto, poderíamos legitimamente impor a outrem. A verdade é a mesma para todos, mas o desejo não, mas a vontade não. Não significa que nossos desejos e nossas vontades nunca possam nos aproximar, o que seria surpreendente, já que temos o mesmo corpo, no essencial, a mesma razão (a razão, se não é o todo da moral, nela representa, sem dúvida, um papel importante) e, cada vez mais, a mesma cultura... Esse encontro dos desejos, essa comunhão das vontades, essa aproximação das civilizações, quando ocorrem, não são o resultado de um conhecimento: são um fato da história, um fato do desejo, um fato de civilização. Que o cristianismo desempenhou nisso um papel de destaque, todos sabem; ele não desculpa a Inquisição, claro, mas a Inquisição também não poderia apagá-lo. *"Ama e faz o que queres..."* Podemos conservar essa moral do amor sem o dogmatismo da Revelação? Por que não? Temos necessidade de conhecer absolutamente a verdade para amá-la? Precisamos de um Deus para amar nosso próximo? *Veritatis amor, humanitatis amor...* Contra o esplendor da verdade (por que ela teria de ser esplêndida?), contra o peso dos dogmas e das Igrejas, a doçura da tolerância...

Podemos nos indagar, para concluir, se esta palavra – *tolerância* – é de fato a que nos convém: há nela algo de condescendente, se não de desdenhoso, que incomoda. Lembrem-se da *boutade* de Claudel: "Tolerância? Há casas para isso!" Isso diz muito sobre Claudel e sobre a tolerância. Tolerar as opiniões do outro acaso já não é considerá-las inferiores ou incorretas? A rigor, só podemos tolerar aquilo que teríamos o direito de impedir: se as opiniões são livres, como devem ser, não dependem pois da tolerância! Daí um novo paradoxo da tolerância, que parece invalidar sua noção. Se as liberdades de crença, de opinião, de expressão e de culto são de direito, não podem ser toleradas, mas simplesmente respeitadas, protegidas, celebradas. Apenas "a insolência de um culto dominador", já observava Condorcet, pôde "denominar tolerância, isto é, uma permissão dada por homens a outros homens"[29], o que deveria ser considerado ao contrário como o respeito por uma liberdade comum. Cem anos mais tarde, o *Vocabulário* de Lalande ainda atesta, no início deste século, numerosíssimas reticências. O respeito à liberdade religiosa "é muito mal chamado de tolerância", escrevia por exemplo Renouvier, "pois é estrita justiça e obrigação inteira". Reticência também em Louis Prat: "Não se deveria dizer *tolerância*, mas respeito; senão a dignidade moral é atingida... A palavra tolerância implica, com muita freqüência, em nossa língua, a idéia de polidez, às vezes de piedade, às vezes de indiferença; talvez por causa dela a idéia do respeito devido à liberdade leal de pensar seja falseada na maioria dos espíritos." Reticência também em Émile Boutroux: "Não gosto dessa palavra, *tolerância*; falemos de respeito, de simpatia, de amor..."[30] Todas essas observações são justificadas, mas nada puderam contra o uso. Noto de resto que o adjetivo *respectueux* [respeitoso], em francês, não evoca em absoluto o respeito à liberdade alheia, nem mesmo sua dignidade, mas antes uma espécie de deferência ou de consideração que podemos julgar suspeita, muitas vezes, e que não encontraria seu lugar num tratado das virtudes... *Tolerante*, ao contrário, impôs-se, na linguagem corrente como na filosófica, para designar a virtude que se opõe ao fanatismo, ao sectarismo, ao autoritarismo, em suma... à intolerância. Esse uso não me parece desprovido de razão: ele reflete, na própria virtude que a supera, a intolerância de cada um. A rigor, dizia eu, só se pode tolerar o que se teria o direito de impedir, de condenar, de proibir. Mas esse *direito* que nós não temos, quase sempre temos a sensação de tê-lo. Não temos razão de pensar o que pensamos? E, se temos razão, como os outros não estariam errados? E como a verdade poderia aceitar – a não ser por *tolerância* – a existência ou a continuidade do erro? O dogmatismo sempre renasce, ele nada mais é que um amor ilusório e egoísta da verdade. Por isso chamamos de *tolerância* o que, se fôssemos mais lúcidos, mais generosos, mais justos, deveria chamar-se respeito, de fato, ou simpatia, ou amor... Portanto, é a palavra que convém, pois o amor falta, pois a simpatia falta, pois o respeito falta. A palavra *tolerância* só nos incomoda porque – por uma vez! – não antecipa, ou não antecipa muito, o que somos. "Virtude menor", dizia Jankélévitch[31]. Porque ela se assemelha a nós. "Tolerar não é, evidentemente, um ideal", já notava Abauzit, "não é um máximo, é um mínimo."[32] Claro, mas é melhor que nada ou que seu contrário! É evidente que mais valem o respeito ou o amor. Se a palavra *tolerância* se impôs, entretanto, é sem dúvida porque de amor ou de respeito todos se sentem muito pouco capazes, em se tratando de seus adversários – ora, é em relação a eles, primeiramente, que a tolerância age... "Esperando o belo dia em que a tolerância se incline ao amor", conclui Jankélévitch, "diremos que a tolerância, a prosaica tolerância é aquilo que melhor podemos fazer! A tolerância – por menos exaltante que seja esta palavra – é, pois, uma solução passável; à espera de melhor, isto é, à espera de que os homems possam se amar, ou simplesmente se conhecer e se compreender, demo-nos por felizes com que eles comecem a se suportar. A tolerância é, pois, um momento provisório."[33] Que esse provisório é feito para durar, que claro. Se ele cessasse, seria de se temer que a barbárie, em vez do amor, lhe sucedesse! Pequena virtude, também ela, a tolerância talvez desempenhe, na vida coletiva, o mesmo papel da polidez na vida interpessoal[34]: é apenas um começo, mas o é.

Sem contar que às vezes é necessário tolerar o que não se quer nem respeitar nem amar. O irrespeito nem sempre é uma falta, longe disso, e certos ódios estão bem próximos de ser virtudes. Há, o intolerável como vimos, que cumpre combater. Mas há também o tolerável, que é contudo desprezível e detestável. A tolerância diz tudo isso, ou pelo menos o autoriza. Essa pequena virtude nos convém: ela está a nosso alcance, o que não é tão freqüente, e alguns de nossos adversários, parece-nos, não merecem muito mais...

Como a simplicidade é a virtude dos sábios e a sabedoria, dos santos, assim a tolerância é sabedoria e virtude para aqueles que – todos nós – não são nem uma coisa nem outra.

Pequena virtude, mas necessária. Pequena sabedoria, mas acessível.

# 14

# A pureza

De todas as virtudes a pureza, se é que é uma virtude, pode ser a mais difícil de apreender, de captar. No entanto, temos de experimentá-la, senão o que saberíamos do impuro? Mas é uma experiência a princípio estranha, e duvidosa. A pureza das meninas, ou de algumas delas, sempre me tocou profundamente. Como saber se era verdadeira ou fingida, ou antes, se não era uma impureza diferente da minha, que só a perturbava a tal ponto por sua diferença, como duas cores se realçam à proporção de seu contraste, decerto, mas nem por isso deixam de ser cores, tanto uma como a outra? Eu, que nada amei tanto quanto a pureza, que nada desejei tanto quanto o impuro, será que ignoro o que é a pureza ou o que são a pureza e o impuro? Por que não? Talvez valha para a pureza o mesmo que vale para o tempo, segundo santo Agostinho: se ninguém me pergunta o que ela é, eu sei; mas se me perguntam e eu quero explicar, não sei mais[1]. A pureza é uma evidência e um mistério.

Eu falava das meninas. O fato é que a pureza, pelo menos nos dias de hoje, se produz antes de mais nada no registro sexual. Por diferença? Precisamos ver. As meninas em que penso, várias das quais iluminaram minha adolescência, não eram menos sexuadas do que as outras, é claro, nem menos desejáveis (às vezes eram até mais), nem mesmo, quem sabe, menos desejosas. Mas elas tinham a virtude – aí estamos –, ou pareciam tê-la, de habitar na clareza esse corpo sexuado e mortal, como luz na luz, como se nem o amor nem o sangue pudessem maculá-las. Aliás, como poderiam? É a pureza do vivo, e a própria vida. Aquilo batia nas veias como uma gargalhada.

Outras meninas, com certeza, e outros o experimentaram, todos talvez, seduziam-me ao contrário por não sei que impureza sugerida. Elas pareciam habitar muito mais a noite do que o dia: detinham a luz, como fazem certos homens, ou antes a refletiam (o que os homens não sabem fazer), e no entanto enxergavam bem tanto nelas como em você. Pareciam viver em pé de igualdade com o desejo dos homens, essa violência, essa crueza, esse fascínio pelo obsceno ou pelo obscuro, exatamente com o necessário de perversão alegre e com aquele nada de vulgaridade que atrai os homens ou os tranqüiliza...

Mais tarde todas elas envelhecerão e se distinguirão menos. Ou então apenas pela quantidade de amor de que serão capazes: o amor nada tem a ver com a pureza, ou antes é a única pureza que vale. As mulheres sabem mais a esse respeito do que as mocinhas, é por isso que nos atemorizam mais.

Voltemos, porém, à pureza. A palavra, em latim como em francês, tem antes de mais nada um sentido material: puro é o que é limpo, sem mancha, sem mácula. A água pura é a água sem misturas, a água que é apenas água. Note-se que é, então, uma água morta, e isso já diz muito sobre a vida e sobre uma certa nostalgia da pureza. Tudo o que vive suja, tudo o que limpa mata. Assim, ponhamos cloro em nossas piscinas. A pureza é impossível: só temos escolha entre diferentes tipos de purezas, é o que se chama higiene. Como faríamos disso uma moral? Fala-se de purificação étnica na Sérvia: esse horror basta para condenar os que a reivindicam. Não há povos puros nem impuros. Todo povo é uma mistura, e todo organismo, e toda vida. A pureza – pelo menos essa pureza – está do lado da morte ou do nada. A água é pura quando é sem germes, sem cloro, sem calcário, sem sais minerais, sem nada além da água. É pois uma água que não existe nunca, ou apenas em nossos laboratórios. Água morta e mortificante (sem cheiro nem gosto!), e mortífera, se só bebêssemos dela. No entanto, só pura em seu nível. Os átomos de hidrogênio poderiam protestar contra essa mistura que lhes é imposta, essa impureza do oxigênio... E por que não o núcleo, em cada um deles, contra a impureza do elétron? Só o nada é puro, ora o nada não é nada: o ser é uma mancha no infinito do vazio, e toda existência é impura.

Sim. O fato é que todas as religiões, ou quase, deram-se essa distinção entre o que a lei impõe ou autoriza, que é puro, e o que ela proíbe ou sanciona, que é impuro. O sagrado é antes de mais nada o que pode ser profanado, e talvez seja apenas isso. Inversamente, a pureza é o estado que permite aproximar-se das coisas sagradas sem as macular e sem se perder nelas. Daí todas as proibições, todos os tabus, todos os ritos de purificação... É a superfície, e é um começo. Seria ter uma visão bem curta reduzir tudo isso à higiene, à prudência, à profilaxia. Que as proibições alimentares, por exemplo no judaísmo, também possam ter esse papel, tudo bem. Mas se houvesse apenas isso, nossa dívida para com o povo judeu não seria o que ela é – enorme, decisiva, indelével para sempre –, e a dietética substituiria vantajosamente, como Nietzsche queria, a moral. Quem pode acreditar nisso? Será que isso foi tudo o que guardamos do monoteísmo? Será nossa única preocupação, nossa única exigência? A manutenção de nossa saúde? de nossa limpeza? de nossa integridade? Que bela coisa! Que belo ideal! Os verdadeiros mestres, evidentemente, sempre disseram o contrário. O essencial não está nos ritos, mas no que os ritos sugerem ou engendram. Trata-se de comer *kasher* ou não! O são não é o santo. O limpo não é o puro. Longe de devermos reduzir o ritual ao higiênico, conviria antes, um e outro, discernir o que os supera e, no fundo, os justifica. Na verdade, é o que acontece em toda religião viva. Aprende-se depressa a dar a essas prescrições externas um sentido sobretudo – se não exclusivamente – simbólico ou moral. O rito tem uma função muito mais pedagógica do que sanitária: a pureza cultual, como se diz, é um primeiro passo no sentido da pureza moral, ou mesmo de uma outra pureza, totalmente interna, perto da qual a própria moral pareceria redundante ou sórdida. A moral só vale para os culpados; a pureza, nos puros, é o que a substitui ou a dispensa.

Dir-se-á que a moral é, portanto, mais necessária, e estarei de acordo; ou mesmo que essa pureza não passa de um mito, e não posso, certamente, provar o contrário. Não vamos dar, no entanto, toda essa colher de chá a Pascal e seus congêneres, a todos aqueles que querem nos encerrar na queda ou no pecado. A pureza não é o angelismo. Há uma pureza do corpo, uma inocência do corpo, e no próprio gozo: *pura voluptas*, dizia Lucrécio[2], o puro prazer, perto do qual a moral é que é obscena. Não sei como se arranjam os confessores. Sem dúvida eles renunciaram a interrogar, a julgar, a condenar. Sabem que a impureza estaria de seu lado, quase sempre, e que os amantes estão pouco ligando para a moral deles.

Mas não vamos depressa nem longe demais. Todas as mulheres estupradas, quando ousam contar, revelam o sentimento de terem sido sujadas, maculadas, humilhadas. E quantas esposas, se dissessem a verdade, não confessariam que se submetem a contragosto à impureza importuna ou brutal do homem? A contragosto: está tudo dito. Apenas o coração é puro ou pode ser; apenas ele purifica. Nada é puro ou impuro por si. A mesma saliva faz a cusparada ou o beijo; o mesmo desejo faz o estupro ou o amor. Não é o sexo que é impuro: é a força, a coerção (Simone Weil: "o amor não exerce nem sofre a força; é essa a única pureza"[3]), tudo o que humilha ou avilta, tudo o que profana, tudo o que rebaixa, tudo o que não tem respeito, doçura, consideração. A pureza, ao contrário, não está em não sei que ignorância ou ausência do desejo (seria uma doença, não uma virtude): ela está no desejo sem falta e sem violência, no desejo aceito, no desejo partilhado, no desejo que eleva e celebra! Sei que o desejo também se exalta, e às vezes até mais, na transgressão, na violência, na culpa. Pois bem: a pureza é o contrário dessa exaltação. É a doçura do desejo, a paz do desejo, a inocência do desejo. Veja-se como somos castos depois do amor, veja-se como somos puros, às vezes, no prazer. Ninguém é inocente nem culpado absolutamente: é o que tira a razão dos "depreciadores do corpo" como dizia Nietzsche[4], tanto quanto de seus adoradores demasiado ciosos ou satisfeitos. A pureza não é uma essência. A pureza não é um atributo, que teríamos ou não. A pureza não é absoluta, a pureza não é pura: a pureza é uma certa maneira de não ver o mal onde, de fato, ele não se encontra. O impuro vê o mal em toda parte, e tem prazer nele. O puro não vê o mal em parte alguma ou, antes, apenas onde ele se encontra, onde o sofre: no egoísmo, na crueza, na maldade... É impuro tudo o que se faz de má vontade, ou com vontade má. É por isso que somos impuros, quase sempre, e é por isso que a pureza é uma virtude: o eu só é puro quando está purificado de si. O ego suja tudo aquilo em que toca: "Exercer poder sobre", escreve Simone Weil, "possuir, é macular."[5] Ao contrário, "amar puramente é aceitar a distância"[6], em outras palavras, a não-posse, a ausência de poder e de controle, a aceitação alegre e desinteressada. "Você será amado", dizia Pavese a si mesmo em seu *Diário*, "no dia em que puder mostrar sua fraqueza sem que o outro se sirva dela para afirmar sua força." Era querer ser amado puramente, em outras palavras, ser amado.

Há o amor que toma, é o impuro. Há o amor que dá ou que contempla, é a pureza.

Amar, amar de verdade, amar puramente não é tomar: amar é olhar, é aceitar, é dar e perder, é regozijar-nos com o que não podemos possuir, é regozijar-nos com o que nos falta (ou que faltaria se quiséssemos possuí-lo), com o que nos faz infinitamente pobres, e é o único bem, e é a única riqueza. Pobreza absoluta da mãe, à beira da cama do filho: ela não possui nada, pois ele é tudo e ela não o possui. "Meu tesouro", ela murmura... e sente-se mais desprovida do que nunca. Pobreza do amante, pobreza do santo: puseram todo o seu bem no que não se pode possuir, no que não se pode consumir, fizeram-se reino e deserto para um deus ausente. Eles amam em pura perda, como se diz, e é o próprio amor, ou o único amor puro. Quem só amaria na esperança de um ganho, de um lucro, de uma vantagem? O egoísmo ainda é amor, decerto, mas é um amor impuro, e "a fonte de todo mal", dizia Kant[7]: ninguém faz o mal pelo mal, mas apenas por seu prazer, que é um bem. O que corrompe "a pureza dos móbeis", como dizia também Kant, não é o corpo, nem sabe-se lá que vontade maligna (que quereria o mal pelo mal), mas "o caro eu", com o qual não cessamos de nos chocar[8]... Não, claro, que não tenhamos o direito de amar a nós mesmos: como poderíamos então (supondo-se que isso fosse possível) amar o próximo *como a si mesmo*? O eu não é odiável, ou só o é por egoísmo. O mal não está em amar a si, está em amar *somente* a si, está em ser indiferente ao sofrimento do outro, a seu desejo, à sua liberdade, está em mostrar-se disposto a fazer mal ao outro para se fazer bem, em humilhá-lo para agradar a si, em querer desfrutá-lo em vez de amá-lo, em desfrutar em vez de se regozijar, portanto, ou em só se regozijar com seu próprio gozo e, também nesse caso, só amar a si[9]... É a pureza primeira, e a única talvez. Não excesso de amor, mas falta de amor. Não é por acaso, nem apenas por pudicícia, que a sexualidade foi considerada o lugar privilegiado dessa impureza. Nela reina o que os escolásticos chamavam de amor de concupiscência (amar o outro para seu bem), que eles opunham ao amor de benevolência ou de amizade (amar o outro para o bem dele). Amar o outro como um objeto, pois, querer possuí-lo, consumi-lo, desfrutá-lo, como se gosta de uma carne ou de um vinho, em outras palavras, amar apenas para si: é Eros, o amor que toma ou que devora, e Eros é um deus egoísta. Ou amar o outro, verdadeiramente, como um sujeito, como uma pessoa, respeitá-lo, defendê-lo, ainda que contra o desejo que se tem dele: é Philia ou Agapé[10], o amor que dá e que protege, o amor de amizade, o amor de benevolência, o amor de caridade, se quisermos, o puro amor – aí estamos – e a única pureza, e o único deus.

O que é o puro amor? Fénelon disse-o claramente: é o amor desinteressado, como o que temos por nossos amigos, ou deveríamos ter (Fénelon percebe que muitas amizades "nada mais são que um amor-próprio sutilmente disfarçado", mas também que nem por isso deixamos de ter "essa idéia da amizade pura" e que só ela pode nos satisfazer: quem aceitaria ser amado, ou amar, apenas por interesse?), o amor "sem nenhuma esperança", como ele também diz, o amor libertado de nós mesmos ("de sorte que nos esqueçamos de nós e que nos tenhamos por nada, para sermos todo dele")[11], em suma, o que são Bernardo chamava "um amor sem mácula nem mesclado de procura pessoal"[12]: é o próprio amor e a pureza dos corações puros.

É o momento de lembrar que a pureza não se manifesta apenas no registro sexual. Um artista, um militante, um cientista também podem ser puros, cada um em seu domínio. Ora, nesses três domínios, e quaisquer que sejam suas diferenças, o puro é aquele que dá prova de desinteresse, aquele que se dá por inteiro a uma causa, sem buscar nem o dinheiro nem a glória, aquele "que se esquece de si e que se tem por nada", como dizia Fénelon, e isso confirma que a pureza, em todos esses casos, é o contrário do interesse, do egoísmo, da cobiça, de toda a sordidez do eu. Note-se de passagem que não se pode amar puramente o dinheiro, e isso já diz muito sobre o dinheiro, e sobre a pureza. Nada do que se pode possuir é puro. A pureza é pobreza, despojamento, abandono. Ela começa onde cessa o eu, onde ele não vai, onde ele se perde. Digamos numa fórmula: o amor puro é o contrário do amor-próprio. Se há um "puro prazer" na sexualidade, como pretendia Lucrécio e como sucede-nos experimentar, é porque a sexualidade às vezes se liberta, e nos liberta, dessa prisão do narcisismo, do egoísmo, da possessividade: também o prazer só é puro quando desinteressado, quando escapa do ego, e é por isso que na paixão ele nunca é puro, explica Lucrécio[13], e é por isso que "a Vênus vagabunda"[14] (a liberdade sexual) ou a "Vênus marital"[15] (o casal) são mais puras, muitas vezes, do que nossas loucas e exclusivas e devoradoras paixões... O ciúme bem mostra o quanto há de ódio ou de egoísmo no estado amoroso[16]. Compreende-se que nenhum sábio nunca tenha se enganado a seu respeito (ainda que tenha sucumbido a ele!): não é o todo do amor, e é com freqüência sua forma mais violenta, como todos podemos experimentar, não é nem a mais pura nem a mais elevada. Veja-se o retrato que dele faz Platão no *Fedro*, antes de salvá-lo pela religião[17]. Eros é um deus negro, como dizia Pieyre de Mandiargues, Eros é um deus ciumento, um deus possessivo, egoísta, concupiscente: Eros é um deus impuro.

É mais fácil amar puramente nossos amigos ou nossos filhos: porque esperamos menos deles, porque os amamos o bastante para nada esperar deles, ou em todo caso para não submetermos nosso amor ao que esperamos deles. É o que Simone Weil chama de amor casto: "Todo desejo de gozo situa-se no futuro, no ilusório. Ao passo que, se apenas desejamos que um ser exista, ele existe: então que mais desejar? O ser amado é então nu e real, não velado pelo futuro imaginário... Assim, no amor, há castidade ou falta de castidade, conforme o desejo seja voltado ou não para o futuro."[18] Simone Weil, que não procura agradar, acrescenta o seguinte, que talvez choque alguns ingênuos, mas que dá o que pensar: "Nesse sentido e contanto que não seja voltado para uma pseudo-imortalidade concebida com base no futuro, o amor que temos pelos mortos é perfeitamente puro. Porque é o desejo de uma vida finita que não pode dar mais nada de novo. Desejamos que o morto tenha existido, e ele existiu."[19] É o luto perfeitamente bem-sucedido, quando nada mais há do que a doçura e a alegria da lembrança, do que a eterna verdade do que aconteceu, quando nada mais há do que amor e gratidão. Mas o presente é igualmente eterno; nesse sentido, poderíamos acrescentar, e contanto que não seja voltado para um pseudoconsumo concebido com base no futuro, o amor que temos pelos corpos, pelos corpos vivos, também pode, às vezes, ser perfeitamente puro: é o desejo de uma vida presente e perfeita. Desejamos que esse corpo exista, e ele existe. Que mais pedir? Sei que na maioria das vezes não é simples: a carência interfere, e a violência, e a avidez (quantos acreditam desejar uma mulher quando desejam apenas o orgasmo?), todo o obscuro do desejo, todo esse jogo confuso e perturbador em torno da transgressão, da profanação (o sagrado, dizia eu, é o que pode ser profanado: o corpo humano é sagrado), esse fascínio – exclusivamente humano! – pelo animal que há em si e no outro, esse jogo entre vida e morte, entre prazer e dor, entre sublime e indignidade, em suma, tudo o que há de prontamente erótico, mais do que de amante (mais do que de agápico!), em dois corpos que se enfrentam ou se buscam... Mas isso não é impuro, ou não parece sê-lo, a não ser em referência a outra coisa: a animalidade só faz sonhar os humanos, a perversão só atrai pela lei que ela transgride, a indignidade só pelo sublime que ela insulta... Eros seria impossível, ou em todo caso nada teria de erótico, sem Philia ou Agapé (não haveria nada mais que a pulsão totalmente boba: que fastio!), e creio, com Freud, que o inverso também é verdadeiro. Que saberíamos do amor sem o desejo? E que valeria o desejo sem o amor? Sem Eros, não há Philia, não há Agapé. Mas, sem Philia ou Agapé, Eros não tem nenhum valor. Portanto, temos de nos habituar a habitá-los juntos, ou a habitar o abismo que os separa. É habitar o homem, que não é nem anjo nem animal, mas o encontro impossível e necessário entre os dois. "O baixo-ventre", dizia Nietzsche, "é a causa de o homem ter certa dificuldade de se tomar por um deus." Ainda bem: é somente graças a isso que ele é humano, e que assim permanece. A sexualidade é também uma lição de humildade, que não cansamos de aprofundar. Como a filosofia, a seu lado, parece loquaz e presunçosa! Como a religião parece tola! O corpo nos ensina mais a seu respeito que os livros, e os livros só valem desde que não se minta sobre o corpo. Pureza não é pudicícia. "A extrema pureza", escreve Simone Weil, "pode contemplar o puro e o impuro; a impureza não pode nem um nem outro: o primeiro lhe dá medo, o segundo a absorve."[20] O puro, por sua vez, não tem medo de nada: ele sabe que "nada é impuro em si"[21] ou (mas isso dá no mesmo) que "tudo é puro para os puros"[22]. É nisso, como dizia ainda Simone Weil, que "a pureza é o poder de contemplar a sujeira"[23]. É dissolvê-la (pois nada é impuro em si) na pureza do olhar: os amantes fazem amor à luz do dia, e a própria obscenidade é um sol.

Resumamos. Ser puro é ser sem misturas, e é por isso que a pureza não existe ou não é humana. Mas a impureza em nós também não é absoluta, nem igual, nem definitiva: saber-se impuro supõe pelo menos uma certa idéia, ou um certo ideal, da pureza, de que a arte às vezes nos fala (veja-se Dinu Lipatti, em Mozart ou Bach, veja-se Vermeer, veja-se Éluard...) e de que a vida às vezes nos aproxima (veja-se o amor que você tem por seus filhos, por seus amigos, por seus mortos...). Essa pureza não é uma essência eterna; é o resultado de um trabalho de purificação – de sublimação, diria Freud –, pelo qual o amor advém libertando-se de si: o corpo é o cadinho, o desejo é a chama (que "consome tudo o que não é ouro puro", dizia Fénelon)[24], e o que resta – se resta alguma coisa – é, às vezes, e livre de toda esperança, "um ato de amor puro e plenamente desinteressado"[25]. A pureza não é uma coisa, nem mesmo uma propriedade do real, mas uma certa modalidade do amor, ou não é nada.

Uma virtude? Sem dúvida, ou o que permite que o amor seja uma virtude e faça as vezes de todas. Não se confunda, pois, a pureza com a continência, a pudicícia ou a castidade. Há pureza cada vez que o amor deixa de ser "mistura de interesse"[26], ou antes (pois a pureza nunca é absoluta), apenas na medida em que o amor dá prova de desinteresse: podemos amar puramente o verdadeiro, a justiça ou a beleza, e também, por que não, o homem ou a mulher que está presente, que se dá e cuja existência (muito mais que a posse!) basta para me satisfazer. A pureza é o amor sem cobiça[27]. Assim, amamos a beleza de uma paisagem, a fragilidade de uma criança, a solidão de um amigo e, às vezes, até mesmo aquele ou aquela que todo nosso corpo continua, no entanto, a cobiçar. Não há pureza absoluta, mas também não há impureza total ou definitiva. Pode acontecer que o amor, o prazer ou a alegria nos libertem um pouco de nós mesmos, de nossa avidez, de nosso egoísmo, pode até ser (parece-nos ter às vezes experimentado ou pressentido isso) que o amor purifique o amor, até o ponto, talvez, de o sujeito se perder e se salvar, quando não há nada além da alegria, quando não há nada além do amor (o amor "livre de todo pertencimento", diz Christian Bobin), quando não há nada além de tudo, e da pureza de tudo. "A beatitude", dizia Spinoza, "não é o preço da virtude, mas a própria virtude; e essa plenitude não é obtida pela redução de nossos apetites sensuais, mas, ao contrário, é essa plenitude que torna possível a redução de nossos apetites sensuais."[28] É a última proposição da *Ética*, e isso mostra bem o caminho que disso nos separa.

Mas esse caminho, ainda que fosse feito de torpezas, já é puro ao olhar puro.

# 15

# A doçura

A doçura é uma virtude feminina. É por isso, talvez, que ela agrada, sobretudo, nos homens.

Poderão objetar-me que as virtudes não têm sexo, o que é verdade. Mas isso não nos dispensa de o ter, e o sexo marca todos os nossos gestos, todos os nossos sentimentos e até as nossas virtudes. A virilidade, nada obstante o que a etimologia possa sugerir, não é uma virtude, nem o princípio de nenhuma. Mas há uma maneira mais ou menos viril, ou mais ou menos feminina, de ser virtuoso. A coragem de um homem não é igual à de uma mulher, nem sua generosidade, nem seu amor. Veja-se Simone Weil ou Etty Hillesum: nenhum homem nunca escreverá, nem viverá, nem amará como elas... Apenas a verdade é absolutamente universal, logo assexuada. Mas a verdade não tem moral, nem sentimentos, nem vontade... Como poderia ser virtuosa? Só há virtude do desejo, e que desejo não é sexuado? "Há um pouco de testículo", dizia Diderot, "no fundo de nossos raciocínios mais sublimes e de nossa ternura mais pura."[1] *Testículo* dizia-se então também para os ovários; mas isso não anula a diferença entre um e outro... Se só há valor para o desejo, como creio, e por ele, é normal que todos os nossos valores sejam sexuados[2]. Não, claro, no sentido de que cada um deles seria reservado a um dos dois sexos, queira Deus que não, mas antes no sentido de que cada indivíduo terá, em função do que é, homem ou mulher, esta ou aquela maneira, masculina ou feminina (e o sexo biológico não basta para tanto), de vivê-los ou carecer deles... Que desastre, nota Todorov, "se todo o mundo se alinhasse aos valores masculinos"![3] Seria o triunfo da guerra, ainda que fosse justa, e das idéias, ainda que fossem generosas. Faltaria o essencial, que é o amor (ninguém me tirará da cabeça que o amor, tanto para o indivíduo como para a espécie, começa pela mãe), que é a vida e que é a doçura. Não me venham objetar, por piedade, que as mulheres também têm idéias: já o percebi. Mas acho que percebi também que elas com freqüência se deixam enganar menos que os homems pelas idéias, o que, é claro, depõe em favor das mulheres. Poucas mulheres, segundo creio, ter-se-iam disposto a escrever a *Crítica da razão pura* ou a grande *Lógica* de Hegel, por motivos que, parece-me, prendem-se ao que torna esses livros, apesar de geniais, tão pesados e aborrecidos: eles supõem uma seriedade intelectual, uma fé nas idéias, uma idolatria do conceito, que um pouco de feminilidade torna improváveis, mesmo num homem, e quase risíveis, não fossem tão mortíferas. O que há de mais pobre que uma abstração? O que há de mais morto e mais ridículo do que levá-la totalmente a sério?

Quanto à violência feminina, também já dei com ela. Mas quem poderá acreditar que é apenas por acaso que a quase totalidade dos crimes de sangue são consumados por homems? Que quase só os meninos brincam de guerra? E que quase só os homems a fazem e, às vezes, nela encontram prazer? Dir-me-ão que isso decorre tanto ou mais da cultura do que da natureza. Talvez, mas o que me importa? Eu nunca disse que feminilidade e masculinidade são exclusivamente biológicas. A diferença sexual é demasiado essencial, demasiado onipresente, para não se explicar sempre e simultaneamente pelo corpo e pela educação, pela cultura ao mesmo tempo que pela natureza. Mas a cultura também é real. "Ninguém nasce mulher, mas se torna mulher"? É evidentemente menos simples que isso. Nascemos mulher ou homem, depois nos tornamos o que somos. A virilidade não é nem uma virtude nem uma falta. Mas é uma força, assim como a feminilidade é uma riqueza (inclusive nos homens), e uma força também, mas diferente. Tudo em nós é sexuado – salvo a verdade, insisto –, e tanto melhor. Que diferença é mais rica e mais desejável?

Mas voltemos à doçura. O que ela tem de feminino, ou que assim parece, é uma coragem sem violência, uma força sem dureza, um amor sem cólera. É o que ouvimos tão bem em Schubert, o que lemos tão bem em Etty Hillesum. A doçura é antes de mais nada uma paz, real ou desejada: é o contrário da guerra, da crueldade, da brutalidade, da agressividade, da violência... Paz interior, e a única que é uma virtude. Muitas vezes permeada de angústia e de sofrimento (Schubert), às vezes iluminada de alegria e de gratidão (Etty Hillesum), mas sempre desprovida de ódio, de dureza, de insensibilidade... "Aguerrir-se e endurecer-se são duas coisas diferentes", notava Etty Hillesum em 1942[4]. A doçura é o que as distingue. É amor em estado de paz, mesmo na guerra, tanto mais forte quando é aguerrido, e tanto mais doce. A agressividade é uma fraqueza, a cólera é uma fraqueza, a própria violência, quando já não é dominada, é uma fraqueza. E o que pode dominar a violência, a cólera, a agressividade, senão a doçura? A doçura é uma força, por isso é uma virtude: é força em estado de paz, força tranqüila e doce, cheia de paciência e de mansuetude. Veja-se a mãe com seu filho ("a doçura é toda sua fé"[5]). Veja-se Cristo ou Buda, com todos. A doçura é o que mais se parece com o amor, sim, mais ainda que a generosidade, mais ainda que a compaixão. Aliás, ela não se confunde nem com uma nem com outra, embora na maioria das vezes as acompanhe. A compaixão sofre com o sofrimento do outro; a doçura se recusa a produzi-lo ou a aumentá-lo. A generosidade quer fazer bem ao outro; a doçura se recusa a lhe fazer mal. Isso parece ser favorável à generosidade, e talvez o seja. Quantas generosidades importunas, porém, quantas boas ações invasoras, esmagadoras, brutais, que um pouco de doçura teria tornado mais leves e mais amáveis? Sem contar que a doçura torna generoso, pois é fazer mal ao outro não lhe fazer o bem que ele pede ou que poderíamos fazer. E que ela vai além da compaixão, pois a antecipa, pois não precisa dessa dor da dor... Mais negativa talvez do que a afirmativa generosidade, porém mais positiva também do que a compaixão totalmente reativa, a doçura mantém-se entre as duas, sem nada que pese ou ostente, sem nada que force ou que agrida. Eu citava, a propósito da pureza, a notável fórmula de Pavese, em seu *Diário*: "Você será amado no dia em que puder mostrar sua fraqueza, sem que o outro se sirva dela para afirmar sua força." Era querer ser amado puramente, dizia eu; era querer também ser amado com doçura, isto é, ser amado. Doçura e pureza andam juntas, quase sempre, pois a violência é o mal primeiro, a obscenidade primeira, pois o mal faz mal, pois o egoísmo, corrompe tudo, é ávido, indelicado, brutal... Que delicadeza, ao contrário, que doçura, que pureza, na carícia da amante! Toda a violência do homem vem morrer aí, toda a brutalidade do homem, toda a obscenidade do homem... "Minha doçura", diz ele, e é uma palavra de amor, a mais verdadeira talvez, e a mais doce...

Se os valores são sexuados, nota Todorov, todo indivíduo é necessariamente heteróclito, imperfeito, incompleto: só na androginia ou no casal podemos encontrar o caminho de uma humanidade mais consumada e, com isso, mais humana[6]. O homem só é salvo do pior, quase sempre, pela parte de feminilidade que traz em si. Vejam o brutamontes, que não a tem, vejam nossos trens de recrutas, todo o horror dos homens entre si, toda a violência, toda a vulgaridade... Não sei se podemos dizer o mesmo das mulheres, se elas precisam do mesmo modo de uma parte de masculinidade. "A mulher, mais perto do humano do que o homem...", dizia Rilke. Que a androginia, também nas mulheres, possa ser uma riqueza, um encanto, uma força, não há dúvida. Mas uma necessidade? Mas uma virtude? Confunde-se com demasiada freqüência feminilidade com histeria, que não é (inclusive nos homens) nada mais que sua caricatura patológica. A histérica quer seduzir, ser amada, aparecer... Não é doçura, não é amor: é narcisismo, artifício, agressividade desviada, tomada de poder ("a histérica", dizia Lacan, "procura um senhor sobre o qual reinar"), sedução, de fato, mas no sentido em que a sedução desvia ou engana... É a guerra amorosa, e o contrário do amor. É a arte da conquista, e o contrário do dom. É a arte da exibição, e o contrário da verdade. A doçura é o oposto: é acolhida, é respeito, é abertura. Virtude passiva, virtude de submissão, de aceitação? Talvez, e mais essencial ainda por causa disso. Que sabedoria sem passividade? Que amor sem passividade? Que ação, inclusive, sem passividade? Isso, que pode surpreender ou chocar um ocidental, seria no Oriente uma evidência. Talvez porque o Oriente seja mulher, como sugere em algum lugar Lévi-Strauss[7], ou, em todo caso, porque se deixe enganar menos pelos valores da virilidade. A ação não é o ativismo, não é a agitação, não é a impaciência. A passividade, inversamente, não é a inação ou a preguiça. Deixar-se levar pela corrente, diz Prajnânpad, nadar com ela, nela, em vez de se esfalfar contra as águas ou se deixar arrastar[8]... A doçura submete-se ao real, à vida, ao devir, ao mais ou menos do cotidiano: virtude de flexibilidade, de paciência, de devoção, de adaptabilidade... O contrário do "macho pretensioso e impaciente", como diz Rilke, o contrário da rigidez, da precipitação, da força teimosa ou obstinada. O esforço não basta a tudo. "Por uma necessidade natural", dizia Tucídides, "todo ser exerce sempre todo o poder de que dispõe." A doçura é a exceção que confirma essa regra: é poder sobre si, contra si se preciso. O amor é recuo, mostra Simone Weil, recusa de exercer sua força, seu poder, sua violência: o amor é doçura e dom[9]. É o contrário do estupro, é o contrário do assassínio, é o contrário da tomada de poder ou de controle. É Eros libertado de Tanatos e de si. Virtude sobrenatural, dizia Simone Weil, mas não acredito: veja-se uma gata, com seus filhotes, veja-se um cachorro que brinca com as crianças... A humanidade não inventa a doçura. Mas a cultiva, mas se alimenta dela, e é isso que torna a humanidade mais humana.

O sábio, dizia Spinoza, age "com humanidade e doçura" (*humaniter et benigne*)[10]. Essa doçura é a *benignidade* de Montaigne, que devemos até aos animais, dizia ele, ou mesmo às árvores e às plantas[11]. É a recusa a fazer sofrer, a destruir (quando não é indispensável), a devastar. É respeito, proteção, benevolência. Ainda não é caridade, que ama seu próximo como a si mesma, o que suporia, como já vira Rousseau, que adotássemos esta "máxima sublime": "Faz ao outro o que queres que ele te faça."[12] A doçura não visa tão alto assim. É uma espécie de bondade natural ou espontânea, cuja máxima, "bem menos perfeita, porém mais útil talvez do que a precedente", seria antes a seguinte: *"Faz teu bem com o menor mal possível ao outro."*[13] Essa máxima da doçura, menos elevada sem dúvida do que a da caridade, menos exigente, menos exaltante, é também mais acessível, por isso mais útil de fato, e mais necessária. Podemos viver sem caridade, toda a história da humanidade o prova. Mas sem um mínimo de doçura, não.

Os gregos, em especial os atenienses, gabavam-se de ter levado a doçura ao mundo[14]. É que viam na doçura o contrário da barbárie e, portanto, um sinônimo aproximado da civilização. O etnocentrismo não data de ontem. É verdade, porém, que nossa civilização em todo caso é grega, e que nossa doçura necessariamente deve algo à deles. Ora, o que é a doçura (*praotés*) para um grego antigo? A mesma coisa que para nós: o contrário da guerra (os primeiros exemplos atestados são os do verbo, que significa *apaziguar*)[15], o contrário da cólera, o contrário da violência ou da dureza. É menos uma virtude, a princípio, do que o encontro de várias, ou sua fonte comum:

> No nível mais modesto, a doçura designa a gentileza das maneiras, a benevolência que atestamos para com outrem. Mas ela pode intervir num contexto muito mais nobre. Manifestando-se em relação aos infortunados, ela torna-se próxima da generosidade ou da bondade; em relação aos culpados, torna-se indulgência e compreensão; em relação aos desconhecidos, os homens em geral, torna-se humanidade e quase caridade. Na vida política, do mesmo modo, ela pode ser tolerância, ou ainda clemência, conforme se trate das relações com cidadãos, com súditos ou com vencidos. Na origem desses diversos valores está, porém, uma mesma disposi-

ção a acolher o outro como alguém a quem queremos bem – pelo menos em toda a medida em que podemos fazê-lo sem faltar com algum outro dever. E o fato é que os gregos tiveram o sentimento dessa unidade, pois todos esses valores tão diversos podem, ocasionalmente, ser designados pela palavra *praos*[16].

Aristóteles fará dela uma virtude integral[17], que será o meio-termo, na cólera, entre estes dois defeitos que são a irascibilidade e a frouxidão: o homem doce ocupa o meio entre "o homem colérico, difícil e selvagem" e o homem "servil e tolo", à força de impassibilidade ou de placidez excessiva[18]. Pois há cóleras justas e necessárias, assim como há guerras e violências justificadas: a doçura é que delas decide e dispõe. Aristóteles sente-se embaraçado, porém, pois vê que sua virtude de *praotés* "inclina-se perigosamente no sentido da falta"[19]. Se o homem doce é aquele "que está colérico com as coisas com que cumpre estar e contra as pessoas que o merecem, e que ademais o está da maneira que convém, no momento e por tanto tempo quanto o devido"[20], e não mais freqüentemente, por mais tempo nem em excesso, isso não resolve a questão dos critérios nem dos limites. O doce só é assim chamado porque o é mais que seus concidadãos, e quem sabe então onde ele vai se deter? Quem vai julgar do objeto, do alcance e da duração legítimas de uma cólera? A doçura pode se opor aqui, e de fato se oporá, à magnanimidade, assim como a altivez grega à humildade judaico-cristã: "Suportar ser achincalhado ou deixar com indiferença insultarem seus amigos é coisa de uma alma vil", escreve Aristóteles[21]. O mestre de Alexandre, tanto quanto seu aluno, não era dado a oferecer a outra face[22]... Há um extremismo da doçura, que pode ser julgado desprezível ou sublime, de acordo com o ponto de vista adotado, e como que uma tentação evangélica. Covarde? Não, pois a doçura só é doçura se nada deve ao medo. Simplesmente é necessário escolher aqui entre duas lógicas, a da honra e a da caridade, e ninguém ignora para que lado pende a doçura...

Devemos então, por doçura, pregar a não-violência? A coisa não é tão simples assim, pois a não-violência, levada ao extremo, nos impediria de combater eficazmente a violência criminosa ou bárbara, não apenas quando nos visa, o que a caridade ainda poderia admitir ou justificar, mas quando visa outrem, por exemplo quando massacra ou oprime inocentes indefesos, o que nem a caridade nem a justiça poderiam tolerar. Quem não lutaria para salvar uma criança? Quem não se envergonharia de não o fazer? "A não-violência só é boa se for eficaz", escreve Simone Weil[23]. Isso quer dizer que a escolha não é de princípio, mas de circunstância. Para eficácia igual ou superior, a não-violência é sem dúvida preferível, como a doçura lembra e Gandhi, na Índia, compreendera. Mas calcular a eficácia respectiva deste ou daquele meio cabe à prudência, que não poderíamos sacrificar, quando está em jogo o outro, sem faltar com a caridade. Como fazer, por exemplo, se uma mulher é atacada diante de mim? "Use a força", responde Simone Weil, "a não ser que você tenha condições de defendê-la, com igual probabilidade de sucesso, sem violência."[24] Isso, é claro, depende dos indivíduos, das situações e, acrescenta Simone Weil, "também depende do adversário"[25]. A não-violência contra as tropas britânicas, vá lá. Mas e contra Hitler e suas *panzerdivisions*? A violência é melhor que a cumplicidade, que a fraqueza diante do horror, que a frouxidão ou a complacência diante do pior.

Portanto, não se confundam os *pacíficos*, que gostam da paz e estão dispostos a defendê-la, inclusive mediante a força, com os *pacifistas*, que recusam toda guerra, qualquer que seja e contra quem quer que seja. É erigir a doçura em sistema, ou em absoluto, e impedir-se de defender de verdade, pelo menos em certas situações, aquilo mesmo – a paz – que se reivindica. Ética de convicção, diria Max Weber, mas irresponsável, às vezes, de tanto ser convencida... Não há valor absoluto, em todo caso a doçura não o poderia ser, não há sistema da moral, não há virtude suficiente. O próprio amor não justifica tudo, não desculpa tudo: ele não substitui a prudência, não substitui a justiça! *A for-*

*tiori*, a doçura só é boa se não sacrifica as exigências da justiça e do amor, que se devem antes de mais nada aos mais fracos, convém recordar, e muito mais às vítimas que aos carrascos.

Em que casos então temos moralmente o direito (ou mesmo o dever) de lutar e, em especial, de matar? Exclusivamente quando é necessário para impedir um mal maior, por exemplo mais mortos, ou mais sofrimentos, ou mais violências... Dir-se-á que cada um poderá julgar a seu modo e que tal princípio, portanto, não oferece nenhuma garantia. Mas como poderia haver garantias? Só há casos particulares, casos singulares, e ninguém pode decidir em nosso lugar. A pena de morte, por exemplo, pode ser justificada? Por que não, se é eficaz? O problema, nesses domínios, é menos moral do que técnico e político. Se a pena de morte contra os assassinos de crianças pudesse salvar um número maior de crianças (por um eventual efeito dissuasivo e pela impossibilidade de reincidência), ou mesmo igual, ou mesmo um pouco menor do que o das execuções efetivas de criminosos, quem poderia contestá-la? A não ser que se faça da vida humana um absoluto, como se diz, e, mais uma vez, por que não? Mas então é necessário condenar também o aborto, qualquer aborto: por que se protegeria mais um assassino de criança do que uma criança em gestação? Mas então não se tinha o direito de matar os nazistas, durante a última guerra, e os juízes de Nurembergue são culpados, pois mandaram executar Goering, Ribbentrop e vários de seus pares. O absoluto é o absoluto, e por definição não poderia depender nem das circunstâncias nem dos indivíduos. Para mim, que não creio em nenhum absoluto (o que há de mais relativo do que a vida e do que o valor da vida?), o problema é todo de oportunidade, de medida, de eficácia, disse eu, e concerne menos à doçura, no caso, do que à prudência – ou antes, a doçura sob o controle da prudência e da caridade. Não se trata primeiro de punir: trata-se de impedir. No que diz respeito à pena de morte, nos casos de direito comum, não tenho opinião formada, nem dou muita importância a isso: por acaso a prisão perpétua ou mesmo durante vinte ou trinta anos é tão melhor assim? Marcel Conche propõe a esse respeito uma solução razoável, que me agradaria bastante[26]. Remeto a ele. Mas não me farão dizer que nunca se deve matar, em nenhum caso, nem que um Hitler, se tivesse sido pego vivo, ou algum de seus sucessores, deveria ter acabado seus dias na prisão. Elas são muito mal guardadas, muito pouco seguras, e as vítimas – passadas e futuras – têm o direito de exigir mais.

Problema político, dizia eu, ou técnico. Isso não resolve a questão moral. Se admitirmos que algumas vezes pode ser legítimo matar, quando for para combater um mal maior, nem por isso o valor individual deixará de variar, como sempre, e mesmo numa circunstância supostamente comum (por exemplo, na guerra), em função dos indivíduos. Cada um que julgue por conta própria, mas como? Seria necessário um critério. Simone Weil com seu rigor habitual, propõe um, que é cheio de doçura e de exigência:

> Guerra. Manter intacto em si o amor à vida; nunca infligir a morte sem aceitá-la para si.
>
> Caso a vida de X... estivesse ligada à sua a tal ponto que as duas mortes devessem ser simultâneas, você iria querer apesar disso que X morresse? Se o corpo e a alma inteiros aspiram à vida e se, apesar disso, sem mentir, você puder responder que sim, então tem o direito de matar[27].

Dessa doçura muito poucos serão capazes, e só eles poderão ser violentos, às vezes, com toda inocência. Para nós, que não o somos, que estamos longe de ser, isso não quer dizer que a violência nunca se justifique (ela se justifica, quando sua ausência seria pior), mas simplesmente que ela nunca é inocente.

Felizes os doces?[28] Eles não pedem tanto assim. Mas só eles, não fosse a misericórdia, poderiam sê-lo inocentemente.

Para os demais a doçura vem limitar a violência, tanto quanto possível, ao mínimo necessário ou aceitável.

Virtude feminina, graças à qual – e só a ela – a humanidade é humana.

# 16

# A boa-fé

Falta-me uma palavra aqui para designar, entre todas essas virtudes, a que rege nossas relações com a verdade. Pensei primeiro em *sinceridade*, depois em *veracidade* ou *veridicidade* (que seria melhor, mas que o uso não abonou), antes de pensar, por um tempo, em *autenticidade*... Decidi-me finalmente por *boa-fé*, sem desconhecer que essa opção pode exceder o uso comum da palavra. Mas é boa-fé, por não ter encontrado palavra melhor.

O que é a boa-fé? É um fato, que é psicológico, e uma virtude, que é moral. Como fato, é a conformidade dos atos e das palavras com a vida interior, ou desta consigo mesma. Como virtude, é o amor ou o respeito à verdade, e a única fé que vale. Virtude *aletheiogal*[1], porque tem a própria verdade como objeto.

Não, claro, que a boa-fé valha como certeza, nem mesmo como verdade (ela exclui a mentira, não o erro), mas que o homem de boa-fé tanto diz o que acredita, mesmo que esteja enganado, como acredita no que diz. É por isso que a boa-fé é uma fé, no duplo sentido do termo, isto é, uma crença ao mesmo tempo que uma fidelidade. É crença fiel, e fidelidade no que se crê. Pelo menos enquanto se crê que seja verdade. Vimos, a propósito da fidelidade, que ela devia ser fiel antes de mais nada ao verdadeiro: isso define muito bem a boa-fé. Ser de boa-fé não é sempre dizer a verdade, pois podemos nos enganar, mas é pelo menos dizer a verdade sobre o que cremos, e essa verdade, ainda que a crença seja falsa, nem por isso seria menos verdadeira. É o que se chama também de sinceridade (ou veracidade, ou franqueza), e o contrário da mentira, da hipocrisia, da duplicidade, em suma, de todas as formas, privadas ou públicas, da má-fé. Há mais, porém, na boa-fé do que na sinceridade – em todo caso é uma distinção que proponho. Ser sincero é não mentir a outrem; ser de boa-fé é não mentir nem ao outro nem a si. A solidão de Robinson, em sua ilha, dispensava-o de ser sincero (pelo menos até a chegada de Sexta-feira) e até tornava essa virtude sem objeto. Nem por isso a boa-fé deixava de ser necessária, em todo caso louvável e devida. A quem? A si, e isso basta.

A boa-fé é uma sinceridade ao mesmo tempo transitiva e reflexiva. Ela rege, ou deveria reger, nossas relações tanto com outrem como conosco mesmos. Ela quer, entre os homens como dentro de cada um deles, o máximo de verdade possível, de autenticidade possível, e o mínimo, em conseqüência, de artifícios ou dissimulações. Não há sinceridade absoluta, mas tampouco há amor ou justiça absolutos: isso não nos impede de tender a elas, de nos esforçar para alcançá-las, de às vezes nos aproximarmos delas um pouco... A boa-fé é esse esforço, e esse esforço já é uma virtude. Virtude intelectual, se quisermos, pois refere-se à verdade, mas que põe em jogo (já que tudo é verdadeiro, até nossos erros, que são verdadeiramente errados, até nossas ilusões, que são verdadeiramente ilusórias) a totalidade de um indivíduo, corpo e alma, sensatez e loucura. É a virtude de Montaigne e sua primeira palavra: *"É este um livro de boa-fé, leitor..."*[2] É também, ou deveria ser, a virtude por excelência dos intelectuais em geral e dos filósofos em particular. Os que dela carecem em excesso, ou que se pretendem livres dela, não são mais dignos desses nomes que os lisonjeiam e que eles desacreditam. O pensamento não é apenas um ofício, nem uma diversão. É uma exigência: exigência humana, e talvez a primeira virtude da espécie. Não foi suficientemente notado que a invenção da linguagem não cria em si mesma nenhuma verdade (pois todas elas são eternas), mas traz isto, que é novo: a possibilidade, não apenas da astúcia ou do logro, como nos animais, mas da mentira. *Homo loquax: homo mendax.* O homem é um animal que pode mentir, e que mente. É o que torna a boa-fé logicamente possível, e moralmente necessária.

Dir-se-á que a boa-fé não prova nada; estou de acordo. Quantos canalhas sinceros, quantos horrores consumados de boa-fé? E, muitas vezes, o que há de menos hipócrita que um fanático? Os tartufos são legião, porém menos numerosos talvez, e menos perigosos, que os savonarolas e seus discípulos. Um nazista de boa-fé é um nazista: de que adianta sua sinceridade? Um canalha autêntico é um canalha: de que adianta sua autenticidade? Como a fidelidade ou a coragem, a boa-fé tampouco é uma virtude suficiente ou completa. Ela não substitui a justiça, nem a generosidade, nem o amor. Mas que seria uma justiça de má-fé? Que seriam um amor ou uma generosidade de má-fé? Já não seriam justiça, nem amor, nem generosidade, a não ser que corrompidos à força de hipocrisia, de cegueira, de mentira. Nenhuma virtude é verdadeira, ou não é verdadeiramente virtuosa sem essa virtude de verdade. Virtude sem boa-fé é má-fé, não é virtude.

"A sinceridade", dizia La Rochefoucauld, "é uma abertura de coração que nos mostra tais como somos; é um amor à verdade, uma repugnância a se disfarçar, um desejo de reparar seus defeitos e até de diminuí-los, pelo mérito de confessá-los."[3] É a recusa de enganar, de dissimular, de enfeitar, recusa que às vezes não passa, ela mesma, de um artifício, de uma sedução como outra qualquer, mas nem sempre, o que mesmo La Rochefoucauld admite[4], pela qual o amor à verdade se distingue do amor-próprio, que freqüentemente o engana, por certo, mas que às vezes ele supera. Trata-se de amar a verdade mais que a si mesmo. A boa-fé, como todas as virtudes, é o contrário do narcisismo, do egoísmo cego, da submissão de si a si mesmo. É por intermédio disso que ela tem a ver com a generosidade, a humildade, a coragem, a justiça... Justiça nos contratos e nas trocas (enganar o comprador de um bem que vendemos, por exemplo não o avisando sobre determinado defeito oculto é agir de má-fé, é ser injusto), coragem de pensar e de dizer, humildade diante do verdadeiro, generosidade diante do outro... A verdade não pertence ao eu: é o eu que pertence a ela, ou que ela contém, e que ela permeia, e que ela dissolve. O eu é sempre mentiroso, sempre ilusório, sempre mau. A boa-fé liberta-se dele, e é por isso que ela é boa.

Deve-se dizer tudo, então? Claro que não, pois não é possível. Falta tempo, e a decência o impede, a doçura o impede. Sinceridade não é exibicionismo. Sinceridade não é selvageria. Temos o direito de nos calar, é até devemos fazê-lo com freqüência. A boa-fé não proíbe o silêncio mas sim a mentira (ou o silêncio apenas quando mentiroso), e ainda assim nem sempre: voltaremos a isso. Veracidade não é patetice. Em todo caso, a verdade é "a primeira e fundamental parte da virtude", como dizia Montaigne[5], que condiciona todas as outras e não é condicionada, em seu princípio, por nenhuma. A virtude não precisa ser generosa, suscetível de amor ou justa para ser verdadeira, nem para valer, nem para ser devida, ao passo que amor, generosidade ou justiça só são virtudes se antes de mais nada forem verdadeiras (se forem verdadeiramente o que parecem ser), portanto se agirem de boa-fé. A verdade não obedece, nem mesmo à justiça, nem mesmo ao amor, a verdade não serve, nem compensa, nem consola. É por isso que, continua Montaigne, "é necessário amá-la por ela mesma"[6]. Não há boa-fé de outro modo: "Aquele que diz a verdade porque é obrigado e porque ela serve, e que não teme dizer mentira, quando não importa a ninguém, não é suficientemente verdadeiro."[7] Não dizer tudo, pois, mas dizer – salvo dever superior – apenas o verdadeiro, ou o que se pensa ser verdadeiro. Há lugar aqui para uma espécie de casuística, no bom sentido do termo, que não enganará os que são de boa-fé. O que é a casuística? É o estudo dos *casos de consciência*, em outras palavras, das dificuldades morais que resultam, ou podem resultar, da aplicação de uma regra geral (por exemplo: "Não se deve mentir") a situações singulares, muitas vezes mais ricas ou mais equívocas do que a própria regra, que nem por isso deixa de ser regra. A regra é bem enunciada por Montaigne, e é uma regra de boa-fé: "Nem sempre se deve dizer tudo, pois seria tolice; mas o que se diz, é preciso que seja tal como pensamos, senão é maldade."[8] Voltaremos a falar das exceções, mas elas só valem, como exceções, para a regra que supõem e que não poderiam anular. A boa-fé é essa virtude que faz da verdade um valor (isto é, já que não há valor em si, um objeto de amor, de respeito, de vontade...) e a ela se submete. Fidelidade antes de mais nada ao verdadeiro, sem o que qualquer fidelidade não passa de hipocrisia. Amor à verdade, antes de mais nada, sem o que todo amor não passa de ilusão ou de mentira. A boa-fé é essa fidelidade, a boa-fé é esse amor, em espírito e em ato. Digamos melhor: a boa-fé é o amor à verdade, na medida em que esse amor comanda nossos atos, nossas palavras, até mesmo nossos pensamentos. É a virtude dos verídicos.

O que é um homem verídico? É aquele, explicava Aristóteles, que "ama a verdade" e que por isso recusa a mentira, tanto por excesso como por falta, tanto por fabulação como por omissão[9]. Ele se mantém "num meio-termo", entre gabolice e dissimulação, entre fanfarronice e segredo, entre falsa glória e falsa modéstia[10]. É "um homem sem meandros, sincero ao mesmo tempo em sua vida e em suas palavras, e que reconhece a existência de suas qualidades próprias, sem nada acrescentar a elas e sem nada delas subtrair."[11] Uma virtude? Claro: "Em si mesma, a falsidade é coisa baixa e repreensível, e a sinceridade coisa nobre e digna de elogio."[12] Felizes gregos, nobres gregos, para quem essa evidência não era nem superada nem superável! Se bem que... Eles também tinham seus sofistas, como nós temos os nossos, que essa ingenuidade, como eles dizem, fará sorrir. Pior para eles. O que vale um pensamento, a não ser pela verdade que contém ou busca? Chamo de *sofística* qualquer pensamento que se submete a outra coisa que não a verade, ou que submete a verdade a outra coisa que não ela mesma. A filosofia é seu contrário na teoria, como a boa-fé o é na prática. Trata-se de viver e de pensar, tanto quanto possível, *em verdade*, ainda que à custa da angústia, da desilusão ou da infelicidade. Fidelidade ao verdadeiro, antes de mais nada: mais vale uma verdadeira tristeza do que uma falsa alegria.

Que a boa-fé tenha sobretudo de haver-se com a gabolice, pois resiste a ela, foi o que Aristóteles percebeu muito bem[13] e que confirma sua oposição ao narcisismo ou ao amor-próprio. O amor a si? Não, é claro, já que o verídico é amável, já que o amor a si é um dever, já que seria mentir, simular, para consigo mesmo, uma impossível indiferença[14]. Mas o homem verídico se ama como é, como se conhece, e não como gostaria de parecer ou de ser visto. É o que distingue o amor a si do amor-próprio, ou a magnanimidade, como diz Aristóteles, da vaidade. O homem magnânimo "preocupa-se mais com a verdade do que com a opinião pública, fala e age abertamente, pois o pouco caso que faz dos outros lhe permite exprimir-se com franqueza. É por isso que ele gosta de dizer a verdade, salvo nas ocasiões em que emprega a ironia, quando se dirige à massa[15]." Dir-se-á que a essa magnanimidade falta caridade, o que é verdade; mas não por causa da veracidade que ela comporta. Mais vale uma verdadeira grandeza do que uma falsa humildade. E também é verdade que ela se preocupa demais com a honra[16]; mas nunca à custa da mentira. Mais vale uma verdadeira altivez do que uma falsa glória.

O verídico submete-se à *norma da idéia verdadeira dada*, como diria Spinoza, *ou possível*, como eu acrescentaria: ele diz o que sabe ou crê ser verdadeiro, nunca o que sabe ou o que crê ser falso. A boa-fé exclui então toda mentira? Parece que sim, e quase por definição: como se mentiria de boa-fé? Mentir supõe que se conheça a verdade, ou que se creia conhecê-la, e que se diga deliberadamente outra coisa que não o que se sabe ou o que se crê. É isso que a boa-fé proíbe, ou recusa. Ser de boa-fé é dizer o que se pensa ser verdadeiro: é ser fiel (em palavras ou atos) à sua crença, é submeter-se à verdade do que se é ou se pensa. Toda mentira seria, pois, de má-fé, e por isso condenável.

Esse rigorismo, que a meu ver é dificilmente sustentável, parece, no entanto, assumido por Spinoza e Kant. Tal encontro entre essas duas sumidades merece ao menos um exame.

"O homem livre nunca age como enganador", escreve Spinoza, "mas sempre de boa-fé."[17] De fato, o homem livre é aquele que só se submete à razão, que é universal: se ela autorizasse a mentira, ela sempre a autorizaria, e qualquer sociedade humana seria impossível[18]. Muito bem. Mas se for, para tal indivíduo, sob risco de sua própria vida? Isso não altera nada, responde tranqüilamente Spinoza, pois a razão, sendo a mesma em todos, não poderia depender dos interesses, mesmo que vitais, de cada um. Daí este escólio surpreendente:

> Perguntam se, caso um homem pudesse se livrar pela má-fé de um perigo de morte iminente, a regra da conservação do ser próprio não mandaria nitidamente a má-fé. Eu respondo também: se a razão manda isso, ela o manda pois a todos os homens, assim a razão manda de uma maneira geral a todos os homens que só concluam entre si, para a união de suas forças e o estabelecimento dos direitos comuns, acordos enganadores, isto é, manda que não tenham na realidade direitos comuns, o que é absurdo[19].

Nunca entendi, em todo caso nunca de uma maneira que me satisfizesse completamente, como esse escólio podia se harmonizar com as proposições 20 a 25 da mesma parte da *Ética*, onde o esforço para se conservar é, ao contrário, "a primeira e única origem da virtude", ao mesmo tempo que sua medida e seu fim. Noto todavia que Spinoza não proíbe em absoluto a mentira, mas constata que a razão, que é única a ser livre, não poderia ordená-la. As duas coisas são diferentes, dado que a razão não é tudo, no homem, nem mesmo o essencial (o essencial é o desejo, o essencial é o amor)[20], e que nenhum homem é absolutamente livre ou absolutamente razoável, nem deve sêlo, nem mesmo querer sê-lo[21]. O homem que age como enganador nunca o faz, precisa a demonstração, "como homem livre"[22]. Que seja. E a mentira e a esperteza nem por isso seriam, em si mesmas, virtudes. Que seja, também. Mas seria, com freqüência, irrazoável só ouvir a razão, seria condenável só amar a virtude, seria fatal para a liberdade só querer agir *enquanto livre*. A boa-fé é uma virtude, mas a prudência também, e a justiça, e a caridade. Se for necessário mentir para sobreviver, ou para resistir à barbárie, ou para salvar a quem se ama, a quem se deve amar, não há a menor dúvida, para mim, de que se deva mentir, quando não há outro meio, ou quando todos os outros meios seriam piores, e Spinoza, parece-me, admitiria isso. A razão, claro, não poderia *mandá-lo*, já que ela é universal, o que a mentira não poderia ser: se todo o mundo mentisse, para que mentir, pois ninguém teria crédito, e para que falar? Mas essa razão será apenas abstrata, se o desejo não se apoderar dela, se não a fizer viver. Ora, o desejo é sempre singular, sempre concreto, e por isso aliás pode-se mentir, como reconhece o *Tratado político*[23], sem violar o direito natural nem (ou isto é) o interesse de cada um, ou mesmo de todos. A vontade, não a razão, comanda; o desejo, não a verdade, dita sua lei[24]. O desejo de verdade, que é a essência da boa-fé, permanece nisso submetido à verdade do desejo, que é a essência do homem[25]: ser fiel ao verdadeiro não poderia dispensar ser fiel à alegria, ao amor, à compaixão[26], enfim, como diz Spinoza, à justiça e à caridade, que são toda a lei e a verdadeira fidelidade[27]. Ser fiel ao verdadeiro, em primeiro lugar, é também ser fiel à verdade em si do desejo: se é necessário enganar o outro ou se trair, enganar o mau ou abandonar o fraco, faltar com a palavra ou com o amor, a fidelidade ao verdadeiro (a esse verdadeiro que somos, que carregamos, que amamos) pode às vezes impor a mentira. É por isso que, mesmo nesse estranho escólio da proposição 72, Spinoza, tal como o compreendo, permanece diferente de Kant. A boa-fé é uma virtude, é claro, o que a mentira não poderia ser, mas isso não quer dizer que toda mentira seja condenável nem, *a fortiori*, que devamos sempre nos proibir de mentir. Nenhuma mentira é livre, por certo; mas quem pode ser sempre livre? E como o seríamos, diante dos maus, dos ignorantes, dos fanáticos, quando eles são os mais fortes, quando a sinceridade para com eles seria cúmplice ou suicida? *Caute*... A mentira nunca é uma virtude, mas a tolice também não, mas o suicídio também não[28]. Simplesmente, às vezes é preciso se contentar com o mal menor[29], e a mentira pode sê-lo.

Kant vai muito mais longe e muito mais claramente. A mentira não apenas nunca é uma virtude, como é sempre uma falta, sempre um crime, sempre uma indignidade[30]. É que a veracidade, que é seu contrário, é "um dever absoluto que vale em todas as circunstâncias" e que, sendo "totalmente incondicionado", não poderia admitir a menor exceção "a uma regra que, por sua própria essência, não tolera nenhuma"[31]. Isso equivale a pensar, objetava Benjamin Constant, que mesmo "para assassinos que lhe perguntassem se seu amigo, que eles perseguem, não está refugiado em sua casa, a mentira seria um crime"[32]. Mas Kant não se deixa impressionar por tão pouco: seria um crime, de fato, pois a humanidade se situa aí, na palavra verdadeira, pois a veracidade é "um mandamento da razão, que é sagrado, absolutamente imperativo, que não pode ser limitado por nenhuma conveniência", nem mesmo a conservação da vida de outrem ou da própria[33]. A intenção aqui não entra em jogo. Não há mentira piedosa, ou antes, mesmo piedosa, mesmo generosa, toda mentira é condenável: "Sua causa pode ser a leviandade, ou mesmo a bondade, e mesmo mentindo podemos nos propor uma finalidade boa; mas por sua simples forma a maneira de tender a esse fim é um crime do homem para com sua própria pessoa e uma indignidade que o torna desprezível a seus próprios olhos."[34]

Ainda que assim fosse, é dar muita importância, parece-me, à sua própria pessoa. O que é essa virtude tão preocupada consigo, com sua integridade, com sua dignidade, que, para se preservar, está disposta a entregar um inocente a assassinos? O que é esse dever sem prudência, sem compaixão, sem caridade? A mentira é uma falta? Sem dúvida. Mas a aridez de coração também, e mais grave! A veracidade é um dever? Admitamos. Mas a assistência a uma pessoa em perigo é outro, e mais premente. Ai de quem prefere sua consciência à do próximo!

Já chocante no século XVIII, como mostra a objeção de Benjamin Constant, a posição de Kant tornou-se, no meado do nosso, propriamente insustentável. Porque a barbárie adquiriu, neste triste século XX, outra dimensão, perto da qual qualquer rigorismo é irrisório, quando só ocupa a consciência, ou odioso, quando equivale a servir efetivamente aos carrascos. Você abriga um judeu ou um resistente em seu sótão. A Gestapo, que o procura, interroga você. Você irá dizer-lhes a verdade? Irá se recusar a responder (o que daria na mesma)? Claro que não! Qualquer homem honrado, qualquer homem de coração e mesmo qualquer homem de dever irá sentir-se não apenas autorizado mas obrigado a mentir. É o que digo: a mentir. Porque a mentira não deixará de ser o que ela é, uma declaração intencionalmente falsa. "Mentir aos policiais alemães que nos perguntam se escondemos um patriota em casa", escreve Jankélévitch, "não é mentir, *é dizer a verdade*; responder: não há ninguém, quando há, é [nessa situação] o mais sagrado dos deveres."[35] Concordo obviamente com a segunda proposição; mas como aceitar a primeira sem renunciar a pensar o problema que pretendemos resolver, sem se impedir com isso, por dissolvê-lo, de o formular? Mentir aos policiais alemães é, evidentemente, mentir, e isso prova apenas (pois essa mentira, no exemplo considerado, é seguramente virtuosa) que a veracidade não é um dever absoluto, não obstante o que Kant tenha pensado, não é um dever universal, e talvez não haja deveres absolutos, universais, incondicionais (portanto, nenhum dever, no sentido kantiano), mas apenas valores, mais ou menos elevados, mas apenas virtudes, mais ou menos preciosas, urgentes ou necessárias. A veracidade é uma, repitamos. Mas menos importante do que a justiça, do que a compaixão, do que a generosidade, menos importante do que o amor, evidentemente, ou antes, menos importante, como amor à verdade, do que a caridade como amor ao próximo. De resto, o próximo também é verdadeiro, e essa verdade em carne e osso, essa verdade sofredora, é mais importante – ainda mais importante! – do que a veracidade de nossas palavras. Fidelidade ao verdadeiro antes de mais nada, mas mais ainda à verdade dos sentimentos do que a de nossas declarações, mais à verdade da dor do que à da palavra. Transformando a boa-fé num absoluto a perdemos, pois ela deixa de ser boa, pois torna-se apenas veracidade ressecada, mortífera, odiável. Já não é boa-fé, é veridismo; já não é virtude, é fanatismo. Fanatismo teórico, desencarnado, abstrato: fanatismo de filósofo, que gosta *loucamente* da verdade. Mas nenhum fanatismo é virtuoso.

Tomemos outro exemplo, menos extremo. Devemos dizer a verdade ao moribundo? Sim, sempre, responderia Kant, pelo menos se o moribundo perguntar, pois a veracidade é um dever absoluto. Não, nunca, responde Jankélévitch, pois seria lhe infligir sem razão "a tortura do desespero"[36]. O problema me parece mais complicado. Dizer a verdade ao moribundo, quando ele pede, quando ele pode suportá-la, pode ser também ajudá-lo a morrer na lucidez (mentir ao moribundo não é lhe roubar sua morte, como dizia Rilke?), na paz, na dignidade, a morrer na verdade, como ele viveu, como quis viver, e não na ilusão ou na negação. "Quem diz ao moribundo que ele vai morrer mente", escreve Jankélévitch; "primeiro ao pé da letra, pois ele não o sabe, porque só Deus sabe, porque nenhum homem tem direito de dizer a outro homem que este vai morrer", em seguida "quanto ao espírito, porque lhe faz mal"[37]. Mas, quanto à letra, é confundir boa-fé com certeza, sinceridade com onisciência: o que impede o médico ou os próximos de dizerem sinceramente o que sabem ou crêem, inclusive os limites, nesses domínios, do saber e da crença? E, quanto ao espírito, é dar muito pouco valor à verdade e muito pouca estima ao espírito. Colocar a esperança acima da verdade, acima da lucidez, acima da coragem é pôr o espírito alto demais. Que vale a esperança, se é à custa de mentira, à custa de ilusão? "Os homens pobres e sós não devem ser afligidos", diz ainda Jankélévitch, "isso é mais importante que tudo, mesmo que a verdade."[38] Sim, se a aflição for atroz, se o homem só e pobre não puder suportá-la, se apenas a ilusão o fizer viver. Mas é sempre assim? E de que adianta então a filosofia, de que adianta a própria sinceridade, se ambas devem se deter ao aproximar-se a morte, se a verdade só vale quando nos tranqüiliza, quando não implica o risco de nos afligir? Desconfio dos que dizem *nunca*, nesses domínios, tanto quanto dos que dizem *sempre*. Que se possa mentir por amor ou por compaixão, e que se deva fazê-lo às vezes, estou de acordo, é claro. O que há de mais imbecil, e de mais covarde, do que impormos aos outros uma coragem de que não temos certeza de ser capazes? Sim: cabe ao moribundo primeiro decidir, quando pode, da importância que dá à verdade, e ninguém está capacitado, quando ele não pode, a decidir em seu lugar. Doçura, pois, em vez de violência: a compaixão prevalece aqui, e deve prevalecer, sobre a veracidade. Mas a verdade ainda assim continua sendo um valor, do qual não poderíamos privar o outro, sobretudo se ele a pedir, sem razões muito fortes e precatados. O conforto não é tudo. O bem-estar não é tudo. Que seja necessário suprimir o sofrimento físico, na medida do possível, está claro, e nossos médicos deveriam ocupar-se mais disso. Mas e o sofrimento moral, e a angústia, e o medo, quando fazem parte da própria vida? "Morreu sem perceber", dizem às vezes. Será mesmo uma vitória da medicina? Pois, afinal de contas, ele acabou morrendo, e a tarefa dos médicos, que eu saiba, é nos curar quando podem, não nos esconder que não podem. "Se eu lhe disser a verdade, ele vai se matar", disse-me um médico. Mas o suicídio nem sempre é uma doença (também é um direito, do qual, assim, privamos o doente); a depressão, sim, é uma, doença da qual se trata. Os médicos existem para tratar, não para decidir no lugar de seu paciente se sua vida – e sua morte! – vale ou não a pena ser vivida. Cuidado, amigos médicos, com o paternalismo: vocês têm a seu encargo a saúde de seus pacientes, mas não sua felicidade, mas não sua serenidade. Um moribundo não tem o direito de ser infeliz? Não tem o direito de ficar angustiado? O que é então, nessa infelicidade, nessa angústia, que os assusta tanto assim?

Isso é dito, ou deve ser dito, como sempre, sob reserva da compaixão, da doçura, da ternura... Mais vale mentir do que torturar, mais vale mentir do que apavorar. A verdade não toma o lugar de tudo. Mas nenhuma virtude tampouco poderia tomar o lugar da verdade, nem valer absolutamente sem ela. A morte mais bela, moralmente, espiritualmente, humanamente, é a mais lúcida, a mais serenamente lúcida, e é também nosso dever acompanhar os moribundos, quando for preciso, quando eles puderem, até essa verdade derradeira. Quem ousaria mentir, em seus derradeiros momentos, a Cristo ou a Buda, a Sócrates ou a Epicuro, a Spinoza ou a Simone Weil? Dir-se-á que essas personagens não pululam nas ruas, nem nos quartos de hospital. Sem dúvida. Não obstante é necessário nos ajudarem a nos aproximarmos delas, quando pudermos, mesmo um pouquinho, em vez de nos vedarem de antemão esse gosto, mesmo que amargo, ou essa possibilidade, mesmo que dolorosa. A veracidade, mesmo que no leito de morte, continua pois a valer. Não sozinha, repitamos: a compaixão também vale, o amor também vale, e mais. Brandir a verdade a quem não a pediu, a quem não a pode suportar, a quem será dilacerado ou esmagado por ela, não é boa-fé: é brutalidade, é insensibilidade, é violência. Portanto, deve-se dizer a verdade, ou o mais de verdade possível, pois a verdade é um valor, pois a sinceridade é uma virtude; mas não sempre, mas não a qualquer um, mas não a qualquer preço, mas não de qualquer maneira! É preciso dizer a verdade tanto quanto possível, ou tanto quanto devido, digamos que tanto quanto possível fazer sem faltar com isso a alguma virtude mais elevada ou mais urgente. É aí que voltamos a encontrar Jankélévitch: "Ai dos que põem acima do amor a verdade criminosa da delação! Ai dos brutos que dizem sempre a verdade! Ai dos que nunca mentiram!"[39]

No entanto, isso só vale em relação a outrem: porque é legítimo preferir o outro, principalmente quando ele sofre, principalmente quando é fraco, à sua própria veracidade. Mas preferir-se à verdade, nunca. É aí que a boa-fé vai mais longe que a sinceridade, e se impõe, ou é válida, universalmente. Às vezes, é legítimo, inclusive moralmente, mentir a outrem em vez de lhe dizer a verdade. Mas a má-fé não poderia, em relação a si mesmo, valer mais que a boa, pois seria colocar-se acima da verdade, e seu conforto ou sua consciência tranqüila acima de seu espírito. Seria pecar contra o verdadeiro e contra si. A todo pecado misericórdia, sem dúvida: cada um faz o que pode, e a vida é difícil demais, cruel demais, para que se possa, nesses domínios, condenar quem quer que seja. Quem sabe, diante do pior, o que irá fazer, e a quantidade de verdade, então, que será capaz de suportar? Misericórdia, misericórdia para todos! Isso não significa, porém, que tudo se equivale, nem que a má-fé em relação a si mesmo pode ser considerada moralmente neutra ou indiferente. Se é legítimo mentir ao mau, por exemplo quando nossa vida está em jogo, não é que nos coloquemos então acima da verdade, pois isso não nos impede em nada de amá-la, de respeitá-la, de nos submetermos a ela, pelo menos interiormente. É no próprio nome do que acreditamos verdadeiro que mentimos ao assassino ou ao bárbaro, e são mentiras, nesse sentido, de boa-fé. É aí que cumpre distinguir a sinceridade, que se dirige a outrem e autoriza toda espécie de exceções (é boa-fé transitiva e condicional), da boa-fé reflexiva, que só se dirige a si e que, por conseguinte, é universalmente válida. Que é necessário mentir às vezes a outrem, por prudência ou compaixão, já vimos e não vou voltar a isso. Mas o que poderia justificar mentirmos a nós mesmos? A prudência? Seria colocar nosso bem-estar acima da lucidez, nosso ego acima de nosso espírito. A compaixão? Seria carecer de coragem. O amor? Mas, sem boa-fé, não passaria de amor-próprio e narcisismo.

Jean-Paul Sartre, numa problemática que não é a minha, mostrou que a má-fé, como “mentira a si”, trai (isto é, indissoluvelmente, exprime e nega) uma dimensão essencial de qualquer consciência humana, que lhe impede de coincidir absolutamente consigo, como uma coisa ou um fato[40]. Acreditar-se absolutamente garçom de bar, ou professor de filosofia, ou triste ou alegre, assim como uma mesa é uma mesa, e mesmo acreditar-se absolutamente sincero, assim como se é louro ou moreno, é ser de má-fé, sempre, pois é esquecer que se deve ser o que se é (em outras palavras, não se é já, nem definitivamente), pois é negar sua própria angústia, seu próprio nada, sua própria liberdade. Por isso a má-fé é, para toda consciência, "um risco permanente"[41]. Mas é um risco que precisamos enfrentar, e que não poderíamos sem má-fé transformar em fatalidade ou em desculpa. A má-fé não é um ser, nem uma coisa, nem um destino, mas a coisificação do que somos, do que cremos ser, do que queremos ser, sob a forma, necessariamente artificial, do em-si-por-si, que seria Deus e que não é nada. O contrário da má-fé também não é um ser (crer que *se é* de boa-fé é se mentir), nem uma coisa, nem mesmo uma qualidade: é um esforço, é uma exigência, é uma virtude. Assim é a autencicidade, em Sartre[42], assim é a boa-fé, em qualquer um, quando não é coincidência em si de uma consciência satisfeita ou petrificada, mas subtração perpétua à mentira, ao espírito de seriedade, a todos os papéis que representamos ou que somos, em suma, à má-fé, e a si.

A pensá-la em sua maior generalidade, a boa-fé nada mais é que o amor à verdade. É por isso que ela é a virtude filosófica por excelência, não, claro, no sentido em que seria reservada a qualquer um, mas em que será filósofo, no sentido mais forte e mais comum do termo, quem colocar a verdade, pelo menos no que lhe diz respeito, acima de tudo, honra ou poder, felicidade ou sistema, e até mesmo acima da virtude, até mesmo acima do amor. Este prefere saber-se mau a fingir-se bom, e olhar de frente o desamor, quando ele se produzir, ou seu próprio egoísmo, quando ele reinar (quase sempre!), a se persuadir falsamente de ser amante ou generoso. No entanto, sabe que a verdade sem a caridade não é Deus[43]. Mas também sabe, ou crê saber, que a caridade sem a verdade não passa de uma mentira entre outras, e não é caridade. Spinoza chamava *amor intelectual a Deus* essa alegria de conhecer[44], qualquer que seja, aliás seu objeto ("quanto mais conhecemos as coisas singulares, mais conhecemos Deus"[45]), já que tudo é em Deus, e já que Deus é tudo. Era exagerar, sem dúvida, se nenhuma verdade é Deus, nem sua soma, se nenhum Deus é verdadeiro. Mas era indicar, no entanto, o essencial: que o amor à verdade é mais importante do que a religião, que a lucidez é mais preciosa do que a esperança, que a boa-fé vale mais e é melhor que a fé.

É também o espírito da psicanálise ("a verdade, e ainda a verdade"[46]), sem o qual ela não passaria de uma sofística como outra qualquer, o que ela é com freqüência e a que não escapa, a não ser pelo "amor à verdade", como dizia Freud, "o que deve excluir toda e qualquer ilusão, todo e qualquer logro"[47].

É o espírito de nosso tempo, quando ainda tem espírito, quando não o perdeu ao mesmo tempo que a fé.

É o espírito eterno e fugaz, que "escarnece de tudo", como dizia Alain[48], e de si mesmo. Da verdade? Isso lhe acontece, mas também é uma maneira de amar. Venerá-la, fazer dela um ídolo, fazer dela até um deus, seria mentir. Todas as verdades se equivalem, e não valem nada: não é porque a verdade é boa que devemos amá-la, diria Spinoza[49], é porque a amarmos que ela nos parece boa, e o é de fato para os que a amam. A verdade não é Deus: ela só vale para os que a amam, e por eles, ele só vale para os verídicos, que a amam sem adorá-la, que se submetem a ela sem por ela se deixarem enganar. O amor é, pois, primeiro? Sim, mas apenas se verdadeiro: primeiro no valor, pois, e segundo no ser.

É o espírito do espírito, que prefere a sinceridade à mentira, o conhecimento à ilusão, e o riso à seriedade.

Por isso a boa-fé leva ao humor, assim como a má-fé, à ironia.

# 17

# O humor

Que ele seja uma virtude poderá surpreender. Mas é que toda a seriedade é condenável, referindo-se a nós mesmos. O humor nos preserva dela e, além do prazer que sentimos com ele, é estimado por isso.

Se "a seriedade designa a situação intermediária de um homem eqüidistante entre desespero e futilidade", como diz lindamente Jankélévitch[1], devemos observar que o humor, ao contrário, opta resolutamente pelos dois extremos. "Polidez do desespero", dizia Vian, e a futilidade pode fazer parte dela. É impolido dar-se ares de importância. É ridículo levar-se a sério. Não ter humor é não ter humildade, é não ter lucidez, é não ter leveza, é ser demasiado cheio de si, é estar demasiado enganado acerca de si, é ser demasiado severo ou demasiado agressivo, é quase sempre carecer, com isso, de generosidade, de doçura, de misericórdia... O excesso de seriedade, mesmo na virtude, tem algo de suspeito e de inquietante: deve haver alguma ilusão ou algum fanatismo nisso... É virtude que se acredita e que, por isso, carece de virtude.

Não exageremos porém a importância do humor. Um canalha pode ter humor; um herói pode não ter. Mas isso é verdade, como vimos, para a maioria das virtudes, e não prova nada contra o humor, a não ser, o que é claríssimo, que ele não prova nada. Mas se quisesse provar continuaria sendo humor? Virtude anexa, se quisermos, ou compósita, virtude leve, virtude inessencial, virtude engraçada, em certo sentido, pois caçoa da moral, pois se contenta com ser engraçada, mas grande qualidade, mas preciosa qualidade, que por certo pode faltar a um homem de bem, mas não sem que isso atinja em algo a estima, inclusive moral, que temos por ele. Um santo sem humor é um triste santo. E um sábio sem humor seria mesmo um sábio? O espírito é o que escarnece de tudo, dizia Alain[2], e é por isso que o humor faz parte, de pleno direito, do espírito.

Isso não impede a seriedade, no que diz respeito a outrem, nossas obrigações para com ele, nossos compromissos, nossas responsabilidades, até mesmo no que diz respeito à condução de nossa própria existência. Mas impede de nos iludirmos ou de ficarmos demasiado satisfeitos. Vaidade das vaidades: só faltou ao Eclesiastes um pouco de humor para dizer o essencial. Um pouco de humor, um pouco de amor: um pouco de alegria. Mesmo sem razão, mesmo contra a razão. Entre desespero e futilidade, às vezes a virtude fica menos num meio-termo do que na capacidade de abraçar, num mesmo olhar ou num mesmo sorriso, esses dois extremos entre os quais vivemos, entre os quais evoluímos, e que se encontram no humor. O que não é desesperador para um olhar lúcido? E o que não é fútil, para um olhar desesperado? Isso não nos impede de rir do que vemos, e é sem dúvida o que de melhor podemos fazer. Que valeria o amor, sem a alegria? O que valeria a alegria, sem o humor?

Tudo o que não é trágico é irrisório. Eis o que a lucidez ensina. E o humor acrescenta, num sorriso, que não é trágico...

Verdade do humor. A situação é desesperadora, mas não é grave.

A tradição opõe o riso de Demócrito às lágrimas de Heráclito: “Demócrito e Heráclito”, lembra Montaigne, “foram dois filósofos, o primeiro dos quais, achando vã e ridícula a condição humana, só saía em público com um semblante zombeteiro e risonho; Heráclito, sentindo piedade e compaixão por essa mesma condição nossa, trazia o semblante continuamente entristecido, e os olhos carregados de lágrimas..."[3] E por certo não faltam motivos para rir ou chorar. Mas qual é a melhor atitude? O real, que não ri nem chora, não dá a resposta. Isso não quer dizer que tenhamos escolha – em todo caso não quer dizer que essa escolha dependa de nós. Eu diria antes que ela nos constitui, nos permeia, riso ou lágrimas, riso e lágrimas, que nós oscilamos entre esses dois pólos, uns pendendo mais para isso, outros mais para aquilo... Melancolia contra alegria? Não é tão simples assim. Montaigne, que tinha seus momentos de tristeza, de abatimento, de desgosto, ainda assim prefere Demócrito: "Prefiro o primeiro estado de espírito", explica, "não porque é mais agradável rir do que chorar, mas por ser mais desdenhoso e por nos condenar mais que o outro; e parece-me que nunca podemos ser tão desprezados quanto merecemos."[4] Chorar por isso? Seria levar-se demasiado a sério! Mais vale rir: "Não acredito que haja em nós tanta infelicidade quanta vaidade, nem tanta malícia quanta tolice. [...] Nossa própria e peculiar condição é tão ridícula quanto risível."[5] De que adianta se lamentar por tão pouco (por esse pouco que somos)? De que adiante se odiar ("o que odiamos levamos a sério"[6]), quando basta rir?

Mas há rir e rir, e cumpre distinguir aqui o humor da ironia. A ironia não é uma virtude, é uma arma – voltada quase sempre contra outrem. É o riso mau, sarcástico, destruidor, o riso da zombaria, o riso que fere, que pode matar, é o riso a que Spinoza renuncia (*"non ridere, non lugere, neque detestari, sed intelligere"*[7]), é o riso do ódio, é o riso do combate. Útil? Como não, quando necessário! Que arma não o é? Mas nenhuma arma é a paz, nenhuma ironia é o humor. A linguagem pode enganar. Nossos humoristas, como se diz, ou como eles se dizem, muitas vezes não passam de ironistas, de satiristas – e, por certo, são necessários. Mas os melhores misturam os dois gêneros: é o caso de Bedos, mais ironista quando fala da direita, mais humorista quando fala da esquerda, puro humorista quando fala de si mesmo e de nós todos. Que tristeza, se só pudéssemos rir *contra*! E que seriedade, se só soubéssemos rir dos outros! A ironia é isso mesmo: é um riso que se leva a sério, é um riso que zomba, mas não de si, é um riso, e a expressão é bem reveladora, que *goza da cara dos outros*. Se se volta contra o eu (é o que se chama autoderrisão), permanece exterior e nefasta. A ironia despreza, acusa, condena... Leva-se a sério e só desconfia da seriedade *do outro* – ainda que, como bem viu Kierkegaard, venha a "falar de si como de um terceiro"[8]. Isso quebrou, ou antes refreou, mais de um grande espírito. Humildade? Nada disso. Como é preciso, ao contrário, levar-se a sério para zombar dos outros! Como é preciso ser orgulhoso, inclusive, para se desprezar! A ironia é essa seriedade, a cujos olhos tudo é ridículo. A ironia é essa pequenez, a cujos olhos tudo é pequeno.

Rilke dera o remédio: "Atinjam as profundezas: a ironia não desce até lá."[9] Isso não seria verdadeiro para o humor, e é essa uma primeira diferença. A segunda, a mais significativa, prende-se à reflexividade do humor, à sua interioridade, ao que gostaríamos de chamar sua imanência. A ironia ri do outro (ou do eu, na autoderrisão, como de um outro); o humor ri de si, ou do outro como de si, e sempre se inclui, em todo caso, no disparate que instaura ou desvenda. Não que o humorista não leve nada a sério (humor não é frivolidade). Simplesmente, ele recusa levar a sério a si mesmo, ou seu riso, ou sua angústia. A ironia procura fazer-se valer, como diz Kierkegaard[10]; o humor, abolir-se. Ele não poderia ser permanente nem se erigir em sistema, pois não passaria então de uma defesa como outra qualquer e já não seria humor. Nossa época o perverte, de tanto o celebrar. Há coisa mais triste do que cultivá-lo para ele mesmo? do que fazer dele um meio de sedução? um monumento à glória do narcisismo? Fazer dele uma profissão ainda passa, afinal é preciso ganhar a vida. Mas uma religião? Mas uma pretensão? Seria trair o humor, seria não ter humor.

Quando é fiel a si, o humor conduz antes à humildade. Não há orgulho sem espírito de seriedade, nem espírito de seriedade, no fundo, sem orgulho. O humor atinge este quebrando aquele. É nisso que é essencial ao humor ser reflexivo ou, pelo menos, englobar-se no riso que ele acarreta ou no sorriso, mesmo amargo, que ele suscita. É menos uma questão de conteúdo do que de estado de espírito. A mesma fórmula, ou a mesma brincadeira, pode mudar de natureza, segundo a disposição de quem a enuncia: o que será ironia em um, que se exclui dela, poderá ser humor em outro, que nela se inclui. Aristófanes faz ironia, em *As nuvens*, quando zomba de Sócrates. Mas Sócrates (grande ironista, aliás) dá prova de humor quando, assistindo à representação, ri gostosamente com os outros[11]. Os dois registros podem, é claro, misturar-se, a ponto de serem indissociáveis, indiscerníveis, a não ser, se tanto, pelo tom ou pelo contexto. Assim, quando Groucho Marx declara magnificamente: "Tive uma noitada excelente, mas não foi esta." Se ele diz isso à dona da casa, depois de uma noitada malograda, é ironia. Se diz ao público, no fim de um de seus espetáculos, será antes humor. Mas, no primeiro caso, pode se somar humor, se Groucho Marx assumir sua parte de responsabilidade no fracasso da noite, assim como ironia no segundo, caso o público, isso acontece, tiver denotado uma falta excessiva de talento... Podemos gracejar sobre tudo: sobre o fracasso, sobre a guerra, sobre a morte, sobre o amor, sobre a doença, sobre a tortura... Mas é preciso que esse riso acrescente um pouco de alegria, um pouco de doçura ou de leveza à miséria do mundo, e não mais ódio, sofrimento ou desprezo. Podemos rir de tudo, mas não de qualquer maneira. Uma piada de judeu nunca será humorística na boca de um anti-semita. O riso não é tudo e não desculpa nada. De resto, tratando-se de males que não podemos impedir ou combater, seria evidentemente condenável contentar-se com gracejar. O humor não substitui a ação, e a insensibilidade, no que concerne ao sofrimento dos outros, é uma falta. Mas também seria condenável, na ação ou na inação, levar demasiado a sério seus próprios bons sentimentos, suas próprias angústias, suas próprias revoltas, suas próprias virtudes. Lucidez bem ordenada começa por si mesmo. Daí o humor, que pode fazer rir de tudo contanto que ria primeiro de si.

"A única coisa que lamento", diz Woody Allen, "é não ser outra pessoa." Mas também com isso ele o aceita. O humor é uma conduta de luto (trata-se de aceitar aquilo que nos faz sofrer), o que o distingue de novo da ironia, que seria antes assassina. A ironia fere; o humor cura. A ironia pode matar; o humor ajuda a viver. A ironia quer dominar; o humor liberta. A ironia é implacável; o humor é misericordioso. A ironia é humilhante; o humor é humilde.

Mas o humor não está apenas a serviço da humildade. Também vale por si mesmo: ele transmuta a tristeza em alegria (logo o ódio em amor ou em misericórdia, diria Spinoza), a desilusão em comicidade, o desespero em alegria... Ele desarma a seriedade, mas também, por isso mesmo, o ódio, a cólera, o ressentimento, o fanatismo, o espírito sistemático, a mortificação, até mesmo a ironia. Rir de si primeiro, mas sem ódio. Ou de tudo, mas apenas enquanto se faz parte desse tudo e se o aceita. A ironia diz não (muitas vezes fingindo dizer sim); o humor diz sim, sim apesar de tudo, sim apesar dos pesares, inclusive a tudo o que o humorista, enquanto indivíduo, é incapaz de aceitar. Duplicidade? Quase sempre, na ironia (não há ironia sem simulação, sem uma parte de má-fé); quase nunca, no humor (um humor de má-fé ainda seria humor?)[12]. Muito mais ambivalência, muito mais contradição, muito mais dilaceramento, porém assumidos, porém aceitos, porém superados em alguma coisa. É Pierre Desproges anunciando seu câncer: "Mais canceroso que eu, você morre!" É Woody Allen encenando suas angústias, seus fracassos, seus sintomas... É Pierre Dac confrontado à condição humana: "À eterna tríplice questão que sempre ficou sem resposta: 'Quem somos? De onde viemos? Para onde vamos?', respondo: 'No que me diz respeito, eu sou eu, venho da minha casa e volto para ela.'" Observei em outra parte que não havia filosofia cômica[13]: é um limite para o riso, sem dúvida (ele não poderia fazer as vezes de pensamento); mas também o é para a filosofia: ela não substitui o riso, nem a alegria, nem mesmo a sabedoria. Tristeza dos sistemas, seriedade esmagadora do conceito, quando ele se dá demasiada importância! Um pouco de humor preserva disso, como vemos em Montaigne, como vemos em Hume, como não vemos nem em Kant nem em Hegel. Já citei a famosa fórmula de Spinoza: "Não ridicularizar, não deplorar, não amaldiçoar, mas compreender."[14] Sim. Mas e se não houver nada a compreender? Resta rir – não *contra* (ironia), mas *de*, mas *com*, mas *no* (humor). Embarcamos e não há barco: melhor rir do que chorar. É a sabedoria de Shakespeare, a de Montaigne, e é a mesma, e é a verdadeira.

"Triunfo do narcisismo", escreve estranhamente Freud[15]. Mas para logo em seguida constatar que é a custa do próprio ego, reposto em seu devido lugar, de certa forma, pelo superego[16]. Triunfo do narcisismo (já que o ego "se afirma vitoriosamente"[17] e acaba desfrutando exatamente daquilo que o ofende e que ele supera), mas sobre o narcisismo! "Triunfo do princípio de prazer", escreve ainda Freud[18]. Mas que só é possível desde que se aceite, nem que seja para rir, a realidade tal como é, tal como permanece. "O humor parece dizer: 'Olhe! Eis o mundo que lhe parece tão perigoso! Uma brincadeira de crianças! O melhor, portanto, é brincar!'"[19] O "desmentido à realidade", como diz Freud[20], só é humorístico se desmentir a si mesmo (senão já não seria humor, e sim loucura, já não seria desmentido, e sim demência), se, portanto, reconhecer essa realidade de que graceja, que supera ou que leva na brincadeira. É como aquele condenado à morte que levam à forca numa segunda-feira e que exclama: "A semana está começando bem!"[21] Há coragem no humor, grandeza, generosidade. Com ele o eu é como que libertado de si mesmo. "O humor tem não apenas algo de libertador", observa Freud, "mas também algo de sublime e elevado"[22], por isso ele difere de outras formas de comicidade[23] e se aproxima, de fato, da virtude.

Isso, mais uma vez, distingue intensamente o humor da ironia, que antes rebaixa, que nunca é sublime, que nunca é generosa. "A ironia é uma manifestação da avareza", escreve Bobin, "uma crispação da inteligência, que prefere cerrar os dentes a soltar uma só palavra de elogio. O humor, ao contrário, é uma manifestação da generosidade: sorrir daquilo que amamos é amá-lo duas vezes mais."[24] Duas vezes mais? Não sei. Digamos que é amar melhor, com mais leveza, com mais espírito, com mais liberdade. A ironia, ao contrário, sabe apenas odiar, criticar, desprezar. Dominique Noguez força um pouco o traço, mas aponta a direção certa quando resume a oposição entre humor e ironia nestas poucas linhas, sobretudo na fórmula que as encerra: "O humor e a ironia repousam identicamente numa não-coincidência entre a linguagem e a realidade, mas aqui sentida afetuosamente como uma saudação fraterna à coisa ou à pessoa designada, e ali, ao contrário, como a manifestação de uma oposição escandalizada, depreciativa ou carregada de ódio. Humor é amor; ironia é desprezo."[25] Em todo caso, não há humor sem um mínimo de simpatia; foi o que Kierkegaard viu: "Justamente por sempre conter uma dor oculta, o humor também comporta uma simpatia de que a ironia é desprovida..."[26] Simpatia na dor, simpatia no desamparo, simpatia na fragilidade, na angústia, na vaidade, na insignificância universal de tudo... O humor tem a ver com o absurdo, com o *nonsense*, como dizem os anglófonos, com o desespero. Não, claro, que uma afirmação absurda seja sempre engraçada, nem mesmo (se entendermos por absurdo algo que não significa nada) que possa ser. Só podemos rir, ao contrário, do sentido. Mas nem todo sentido, inversamente, é engraçado, e a maioria evidentemente não é. O riso não nasce nem do sentido nem do disparate: ele nasce da passagem de um a outro. Há humor quando o sentido vacila, quando se mostra em via de se abolir, no gesto evanescente (mas como que suspenso no ar, como que captado no vôo pelo riso) de sua apresentação-desaparecimento. Por exemplo, quando Groucho Marx, auscultando um doente, declara: "Ou meu relógio está parado, ou este homem morreu." Isso significa alguma coisa, é claro, inclusive só é engraçado porque tem sentido. Mas o sentido que isso tem não é nem possível (a não ser abstratamente), nem plausível: o sentido se abole no mesmo instante em que se apresenta, ou antes, só se apresenta (pois se fosse inteiramente abolido não riríamos) *em via de se abolir.* O humor é um tremor de sentido, uma vacilação de sentido, às vezes uma explosão de sentido, em suma sempre um movimento, um processo, mas concentrado, condensado, que pode aliás permanecer mais ou menos próximo de sua origem (a seriedade do sentido) ou, ao contrário, aproximar-se mais de seu desaguadouro natural (o absurdo do disparate) e acentuar com isso, como todos podemos observar, esta ou aquela de suas infinitas nuances ou modulações. Mas sempre, parece-me, o humor estará entre os dois, nesse brusco movimento entre sentido e disparate (interceptado, como que congelado no instante). Sentido demais ainda não é humor (será muitas vezes ironia); muito pouco sentido já não o é (não passa de absurdo). Encontramos novamente aqui um meio-termo quase aristotélico: o humor não é nem a seriedade (para a qual tudo faz sentido), nem a frivolidade (para a qual nada tem sentido). Mas é um meio-termo instável, ou equívoco, ou contraditório, que desvenda o que há de frívolo em toda seriedade, e de sério em toda frivolidade. O homem de humor, diria Aristóteles, ri como se deve (nem de mais nem de menos), quando se deve e do que se deve... Mas quem decide é só o humor, que pode rir de tudo, inclusive de Aristóteles, inclusive do meio-termo, inclusive do humor...

Riremos tanto melhor, ou o humor será tanto mais profundo, quando o sentido alcançar zonas mais importantes de nossa vida, ou acarretar com ele, ou fizer vacilar, trechos mais vastos de nossas significações, de nossas crenças, de nossos valores, de nossas ilusões, digamos, de nossa seriedade. Por vezes é o pensamento que parece implodir, por exemplo quando Lichtenberg evoca sua famosa "faca sem lâmina à qual falta o cabo". Outras vezes, é a vaidade desta ou daquela ambição contemporânea, por exemplo a da velocidade, num campo particular, por exemplo o dos métodos ditos de leitura rápida: "Li toda *Guerra e paz* em vinte minutos", conta Woody Allen; "fala da Rússia." Outras vezes ainda, é o próprio sentido de nossas condutas ou reações que entra em jogo, que é como que fragilizada ou questionada, confundindo nossos valores, nossas referências, nossas pretensões... Woody Allen de novo: "Sempre trago uma espada comigo para me defender. Em caso de ataque, aperto o seu punho, e ela se transforma em bengala branca. Então vêm me socorrer." Notaremos que, neste último exemplo, há menos passagem do sentido ao disparate do que de um sentido (a máscula segurança da espada: eis um homem pronto para se bater) a outro sentido (a artimanha um tanto covarde da bengala branca). Mas essa passagem de um sentido a outro, e do mais estimável ao mais ridículo, fragiliza um e outro, dando razão com isso, pelo menos virtualmente, ao disparate. Outras vezes ainda (os exemplos que seguem são todos tirados de Woody Allen) é a angústia que se exprime, mas de maneira absurda, e que é como que exorcizada ou posta à distância: "Embora eu não tenha medo da morte, prefiro estar longe quando ela se produzir." Ou nossos sentimentos é que são relativizados, ou que se relativizam uns aos outros: "É melhor amar ou ser amado? Nem um nem outro, se nossa taxa de colesterol exceder 5,35." Outras vezes enfim (*enfim*, porque vou parar, mas poderia continuar, é claro, indefinidamente: sempre há um sentido a questionar, sempre uma seriedade a afastar), outras vezes, dizia para concluir, são nossas esperanças que desvendam o que eles têm de problemático ("a eternidade é longa, principalmente quando vai chegando ao fim"), de sórdido ("Se pelo menos Deus quisesse me dar um indício de sua existência... Se me depositasse uma boa grana num banco suíço, por exemplo!") ou de improvável ("Não apenas Deus não existe, mas tentem encontrar um encanador no fim de semana!")... Segui aqui Woody Allen – a todo senhor toda honra. Freud, que não teve a sorte de conhecê-lo, o teria apreciado, creio eu – Freud que gostava de evocar este anúncio de uma agência funerária americana: "Por que viver, se você pode ser enterrado por dez dólares?"[27] Ele acrescentava o seguinte comentário: "Quando nos interrogamos sobre o sentido e o valor da vida, estamos doentes, pois nem um nem outro existem objetivamente..."[28] É o que o humor manifesta e com o que se diverte, em vez de chorar.

Isso torna a coincidir com Kierkegaard: "Cansado do tempo e de sua sucessão sem fim, o humorista dele se afasta de um pulo e encontra um alívio humorístico em constatar o absurdo."[29] Mas, para Kierkegaard, isso era menos a verdade do humor do que sua "falsificação", sua "retratação" ou "revogação"[30], pelo que o humor trai sua verdadeira vocação, que é conduzir do ético ao religioso[31], de ser assim "o último estágio da existência interior antes da fé"[32], de ser mesmo, como dizia Kierkegaard, o *incognito* da religiosidade na ética, assim como a ironia era o *incognito* da ética na estética![33] Não acredito nem um pouco nisso, é claro. Se é verdade que o humor questiona a seriedade da ética, relativiza essa seriedade, desconfia dela, diverte-se com sua vaidade, suas pretensões, etc., de outro lado também questiona a seriedade do esteta, quando há seriedade (no esnobe, no mulherengo...), ou a seriedade mais freqüente, mais essencial, do homem religioso. Rir da ética em nome de um sentido superior (por exemplo, em nome da fé), não seria humor, seria ironia. O humor rirá antes da ética (ou da estética, ou da religião...) em nome de um sentido inferior, logo (tendencialmente) em nome do disparate ou, simplesmente, da verdade. Por exemplo, esta, que é de Pierre Desproges: "O Senhor disse: 'Amarás o próximo como a ti mesmo.' Pessoalmente, prefiro a mim mesmo, mas não introduzirei minhas opiniões pessoais nesse debate." Ou esta, que é de Woody Allen: "Sempre obcecado pela idéia da morte, medito constantemente. Não cesso de me perguntar se existe uma vida ulterior, e, se houver uma, será que nela poderão me trocar uma nota de vinte dólares?" Somente a verdade é engraçada, em todo caso humorística, só ela pode sê-lo, e é por isso que o disparate tantas vezes nos diverte: porque nada é verdadeiro no sentido, a não ser pela seriedade que lhe damos e que o humor não suprime (pois não se pode gracejar sempre, pois não se deve, pois o humor supõe, para rir do sentido, que o sentido seja de certa forma mantido), mas relativiza, alivia, afasta, fragiliza de forma feliz, em relação à qual, enfim, ele nos liberta (pois se pode gracejar de tudo) sem a abolir (já que o humor deixa o real imutado e já que nossos desejos, nossas crenças, nossas ilusões fazem parte dele). O humor é uma desilusão alegre. É nisso que é duplamente virtuoso, ou pode sê-lo: como desilusão, tem a ver com a lucidez (portanto da boa-fé); como alegria, tem a ver com o amor, e com tudo.

O espírito, repitamos com Alain, zomba de tudo. Quando zomba do que detesta ou despreza, é ironia. Quando zomba do que ama ou estima, é humor. O que mais amo, o que estimo mais facilmente? "Eu mesmo", como dizia Desproges. Isso diz o suficiente sobre a grandeza do humor, e sobre sua raridade. Como não seria uma virtude?

# 18

# O amor

O sexo e o cérebro não são músculos, nem podem ser. Disso decorrem várias conseqüências importantes, das quais esta não é a menor: não amamos o que queremos, mas o que desejamos, mas o que amamos e que não escolhemos. Como poderíamos escolher nossos desejos ou nossos amores, se só podemos escolher – ainda que entre vários desejos diferentes, entre vários amores diferentes – em função deles? O amor não se comanda e não poderia, em conseqüência, ser um dever[1]. Sua presença num tratado das virtudes torna-se, por conseguinte, problemática? Talvez. Mas devemos dizer também que virtude e dever são duas coisas diferentes (o dever é uma coerção, a virtude, uma liberdade), ambas necessárias, claro, solidárias uma da outra, evidentemente, mas antes complementares, até mesmo simétricas, do que semelhantes ou confundidas. Isso é verdade, parece-me, para qualquer virtude: quanto mais somos generosos, por exemplo, menos a beneficência aparece como dever, isto é, como uma coerção[2]. Mas é verdade *a fortiori* para o amor. "O que fazemos por amor sempre se consuma além do bem e do mal", dizia Nietzsche[3]. Eu não iria tão longe, já que o amor é o próprio bem. Mas além do dever e do proibido, sim, quase sempre, e tanto melhor! O dever é uma coerção (um "jugo", diz Kant)[4], o dever é uma tristeza, ao passo que o amor é uma espontaneidade alegre. "O que fazemos por coerção", escreve Kant, "não fazemos por amor."[5] Isso se inverte: o que fazemos por amor não fazemos por coerção, nem, portanto, por dever. Todos sabemos disso, e sabemos também que algumas de nossas experiências mais evidentemente éticas não têm, por isso, nada a ver com a moral, não porque a contradizem, é claro, mas porque não precisam de suas obrigações. Que mãe alimenta o filho *por dever*? E há expressão mais atroz do que *dever conjugal*? Quando o amor existe, quando o desejo existe, para que o dever? Que, no entanto, existe uma virtude conjugal, que existe uma virtude maternal, e no próprio prazer, no próprio amor, não há a menor dúvida! Pode-se dar o peito, pode-se dar a si mesma, pode-se amar, pode-se acariciar, com mais ou menos generosidade, mais ou menos doçura, mais ou menos pureza, mais ou menos fidelidade, mais ou menos prudência, quando necessário, mais ou menos humor, mais ou menos simplicidade, mais ou menos boa-fé, mais ou menos amor... Que outra coisa é alimentar o filho ou fazer amor virtuosamente, isto é, excelentemente? Há uma maneira medíocre, egoísta, odienta às vezes de fazer amor. E há outra, ou várias outras, tantos quantos são os indivíduos e os casais, de fazê-lo bem, o que é benfazer, o que é virtude. O amor físico não é mais que um exemplo, que seria tão absurdo superestimar, como muitos fazem hoje em dia, como foi, durante séculos, diabolizar. O amor, se nasce da sexualidade, como quer Freud e como acredito, não poderia reduzir-se a ela, e em todo caso vai muito além de nossos pequenos ou grandes prazeres eróticos. É toda a nossa vida, privada ou pública, familiar ou profissional, que só vale proporcionalmente ao amor que nela pomos ou encontramos. Por que seríamos egoístas, se não amássemos a nós mesmos? Por que trabalharíamos, se não fosse o amor ao dinheiro, ao conforto ou ao trabalho? Por que a filosofia, se não fosse o amor à sabedoria? E, se eu não amasse a filosofia, por que todos estes livros? Por que este, se eu não amasse as virtudes? E por que você o leria, se não compartilhasse algum desses amores? O amor não se comanda, pois é o amor que comanda.

Isso também é válido, obviamente, em nossa vida moral ou ética. Só necessitamos de moral em falta de amor, repitamos, e é por isso que temos tanta necessidade de moral! É o amor que comanda, mas o amor faz falta: o amor comanda em sua ausência e por essa própria ausência. É o que o dever exprime ou revela, o dever que só nos constrange a fazer aquilo que o amor, se estivesse presente, bastaria, sem coerção, para suscitar. Como o amor poderia comandar outra coisa que não ele mesmo, que não se comanda, ou outra coisa pelo menos que não o que se assemelha a ele? Só se comanda a ação, e isso diz o essencial: não é o amor que a moral prescreve, é realizar, por dever, essa própria ação que o amor, se estivesse presente, já teria livremente consumado. Máxima do dever: *Age como se amasses.*

No fundo, é o que Kant chamava de amor prático: "O amor para com os homens é possível, para dizer a verdade, mas não pode ser comandado, pois não está ao alcance de nenhum homem amar alguém simplesmente por ordem. É, pois, simplesmente o *amor prático* que está incluído nesse núcleo de todas as leis. [...] Amar o próximo significa praticar *de bom grado* todos os seus deveres para com ele. Mas a ordem que faz disso uma regra para nós também não pode comandar que *tenhamos* essa intenção nas ações conformes ao dever, mas simplesmente que *tendamos* a ela. Porque o mandamento de que devemos fazer alguma coisa de bom grado é em si contraditório."[6] O amor não é um mandamento: é um ideal ("o ideal da santidade" diz Kant).[7] Mas esse ideal nos guia, e nos ilumina.

Não nascemos virtuosos, mas nos tornamos. Como? Pela educação: pela polidez, pela moral, pelo amor. A polidez, como vimos, é um simulacro de moral: agir polidamente é agir *como* se fôssemos virtuosos[8]. Pelo que a moral começa, no ponto mais baixo, imitando essa virtude que lhe falta e de que no entanto, pela educação, ela se aproxima e nos aproxima. A polidez, numa vida bem conduzida, tem por isso cada vez menos importância, ao passo que a moral tem cada vez mais. É o que os adolescentes descobrem e nos fazem lembrar. Mas isso é apenas o início de um processo, que não poderia deter-se aí. A moral, do mesmo modo, é um simulacro de amor: agir moralmente é agir *como se* amássemos. Pelo que a moral advém e continua, imitando esse amor que lhe falta, que nos falta, e de que no entanto, pelo hábito, pela interiorização, pela sublimação, ela também se aproxima e nos aproxima, a ponto às vezes de se abolir nesse amor que a atrai, que a justifica e a dissolve. Agir bem é, antes de mais nada, fazer o que se faz (polidez), depois o que se *deve* fazer (moral), enfim, às vezes, é fazer o que se quer, por pouco que se ame (ética). Como a moral liberta da polidez consumando-a (somente o homem virtuoso não precisa mais agir como se o fosse), o amor, que consuma por sua vez a moral, dela nos liberta: somente quem ama não precisa mais agir como se amasse. É o espírito dos Evangelhos ("Ama e faz o que quiseres")[9], pelo que Cristo nos liberta da Lei, explica Spinoza, não a abolindo, como queria estupidamente Nietzsche, mas consumando-a ("Não vim para revogar, vim para cumprir...")[10], isto é, comenta Spinoza, confirmando-a e inscrevendo-a para sempre "no fundo dos corações"[11]. A moral é esse simulacro de amor, pelo qual o amor, que dela nos liberta, se torna possível. Ela nasce da polidez e tende ao amor; ela nos faz passar de uma ao outro. É por isso que, mesmo austera, mesmo desagradável, nós a amamos.

Além disso cumpre amar o amor? Sem dúvida, mas nós de fato o amamos (pois amamos pelo menos ser amados), ou a moral nada poderia por quem não o amasse. Sem esse amor ao amor estaríamos perdidos, e é essa talvez a verdadeira definição do inferno, quero dizer da danação, da perdição, aqui e agora. Cumpre amar o amor ou não amar nada, amar o amor ou se perder. De outro modo, que coerção poderia haver? Que moral? Que ética?[12] Sem o amor, o que restaria de nossas virtudes? E que valeriam elas se não as amássemos? Pascal, Hume e Bergson são mais esclarecedores aqui do que Kant: a moral vem mais do sentimento do que da lógica, mais do coração do que da razão[13], e a própria razão só comanda (pela universalidade) ou só serve (pela prudência) tanto quanto o desejarmos. Kant é engraçado quando pretende combater o egoísmo ou a crueldade com o princípio da não-contradição! Como se aquele que não hesita em mentir, em matar, em torturar, fosse preocupar-se com que a máxima de sua ação pudesse ou não ser erigida, sem contradição, em lei universal! Que lhe importa a contradição? Que lhe importa o universal? Só precisamos de moral em falta de amor. Mas só somos capazes de moral, e só sentimos essa necessidade, pelo pouco de amor, ainda que a nós mesmos, que nos foi dado, que soubemos conservar, sonhar ou reencontrar...

O amor é portanto primeiro, não em absoluto, sem dúvida (pois então seria Deus), mas em relação à moral, ao dever, à Lei. É o alfa e ômega de toda virtude. Primeiro a mãe e seu filho. Primeiro o calor dos corpos e dos corações. Primeiro a fome e o leite. Primeiro o desejo, primeiro o prazer. Primeiro a carícia que aplaca, primeiro o gesto que protege ou alimenta, primeiro a voz que tranqüiliza, primeiro esta evidência: uma mãe que amamenta; depois esta surpresa: um homem sem violência, que vela uma criança adormecida. Se o amor não fosse anterior à moral, o que saberíamos da moral? E o que ela nos tem a propor de melhor que o amor do qual ela vem, que lhe falta, que a move, que a atrai? O que a torna possível é também aquilo mesmo a que ela tende, e que a liberta. Círculo? Se quisermos, mas não vicioso, pois evidentemente não é o mesmo amor no princípio e no fim. Um é a condição da Lei, sua fonte, sua origem. O outro seria antes seu efeito, sua superação e seu mais belo êxito. É o alfa e ômega das virtudes, dizia eu, em outras palavras, duas letras diferentes, dois amores diferentes (pelo menos dois!), e, de um ao outro, todo o alfabeto de viver... Círculo, pois, mas virtuoso, pelo que a virtude se torna possível. Não se sai do amor, já que não se sai do desejo. Mas o desejo muda de objeto, se não de natureza, mas o amor se transforma e nos transforma. Isso justifica que, antes de falar de *virtude* propriamente, tomemos um certo recuo.

O que é o amor? Eis a grande questão. Eu gostaria de propor três respostas, que não se opõem tanto (embora se oponham, como veremos) quanto se completam. Não estou inventando nenhuma das três. O amor não é tão desconhecido assim, nem a tradição tão cega, a ponto de ser preciso inventar sua definição! Tudo talvez já tenha sido dito. Falta compreender.

### *Eros*

A primeira definição, de que gostaria de partir, é a de Platão, no *Banquete*. É sem dúvida o livro mais famoso de seu autor (pelo menos quando saímos do círculo dos filósofos profissionais, que preferirão a *República*), e deve muito disso a seu objeto. O amor interessa a todo o mundo, e mais que tudo. Aliás, que tema é interessante, se não pelo amor que temos por ele ou que procuramos nele?

Recordemos o enredo, como diríamos de uma peça de teatro, e no fundo é disso que se trata. Vários amigos estão reunidos em casa de Agaton, para festejar seu sucesso, alguns dias antes, num concurso de tragédia. É, portanto, um banquete, estritamente: come-se e bebe-se. Mas, sobretudo, fala-se. De quê? Do amor (*erôs*). Não que se façam confidências, ou quase não. É uma refeição de homens: o amor brilha sobretudo por sua ausência, ou, digamos, por sua idéia. É mais uma definição que eles buscam, cada um querendo captar a essência do amor fazendo seu elogio, ou louvá-lo dizendo o que ele é. Isso já é bastante característico, pois sugere que é da essência do amor ser bom, em todo caso ser amado, celebrado, glorificado. Prudência, portanto. Pois o que prova a glória? Excesso de entusiasmo pode confundir os espíritos, aliás é o que vemos no *Banquete* e que Sócrates criticará em seus amigos: sacrificaram a vida ao elogio, quando é evidentemente o inverso que deveriam fazer[14]. Essa evidência é filosófica. É a própria filosofia. Primeiro a verdade, que não é submetida a nada, a que tudo o mais, elogios ou críticas, deve ser submetido. Não é sair do amor, acerca do qual Sócrates não cessa de repetir que é o tema por excelência do filósofo, o único no fundo que interessa a ele, Sócrates, o único de que ele se pretende especialista[15]. Mas em se tratando do discurso ou do pensamento, o amor à verdade deve prevalecer sobre tudo o mais, inclusive sobre o amor ao amor. De outro modo o discurso nada mais é que eloqüência, sofística ou ideologia. Mas deixemos de lado. Só evoco para constar os primeiros discursos, que não têm tanta importância: o de Fedro, que deseja mostrar que Eros é o deus mais antigo (pois não tem pai nem mãe) e mais útil (pela emulação) tanto para o homem como para a Cidade; o de Pausânias, distinguindo o amor popular, que ama mais o corpo que a alma, do amor celestial, que ama mais a alma que o corpo e é, por isso, "fiel a vida inteira, porque se uniu a uma coisa duradoura", ao passo que o amor aos corpos perece ao mesmo tempo que a beleza destes, como todos sabem; o do médico Erixímaco, que celebra "o poder universal de Eros" e daí extrai uma espécie de pan-erotismo, tanto médico quanto estético e cosmológico, sem dúvida inspirado em Hesíodo, Parmênides ou Empédocles; enfim o discurso de Agaton, que louva em Eros a juventude, a delicadeza, a beleza, a doçura, a justiça, a temperança, a coragem, a habilidade, em suma todas as virtudes, pois ele é a origem de todas[16]. Todos esses discursos, embora brilhantes, têm um interesse um tanto desigual, e a tradição não os reteve. Quando se fala do *Banquete* é quase sempre para evocar um dos dois discursos que omiti até aqui, o de Aristófanes, com seu célebre mito dito "dos andróginos" e, claro, o de Sócrates. Este último, nem é preciso dizer, é que diz a verdade sobre o amor segundo Platão, e não só segundo Platão. O estranho é que se cite com maior freqüência o de Aristófanes, que é o único, conforme verifiquei muitas vezes, que o grande público retém, para quase sempre celebrar sua profundidade, sua poesia, sua verdade... Esquecido, Sócrates! Esquecido, Platão! Não é por acaso. Aristófanes nos diz exatamente, sobre o amor, o que todos gostaríamos de acreditar (é o amor como sonhamos, o amor saciado e saciante: a paixão feliz); ao passo que Sócrates diz o amor como ele é, destinado à carência, à incompletude, à miséria, e que por isso nos destina à infelicidade ou à religião. Mas neste ponto precisamos entrar um pouco nos detalhes.

Primeiro, pois, o discurso de Aristófanes[17]. É um poeta que fala. "Outrora", ele explica, "nossa natureza não era como é hoje, era bem diferente." De fato, nossos ancestrais eram duplos, pelo menos se os compararmos com o que somos, mas tinham uma unidade perfeita, que não temos: "Cada homem constituía um todo, de forma esférica, com costas e flancos arredondados; tinham quatro mãos, o mesmo número de pernas, dois rostos totalmente idênticos num pescoço perfeitamente redondo, mas uma cabeça única para o conjunto desses dois rostos opostos um ao outro; tinham quatro orelhas, dois órgãos de geração e todo o resto em conformidade." Essa dualidade genital, especialmente, explica por que não havia então dois e sim três gêneros na espécie humana: os machos, que tinham dois sexos de homem, as fêmeas, que tinham dois sexos de mulher, e os andróginos, que, como seu nome indica, tinham ambos os sexos. O macho, explica Aristófanes, nascera do Sol, a fêmea da Terra, a espécie mista da Lua, que participa daquele e desta. Todos tinham uma força e uma bravura excepcionais, a tal ponto que tentaram escalar o céu para combater os deuses. Para puni-los, Zeus decidiu então cortá-los em dois, de cima a baixo, como se corta um ovo. Estava acabada a completitude, a unidade, a felicidade! A partir de então cada um é obrigado a buscar *sua metade*, como se diz, e é uma expressão que devemos tomar aqui ao pé da letra: outrora, "formávamos um todo completo (...), outrora éramos um"; mas eis-nos "separados de nós mesmos", não parando de buscar aquele *todo* que éramos. Essa busca, esse desejo é o que se chama amor, e, quando satisfeito, é a condição da felicidade. De fato, somente o amor "recompõe a antiga natureza, ao se esforçar por fundir dois seres num só e curar a natureza humana". Compreende-se que uma pessoa será homossexual ou heterossexual conforme a unidade perdida tenha sido inteiramente homem ou mulher (homossexualidade masculina ou feminina) ou então, ao contrário, andrógina (heterossexualidade). Este último caso não goza, para Aristófanes, de nenhum privilégio, longe disso (podemos supor que seja melhor ter nascido da Lua do que da Terra, mas nada sem dúvida poderia igualar uma origem solar...), e é erradamente, desse ponto de vista, que se fala do mito dos andróginos, que não são mais que uma parte da humanidade original, e decerto não a melhor. Mas pouco importa. O que o público retém, e legitimamente, é sobretudo que o mito de Aristófanes dá razão ao mito do amor, quero dizer, ao amor tal como falamos dele, tal como o sonhamos, tal como acreditamos que seja, ao amor como religião ou como fábula, ao Grande Amor, total, definitivo, exclusivo, absoluto... "Portanto, quando um homem, tenha ele inclinação pelos rapazes ou pelas moças, encontra aquele que é sua metade, são um prodígio os transportes de ternura, de confiança e de amor que dele tomam conta; gostariam de não mais de se separar, nem por um instante." O que desejam? "Reunir-se e fundir-se com o objeto amado, e ser apenas um em vez de dois." É a própria definição do amor fusional, que nos faria voltar à unidade de "nossa natureza primeira", como diz Aristófanes, que nos libertaria da solidão (pois os amantes, como que "soldados juntos", não se deixariam mais), e que seria, nesta vida como na outra, "a maior felicidade que se pudesse alcançar". Amor total, amor absoluto, pois só se ama a si enfim restabelecido em sua completude, em sua unidade, em sua perfeição. Amor exclusivo, pois cada um, tendo por definição uma só metade, só poderia viver um único amor. Amor definitivo enfim (salvo ter havido engano, mas então não é o grande amor...), já que a unidade geral nos precede e, uma vez restabelecida, nos satisfaz até a morte e mesmo, promete Aristófanes, além dela... Sim, decididamente, não há nada, em nossos sonhos de amor mais loucos, que não se encontre nesse mito e que não seja como que justificado por ele. Mas o que valem nossos sonhos? E o que prova um mito? Os mesmos valores, as mesmas crenças, as mesmas ilusões também se encontram em muitos romances água-com-açúcar, e isso não prova nada nem num caso, nem no outro. Aristófanes descreve o amor tal como o sonhamos, tal como talvez o tenhamos vivido com nossa mãe, é em todo caso o que Freud sugere, ou nela, não sei, mas que ninguém pode viver de novo, que ninguém vive, salvo patologia ou mentira, que ninguém viverá, salvo milagre ou delírio. Dir-se-á que aqui eu estou me dando razão antecipadamente, postulando o que seria necessário demonstrar. Que seja. Reconheço que tenho Aristófanes e a água-com-açúcar contra mim. Mas tenho comigo Platão, que detestava Aristófanes[18], mas tenho comigo Lucrécio (e Pascal, e Spinoza, e Nietzsche, e toda a filosofia...), mas tenho comigo Freud, Rilke ou Proust... Dir-se-á que o essencial não está nos livros, o que admito. Mas onde estão, na vida real, os contraexemplos, e o que provam? Acontece, raramente, que se evoque a mim determinado casal que teria vivido isso, essa fusão, esse absoluto, essa completude... Também já me falaram de várias pessoas que viram distintamente a Virgem Maria, e não dou importância a isso. Hume disse o essencial, sobre os milagres, que vale contra o amor como milagre. Um testemunho é sempre apenas provável, e deve por isso ser confrontado com a probabilidade do que enuncia: se o acontecimento é mais improvável do que a falsidade do testemunho, as próprias razões que nos levam a crer nele (sua probabilidade, por maior que seja) devem nos fazer duvidar de sua veracidade (pois essa probabilidade não poderia compensar a improbabilidade maior do fato em questão). Ora, é esse o caso, por definição, em todos os milagres, nos quais, portanto, é irrazoável acretidar[19]. Não estou me distanciando de meu tema: o que é mais improvável, o que é mais milagroso, o que é mais contrário à nossa experiência cotidiana, do que esses dois seres que formam um só? Além do mais, eu confio mais nos corpos do que nos livros ou nos depoimentos. É preciso ser dois para fazer amor (pelo menos dois!), e é por isso que o coito, longe de abolir a solidão, a confirma. Os amantes o sabem. As almas talvez pudessem fundir-se, se existissem. Mas são corpos que se tocam, que se amam, que gozam, que permanecem... Lucrécio descreveu bem, no amplexo amoroso, essa fusão que se busca, às vezes, freqüentemente, mas que nunca se encontra, ou que só se encontra, ou se crê encontrar (porque o ego, de repente, como que se aboliu), para logo depois se perder:

> Membros colados, eles gozam dessa flor de juventude, e já seu corpo adivinha a volúpia próxima; Vênus vai semear o campo da mulher; eles apertam avidamente o corpo de sua amante, misturam sua saliva à dela, respiram seu hálito, dentes colados contra sua boca: vãos esforços, já que nada podem roubar do corpo que abraçam, tampouco penetrá-lo e nele se fundirem inteiros. Porque é isso, por momentos, o que parecem querer fazer[20]...

Daí o fracasso, sempre, e a tristeza, tão freqüentemente. Eles queriam ser um só e ei-los mais *dois* que nunca... "Da própria fonte dos prazeres", escreve magnificamente Lucrécio, "surge não sei que amargor, que até nas flores sufoca o amante..."[21] Isso não prova nada contra o prazer, quando ele é puro, nada contra o amor, quando é verdadeiro. Mas prova algo contra a fusão, que o prazer recusa exatamente quando acreditava alcançá-la. *Post coitum omne animal triste*... Porque se vê novamente entregue a si mesmo, à sua solidão, à sua banalidade, a esse grande vazio nele do desejo desaparecido. Ou, se escapa à tristeza, e isso acontece, é pelo maravilhamento do prazer, do amor, da gratidão, em suma, pelo encontro, que supõe a dualidade, e nunca pela fusão dos seres ou pela abolição das diferenças. Verdade do amor: mais vale fazê-lo do que sonhar. Dois amantes que gozam simultaneamente (o que não é a coisa mais freqüente, mas deixemos isso para lá) são dois prazeres diferentes, um misterioso ao outro, dois espasmos, duas solidões. O corpo sabe mais sobre o amor do que os poetas, pelo menos os poetas – quase todos – que nos mentem sobre o corpo. De que têm medo? De que querem se consolar? De si mesmos talvez, dessa grande loucura do desejo (ou de sua pequenez *a posteriori*?), desse animal neles, desse abismo tão depressa preenchido (esse pouco profundo riacho glorificado: o prazer), e dessa paz, de repente, que parece uma morte... A solidão é nosso quinhão, e esse quinhão é o corpo.

Sócrates, que não me seguiria nesse terreno, em todo caso o Sócrates de Platão, tampouco segue Aristófanes. Seria porque não segue ninguém? Ao contrário. Se ele vai nos dizer "a verdade sobre Eros", "a verdade sobre o Amor"[22], e se parece falar primeiro em seu próprio nome, logo nos anuncia que não inventou essa verdade: ouviu-a de uma mulher, Diotima, cujas afirmações nos relata (e não é indiferente, sem dúvida, que, em matéria de amor, que não lhe é costumeira, Sócrates se faça discípulo de uma mulher). Ora, que diz ela? Ou que diz Sócrates acerca do que ela lhe diz? Primeiro que o amor não é Deus, nem um deus. De fato, todo amor é amor a alguma coisa, que ele deseja e que lhe falta[23]. Ora, há coisa menos divina do que carecer exatamente do que nos faz ser ou viver? Aristófanes não entendeu nada. O amor não é completude, mas incompletude. Não fusão, mas busca. Não perfeição plena, mas pobreza devoradora. É o ponto decisivo, de que devemos partir. Ele cabe numa dupla definição: o amor é desejo, e o desejo é falta. Quer dizer então que amor, desejo e falta são sinônimos? Não exatamente, sem dúvida. Só há desejo se a falta é percebida como tal, vivida como tal (não se deseja o que se ignora que falta). E só há amor se o desejo, em si mesmo indeterminado (é o caso da fome, que não deseja nenhum alimento em particular), se polarizar sobre determinado objeto (como gostar de carne, ou de peixe, ou de doces...). Comer porque se tem fome é uma coisa, gostar do que se come, ou comer do que se gosta, é outra. Desejar *uma* mulher, qualquer uma, é uma coisa (é um desejo); desejar *esta* mulher é outra (é um amor, ainda que, isso pode acontecer, puramente sexual e momentâneo). Estar apaixonado é outra coisa, e mais, do que estar em estado de frustração ou de excitação sexual. Estaríamos apaixonados, no entanto, se não desejássemos, de uma maneira ou de outra, aquele ou aquela a quem amamos? Sem dúvida não. Se nem todo desejo é amor, todo amor (pelo menos esse amor: *erôs*) é desejo: é o desejo determinado de certo objeto, enquanto faz falta *particularmente*. É a primeira definição que eu anunciava. O amor, escreve

Platão, "ama aquilo que lhe falta, e que não possui"[24]. Se nem toda falta é amor (não basta ignorar a verdade para amá-la: além disso é preciso saber-se ignorante e desejar não mais o ser), todo amor, para Platão, é mesmo falta: o amor não é outra coisa senão essa falta (mas consciente e vivida como tal) de seu objeto (mas determinado). Sócrates bate o martelo: "O que não temos, o que não somos, o que nos falta, eis os objetos do desejo e do amor."[25] Se o amor ama beleza e bondade, como podemos experimentar, isso significa que elas lhe faltam. Como poderia ele ser um deus? Nem por isso é ruim ou feio, precisa Sócrates, mas intermediário entre esses dois extremos, como entre o mortal e o imortal, o humano e o divino: o amor é um demônio, explica Diotima, isto é (sem nada de diabólico, ao contrário), um mediador entre os deuses e os homens. Esse demônio, embora seja o maior de todos, está destinado à falta. Não é ele filho de Pênia, a penúria, e de Poros, o expediente? É sempre pobre, comenta Diotima, sem sapatos, sem domicílio, sempre na pista do que é belo e bom, sempre caçando, sempre inquieto, sempre ardente e cheio de recursos, sempre esfaimado, sempre ávido... Eis que estamos bem longe da completude redonda de Aristófanes, desse repouso confortável na unidade recobrada! Eros, ao contrário, nunca repousa. A incompletude é seu destino, pois a falta é sua definição. "Dorme ao ar livre, perto das portas e nos caminhos, porque é igual à sua mãe e a indigência é sua eterna companheira (...); ora é florescente e cheio de vida, ora morre depois renasce, graças à natureza que herdou de seu pai; o que adquire lhe escapa sem cessar..."[26] Rico, no entanto, de tudo o que lhe falta e pobre, para sempre, de tudo o que persegue, nem rico nem pobre, pois, ou ambos, sempre entre os dois, sempre entre fortuna e miséria, entre saber e ignorância, entre felicidade e infelicidade... Filho da Boêmia, se quisermos, sempre na estrada, sempre em caminho, sempre em falta. "Nunca saciado", como dirá Plotino comentando Platão, nunca farto, nunca satisfeito, e se compreende por quê: "O amor é como um desejo que, por sua própria natureza, seria privado do que deseja", e permanece privado mesmo "quando alcança seu objetivo"[27]. Não é mais o amor como o sonhamos, o amor saciado e saciante, o amor água-com-açúcar: é o amor tal como é, em seu sofrimento fecundo[28], em sua "estranha mescla de dor e de alegria", como dirá o *Fedro*[29], o amor insaciável, o amor solitário, sempre inquieto com o que ama, sempre carecendo de seu objeto, é a paixão, a verdadeira, a que enlouquece e dilacera, a que esfomeia e tortura, a que exalta e aprisiona. Como poderia ser de outro modo? Só desejamos aquilo que nos falta, o que não temos: como poderíamos ter o que desejamos? Não há amor feliz, e essa falta de felicidade é o próprio amor. "Como eu seria feliz se ela me amasse", diz-se ele, "se fosse minha!" Mas, se fosse feliz, não a amaria mais, ou não seria mais o mesmo amor...

Distancio-me aqui de Platão, em todo caso modernizo-o um pouco, digamos que tiro lições. Se o amor é falta, e na medida em que o é, a completude lhe é por definição vedada. É o que os amantes bem sabem e o que tira a razão de Aristófanes. Uma falta, ao ser satisfeita, desaparece enquanto falta: a paixão não poderia sobreviver por muito tempo à felicidade, nem a felicidade, sem dúvida, à paixão. Daí o grande sofrimento do amor, enquanto a falta domina. E a grande tristeza dos casais, quando não domina mais... O desejo se abole em sua satisfação: portanto ele tem de estar insatisfeito ou morto, estar em falta ou faltando, infeliz ou perdido... Uma solução? Platão sugere duas, mas nenhuma delas resolverá, assim temo, as dificuldades de nossa vida amorosa. O que é amar? É carecer do que se ama e querer possuí-lo sempre[30]. Pelo que o amor é egoísta, em todo caso esse amor, e no entanto perpetuamente posto para fora de si mesmo, extático, como diz Lacan[31], e esse êxtase (êxtase de si no outro) define muito bem a paixão: é egoísmo descentrado, egoísmo dilacerado, como que repleto de ausência, cheio do vazio de seu objeto, e de si, como se fosse esse próprio vazio. Como poderia possuir sempre, já que vai morrer, e o que quer que seja, já que é falta? "Pelo parto na beleza", responde Platão, "segundo o corpo e segundo o espírito"[32], em outras palavras, pela criação ou procriação, pela arte ou pela família. É a primeira solução, a mais fácil, a mais natural. Já a vemos em ato nos animais, explica Diotima, quando são possuídos pelo desejo de procriar, quando o amor os trabalha, quando se sacrificam por seus filhotes... A razão nada tem a ver com isso, o que basta para provar que o amor a precede ou a supera. Mas então de onde ele vem? Do fato de que, responde Diotima, "a natureza mortal sempre busca, tanto quanto pode, a perpetuidade e a imortalidade; mas só o pode pela geração, deixando sempre um indivíduo mais jovem no lugar de um mais velho"[33]. É essa a causa ou o princípio do amor: o amor é aquilo pelo que os mortais, embora nunca sendo sempre iguais, tendem a se conservar e a participar, tanto quanto podem, da imortalidade. Eternidade substituta, divindade substituta. Donde esse amor que têm pelos filhos, donde esse amor à glória: é a vida que amam, é a imortalidade que buscam – é a morte que os atormenta[34]. O amor é a própria vida, mas enquanto ela tem perpetuamente falta de si, enquanto quer se conservar, enquanto não o pode, como se fosse cavada pela morte, como se fosse fadada ao nada. Por isso o amor não escapa da falta absoluta, da miséria absoluta, da infelicidade absoluta, a não ser *parindo*, como diz Platão: uns parem segundo o corpo, e é o que se chama família, outros segundo o espírito, e é o que se chama criação, tanto na arte ou na política como nas ciências ou na filosofia[35]. Uma solução? Talvez, mas não uma salvação, pois a morte, apesar de tudo, permanece, a morte que nos carrega, e a nossos filhos, e a nossas obras, já que a falta nos tortura ou nos falta... Que a família é o futuro do amor, seu desaguadouro natural, todos constatam, mas isso nunca conseguiu salvar o amor, nem o casal, nem a família. Quanto à criação, como ela poderia salvar o amor, se dependesse dele? E como, se não dependesse? É talvez por isso que Platão propõe outra solução, mais difícil, mais exigente, que é a famosa dialética ascendente, com a qual termina o discurso de Diotima. De que se trata? De uma ascensão, de fato, mas espiritual, o que equivale a dizer, de um percurso iniciático e de uma salvação, propriamente dita. É o percurso do amor, e a salvação pela beleza. Seguir o amor sem nele se perder, obedecer a ele sem nele se encerrar é transpor umas depois das outras as gradações do amor: amar primeiro um só corpo, por sua beleza, depois todos os corpos belos, depois a beleza lhes é comum, depois a beleza das almas, que é superior à dos corpos, depois a beleza que está nas ações e nas leis, depois a beleza que está nas ciências, enfim a Beleza absoluta, eterna, sobrenatural, a do Belo em si, que existe em si mesmo, para si mesmo, de que todas as belas coisas participam, de que procedem e recebem sua beleza[36]... É aonde nos conduz o amor, é o que o salva e nos salva. Em outras palavras, o amor só é salvo pela religião – eis o segredo de Diotima, eis o segredo de Platão: se o amor é falta, sua lógica é sempre tender mais para o que falta, para o que falta cada vez mais, para o que falta absolutamente, que é o Bem (de que o Belo nada mais é que a deslumbrante manifestação), que é a transcendência, que é Deus, e aí se abolir, enfim saciado, enfim apaziguado, enfim morto e feliz![37] Ainda é amor, se mais nada lhe falta? Não sei. Platão diria talvez que então há apenas a beleza, como Plotino dirá que há apenas o Uno, como os místicos dirão que há apenas Deus... Mas, se Deus não é amor, para que Deus? E do que Deus poderia ter falta?

Temos de deixar Platão, neste ponto em que ele nos deixa. Ele nos levou, não é pouco, do sonho da fusão (Aristófanes) à experiência da falta (Sócrates), depois da falta à transcendência e à fé (Diotima). Belo percurso, para um pequeno livro, e que diz muito de sua grandeza. Mas ainda seremos capazes dessa solução que nos propõe? Podemos acreditar nela? Podemos aceitá-la? Os cristãos responderão que sim, sem dúvida, e vários deles passarão tranqüilamente da água-com-açúcar à água benta... Mas não todos. É que os amantes, crentes ou não, sabem que mesmo um Deus não os poderia salvar, se eles não salvarem primeiro o amor neles, entre eles, por eles. Que vale a fé, se não sabemos amar? E em que ela é necessária, se sabemos?

Mas a verdade é que não sabemos, claro, e é o que os casais não cessam de experimentar, dolorosamente, dificilmente, o que os condena ao fracasso, talvez, e o que os justifica. Como amar sem aprender? Como aprender sem amar?

Sei que há outros amores, e chegarei a eles. Mas este é o mais forte, em todo caso o mais violento (o amor parental é mais forte ainda, em alguns, porém mais calmo), o mais rico em sofrimentos, em fracassos, em ilusões, em desilusões... Eros é seu nome; a carência é sua essência; a paixão amorosa seu auge. Quem diz falta diz sofrimento e possessividade. Eu te amo: eu te quero (sabe-se que em espanhol essas duas expressões são idênticas: *te quiero*). É o *amor de concupiscência*, como diziam os escolásticos, é o *mal de amor*, como diziam os trovadores, é o amor que Platão descreve no *Banquete*, como vimos, mas também, mais cruelmente, no *Fedro*: é o amor ciumento, ávido, possessivo, que longe de sempre se regozijar com a felicidade daquele a que ama (como faria um amor generoso) sofre atrozmente com ela, mal essa felicidade se afasta dele ou ameaça a sua[38]... Importuno e ciumento, enquanto ama, infiel e mentiroso, assim que deixa de amar, "o amante, longe de lhe querer bem, ama o filho [ou a mulher, ou o homem...] como um prato de que quer se fartar". Os amantes amam o amado "como o lobo ama o cordeiro"[39]. Amor de concupiscência, pois, muito exatamente: estar apaixonado é amar o outro para seu próprio bem. Esse amor não é o contrário do egoísmo, é sua forma passional, relacional, transitiva. É como uma transferência de egoísmo, ou um egoísmo transferencial[40]... Nada a ver com uma virtude, mas muito, às vezes, com o ódio. Eros é um deus ciumento. Quem ama quer possuir, quem ama quer guardar, e só para si. Ela é feliz com outro, e você preferiria vê-la morta! Ele é feliz com outra, e você preferiria vê-lo infeliz com você... Bonito amor esse, que é só amor de si.

Mas como ela lhe faz falta! Como você a deseja! Como a ama! Como você sofre! Eros tem você nas mãos, Eros o dilacera: você ama o que não tem, o que lhe falta – é o tormento de amor.

Mas eis que ela o ama de novo, que ela o ama sempre, que ela está aí, com você, para você, sua... Que violência no reencontro de vocês, que avidez nos abraços de vocês, que selvageria no prazer! E que paz depois do amor, que refluxo, que súbito vazio... Ela o sente menos presente, menos premente. "Você ainda me ama?", ela pergunta. Você responde que sim, é claro. Todavia a verdade é que ela lhe faz menos falta. Depois voltará a fazer mais, assim é o corpo. No entanto, à força de estar presente todos os dias, todas as noites, todas as tardes, todas as manhãs, ela acabará lhe faltando cada vez menos, é inevitável, cada vez menos intensamente, cada vez menos freqüentemente, depois menos que outra ou que a solidão. Eros se acalma, Eros se entedia: você tem o que já não lhe falta, e é isso que se chama casal.

"Os homens", dizia-me uma amiga, "raramente morrem de amor: eles adormecem antes." E as mulheres às vezes morrem desse adormecimento.

Estou pintando um quadro negro demais? Digamos que estou esquematizando, é preciso. Alguns casais vivem melhor, muito melhor, do que esse entorpecimento da paixão, do que esse desamor que não ousa dizer seu nome. Mas outros vivem bem pior, até o ódio, até a violência, até a loucura. Que haja casais felizes é coisa que Platão não explica, mas que será necessário compreender. Se o amor é falta, como saciá-lo sem o abolir, como satisfazê-lo sem o suprimir, como fazê-lo sem o desgastar ou sem o desfazer? O prazer não é o fim (a meta, mas também o termo) do desejo? A felicidade não é o fim da paixão? Como o amor poderia ser feliz, se só ama o que não é "nem atual nem presente"?[41] Como poderia durar, se é feliz? "Imaginem isto: a senhora Tristão!", escreve Denis de Rougemont[42]. Todos compreendem o que isso quer dizer: que teria sido o fim de sua paixão, que Isolda só pôde permanecer apaixonada graças à espada que a separava de Tristão e da felicidade, em suma que o amor só é apaixonado na falta, que é essa própria falta, polarizada por seu objeto, exaltada por sua ausência e que, portanto, a paixão só pode durar no sofrimento, pelo sofrimento, para o sofrimento talvez... A falta é um sofrimento, a paixão é um sofrimento, e o mesmo, ou este não passa de uma exacerbação alucinatória ou obsessiva daquela (o amor, dizia o dr. Allendy, é "uma síndrome obsessiva normal"[43]), por concentração num objeto definido que se encontra, por conseguinte (já que a falta é, por sua vez, indefinida), indefinidamente valorizado. Daí todos esses fenômenos de exaltação, de *cristalização*, como diz Stendhal, de *amor louco*, como diz Breton[44], daí sem dúvida o romantismo[45], daí talvez a religião (Deus é o que falta absolutamente), daí esse amor, em todos os casos, que só é tão forte sob condição de frustração e infelicidade. "Vitória da 'paixão' sobre o desejo", escreve Denis de Rougemont, "triunfo da morte sobre a vida."[46] Lembremos *Adèle H...*, de Truffaut. Como gostaríamos que deixasse de estar apaixonada, que parasse de esperá-lo, de sofrer, que se curasse! Mas ela prefere a morte ou a loucura. É sempre a canção de Tristão: "Para que destino nasci? A velha melodia me repete: Para desejar e para morrer! Para morrer de desejar!"[47] Se a vida é falta, do que lhe falta? Uma outra vida: a morte. É a lógica do nada ("a verdadeira vida está ausente": o ser está alhures, o ser é o que falta!), é a lógica de Platão ("os verdadeiros filósofos já morreram..."[48]), é a lógica de Eros: se o amor é desejo, se o desejo é carência, só podemos amar o que não temos, e sofrer com essa carência; só podemos ter o que já não falta e que, portanto, não poderíamos continuar a amar (pois o amor é falta)... A paixão, pois, ou o tédio. Albertine presente, Albertine desaparecida... Quando ela está presente, ele sonha com outra coisa, que lhe falta ("comparando", escreve Proust, "a mediocridade dos prazeres que me dava Albertine à riqueza dos desejos que ela me privava de realizar"[49]), e se entedia com ela. Mas eis que ela parte: a paixão renasce instantaneamente, na falta e no sofrimento! Tanto é verdade, comenta Proust, que, "muitas vezes, para descobrirmos que estamos apaixonados, talvez mesmo para nos apaixonarmos, tem de chegar o dia da separação"[50]. Lógica da paixão: lógica da falta, cujo casal é o horizonte (no sonho) e a morte (na realidade). Como poderia nos faltar o que temos? Como poderíamos amar apaixonadamente o que não falta? Tristão e Isolda, observa Denis de Rougemont, "necessitam um do outro para arder, mas não do outro tal como é; e não da presença do outro, mas antes de sua ausência!"[51] Daí essa espada salutar entre eles, daí essa castidade voluntária, como um suicídio simbólico: "O que desejamos ainda não temos – a Morte –, e perdemos o que tínhamos – o gozo da vida."[52] Lógica de Eros, lógica de Tanatos: "Sem saber e independentemente de sua vontade, os amantes nunca desejaram outra coisa que não a morte!"[53] É que eles amavam o amor, mais que a vida. A falta mais que a presença. A paixão mais que a felicidade ou o prazer. "Senhores, quereis ouvir um belo conto de amor e de morte?..." É o início do *Romance de Tristão e Isolda*[54], e que poderia ser o de *Romeu e Julieta*, de *Manon Lescault* ou de *Anna Karenina*. Mas isso só é verdade no melhor dos casos, quero dizer quando há verdadeiramente paixão, e não sua imitação, sua esperança ou sua nostalgia, que aprisionam também, que matam também, mas sem grandeza. Para uma Isolda, quantas Madame Bovary?

Não exageremos a paixão, não a enfeitemos, não a confundamos com os romances que sobre ela foram feitos (dos quais os melhores são, por sinal, os que menos se deixam iludir por ela: Proust, Flaubert, Stendhal...). Lembro-me daquela escritora a quem eu objetava o pouco gosto que eu tinha pelos romances de amor, por todas essas grandes paixões devoradoras, absolutas, sublimes, que só encontramos nos livros, observava eu, por exemplo nos dela... Ela me contrapõe o caso de um de nossos amigos comuns, que, conta-me, viveu justamente, realmente, uma dessas histórias de amor grandiosas e trágicas... Eu a ignorava por completo: aquilo aguça minha curiosidade. Alguns dias depois, interrogo o amigo em questão. Ele sorri: "Sabe, no fim das contas o que vivi não passou de um desastre bastante medíocre..." Não confundamos o amor com as ilusões que temos a seu respeito quando estamos dentro dele ou quando o imaginamos de fora. A memória é mais verdadeira do que o sonho; a experiência, do que a imaginação. Aliás, o que é estar apaixonado senão cultivar certo número de ilusões sobre o amor, sobre si mesmo ou sobre a pessoa de pela qual se está apaixonado? Na maioria das vezes esses três fluxos de ilusões se adicionam, se mesclam e criam esse rio que nos arrasta... Para onde? Aonde todos os rios vão dar, aonde acabam, aonde se perdem: o oceano do tempo ou as areias da vida cotidiana... "Faz parte da essência do amor", observa Clément Rosset, "pretender amar sempre, mas de fato amar apenas por um tempo."[55] Faz parte, pois, da essência do amor (em todo caso desse amor: a paixão amorosa) ser ilusório e efêmero. A própria verdade o condena. Os que o celebram gostariam por isso de condenar a verdade: vários declaram preferir o sonho ou a ilusão. Mas isso não basta, geralmente, para salvá-los, nem para salvar o amor. Eles gostariam de tirar a razão do real; depois o real os alcança e tira-lhe a razão. Eles gostariam de salvar a paixão, de fazê-la durar, de conservá-la... Como poderiam, se ela não depende deles, se a duração a mata, quando ela está feliz, já que a idéia de conservação é o contrário da paixão? Toda falta se aplaca, se não mata: porque a satisfazemos, porque nos habituamos a ela, porque a esquecemos... Se o amor é falta, está fadado ao fracasso (na vida) ou só pode ter êxito na morte.

Dir-se-á que de fato fracassa, e que isso dá razão a Platão. Que seja. Mas é esse o único amor de que somos capazes? Só sabemos sentir falta? Sonhar? Que virtude seria essa, que só conduz ao sofrimento ou à religião?

## *Philia*

Eu havia anunciado três definições. Já é tempo de chegar à segunda. Ninguém pode desejar a virtude, dizia mais ou menos Spinoza, se não deseja agir e viver[56]. Como a vida poderia lhe faltar, se só a pode desejar desde que a tenha? Será que alguém sempre deseja uma vida diferente daquela que desfruta? É o que diria Platão, e que nos encerra na infelicidade ou na insatisfação. Se o desejo é falta, e na medida em que é falta, a vida necessariamente é frustrada: se só desejamos o que não temos, nunca temos o que desejamos e, por isso, nunca somos felizes nem nos sentimos satisfeitos[57]. O próprio desejo da felcidade nos separa disso. "Como eu seria feliz se fosse feliz!..." A fórmula, que é de Woody Allen, dá razão a Platão, de novo, e nos reprova: só sabemos desejar "o que nunca é nem atual nem presente", como diz Sócrates[58], em outras palavras, o que não existe. Não esta mulher, que é real, mas sua posse, que não é. Não a obra, que fazemos, mas a glória, que esperamos. Não a vida, que temos, mas outra, que não temos. Só sabemos desejar o nada: só sabemos desejar a morte. E como poderíamos amar o que não existe? Se o amor é falta, só existe amor imaginário – e sempre amamos apenas fantasmas.

Mas o amor é sempre uma falta? É apenas isso? Sócrates, no *Banquete*, fazia a si mesmo uma objeção: quem goza de boa saúde acaso não pode desejar a saúde? E não é isso, para ele, desejar o que tem, o que desfruta, o que não lhe falta? Não, respondia Sócrates, porque não é a mesma saúde que tem e que deseja: o que ele tem é a saúde presente; o que ele deseja é sua continuação, em outras palavras, a saúde por vir, que não tem[59]. A resposta é esclarecedora, mais talvez do que Platão teria gostado: ela confunde o desejo e a esperança, e é nessa confusão que tudo se joga. Porque é verdade, decerto, bem verdade, tristemente verdade, que não posso esperar o que tenho, o que sou ou faço: como eu poderia esperar estar vivo, se estou, estar sentado, se é o caso, escrever, se o estou fazendo? Só se espera o que não se tem: a esperança está fadada, para sempre, ao irreal e à falta, e nos destina a tanto. Tomemos nota. Mas todo desejo é esperança? Só sabemos verdadeiramente desejar o que não é? Como poderíamos amar então o que é?

Isso vai muito além do platonismo. "O homem é fundamentalmente *desejo de ser*", escreverá Sartre, e "o desejo é falta"[60].

Era nos fadar ao nada ou à transcendência, e o existencialismo, ateu ou cristão, não é outra coisa. É sempre Platão que repete. Era principalmente impedir-se de amar, se não na frustração (quando o outro não está presente) ou no fracasso (quando está: "o prazer é a morte e o fracasso do desejo"[61]). Nada, quando tu te apossas de nós... Era confundir, mais uma vez, o desejo com a esperança, o amor, todo amor, com a falta. Como Platão. Com Platão. Era tomar a parte pelo todo, o acidente pela essência. É verdade, dizia eu, que só podemos esperar o que falta: a esperança é a própria falta, na ignorância e no tempo. Só esperamos o que não temos, o que não sabemos, o que não podemos[62]. Pelo que a esperança, dizia Spinoza, é inquietude, ignorância, impotência[63]. Mas o desejo não, mas o amor não. Ou antes: não todo desejo, nem todo amor. Quem passeia, o que deseja senão passear, senão esses próprios passos que dá nesse instante? Como poderiam lhe faltar? E como poderia caminhar, se não desejasse? Quanto ao que só desejasse os passos por vir, as paisagens por vir, etc., não seria um passeante, ou ignoraria todo o prazer do passeio. Isso é válido para qualquer indivíduo, assim que cessa de esperar, e a todo instante. Por que eu estaria sentado, se não fosse esse meu desejo? Como poderia escrever, se não desejasse fazê-lo? E quem poderá acreditar que só desejo as palavras que ainda não escrevi, as palavras por vir, e não aquelas que neste instante estou formando? Antecipo as outras, que seguirão? Claro, mas não as espero! Eu as imagino, eu as pressinto, eu as busco, eu as deixo vir, eu as escolho... Como esperar o que depende de mim? Por que esperar o que não depende? O presente de escrever, como todo presente vivo, está orientado para o futuro. Mas nem sempre, nem sobretudo, pela falta ou pela esperança. Há um abismo entre *escrever* e *esperar escrever*: é o abismo que separa o desejo como carência (esperança ou paixão) do desejo como poder ou gozo (prazer ou ação). A vontade, para as coisas que dependem de nós, é esse desejo em ato: como faltaria a ela seu objeto, se ela o consuma? E o prazer, para as coisas que não dependem de nós, é esse desejo satisfeito: como lhe faltaria seu objeto, se o desfruta? Desejar o que fazemos, o que temos ou o que existe chama-se querer, chama-se agir, chama-se gozar ou regozijar-se, e é nisso que a menor de nossas ações, o menor de nossos prazeres, a menor de nossas alegrias é uma refutação do platonismo. Pois quando há ação? Quando há prazer? Quando há alegria? A resposta é muito simples. Há ação, há prazer, há alegria cada vez que desejamos o que fazemos, o que temos, o que somos ou o que existe, em suma, cada vez que desejamos *aquilo que não nos falta*: há ação, prazer ou alegria cada vez que Platão está errado, e isso diz muito sobre o platonismo! Beber quando estamos com sede, comer quando temos fome ou quando é bom, passear quando temos vontade, conversar com os amigos, admirar uma paisagem, ouvir a música de que gostamos, escrever as palavras que escolhemos, realizar os atos que queremos... Onde está a falta? Na fome, na sede? Notemos primeiramente que isso não seria verdade no caso da música, da amizade ou da ação, que desfrutamos sem falta prévia. Depois, que podemos comer ou beber com prazer, quando é gostoso, sem sentir nenhuma falta. Enfim, que não tem sentido falar em falta no caso daquele que supomos, por hipótese, ter o que comer e o que beber. Uma coisa é a fome que tortura o faminto; outra coisa é o apetite, que rejubila o comilão; uma terceira, enfim, é o gosto que faz a felicidade do *gourmet*. A falta pode misturar-se ao prazer. Ela não bastaria nem para satisfazê-lo nem para explicá-lo totalmente. Na própria sexualidade, será mesmo que Eros reina inconteste, que reina sozinho? Na paixão, no sofrimento, na frustração, que seja. Mas e no amor? Mas e no prazer? Mas e na ação? Se só desejássemos o que não temos, o que não existe, o que nos falta, parece-me que nossa vida sexual seria ainda mais complicada do que é, e menos agradável.

Um homem, uma mulher, que se amam e se desejam: o que lhes faltaria, grandes deuses, quando fazem amor? O outro? Claro que não, pois ele está ali, pois ele se entrega, pois ele está inteiro oferecido e disponível! O orgasmo? Claro que não, pois não é o orgasmo que desejam, pois ele logo virá, pois o desejo os sacia suficientemente, pois o próprio amor, quando o fazem, é um prazer! Que haja no desejo uma tensão e que esta requeira sua distensão, vá lá. Mas é muito mais a tensão de uma força do que de uma falta, é uma tensão alegre, afirmativa, vital, que nada tem a ver com uma frustração: é antes uma experiência, da potência e da plenitude. Como estão vivos! Como estão presentes! Como estão saciados um pelo outro, aqui e agora saciados! A verdade é que não lhes falta nada; é por isso aliás que se sentem tão bem, que estão tão felizes, é o que há de tão forte no amor que se faz, quando se faz com amor, quando se faz com prazer: eles gozam por si mesmos, um com o outro, um pelo outro, gozam com seu desejo, gozam com seu amor, mas é um outro desejo, pois não lhe falta nada, mas é um outro amor, pois é feliz. Ou, se esses dois amores podem se mesclar, como todos já experimentamos, isso confirma que são diferentes. Há o amor que sofremos, é paixão; há o amor que fazemos ou damos, é ação. Onde já se viu a ereção ser uma falta? Onde já se viu todo amor ser um sofrimento?

Podemos multiplicar os exemplos. O pai só é pai, notava Sócrates, quando tem um filho[64]. Muito bem. Mas então: o pai ama seu filho, que não lhe falta! Ele o amava antes de tê-lo, claro, em todo caso é possível, ele o desejava, o esperava, talvez até estivesse com falta de filho, como se diz, ele amava o filho que lhe faltava, aí está, ele tinha a paixão de gerar, ele tinha o eros paterno... Amor imaginário: objeto imaginário. Amava o filho sonhado, e era apenas o sonho de um amor. Sonho feliz, enquanto se imagina satisfeito, depois doloroso, se dura. Quantos sofrimentos, quantas frustrações, se o filho não vem! Mas e se ele vem, e se está ali? Acaso deixará de amá-lo, visto que não lhe falta mais? Pode acontecer, mas não é, evidentemente, o mais comum. A maioria dos pais aprenderá antes a amá-lo de outro modo, a amá-lo de verdade, isto é, tal como ele é, tal como ele vive, tal como cresce, tal como muda, tal como não falta... é passar do amor ao filho sonhado ao amor ao filho real, e isso nunca acaba. Todos os pais sabem que isso é ao mesmo tempo necessário e difícil, que não há amor (ao real) sem uma parte de luto (do imaginário), e que, na verdade, não se passa de um a outro, do filho sonhado ao filho real, mas que esses dois amores se misturam, se somam um ao outro, sem no entanto se confundirem totalmente. Porque a imaginação permanece. A falta permanece. Ninguém se liberta sem mais nem menos de Platão ou de Eros. O pai, como qualquer um e como diria Platão, deseja "ter também no futuro"[65] o que tem no presente: deseja, pois, o que não tem (pois o futuro, por definição, está ausente) e que lhe falta. Ele deseja que o filho corresponda ao que dele espera, com o que o filho não se preocupa, e sobretudo que viva, meu Deus, que viva, com o que a vida não se preocupa. Eis o pai no temor e nos tremores da paixão: Eros o domina, não o larga mais. Que pai não tem esperanças, que pai não tem angústias? Mas quem não vê que isso não é a totalidade de seu amor, nem sua melhor parte, nem a mais viva, nem a mais verdadeira, nem a mais livre, nem a mais feliz? Pobre pai, pobre amor (e pobre filho!), se só amasse o filho por vir, a *conservação* do filho, como diria Platão[66], em outras palavras, se só amasse aquilo de que a morte, a todo instante, pode privá-lo, o que estou dizendo, de que o privará necessariamente ("queira o céu", pensa o pai, "que seja pela minha morte!"), de que já o priva, pois é o filho que falta, pois é o filho que não existe, pois é o filho como sonho e como nada, pois é o filho da angústia, como um grande buraco no ser ou na felicidade, e esse nó na garganta, e essa vontade súbita de chorar... Esse amor existe sim, repitamos: é o amor apaixonado do pai por seu filho, com seu quinhão de esperanças e de temores, que o encerra, como toda paixão, que pode também encerrar o filho, que entrega dos dois à angústia, ao imaginário, ao nada... Esse amor existe, mas enfim não é o único: o pai também ama o filho tal como é, tal como não falta, o filho atual e presente, o filho vivo, contra o qual a morte nada pode, nem a angústia, nem o nada, cuja própria fragilidade tem algo de indestrutível ou de eterno, apesar da morte, apesar do tempo, algo absolutamente simples e absolutamente vivo, que o pai às vezes sabe acompanhar simplesmente, e que o apazigua, o tranqüiliza, estranhamente, sim, que o tranqüiliza, e que o rejubila...

Contra a angústia? O real. Contra a falta? A alegria. Ainda é amor, mas já não é Eros. É o que, então?

E com nossos amigos? Que tristeza, se fosse necessário só amá-los ausentes ou faltando! É exatamente o contrário que é verdade, por isso, a amizade se distingue em muito da paixão: aqui não há falta, não há angústia, não há ciúme, não há sofrimento. Amamos os amigos que temos, como são, como não faltam. Platão não escreveu nada de importante sobre a amizade, e não é por acaso. Aristóteles, ao contrário, disse o essencial, em dois livros sublimes da *Ética a Nicômaco*. O essencial? Que sem a amizade a vida seria um erro. Que a amizade é condição da felicidade, refúgio contra a infelicidade, que é ao mesmo tempo útil, agradável e boa. Que é "desejável por ela mesma" e "consiste antes em amar que em ser amado". Que é inseparável de uma espécie de igualdade, que a precede ou que ela instaura. Que vale mais que a justiça, e a inclui, que é ao mesmo tempo sua mais elevada expressão e sua superação. Que não é nem falta nem fusão, mas comunidade, partilha, fidelidade. Que os amigos se rejubilam uns aos outros, e com sua amizade. Que não se pode ser amigo de todos, nem da maioria. Que a mais elevada amizade não é uma paixão, mas uma virtude. Enfim, mas isso resume tudo, que "amar [é] a virtude dos amigos"[67]. De fato, é ainda amor (um amigo que não amaríamos não seria um amigo), mas não é uma falta, não é Eros. Então, é o quê?

Precisamos de outra definição, e eis-nos em Spinoza. O amor é desejo, claro, pois o desejo é a própria essência do homem[68]. Mas o desejo não é falta: o desejo é potência[69], o amor é alegria[70]. É daí que temos de partir, ou tornar a partir.

Fala-se de potência sexual, e isso diz algo importante. O quê? Que o desejo, falte-lhe ou não seu objeto, não poderia reduzir-se a essa falta eventual, que ele também é, e antes de mais nada, uma força, uma energia, uma *potência*, como diz efetivamente Spinoza: é potência de gozar e gozo em potencial. Isso é verdade para o desejo sexual, mas não apenas para ele. Todo desejo, para Spinoza, é potência de agir ou força de existir (*"agendi potentia sive existendi vis"*)[71], potência de viver, pois, e a própria vida como potência. Que prazer pode haver de outro modo? Que amor? Que vida? A morte seria mais fácil, e alguma coisa tem de nos separar dela. Se a fome é falta de alimento, portanto sofrimento, o apetite é potência de comer (inclusive quando o alimento não falta) e de desfrutar o que se come. Dir-se-á que o apetite é apenas uma fome leve e que a falta continua a ser, nisso, o essencial. Mas não, pois os mortos não têm fome: a fome supõe a vida, a falta supõe a potência. Reduzir o desejo à falta é tomar o efeito pela causa, o resultado pela condição. O desejo é primeiro, a potência é primeira. É ao anoréxico que falta alguma coisa, não ao que come com apetite! É ao melancólico que falta alguma coisa, não ao que ama a vida e a frui com sofreguidão! É ao impotente que falta alguma coisa, não ao amante feliz e disposto! Aliás, quem não conheceu, numa vida um pouco longa, seus momentos de desgosto, de depressão, de impotência? O que nos faltava então? Nem sempre um objeto, nem a falta desse objeto (pois ele podia indiferentemente estar presente ou não, oferecido ou não a nosso desfrute), mas o desejo, mas o gosto, mas a força de desfrutar ou de amar! Não é o desejo que é falta: é às vezes o objeto que lhe faz falta (frustração) ou que o aborrece (desgosto)[72]. A falta não é a essência do desejo; é seu acidente ou seu sonho, a privação que o irrita ou o fantasma que ele inventa para si.

Como há desejos diferentes para objetos diferentes, também deve haver, se o amor é desejo, amores diferentes para diferentes objetos. É de fato o que ocorre: pode-se gostar de vinho ou de música, de uma mulher ou de um país, dos filhos ou do trabalho, de Deus ou do poder... O francês, que costuma ser elogiado por sua clareza analítica, dá prova aqui de um belo espírito de síntese, que encontramos, é verdade, em muitas outras línguas[73]. O amor ao dinheiro, o amor à boa mesa, o amor a um homem, o amor a uma mulher, o amor que temos pelos pais ou pelos amigos, por um quadro, por um livro, o amor a si, o amor a uma região ou a um país, o amor que fazemos, o amor que damos, o amor ao campo ou às viagens, o amor à justiça, o amor à verdade, o amor ao esporte, ao cinema, ao poder, à glória... O que há de comum a esses diferentes amores e que justifica a unicidade da palavra é o prazer, como diz Stendhal, ou a alegria, como diz Spinoza, que esses objetos nos proporcionam ou nos inspiram. "Amar", escreve Stendhal, "é ter prazer em ver, tocar, sentir por todos os sentidos e o mais perto possível, um objeto amável e que nos ama."[74] Suprima-se a última oração relativa, que só vale para as relações interpessoais, acrescente-se que também se pode ter prazer ou regozijo com o simples pensamento desse objeto (pois podemos amar os ausentes ou as abstrações), e ter-se-á uma definição passável do amor: amar é ter prazer em ver, tocar, sentir, conhecer ou imaginar. A grande generalidade dessa definição, que alguns acharão excessiva, corresponde em francês à polissemia da palavra ou, para dizer melhor, à pluralidade de seus referentes. Uma definição só vale pelo que permite ou esclarece, e cada um é dono de seu vocabulário. Ainda assim não se deve violentar muito a língua. De minha parte, proporei a seguinte definição, que me parece ao mesmo tempo mais simples (em compreensão) e mais vasta (em extensão) do que a de Stendhal, que ela reforça e prolonga: *amar é poder desfrutar alguma coisa ou se regozijar dela*. É o caso daquele que gosta de ostras, por oposição ao que não gosta*. Ou do que gosta de música, ou de determinada música, por oposição aos que ela deixa indiferentes ou aborrece. Ou do que gosta das mulheres, ou de determinada mulher, por oposição ao que gozará (amor físico) ou se regozijará (amor espiritual, podendo os dois, é claro, ir de par e se misturar) mais naturalmente com os homens ou, como os convivas do *Banquete*,

* Note-se que, em francês, *aimer* significa tanto *gostar* (de uma coisa, de alguém), como *amar* (uma pessoa). (N. do T.)

com os rapazolas... Os objetos do amor são inúmeros, como as causas dos prazeres e das alegrias, como as maneiras de amar, todas diferentes, que esses objetos suscitam ou autorizam. Gosto de ostras, gosto de Mozart, gosto da Bretanha, gosto desta mulher, gosto de meus filhos, gosto de meus amigos... Imaginemos que nada disso me falte: estou na Bretanha, com meus filhos, com a mulher que amo, com meus melhores amigos, comemos ostras olhando para o mar e ouvindo Mozart... O que há em comum entre esses diferentes amores? Por certo não é a falta, nem mesmo a satisfação de uma falta. Mozart, as ostras ou a Bretanha não me faltam nunca, por assim dizer, tampouco meus amigos, salvo separação muito demorada: a existência deles, mesmo longe, basta para me regozijar. O que esses diferentes amores têm em comum, aliás, é isso mesmo: uma alegria em mim, um potencial de gozar ou de me regozijar (de gozar *e* de me regozijar) com alguma coisa que pode me faltar em outras circunstâncias (se estou com muita fome, se sinto falta de mulher, de filhos, de amigos...), mas cuja falta não é nem a essência, nem o conteúdo, nem mesmo a condição (pois, no exemplo considerado, gosto precisamente do que não me falta). Dir-se-á que isso tudo nada tem de erótico... Admito, se pensarmos no Eros de Platão e no que há de anódino em meu exemplo. Mas os amantes sabem quanto pode ser sensual, e voluptuoso, e forte, fazer amor na alegria em vez de na falta, na ação em vez de na paixão, no prazer em vez de no sofrimento, na potência saciada em vez de frustrada, portanto desejar o amor que se *fazemos*, em vez do amor com que sonhamos, que não fazemos, e que nos atormenta...

A definição que acabo de propor deve muito a uma outra, que é de Spinoza. Ei-la: *"O amor é uma alegria que a idéia de uma causa externa acompanha."*[75] Amar é regozijar-se ou, mais exatamente (pois o amor supõe a idéia de uma causa), *regozijar-se com*. Regozijar-se ou gozar, dizia eu; mas o prazer só é um amor, no sentido mais forte do termo, se regozija a alma, o que acontece especialmente nas relações interpessoais. A carne é triste quando não há amor ou quando só se ama a carne. Isso dá razão a Spinoza: o amor é essa alegria que se soma ao prazer, que o ilumina, que o reflete como no espelho da alma, que o anuncia, o acompanha ou o segue, como uma promessa ou um eco de felicidade. Será esse o sentido comum da palavra? Parece-me que sim, ou pelo menos que isso a reforça numa parte essencial, que é sua melhor parte. Se alguém lhe disser: "Fico feliz com a idéia de que você existe"; ou então: "Quando penso que você existe, fico feliz"; ou ainda: "Há uma felicidade em mim, e a causa da minha felicidade é a idéia de que você existe...", você tomará isso por uma declaração de amor, e terá razão, é claro. Mas terá também muita sorte: não apenas porque uma declaração spinozista de amor não é para qualquer um, mas também e principalmente porque é uma declaração de amor, ó surpresa, que não lhe pede nada! Bem sei que quando se diz "eu te amo" também não se pede nada, aparentemente. Tudo depende no entanto do amor de que se trata. Se o amor é falta, dizer "eu te amo" é pedir não apenas que o outro responda "eu também", mas *é pedir o outro mesmo*, já que você o ama, já que ele lhe faz falta e já que toda falta, por definição, quer possuir![76] Que peso para aquele ou aquela que você ama! Que angústia! Que prisão! Regozijar-se, ao contrário, é não pedir absolutamente nada: é celebrar uma presença, uma existência, uma graça! Que leveza, para você e para o outro! Que liberdade! Que felicidade! Não é pedir, é agradecer. Não é possuir, é gozar e se regozijar. Não é falta, é gratidão. Quem não gosta de agradecer, quando ama? Quem não gosta de declarar seu amor, quando está feliz? E por isso mesmo é dom, é oferenda, é graça em troca. Quem não gosta de ser amado? Quem não se regozija com o regozijo que proporciona? Por isso o amor nutre o amor e o dobra[77], tanto mais forte, tanto mais leve, tanto mais *ativo*, diria Spinoza[78], quanto é sem falta. Essa leveza tem um nome: é a alegria. E uma prova: a felicidade dos amantes. Eu te amo: tenho alegria por existires.

Sob sua forma spinozista, esse gênero de declaração pode parecer estranho. Mas o que importa a forma e o que importa o spinozismo? Há outras maneiras, mais simples, mais freqüentes, de dizer a mesma coisa. Por exemplo esta: *"Obrigado por existir, obrigado por ser o que você é, por não faltar ao real!"* É declaração de amor saciado. Ou simplesmente um olhar, um sorriso, uma carícia, uma alegria... A gratidão, dizia eu, é a felicidade de amar[79]. Digamos mais: é o próprio amor, como felicidade. O que lhe faltaria e por quê, se ele se regozija com o que é, se é esse próprio regozijo? Quanto à "vontade que o amante tem de se unir à coisa amada", escreve Spinoza criticando aqui a definição cartesiana, "ela não exprime a essência do amor, mas sua propriedade", aliás de maneira bastante obscura e equívoca:

> Cumpre observar que, ao dizer que essa propriedade consiste na vontade que o amante tem de se unir à coisa amada, não entendo por vontade um consentimento ou uma deliberação, isto é, um livre decreto [já que não há livre-arbítrio, já que ninguém pode decidir-se a amar ou a desejar], nem mesmo um desejo de se unir à coisa amada quando ela está ausente ou de perseverar em sua presença quando ela está presente; de fato, o amor pode ser concebido sem um ou sem outro desses desejos [isto é, sem falta]; mas por vontade entendo o contentamento que existe no amante por causa da presença da coisa amada, contentamento em que a alegria do amante é fortalecida ou, pelo menos, alimentada.[80]

Ao amor, enquanto tal, não falta nada. Se lhe falta seu objeto, o que pode evidentemente acontecer, é por motivos exteriores ou contingentes: a partida do amado, sua ausência, sua morte talvez... Mas não é por isso que o ama! O amor pode ser frustrado, sofrer, estar de luto. Se a causa de minha alegria desaparece, como eu não seria infeliz?[81] Mas o amor está na alegria, mesmo que ferida, mesmo que amputada, mesmo que atrozmente dolorosa quando a magoam, e não nessa ausência que a dilacera. Não é o que me falta que eu amo; o que eu amo é que às vezes me falta. O amor é primeiro: a alegria é primeira. Ou antes o desejo é primeiro, a potência é primeira, dos quais o amor, no encontro, é a afirmação regozijante. Adeus Platão e seu demônio! Adeus Tristão e sua tristeza! Considerando-se o amor em sua essência, isto é, pelo que ele é, não há amor infeliz.

E tampouco há felicidade sem amor. De fato, observemos que, se o amor é uma alegria que a idéia de sua causa acompanha, se todo amor, portanto, em sua essência, é alegre, a recíproca também é verdadeira: toda alegria tem uma causa (como tudo o que existe)[82], toda alegria é, pois, suscetível de amor, pelo menos virtualmente (uma alegria sem amor é uma alegria que não compreendemos: é uma alegria ignorante, obscura, truncada), e de fato o é, quando plenamente consciente de si mesma e, portanto[83], de sua causa. O amor é como que a transparência da alegria, como que sua luz, como que sua verdade conhecida e reconhecida. É o segredo de Spinoza, e da sabedoria, e da felicidade: só há amor alegre, só há alegria de amar.

Acusar-me-ão com isso de dourar a pílula... Mas não. Estou esquematizando, é preciso, como fiz no caso de Platão, mas sem trair nem enfeitar. Se não reconhecemos as cores mais matizadas, mais confusas, mais misturadas de nossa vida, é porque alegria e tristeza se mesclam, claro, é porque não cessamos de hesitar, de oscilar, de flutuar entre esses dois afetos, entre essas duas verdades (a de Platão, a de Spinoza), entre falta e potência, entre esperança e gratidão, entre paixão e ação, entre religião e sabedoria, entre o amor que só deseja o que não tem e quer possuir (*eros*) e o amor que tem tudo o que deseja, pois só deseja o que existe, o que desfruta e de que o regozija – aliás, como vamos chamá-lo?

Em francês, é *amour*: amar um ser é desejar que ele exista, quando existe (senão, apenas se espera), é desfrutar sua existência, sua presença, o que ele oferece em prazeres ou alegrias. Mas a mesma palavra vale também, como vimos, para a falta ou a paixão (para *eros*), prestando-se por isso à confusão. O grego é mais claro, pois utiliza sem hesitar o verbo *philein* (amar, qualquer que seja o objeto desse amor) e, sobretudo, para as relações interpessoais, o substantivo *philia*. Amizade? Sim, mas no sentido lato do termo, que também é o mais forte e o mais elevado. O modelo da amizade, para Aristóteles, é antes de mais nada "a alegria que as mães sentem ao amar seus filhos"[84], é também "o amor [*philia*] entre marido e mulher", especialmente quando "cada um dos dois deposita sua alegria na virtude do outro"[85], é também o amor paterno, fraterno ou filial[86], mas também o amor dos amantes, que *erôs* não poderia conter nem esgotar por inteiro[87], é enfim a amizade perfeita, a dos homens virtuosos, os que "desejam o bem a seus amigos por amor a eles", o que faz deles "amigos por excelência"[88]. Digamos a palavra: *philia* é o amor, quando desabrocha entre humanos[89] e quaisquer que sejam suas formas, contanto que não se reduza à falta ou à paixão (ao *erôs*). A palavra, portanto, tem uma extensão mais restrita que o francês "*amour*" (que também pode valer para um objeto, um animal ou um deus), porém mais ampla que nossa "amizade" (que não se diz, por exemplo, entre filhos e pais). Digamos que é o amor-alegria, na medida em que é recíproco ou pode sê-lo: é a alegria de amar e ser amado[90], é a benevolência mútua ou capaz de se tornar mútua[91], é a vida partilhada,[92] a escolha assumida, o prazer e a confiança recíprocos[93], em suma é o amor-ação[94], que se opõe por isso a *erôs* (o amor-paixão), mesmo que nada proíba que possam convergir ou ir de par. Que amantes, se são felizes juntos, não se tornam amigos? E como seriam felizes se assim não fosse? Aristóteles percebe que "o amor [*philia*] entre marido e mulher" é uma das formas da amizade, sem dúvida a mais importante (pois "o homem é um ser naturalmente propenso a formar um casal, mais até que a formar uma sociedade política"), e que essa forma inclui evidentemente a dimensão sexual[95]. É o que me autoriza a retomar a palavra *philia* para distinguir, mesmo em nossa vida amorosa, o amor-alegria (o amor segundo Spinoza) do amor-falta (o amor segundo Platão), como me autoriza esta fórmula bem spinozista de Aristóteles: *"Amar é regozijar-se"*[96]. Isso não valeria para a falta e basta para distingui-los.

Pelo menos em teoria. Na prática, esses dois sentimentos podem de fato se misturar, como vimos, e quase sempre se misturam, especialmente entre homens e mulheres. Podemos nos regozijar (*philia*) com o que nos falta (*erôs*), querer possuir (*erôs*) aquilo cuja existência já é uma felicidade (*philia*), em outras palavras, amar apaixonadamente, ao mesmo tempo que alegremente. Isso não é raro, é mesmo o quinhão cotidiano dos casais... sobretudo quando começam. Estar apaixonado é ter falta, quase sempre, é querer possuir, é sofrer se não for amado, é temer não o ser mais, é esperar a felicidade unicamente do amor do outro, da presença do outro, da posse do outro. E que felicidade, de fato, se somos amados, se possuímos, se desfrutamos aquilo que nos falta! Sem dúvida porque podemos viver mais intensamente (postos de lado o horror e, talvez, a sabedoria) e melhor. A paixão feliz: a primavera dos casais, sua juventude, essa alegria ávida dos namorados que se beijocam nos bancos das ruas, como dizia Brassens, e que são, de fato, muito simpáticos, como ele também dizia, ou comoventes, por essa mescla de entusiasmo e tolice... Mas como isso poderia durar? Como poderia nos faltar por muito tempo o que temos (em outras palavras, nos faltar o que não nos falta!), como poderíamos amar apaixonadamente aquele ou aquela com que partilhamos a vida cotidiana, desde há anos, como poderíamos continuar a idolatrar aquele ou aquela que conhecemos tão bem, como poderíamos sonhar com o real, como poderíamos continuar apaixonados, numa palavra, e que palavra, por nosso cônjuge? A cristalização, para falarmos como Stendhal, é um estado instável, que sobrevive mal à estabilidade dos casais. A princípio tudo parece maravilhoso no outro; depois o outro aparece como é. Lembramos a canção de Claude Nougaro: *"Quando o marido mau mata o príncipe encantado..."* É o mesmo indivíduo, porém, mas um sonhado, desejado, esperado, ausente... o outro desposado, convivente, possuído – presente. O príncipe encantado é simplesmente o marido que falta; e o marido, o príncipe encantado com quem ela se casou, e que não falta mais. Um brilha por sua ausência, o outro é sem lustre por sua presença. Breve intensidade da paixão, longa morosidade dos casais... Nietzsche viu bem que o casamento, se podia ser uma aventura exigente e bela, na maioria das vezes nada mais era que mediocridade e baixeza:

> Ai! essa miséria da alma a dois! Ai! essa imundície da alma a dois! Ai! esse lamentável bem-estar a dois! [...]
>
> Fulano partiu como um herói em busca de verdades; capturou apenas uma mentirinha adornada. Chama a isso seu casamento. [...]
>
> Muitas breves loucuras – é o que vocês chamam de amor. E a essas breves loucuras o casamento põe fim – por uma longa tolice[97].

É a senhora Tristão, ou a senhora Romeu, ou Madame Bovary, e elas irão com freqüência, a cada ano, se parecer cada vez mais. Quanto ao marido, sempre pensa mais no sexo e no trabalho, cada vez menos no amor ou em sua mulher, a não ser pelas preocupações que ela lhe dá, seus estados de espírito, suas censuras, seus humores... Ele gostaria da paz e do prazer; ela gostaria da felicidade e da paixão. E cada um censura o outro por não ser, ou não ser mais, o que havia esperado, desejado, amado, cada um lamentando que o outro seja, infelizmente, apenas o que é... Como poderia ser outra coisa, e de quem é a culpa, se a paixão não passa de um sonho e é preciso acordar dele? "Eu a amava por seu mistério", diz-se ele. É confessar que a amava porque não a conhecia, e que deixou de amá-la porque a conhece. "Amamos uma mulher pelo que ela não é", dizia Gainsbourg, "a deixamos pelo que ela é." Isso costuma ser verdade e vale também para os homens. Há quase sempre mais verdade no desamor do que no amor, pelo menos nesse amor, fascinado pelo mistério do que ele ama, do que ele não compreende e que lhe falta. Amor engraçado esse, que só ama o que ignora.

Tentemos, porém, compreender o que acontece nos outros casais, os que dão mais ou menos certo, os que dão inveja, os que parecem felizes e ainda parecem se amar, e se amar sempre... A paixão intacta, hoje mais que ontem e bem menos que amanhã? Não acredito nisso, e, ainda que isso acontecesse vez por outra, ou que pudesse acontecer, seria tão raro, tão milagroso, tão independente de nossa vontade, que não poderíamos tomar isso como base de uma opção de vida, nem mesmo de uma esperança razoável. De resto, não corresponde à experiência dos casais em questão, que nada têm de pombinhos e que cairiam na risada, na maioria dos casos, se alguém os comparasse a Tristão e Isolda... Simplesmente esses amantes continuam a se desejar e, por certo, se vivem juntos há anos, é mais potência que falta, mais prazer que paixão, e quanto ao mais souberam transformar em alegria, em doçura, em gratidão, em lucidez, em confiança, em felicidade por estar juntos, em suma em *philia*, a grande loucura amorosa do começo. A ternura? É uma dimensão de seu amor, mas não a única. Também há a cumplicidade, a fidelidade, o humor, a intimidade do corpo e da alma, o prazer visitado e revisitado ("o amor realizado do desejo que permanece desejo", como diz Char), há o animal aceito, domesticado, ao mesmo tempo triunfante e vencido, há essas duas solidões tão próximas, tão atentas, tão respeitosas, como que habitadas uma pela outra, como que sustentadas uma pela outra, há essa alegria leve e simples, essa familiaridade, essa evidência, essa paz, há essa luz, o olhar do outro, há esse silêncio, sua escuta, há essa força de ser dois, essa abertura de ser dois, essa fragilidade de ser dois... Constituir apenas um? Faz muito tempo que renunciaram a isso, se é que um dia acreditaram nisso. Amam demais seu duo, com seus harmônicos, seu contraponto, suas dissonâncias às vezes, para querer transformá-lo em impossível monólogo! Passaram do amor louco ao amor sensato, se quisermos, e bem louco seria quem visse nisso uma perda, uma diminuição, uma banalização, quando é ao contrário um aprofundamento, mais amor, mais verdade, e a verdadeira exceção da vida afetiva. O que há de mais fácil de amar do que seu sonho? O que há de mais difícil de amar do que a realidade? O que há de mais fácil do que querer possuir? O que há de mais difícil do que saber aceitar? O que há de mais fácil do que a paixão? O que há de mais difícil do que o casal? Apaixonar-se está ao alcance de qualquer um. Amar não.

Quando de um colóquio sobre o amor, ouvi esta confissão espantosa: "Prefiro viver uma pequena paixão a uma grande amizade."[98] Tristeza da paixão, egoísmo da paixão, estreiteza da paixão! É amar apenas a si, a seu amor (não o outro, mas o amor que se tem por ele), suas pequenas palpitações narcísicas. Eis os amigos relegados à condição de tapa-buracos, entre duas paixões. Eis o mundo reduzido a um só ser, a um só olhar, a um só coração. Há monomania na paixão, e como que uma embriaguez de amar. Isso constitui sua força, sua beleza, sua grandeza, enquanto ela dura. Que devemos vivê-la quando a encontramos, não há dúvida! Todo amor é bom, e este, que é mais fácil, talvez nos ensine a amar mais, e melhor. O que há de mais ridículo do que condenar a paixão? Não tem efeito quando ela está presente, não tem objeto quando não está. Vivê-la então, mas sem se deixar enganar totalmente por ela, nem se aprisionar, se possível – e por que não o seria? A verdade é que não é preciso escolher entre paixão e amizade, pois podemos viver as duas, como a experiência prova, já que a paixão não obriga a esquecer os amigos e que ela mesma só tem futuro na morte, no sofrimento, no esquecimento, no rancor... ou na amizade. A paixão não dura, não pode durar: é preciso que o amor morra ou mude. Querer a qualquer preço ser fiel à paixão é ser infiel ao amor e ao devir, é ser infiel à vida, que não poderia se reduzir aos poucos meses de paixão feliz (ou aos poucos anos de paixão infeliz...) que teremos vivido. Além do mais é ser infiel de antemão aos que amamos, inclusive apaixonadamente, submeter o amor que temos por eles ao incontrolável da paixão. Grande fórmula de Denis de Rougemont: "Estar apaixonado é um estado; amar, um ato."[99] Ora um ato depende de nós, pelo menos em parte, podemos querê-lo, empenhar-nos nele, prolongá-lo, mantê-lo, assumi-lo... Mas e um estado? Prometer continuar apaixonado é se contradizer nos termos. Seria como prometer que teremos sempre febre, ou que seremos sempre loucos. Todo amor que se compromete, no que quer que seja, deve empenhar outra coisa que não a paixão.

Observo, aliás, que a linguagem moderna, neste caso como tantas vezes, dá razão a Aristóteles. Como, num casal não casado, designar (quando falamos com outra pessoa) aquele ou aquela com quem partilhamos a vida? Meu companheiro, minha companheira? Parece coisa de escoteiro ou ultrapassada. Meu concubino, minha concubina? Isso só se diz no registro civil ou para o fisco. Meu parceiro? Que horror! Meu amante, minha amante? Isso geralmente supõe outro casal, que é transgredido. E então? No interior do casal o nome basta, ou então dizemos "meu amor", como todo o mundo. Mas e quando se fala fora do casal, diante de alguém para quem o nome não significará nada? Na maioria das vezes diz-se então *"mon ami, mon amie"* [meu amigo, minha amiga] (ou no caso dos mais moços: *"mon copain, ma copine"* [idem]), e todos compreendem o que isso quer dizer. O amigo ou a amiga é aquele ou aquele a quem amamos; e, se falamos no singular, como de um absoluto, é aquele ou aquela com que partilhamos a vida ou, pelo menos, com quem fazemos amor, não uma vez ou de vez em quando, como com um "parceiro" ocasional, mas de maneira regular, na (mais ou menos) longa duração do casal... Como a amizade, com o correr dos anos, não se misturaria com o desejo? Como não substituiria pouco a pouco a devoradora paixão (ou simplesmente o estado amoroso) que a precedeu e, de resto, preparou? Isso é verdade também no casamento, quando ele é feliz, e apenas os hábitos de linguagem o tornam então menos manifesto. Fala-se do outro dizendo "minha mulher", "meu marido", em vez de "minha amiga", "meu amigo". Felizes os casais casados para os quais é apenas um problema de uso, uma palavra diferente para dizer a mesma coisa! Que coisa? O amor, mas realizado e não mais sonhado. Lembro-me com emoção de uma mulher de uns quarenta anos que me dizia, falando do homem com quem vivia fazia dez ou doze anos, com quem tivera dois filhos, que criavam juntos: "Claro, não estou mais apaixonada por ele. Mas continuo tendo desejo por ele, e além do mais é meu melhor amigo." Reconheci, dita enfim, e dita tranqüilamente, a verdade dos casais, quando são felizes, e também uma experiência, diga-se de passagem, sexualmente muito forte, muito doce, muito comovente... Os que nunca fizeram amor com seu(sua) melhor amigo(a) ignoram algo de essencial, parece-me, sobre o amor e sobre os prazeres do amor, sobre o casal e sobre a sensualidade dos casais. O melhor amigo, a melhor amiga é aquele ou aquela que mais amamos, mas sem sentir sua falta, sem sofrer com isso, sem *padecer* com isso (de *pâtir* [padecer] deriva *passion* [paixão]), é aquele ou aquela que escolhemos, aquele ou aquela que conhecemos melhor, que nos conhece melhor, com quem podemos contar, com quem partilhamos lembranças e projetos, esperanças e temores, felicidades e infelicidades... Quem não vê que é isso, de fato, que acontece num casal, casado ou não, quando dura um pouco, pelo menos sendo um casal unido e não apenas pelo interesse ou pelo conforto, sendo um casal amante, verdadeiro e forte? É o que Montaigne chamava, tão lindamente, de "amizade marital"[100], e não conheço casal feliz, fora do fogo do começo, que essa categoria não descreva mais adequadamente do que as de falta, paixão ou amor-louco.

A maioria das moças que me lerem, se houver alguma, verá nisso uma insipidez, uma decepção, um recuo... Mas as mulheres que percorreram esse caminho sabem que não é nada disso, ou que só é um recuo em relação a sonhos, aos quais – se quisermos *avançar* de verdade – convém renunciar. Mais vale um pouco de amor verdadeiro do que muito amor sonhado. Mais vale um casal verdadeiro do que uma paixão sonhada. Mais vale um pouco de felicidade real do que uma ilusão feliz. Em nome de quê? Em nome da boa-fé (como amor à verdade) e em nome da vida e da felicidade – pois a paixão não dura, não pode durar, ou só dura quando é infeliz... "Paixão significa sofrimento, coisa sofrida, preponderância do destino sobre a pessoa livre e responsável. Amar o amor mais que o objeto do amor, amar a paixão por si mesma, do *amabam amare* de Agostinho até o romantismo moderno, é amar e procurar o sofrimento"[101], é manifestar "uma preferência íntima pela infelicidade", por uma outra vida, que seria "a verdadeira vida", como dizem os poetas, a que está em outra parte, sempre em outra parte, por ser impossível, por só existir na morte[102]. Como é preciso ter medo da vida para preferir a ela a paixão! Como é preciso ter medo da verdade para preferir a ela a ilusão! O casal, quando é feliz (mais ou menos feliz, isto é, feliz), é, ao contrário, esse espaço de verdade, de vida partilhada, de confiança, de intimidade tranqüila e doce, de alegrias recíprocas, de gratidão, de fidelidade, de generosidade, de humor, de amor... Quantas virtudes para constituir um casal! Mas são virtudes felizes, ou que podem ser. Sem contar que o corpo também encontra aí sua conta de prazeres, de audácias, de descobertas, que somente o casal, em grande parte, torna possíveis. Depois há os filhos, que estão aí, para que os casais são feitos, pelo menos fisiologicamente, e que os justifica.

Precisamos dizer uma palavra a esse respeito, uma vez que a família é o futuro do casal, quase sempre, o futuro do amor, portanto, e seu começo. Que saberíamos do amor, se não tivéssemos sido amados antes? Do casal, não fosse a família? Se todo amor é amor de transferência, como acha Freud, é também porque todo amor é recebido antes de ser dado, ou, dizendo melhor (pois não é o mesmo amor, nem tem o mesmo objeto), porque a graça de ser amado precede a graça de amar e a prepara. Essa *preparação* é a família, apesar de seus fracassos e de seu êxito, que é maior. "Famílias, eu as odeio"?[103] É permanecer fiel a elas, se for em nome do amor – em nome de um amor mais amplo, mais aberto, mais generoso, mais livre. E sem dúvida é preciso amar fora da família, fora de si, fora de tudo. Mas a família o permite, o impõe (pela proibição do incesto) e resulta disso (por um novo casal e novos filhos). Freud não disse outra coisa. Primeiro a mãe e o filho, primeiro o amor recebido, prolongado, sublimado, ao mesmo tempo proibido (como *erôs*) e salvo (como *philia*), primeiro a carne e o fruto da carne, primeiro o filho protegido, preservado, educado. "No fim das contas", dizia Alain, "o casal é que salvará o espírito."[104] Sim, mas por fidelidade à criança que foram e que, talvez, farão. Pelo filho, pois, e para ele, quase sempre, que não salva o casal, mas que o casal salva, ou quer salvar, e de fato salva, perdendo-o. É a lei de bronze da família, e a regra de ouro do amor: *"Deixarás teu pai e tua mãe..."*[105] Não fazemos filhos para possuí-los, para guardá-los: nós os fazemos para que partam, para que nos deixem, para que amem alhures e de outro modo, para que façam filhos que, por sua vez, os deixarão, para que tudo morra, para que tudo viva, para que tudo continue... A humanidade começa aí, e é aí, de geração em geração, que ela se reproduz. As mães sabem disso, e elas me importam mais do que as meninas.

Os escolásticos distinguiam o amor de concupiscência ou de cobiça (*amor concupiscentiae*) do amor de benevolência ou, como também diz santo Tomás, de amizade (*amor benevolentiae sive amicitiae*)[106]. Sem que isso coincida exatamente com a oposição *erôs/philia*, tal como procurei pensá-la, podemos dizer que o amor de cobiça permanece fiel a Platão ("quando um ser sente falta de algo e encontra o que lhe faz falta, cobiça-o")[107], do mesmo modo que o amor de benevolência permanece fiel a Aristóteles (para o qual, lembra santo Tomás, "amar é querer o bem de alguém")[108]. O amor, explica santo Tomás, divide-se assim "em amor de amizade e amor de cobiça: pois um amigo, no sentido próprio, é aquele para quem queremos o bem; e fala-se de cobiça em relação ao que queremos para nós"[109]. Em suma, o amor de cobiça ou de concupiscência (reservemos para o desejo sexual esta última palavra, pois o francês propõe duas), sem ser necessariamente condenável, é um amor egoísta: é amar o outro para o bem de si mesmo. O amor de benevolência ou de amizade, ao contrário, é um amor generoso: é amar o outro para o bem deste. Santo Tomás não ignora que os dois podem se misturar, e de fato se misturam na maioria de nossos amores[110]. A diferença ainda assim subsiste, suposta e confirmada pela mistura. Gosto de ostras e gosto de meus filhos. Mas não é o mesmo sentimento nos dois casos: não é para o bem das ostras que gosto delas; nem apenas para o meu bem que gosto de meus filhos. Nenhum amor humano, sem dúvida, é totalmente desprovido de cobiça. Mas às vezes a cobiça reina sozinha (quando gosto de ostras, de dinheiro, de mulheres...), e então o amor, mesmo intenso, está em seu nível mais baixo. Ou à cobiça mistura-se a benevolência (quando amo meus filhos, meus amigos, a mulher que amo), e então o amor é tanto mais elevado quanto mais se desenvolve a benevolência. Aristóteles emociona-se manifestamente com as mães que têm de abandonar os filhos ao nascerem, para o bem deles, e que continuarão a amá-los a vida inteira sem que eles as conheçam, que irão amá-los em pura perda ou desesperadamente, desejando o bem dos filhos mais que o seu próprio, prontas inclusive a sacrificar este àquele, se é que podem distinguir um do outro[111]. É pura benevolência, e isso é bonito ("é bonito fazer o bem sem esperar recompensa")[112]. Mas não é essa a regra. Na maioria das vezes benevolência e cobiça vão se misturar, e é tanto melhor para todos os que não são santos, isto é, para todos nós, pois isso nos permite buscar nosso bem fazendo um pouco o bem, misturar egoísmo e altruísmo, em suma, ser amigos de nossos amigos (de quem queremos o bem) e de nós mesmos (de quem também queremos)[113]. O mesmo no casal: nada mais natural que amar (*philia*) a mulher ou o homem que desejamos avidamente (*erôs*), nada mais normal do que querer bem àquele ou àquela que nos faz bem, do que amar com benevolência, e alegremente, aquele ou aquela que cobiçamos e possuímos... *Erôs* e *philia* se misturam, quase sempre, e é isso que chamamos um casal ou uma história de amor. Simplesmente *erôs* se desgasta à medida que é satisfeito, ou antes (porque o corpo tem suas exigências e seus limites), *erôs* só renasce para de novo morrer, depois renascer, depois morrer, mas com cada vez menos violência, cada vez menos paixão, cada vez menos falta (cada vez menos *erôs*, o que não quer dizer menos potência nem menos prazer), ao passo que *philia*, ao contrário, num casal feliz, não cessa de se fortalecer, de se aprofundar, de se expandir, e é ótimo que seja assim. É a lógica da vida, é a lógica do amor. Primeiro amamos apenas a nós mesmos: o amante se lança sobre a amada como o recém-nascido sobre o peito, como o lobo sobre o cordeiro. Falta: concupiscência. A fome é um desejo; o desejo, uma fome. É o amor que toma, o amor que devora. *Eros*: egoísmo. Depois, aprendemos (na família, no casal) a amar um pouco o outro por ele mesmo também: alegria, amizade, benevolência. É passar do amor carnal, como diz são Bernardo, ao amor espiritual, do amor a si ao amor ao outro, do amor que toma ao amor que dá, da concupiscência à benevolência, da falta à alegria, da violência à doçura – de *erôs* a *philia*.

Há uma ascensão aqui, como a do *Banquete*, que é ascensão do amor, e pelo amor. Porque o amor carnal é primeiro, claro, e foi o que são Bernardo de Clairvaux viu: "Como a natureza é frágil demais e fraca demais, a necessidade manda-a pôr-se primeiro a serviço de si mesma. É o amor carnal; o homem começa por amar a si mesmo pelo simples amor a si, tal como diz são Paulo: *A parte animal veio primeiro, depois a parte espiritual*. Não é um mandamento, mas um fato inerente à natureza."[114] De onde será necessário se elevar, segundo são Bernardo, ao segundo grau do amor (amar a Deus pelo amor a si), depois ao terceiro (amar a Deus por ele mesmo), enfim ao quarto (só se amar por Deus)...[115] Esse caminho já não é o nosso. No entanto, ele diz uma coisa importante: que o corpo é o ponto de partida obrigatório, que o espírito se eleva ou se inventa. Esse caminho é um caminho de amor, e o próprio amor como caminho. Primeiro só amamos a nós mesmos, ou por nós mesmos (quando amamos o que nos faz falta). Sobrevive um recém-nascido em cada um de nós, buscando um peito que cobiça, que gostaria de conservar para sempre... Mas não podemos. Mas não devemos. A proibição do incesto, pelo interdito que ela coloca, obriga a amar de outro modo, a amar aquilo mesmo que não podemos possuir, tomar, consumir, aquilo mesmo que não podemos desfrutar; nasce outro amor nessa submissão (a princípio imposta) do desejo à lei, que é o próprio amor. Porque o desejo é primeiro, repitamos, a pulsão é primeira, porque vivemos primeiro na falta: *erôs* é primeiro. No próprio princípio, como diria Freud, só há *isso*: um corpo vivo e ávido. Mas, num mundo humano, esse pequeno mamífero constata que alguma coisa o precede, o acolhe, o protege, que um peito está presente para seu desejo, para seu prazer, e muito mais que um peito, muito mais que um prazer. O quê? O amor: aquele que cobiça (que mãe não desejou um filho para o próprio bem dela?), mas também aquele que dá (que mãe não põe o bem de seu filho acima do próprio bem dela?). *Erôs*, portanto, mas também *philia*, inextricavelmente misturados, abraçados, confundidos, mas diferentes: pois esta nasce daquele, pois a benevolência nasce da concupiscência, pois o amor nasce do desejo, do qual não passa da sublimação alegre e plena. Esse amor não é uma paixão, observa santo Tomás, seguindo Aristóteles, mas uma virtude[116]: querer o bem de outrem é o próprio bem.

Observe-se a mãe e o recém-nascido. Que avidez no bebê! Que generosidade na mãe! Nele tudo é desejo, pulsão, animalidade. Nela, mal se vêem tais coisas, a tal ponto estão transfiguradas pelo amor, pela doçura, pela benevolência... Isso começa nos animais, parece-me, em todo caso nos mamíferos, mas a humanidade foi muito mais longe nessa direção do que qualquer outra espécie conhecida. A humanidade se inventa aí, inventando o amor, ou antes reinventando-o. O filho toma, a mãe dá. Nele o prazer; nela a alegria. Eros é primeiro, dizia eu; de fato, uma vez que toda mãe foi uma filha. O amor nos precede, no entanto, quase sempre (pois todo filho é de uma mãe) e nos ensina a amar.

A humanidade se inventa aí, o espírito se inventa aí, e é o único Deus, e é um Deus de amor. Alain, como bom ateu que era, e porque era, soube dizê-lo como convinha:

> Diante do filho, não há dúvida. É preciso amar o espírito sem nada esperar do espírito. Existe certamente uma caridade do espírito para consigo mesmo: é pensar. Mas veja-se a imagem; veja-se a mãe.

Veja-se de novo o filho. Essa fraqueza é Deus. Essa fraqueza que necessita de todos é Deus. Esse ser que cessaria de existir sem nossos cuidados é Deus. Assim é o espírito, com respeito ao qual a verdade ainda é um ídolo. É que a verdade viu-se desonrada pela potência; César arregimenta-a e paga-a bem. O filho não paga; ele pede e pede mais. É a severa regra do espírito: o espírito não paga e ninguém pode servir a dois patrões. Mas como dizer suficientemente que há um verdadeiro de verdade, que a experiência nunca pode desmentir? Essa mãe, quanto menos provas tiver, mais se aplicará a amar, a ajudar, a servir. Esse verdadeiro do homem, que ela carrega nos braços, não será talvez nada que exista no mundo. No entanto ela tem razão, e terá ainda razão quando todo o filho não lhe der razão[117].

Sim. Mas isso o filho não sabe e só vai aprender aprendendo a amar.

### *Agapé*

Isso é tudo? Seria bom se fosse, se pudesse ser – se o desejo e a alegria bastassem ao amor, se o amor se bastasse a si mesmo! Mas não é: porque só sabemos amar a nós mesmos ou a nossos próximos, porque nossos desejos são egoístas, quase sempre, enfim porque nos vemos confrontados não apenas com nossos próximos, que amamos, mas com próximo, que não amamos.

A amizade não é um dever, uma vez que o amor não se comanda; mas é uma virtude, pois o amor é uma excelência. Que pensaríamos daquele que não amasse ninguém? Inversamente, nota Aristóteles, "elogiamos os que amam seus amigos", o que confirma que a amizade não é apenas "uma coisa necessária, mas também uma coisa nobre"[118]. Epicuro não dizia outra coisa: "Toda amizade é por si mesma uma excelência (*areté*)"[119], em outras palavras, uma virtude, e essa virtude acarreta, com respeito a nossos amigos, ou acarretaria, se soubéssemos vivê-la até o fim, todas as demais. Quem não é generoso com os amigos (com os filhos, etc.) é porque lhe falta amor tanto quanto generosidade. E o mesmo vale para quem fosse covarde, quando se tratasse de defendê-los, ou sem perdão, quando se tratasse de julgá-los. É ter falta de amor tanto quanto ou mais do que de coragem e de misericórdia. Porque a coragem, a misericórdia ou a generosidade valem para qualquer um, amor ou não, mas são tanto mais necessárias, como virtudes, quando falta o amor. Daí o que chamei de máxima da moralidade: *Age como se amasses*. Quando o amor existe, em compensação, as outras virtudes seguem-se espontaneamente, como se fossem naturais, a ponto de se anularem como virtudes específicas ou especificamente morais. A mãe que dá ao filho tudo o que possui não é generosa, ou não precisa sê-lo: ela ama o filho mais que a vida. A mãe que perdoa tudo ao filho, que o aceita como ele é, não obstante o que ele tenha feito, o que ele faça, não é misericordiosa: ela ama o filho mais que a justiça ou o bem. Poderíamos tomar outros exemplos, em particular na vida dos santos ou de Jesus. Mas seriam quase todos historicamente discutíveis ou de difícil interpretação. Cristo existiu mesmo? O que viveu? Em que medida os santos são santos? O que podemos saber de suas intenções, de suas motivações, de seus sentimentos? Lendas demais aqui, distância demais. O amor dos pais, em especial das mães, é ao mesmo tempo mais próximo, mais manifesto, e igualmente exemplar. Se há lenda, como em toda parte, pelo menos podemos confrontá-la com um real observável. Ora, o que vemos? Que as mães, em relação a seus filhos, possuem a maioria das virtudes que geralmente nos faltam (e que lhes faltam), ou antes, que o amor nelas toma o lugar das virtudes, quase sempre, e as liberta – pois essas virtudes só são *moralmente* necessárias, quase todas, por falta de amor. O que há de mais fiel, de mais prudente, de mais corajoso, de mais misericordioso, de mais doce, de mais sincero, de mais simples, de mais puro, de mais compassivo, de mais justo (sim, mais que a própria justiça!) do que esse amor? Não é sempre assim? Eu sei: também há a loucura das mães, a histeria das mães, a possessividade das mães, sua ambivalência, seu orgulho, sua violência, seu ciúme, sua angústia, sua tristeza, seu narcisismo... Sim. Mas o amor quase sempre intervém nisso, o amor que não anula o resto mas que o resto não anula. Há apenas indivíduos: vi mães admiráveis, outras insuportáveis, outras ainda que eram ora uma coisa, ora outra, quando não as duas ao mesmo tempo... Quem não vê, porém, que não há outro domínio, em toda a história da humanidade, onde o que é se aproxima tão freqüentemente do que deveria ser, a ponto, às vezes, de alcançá-lo, a ponto até de superar tudo o que não se ousaria legitimamente esperar, pedir, exigir? O amor incondicional só existe aí, sem dúvida, mas existe às vezes: é o amor da mãe, o amor do pai, por esse deus mortal que geraram, e não criaram, por esse filho do homem (por essa filha do homem) que uma mulher trouxe em seu ventre...

Uma virtude? Claro, pois é uma disposição, uma potência, uma excelência! "Potência de humanidade", dizia eu das virtudes[120], e nenhuma é mais decisiva do que essa disposição para amar, do que essa potência de amar, do que essa excelência de amar, nos pais, pela qual a animalidade em nós se abre para outra coisa que não ela mesma, e que podemos chamar de espírito ou de Deus, mas cujo verdadeiro nome é amor, e que faz da humanidade, não de uma vez por todas, mas a cada geração, mas a cada nascimento, mas a cada infância, outra coisa que não uma espécie biológica.

Esse amor permanece, porém, prisioneiro de si mesmo, e de nós.

Por que amamos tanto nossos filhos, e tão pouco os dos outros?

É porque são nossos e porque nos amamos através deles.

E por que amamos nossos amigos, se não porque eles nos amam e porque nós amamos a nós mesmos? O amor a si é primeiro, mostrava Aristóteles antes de são Bernardo[121], e continua sendo: a amizade é como que sua projeção, sua extensão, sua refração nos próximos. É o que torna a amizade possível e o que limita seu alcance. A mesma razão que nos faz amar nossos amigos (o amor que temos por nós mesmos) nos impede de amar nossos inimigos ou mesmo, e por definição, os que nos são indiferentes. Não saímos do egoísmo e do narcisismo a não ser pelo amor a nós mesmos, de que não saímos.

Mas então o amor seria a mais elevada das virtudes, quanto a seus efeitos, mas também a mais pobre, a mais estreita, a mais mesquinha quanto a seu alcance, quero dizer, quanto a seus objetos possíveis. Quantos seres vivos são para nós causas de alegria, e o são a ponto de vencerem em nós (ainda que por amor deslocado ou sublimado a nós mesmos) o egoísmo? Algumas crianças, alguns parentes, alguns amigos de verdade, um ou dois amantes, ou uma ou duas amantes... Isso dá dez ou vinte pessoas, para cada um de nós e no melhor dos casos, que somos mais ou menos capazes de amar: restam muito mais de cinco bilhões fora do campo desse amor! Devemos nos contentar, com respeito a elas, com a moral, o dever, a lei? Foi o que pensei durante muito tempo, é o que ainda me ocorre acreditar, e é claro que percebo que é isso que torna a moral necessária. Mas será ela por isso suficiente? Entre a amizade e o dever não há nada? Entre o regozijo e a coerção? Entre a potência e a submissão? *Quid* então do espírito de Cristo, como diz Spinoza[122], em outras palavras, desse amor ao mesmo tempo singular e universal, exigente e livre, espontâneo e respeitoso, desse amor que não poderia ser erótico, pois ama o que não lhe falta (como o próximo nos faltaria, se ele só se define por existir, se não cessa de nos estorvar, de ser de mais?), e que tampouco poderia ser simplesmente amistoso, pois em vez de amar apenas os amigos, como cada um de nós, se reconhece por ser também e, talvez, sobretudo – é sua diferença específica, sua medida-desmedida própria – *amor aos inimigos*?

"Ouvistes o que foi dito: Amarás teu próximo e odiarás teu inimigo. Pois eu vos digo: Amai os vossos inimigos, fazei bem aos que vos odeiam e orai pelos que vos perseguem..."[123] Quer Cristo tenha existido ou não, e não obstante o que tenha vivido ou dito efetivamente, o que jamais saberemos, quem não vê que a mensagem evangélica, tal como chegou até nós, excede em muito as capacidades do *erôs* (como é óbvio) e também da *philia*? Amar o que falta está ao alcance de qualquer um. Amar os amigos (os que não faltam, os que nos fazem bem ou que nos amam), embora seja mais difícil, continua sendo acessível. Mas e amar os inimigos? E amar os indiferentes? E amar os que não nos faltam nem nos alegram? E amar os que nos estorvam, que nos entristecem ou nos fazem mal? Como seríamos capazes? Como, inclusive, poderíamos aceitá-lo? Escândalo para os judeus, dirá são Paulo[124], loucura para os gregos; e, de fato, isso excede a Lei tanto quanto o bom senso. No entanto, e ainda que só existisse a título de ideal ou de imaginação, esse amor além do amor (além do *erôs*, além da *philia*), esse amor sublime e talvez impossível merece pelo menos um nome. Esse nome, em francês, é, em geral, *charité* [caridade]. Mas essa palavra foi tão deturpada, prostituída, maculada (por dois mil anos de condescendência clerical, aristocrática e, depois, burguesa), que é melhor remontar à fonte e continuar, depois de *erôs* e *philia*, a falar grego: esse amor que não é nem falta nem potência, nem paixão nem amizade, esse amor que ama até seus inimigos, esse amor universal e desinteressado é o que o grego das Escrituras (retomando, sem dúvida por estar disponível, uma palavra quase desconhecida da literatura profana, ao menos na forma nominal, mas derivada do verbo *agapan*, acolher com amizade, amar, querer bem, atestada em grego clássico, por exemplo em Homero ou Platão), é o que o grego das Escrituras, então, desde a Bíblia dos Setenta até as epístolas apostólicas, chama de *agapé* (como no Evangelho de são João: "Deus é amor, *o Theos agapé estin*")[125], que a Vulgata traduziu quase sempre por *caritas* (o amor, o afeto, o que torna *caro*), que dará de fato, e independentemente de suas perversões ulteriores, o francês *charité* [caridade]. É a terceira definição que eu anunciava, ou antes é o terceiro amor, ou o terceiro nome do amor, que ainda não serve de definição, mas que a chama. Se Deus é amor, esse amor não pode ser falta, pois a Deus nada falta. Nem amizade, pois Deus não se regozija com um ser, que seria causa de sua alegria e o faria existir mais, porém o engendra, porém o cria, ainda que sua alegria nem por isso seja aumentada, nem sua potência, nem sua perfeição, mas antes são amputadas, se isso é possível, feridas, crucificadas. É daí que se deve partir: da criação e da Cruz. Para procurar Deus? Nada disso. Para procurar o amor. *Agapé* é o amor divino, se Deus existe, e mais ainda, talvez, se Deus não existe.

Por que o mundo? A existência de Deus, longe de responder a essa pergunta, como às vezes se acredita, torna-a mais difícil. De fato, supõe-se que Deus seja absolutamente perfeito, e essa suposição, como mostram Descartes ou Leibniz, lhe serve – ou antes, nos serve – de definição[126]: Deus é o máximo de ser e de valor possível. Portanto, não lhe poderia faltar o que quer que fosse. Imaginar que Deus criou o mundo e os homens para seu próprio bem, porque lhe faltava alguma coisa, por exemplo uma obra, uma glória ou um público, em suma imaginar uma justificativa *erótica* para a criação é, evidentemente, nada compreender da idéia de Deus tal como o Ocidente a pensou, isto é, enquanto perfeição absoluta. Se Deus é perfeito, tudo no mundo tem falta dele talvez, tudo tende a ele (assim é em Aristóteles, onde Deus move tudo como causa final, isto é, como objeto de amor, *erômenon*, sem ser movido nem comovido pelo que quer que seja)[127], mas a ele mesmo nada falta, ele não tende a nada e, portanto, explica Aristóteles, não se move: Deus pensa a si mesmo – seu pensamento é pensamento do pensamento – e essa contemplação em ato basta para a sua alegria, que é eterna, e não precisa de uma criação ou de um amor[128]. Isso também vale, é claro, para o Bem em si de Platão, objeto último de todo desejo, de toda falta, de todo *erôs*, sem experimentar nada disso. Se o amor é desejo do bem, como dirá Plotino, e se o desejo é falta, como o Bem poderia ser amor, já que deveria por isso ter falta de si?[129]

Mas o mundo também não poderia ser explicado pela *philia* divina. Não apenas porque há algo ridículo, como Aristóteles mostrou, em se acreditar amigo de Deus[130], mas também porque a amizade permanece submetida à lei do ser, do amor a si, da *potência*. Isso, que poderíamos ler em Aristóteles[131], é mais explícito ainda em Spinoza. O que é o amor? Uma alegria que a idéia de sua causa acompanha. O que é uma alegria? A passagem a uma perfeição ou a uma realidade (as duas palavras, para Spinoza, são sinônimas) superior[132]. Regozijar-se é existir mais, é sentir aumentar sua potência, é perseverar triunfalmente no ser. Estar triste, ao contrário, é existir menos, é ver sua potência diminuir, é se aproximar em algo da morte ou do nada. É por isso que todo homem deseja a alegria (pois todo ser se esforça em perseverar em seu ser, em existir o mais possível), portanto o amor (pois o amor é uma alegria, portanto um *mais* de existência ou de perfeição). Em suma, o amor não passa de uma ocorrência entre outras do *conatus* ou, como também diz Spinoza, da *potência*[133], na medida em que é finita e variável. Spinoza tira, sem vacilar as conseqüências disso. Deus, explica, "não sente nenhuma afeição de alegria ou de tristeza, conseqüentemente não tem amor nem ódio por ninguém"[134] – não por falta de potência, claro, mas, ao contrário, porque sua potência, sendo absolutamente infinita, é constante: portanto ela não poderia ser aumentada (alegria, amor) nem diminuída (tristeza, ódio) pelo que quer que fosse[135]. O Deus de Spinoza é demasiado cheio de ser, demasiado cheio de potência, demasiado cheio de si para amar, ou mesmo para deixar existir outra coisa que não ele mesmo[136]. Por isso não é criador: ele é tudo, e assim permanece.

Em se tratando do Deus pessoal dos diferentes monoteísmos, a criação não é muito mais simples de se pensar, ao menos enquanto permanecemos nessa lógica da alegria plena, da perfeição, da potência. Por que Deus iria criar o que quer que seja, se ele mesmo é todo o ser e todo o bem possíveis? Como acrescentar ser ao Ser infinito? Bem ao Bem absoluto? Criar só tem sentido, nessa lógica da potência, desde que para melhorar, pelo menos um pouco, a situação inicial. Mas é o que Deus, mesmo onipotente, não poderia fazer, pois a situação inicial, sendo o próprio Deus, é absolutamente infinita e perfeita! Alguns imaginam Deus, antes da criação, como insatisfeito consigo, como um aluno exigente que escrevesse, à margem de seu próprio dever ou de sua própria divindade: *"Pode fazer melhor"*... Mas não: Deus não pode fazer melhor do que ele é, nem mesmo igualmente bem (pois teria então de criar a si mesmo, portanto não criar absolutamente nada: é esse, talvez, o sentido da Trindade). Deus, se quiser criar outra coisa que não ele, isto é, criar, só poderá fazer *menos bem* que si mesmo. Melhor dizendo, ou pior: Deus, já sendo todo o bem possível e não podendo, por conseguinte, aumentá-lo, só pode criar o mal! Daí este nosso mundo. Mas então: por que cargas d'água tê-lo criado?

Esse problema é tradicional. Mas talvez ninguém o tenha percebido melhor, nem resolvido melhor, se é que se possa fazêlo, do que Simone Weil. O que é este mundo, pergunta ela, senão a ausência de Deus, sua retirada, sua distância (a que chamamos espaço), sua espera (a que chamamos tempo), sua marca (a que chamamos beleza)? Deus só pôde criar o mundo retirando-se dele (senão só haveria Deus); ou, se nele se mantém (de outro modo não haveria absolutamente nada, nem mesmo o mundo), é sob a forma da ausência, do segredo, da retirada, como a pegada deixada na areia, na maré baixa, por um passeante desaparecido, única a atestar, mas por um vazio, sua existência e seu desaparecimento... Temos aí uma espécie de panteísmo em negativo, que é a recusa de qualquer panteísmo verdadeiro ou pleno, de qualquer idolatria do mundo ou do real. "Esse mundo enquanto totalmente vazio de Deus é Deus mesmo"[137], e é por isso que "Deus está ausente"[138], sempre ausente, como indica de resto a famosa prece: *"Pai nosso que estás no céu..."* Simone Weil leva a expressão a sério, e tira dela todas as conseqüências: "É o Pai que está no céu. Não em outra parte. Se acreditamos ter um Pai aqui na terra, não é ele, é um falso Deus."[139] Espiritualidade do deserto, que não encontra ou não prega mais que "a formidável ausência, por toda parte presente", como dizia Alain[140], a que responde, em sua aluna, esta fórmula surpreendente: "É preciso estar num deserto. Pois aquele que é preciso amar está ausente."[141] Mas por que essa ausência? Por que essa criação-desaparecimento? Por que esse "bem feito em pedaços e espalhado através do mal"[142], estando entendido que bem possível já existia (em Deus) e que o mal só existe por essa dispersão do bem, pela ausência de Deus – pelo mundo? "Só se pode aceitar a existência da infelicidade considerando-a como uma distância"[143], escreve ainda Simone Weil. Que seja. Mas por que essa distância? E, já que essa distância é o próprio mundo, enquanto ele não é Deus (e ele só pode ser o mundo, evidentemente, desde que *não seja* Deus), por que o mundo? Por que a criação?

Simone Weil responde: "Deus criou por amor, para o amor. Deus não criou outra coisa que não o próprio amor e os meios do amor."[144] Mas esse amor não é um *mais* de ser, de alegria ou de potência. É exatamente o contrário: é uma diminuição, uma fraqueza, uma renúncia. O texto mais claro, mais decisivo, é sem dúvida este:

> A criação é da parte de Deus um ato não de expansão de si, mas de retirada, de renúncia. Deus e todas as criaturas é menos que Deus sozinho. Deus aceitou essa diminuição. Esvaziou de si uma parte do ser. Esvaziou-se já nesse ato de sua divindade. É por isso que João diz que o Cordeiro foi degolado já na constituição do mundo. Deus permitiu que existissem coisas diferentes Dele e valendo infinitamente menos que Ele. Pelo ato criador negou a si mesmo, como Cristo nos prescreveu nos negarmos a nós mesmos. Deus negou-se em nosso favor, para nos dar a possibilidade de nos negar por Ele. Esta resposta, este eco que depende de nós recusar é a única justificativa possível à loucura de amor do ato criador.
>
> "As religiões que conceberam essa renúncia, essa distância voluntária, esse apagamento voluntário de Deus, sua ausência aparente e sua presença secreta aqui embaixo, essas religiões são a verdadeira religião, a tradução em diferentes línguas da grande Revelação. As religiões que representam a divindade como comandando em toda parte onde tenha o poder de fazê-lo são falsas. Mesmo que monoteístas, são idólatras[145].

Aí reencontramos a paixão, mas num sentido bem diferente: já não é a paixão de Eros ou dos namorados, é a de Cristo e dos mártires. Aí reencontramos o amor louco, mas num sentido totalmente diferente: já não é mais a loucura dos amantes, é a loucura da Cruz.

Esse amor, explica Simone Weil, é o contrário da violência, em outras palavras, da força que se exerce como a potência que governa. E cita Tucídides: "Sempre, por uma necessidade natural, todo ser exerce todo o poder de que dispõe."[146] É a lei do *conatus*, é a lei da potência, é a lei do mundo, é a lei da vida. "Os filhos são como a água", fazia-me ver um amigo: "eles ocupam sempre todo o espaço disponível." Mas Deus não: senão, só haveria Deus, e não haveria mundo. Mas os pais não: acontece, nem sempre (afinal, eles também têm de proteger seu espaço de sobrevivência!), mas às vezes acontece, e com maior freqüência do que se crê, eles se retirarem, recuarem, não ocuparem todo o espaço disponível, justamente, não exercerem todo o poder de que dispõem. Por quê? Por amor: para deixar mais lugar, mais poder, mais liberdade a seus filhos, e tanto mais quanto mais fracos são os filhos, quanto mais desprovidos, mais frágeis, para não os impedir de existir, para não os esmagar com sua presença, sua potência, seu amor... Aliás, isso não é reservado apenas aos pais. Quem não tem cuidado com um recém-nascido? Quem não restringe, diante dele, sua própria força? Quem não se impede a violência? Quem não limita seu poder? A fraqueza comanda, e é isso que significa a caridade. "Acontece", escreve Simone Weil, "embora seja extremamente raro, por pura generosidade um homem se abster de mandar onde tem poder para fazê-lo. O que é possível para o homem é possível para Deus."[147] Por pura generosidade? Digamos antes por puro amor, de que a generosidade decorre. Mas que amor? *Eros*? Não: já que a Deus não falta nada, nem aos pais os filhos, nem ao adulto a fraqueza que ele protege. *Philia*? Também não, pelo menos em sua forma primeira: já que a alegria de Deus não poderia ser aumentada, nem a dos pais poderia esgotar seu amor, nem a do adulto poderia explicar por si só – diante de uma criança que lhe é estranha – essa doçura nele que constitui como que uma paz, e mais que isso talvez. A benevolência, no entanto, está presente, a alegria está presente – mas em negativo, mas atestadas sobretudo por essa força que não se exerce, por esse recuo, por essa doçura, essa delicadeza, por essa potência que parece esvaziar-se de si mesma, limitar a si mesma, que prefere se negar a se afirmar, se retirar a se estender, dar a conservar ou tomar, e até perder a possuir. Dir-se-ia o contrário da água, o contrário dos filhos, o contrário do *conatus*, o contrário da vida que devora ou se afirma: o contrário da gravidade (é o que Simone Weil chama de graça), o contrário da força (é o que ela chama de amor).

Às vezes os casais se aproximam disso. Há *erôs*, que deseja, que toma, que possui. Há *philia*, que se regozija, que partilha, que é como uma adição de forças, como uma potência duplicada pela potência do outro, pela alegria do outro, pela existência do outro. E quem não gosta de ser desejado ou amado? No entanto, à força de ver o outro existir cada vez mais, à força de vê-lo tão forte, tão contente, tão satisfeito, à força de ver como o casal lhe vai bem, como o amor lhe vai bem, à força de o ver ocupar tão bem todo o espaço disponível, toda a vida disponível, à força de o ver afirmar sua potência, sua existência, sua alegria, à força de o ver perseverar tão triunfalmente no ser, você às vezes sente diante dele como que um imenso cansaço, como que uma lassidão, como que uma fraqueza, você se sente de repente como que invadido, esmagado, transbordado, sente que você mesmo existe cada vez menos, que sufoca, que tem vontade de fugir ou de chorar... Você recua um passo? Na mesma hora ele avança o mesmo tanto, como a água, como os filhos, como os exércitos: ele chama a isso "seu amor", chama a isso o "casal de vocês". E de repente você preferiria estar só.

Deve-se citar uma última vez a perturbadora fórmula de Pavese em seu diário íntimo: "Você será amado no dia em que puder mostrar sua fraqueza sem que o outro se sirva dela para afirmar sua força." Esse amor é o mais raro, o mais precioso, o mais milagroso. Se você recua um passo, ele recua dois. Simplesmente para lhe dar mais lugar, para não esbarrar em você, para não o invadir, não o oprimir, para lhe deixar um pouco mais de espaço, de liberdade, de ar, e tanto mais quanto mais fraco o sentir, para não lhe impor sua potência, nem mesmo sua alegria ou seu amor, para não ocupar todo o espaço disponível, todo o ser disponível, todo o poder disponível... É o contrário do que Sartre chamava de *"o grandão cheio de ser"*, em que via uma definição plausível do canalha. Se aceitamos essa definição, que vale tanto quanto outra qualquer, devemos dizer que a caridade, na medida em que formos capazes dela, seria o contrário dessa *canalhice* de ser si mesmo. Seria como que uma renúncia à plenitude do ego, à potência, ao poder. Assim como Deus, que "se esvaziou de sua divindade", escreve Simone Weil[148], e é o que torna o mundo possível e a fé suportável. "O verdadeiro Deus é o Deus concebido como não comandando em toda parte onde tenha o poder de fazê-lo."[149] É o amor verdadeiro, ou antes (pois os outros também são verdadeiros), o que há de divino, às vezes, no amor. "O amor consente tudo e só comanda os que consentem em ser comandados. O amor é abdicação. Deus é abdicação."[150] O amor é fraco: "Deus é fraco"[151], embora onipotente, pois é amor. É um tema que Simone Weil podia encontrar em Alain, que foi seu mestre: "Cumpre dizer que Deus é fraco e pequeno, e sem cessar moribundo entre dois ladrões pela vontade da mais insignificante polícia. Sempre perseguido, esbofeteado, humilhado; sempre vencido; sempre renascendo no terceiro dia."[152] Daí o que Alain chamava de *jansenismo*, o qual, explicava ele, "se refugia num Deus oculto, de puro amor, ou de pura generosidade, como dizia Descartes; num Deus que só tem a dar espírito; num Deus absolutamente fraco e absolutamente proscrito, e que não serve, mas que, ao contrário, deve ser servido, e cujo reinado não chegou..."[153] Ateísmo purificador, dirá Simone Weil[154], e, de fato, purificado de religião. O amor é o contrário da força, assim é o espírito de Cristo, assim é o espírito do calvário: "Se ainda me falam de Deus onipotente", insiste Alain, "respondo que é um Deus pagão, um Deus superado. O novo Deus é fraco, crucificado, humilhado... Não digam que o espírito triunfará, que terá potência e vitória, guardas e prisões, enfim a coroa de ouro. Não... É a coroa de espinhos que ele terá."[155] Essa fraqueza de Deus, ou essa divindade da fraqueza[156], é uma idéia que Spinoza nunca teria tido, ao que tudo indica, que Aristóteles nunca teria tido, e que, no entanto, fala à nossa fragilidade, ao nosso cansaço, e mesmo a essa força em nós, parece-me, tão leve, tão rara, o pouco de amor verdadeiramente desinteressado de que às vezes somos capazes, ou de que acreditamos ser, ou de que sentimos, pelo menos, a nostalgia ou a exigência. Não mais a falta, a paixão ou a cobiça (*erôs*), não mais a potência alegre e expansiva, a afirmação comum de uma existência reciprocamente aumentada, o amor a si duplicado pelo amor ao outro (*philia*), mas a retirada, mas a doçura, mas a delicadeza de existir menos, de se afirmar menos, de se estender menos, mas a autolimitação de seu poder, de sua força, de seu ser, mas o esquecimento de si, o sacrifício de seu prazer, de seu bem-estar ou de seus interesses, o amor a que não falta nada mas que, nem por isso, é cheio de si ou de sua força (o amor a que não falta de nada porque renunciou a tudo), o amor que não aumenta a potência mas que a limita ou a nega (o amor que é abdicação, como diz Simone Weil, o amor que é o contrário do egoísmo e da violência), o amor que não duplica o amor a si mas que o compensa ou o dissolve, o amor que não conforta o ego mas liberta dele, o amor desinteressado, o amor gratuito, o puro amor, como dizia Fénelon[157], o amor que dá (o que já era *philia*), mas que dá em pura perda, e não a seu amigo (dar a um amigo não é perder: é possuir de outro modo, é desfrutar de outro modo), mas ao estranho, mas ao desconhecido, mas ao inimigo...

Anders Nygren mostrou as características distintivas da *agapé* cristã: é um amor espontâneo e gratuito, sem motivo, sem interesse, até mesmo sem justificação[158]. Isso a distingue, é claro, do *erôs*, sempre ávido, sempre egoísta, sempre motivado pelo que lhe falta, sempre encontrando seu valor no outro, sua razão no outro, sua esperança no outro. Mas isso a distingue também da *philia*, que nunca é totalmente desinteressada (já que o interesse de meus amigos é meu interesse), nunca totalmente gratuita (já que me dou prazer dando-lhes prazer, já que eles me amarão mais por isso, já que me amarei mais), nunca totalmente espontânea ou livre (já que sempre determinada pelo encontro feliz de dois egos, pela combinação harmoniosa de dois egoísmos: "porque era ele, porque era eu..."). O amor que Deus tem por nós, segundo o cristianismo, é ao contrário perfeitamente desinteressado, perfeitamente gratuito e livre: Deus nada tem a ganhar com ele, já que nada lhe falta, nem existe mais por causa dele, já que é infinito e perfeito, mas ao contrário se sacrifica por nós, se limita por nós, se crucifica por nós e sem outra razão a não ser um amor sem razão, sem outra razão a não ser o amor, sem outra razão a não ser ele mesmo renunciando a ser tudo. De fato, Deus não nos ama em função do que somos, que justificaria esse amor, porque seríamos amáveis, bons, justos (Deus também ama os pecadores, foi inclusive por eles que deu seu filho), mas porque ele é amor e o amor, em todo caso esse amor, não necessita de justificação. "O amor de Deus é absolutamente espontâneo", escreve Nygren. "Ele não procura no homem um motivo. Dizer que Deus ama o homem não é enunciar um julgamento sobre o homem, mas sobre Deus."[159] Não é o homem que é amável; é Deus que é amor. Esse amor é absolutamente primeiro, absolutamente ativo (e não reativo), absolutamente livre: não é determinado pelo valor do que ele ama, que lhe faltaria (*erôs*) ou o alegraria (*philia*), mas, ao contrário, ele determina esse valor amando. Ele é a fonte de todo valor, de toda falta, de toda alegria. A *agapé*, escreve Nygren, é "independente do valor de seu objeto"[160], pois ela criou esse valor:

> A *agapé* é um amor *criador*. O amor divino não se dirige ao que já é em si digno de amor; ao contrário, ele toma como objeto o que não tem nenhum valor em si e lhe dá um valor. A *agapé*

> nada tem em comum com o amor que se funda na constatação do valor do objeto a que se dirige [como faz *erôs*, mas como também faz *philia*, quase sempre]. *A agapé não constata valores, cria-os.* Ela ama e, com isso, confere valor. O homem amado por Deus não tem nenhum valor em si; o que lhe dá um valor é o fato de Deus amá-lo. A *agapé* é um princípio criador de valor[161].

Que relação tem isso conosco, perguntar-se-á, com nossas vidas, nossos amores, se Deus não existe? Pelo menos uma relação de diferença e, com isso, de esclarecimento. Quando Denis de Rougemont, baseando-se entretanto em Nygren, quer opor o casamento cristão, que seria uma figura de *agapé*, à paixão dos amantes, que seriam prisioneiros de *eros*[162], simplesmente esquece que a pessoa não se casa com qualquer um, que o amor que se tem por seu marido ou sua mulher não é gratuito nem desinteressado, e por exemplo (mas é muito mais que um exemplo: uma pedra de toque) que ninguém recomendou casar-se com os inimigos... A oposição dual entre *eros* e *agapé* é demasiado simples, demasiado esquemática, para funcionar verdadeiramente ou para explicar nossos amores efetivos: porque nossos amores humanos (especialmente no casal, cristão ou não) devem pelo menos tanto a *eros* quanto a *philia*, e muito mais a *philia*, sem dúvida, que a *agapé*. Daí essa tripartição que sugiro, que é esquemática, necessariamente, mas que me parece dar melhor conta de nossos sentimentos reais, de sua evolução, e a passagem contínua de um tipo de amor a outro. Pois Nygren também está errado sem dúvida, por realizar, entre *eros* e *agapé*, um corte tão radical, tão definitivo, a ponto de não se poder mais passar de um a outro, nem buscar entre os dois alguma síntese ou transição. Santo Agostinho, são Bernardo ou santo Tomás foram mais matizados, mais realistas, mais humanos, pois souberam mostrar como se passa do amor a si ao amor ao outro, depois do amor interessado ao outro a seu amor desinteressado, da concupiscência à benevolência depois à caridade, em suma, de *eros* a *philia*, às vezes, pelo menos um pouco, pelo menos como horizonte, de *philia* a *agapé*[163]. A caridade não é, absolutamente, sem relação com a falta (poderíamos dizer que ela é a falta, em nós, do bem, e o próprio bem enquanto nos atrai), nem sem relação com a amizade (ela é como que uma amizade universal e desinteressada, que seria libertada da preferência sempre egoísta, em todo caso sempre egóica, que temos por este ou aquele). Mais próxima portanto, nem é preciso dizer, de *philia* que de *erôs*. O amor em nós que tem falta de Deus, diria são Francisco de Sales, por não ser mais que um amor interessado, ainda não é caridade (pois, dizia são Paulo, a caridade "não procura o seu interesse"[164]): é apenas cobiça, é apenas esperança![165] A caridade só começa verdadeiramente com o amor de amizade que temos por Deus: ela é essa própria amizade[166], enquanto ilumina toda a nossa vida e recai sobre nossos próximos. A passagem decisiva é bem assinalada por santo Tomás. A caridade é um amor de benevolência (uma amizade) que se estende além da amizade propriamente dita, que ultrapassa seus limites, a determinação afetiva ou patológica (no sentido de Kant), a espontaneidade apenas reativa ou preferencial. Por que processo? Por uma espécie de transferência, como diríamos hoje em dia, ou de transitividade, ou de generalização do amor: "A amizade que temos por um amigo pode ser tão grande a ponto de, por causa dele, amarmos os que a ele são ligados, ainda que nos ofendam ou nos odeiem. É dessa maneira que nossa amizade de caridade estende-se inclusive a nossos inimigos: nós os amamos de caridade em referência a Deus, para o qual é principalmente dedicada nossa amizade de caridade."[167] Mas o que resta dela, se Deus não existe?

Talvez uma certa idéia de humanidade, em que todos os homens estão ligados – é o que os gregos chamavam de *philanthropia*, que definem como "uma propensão natural a amar os homens, uma maneira de ser que leva à beneficência e à benevolência para com eles"[168]. Então a caridade nada mais seria, então, que uma ampla amizade, como se via talvez em Epicuro[169], enfraquecida decerto, em sua intensidade, mas também aumentada, quanto a seu alcance, enriquecida, quanto a seus objetos, como que aberta ao universal, como que fazendo "a volta do mundo habitado"[170], como uma luz de alegria ou de doçura difundida sobre todo homem, conhecido ou desconhecido, próximo ou distante, em nome de uma humanidade comum, de uma vida comum, de uma fragilidade comum. Como não amar, ao menos um pouco, quem se parece conosco, quem vive como nós, quem vai morrer como nós? Todos irmãos diante da vida, mesmo que opostos, mesmo que inimigos, todos irmãos diante da morte: a caridade seria como que uma fraternidade de mortais, e decerto isso não é pouco.

Resta também, talvez, uma certa idéia do amor, na medida em que não está submetido ao valor do que ama, já que o gera, já que é a sua fonte. "Amor espontâneo", dizia Nygren, "amor sem motivo, amor criador..." É o próprio amor. Não é porque uma coisa é boa que a desejamos, explica Spinoza, é porque a desejamos que a julgamos boa[171]. Potência do desejo, que faz tesouros e jóias, como dirá Nietzsche, de todas as coisas avaliadas[172]. Isso vale igualmente e sobretudo para o amor. Não é porque uma coisa é amável que a amamos; é porque a amamos que é amável. Assim, os pais amam seu filho antes de conhecê-lo, antes de ser amados por ele, e o que quer que ele seja, o que quer que se torne. Isso excede *erôs*, excede *philia*, pelo menos tais como os vivemos ou os pensamos geralmente (como submetidos ao valor prévio de seu objeto e determinados por esse valor). O amor é primeiro, não quanto ao ser (pois então seria Deus), mas quanto ao valor: o que vale é o que amamos. É a esse título, sem dúvida, que ele é o valor supremo: o alfa e o ômega de viver, dizia eu, a origem e o fim de nossas avaliações. Mas então o amor também vale, se o amamos, e tanto mais quanto mais amamos. Não é porque as pessoas são amáveis que devemos amá-las, é na medida em que as amamos que são (para nós) amáveis. A caridade é esse amor que não espera ser merecido, esse amor primeiro, gratuito, espontâneo, de fato, que é a verdade do amor e seu horizonte.

Seja como for, enquanto se opõe ao egoísmo, ao amor a si, ao *conatus*, esse amor desinteressado pode parecer misterioso, e podemos até duvidar da sua existência. Amar o próximo como a si mesmo, será possível? Sem dúvida, não. Mas indica uma direção, que é a do amor. Ora, se essa direção, na amizade, é a da vida, da alegria, da potência, na caridade ela parece se inverter, como se o vivo devesse renunciar a si para deixar o outro existir. É o tema bem conhecido da morte de si mesmo, nos místicos, ou da *descriação*, em Simone Weil: do mesmo modo que Deus, na criação, renuncia a ser tudo, "devemos renunciar a ser alguma coisa"[173]. De novo, é o exato contrário do *conatus* spinozista:

> Deus esvaziou-se de sua divindade. Devemos nos esvaziar da falsa divindade com a qual nascemos.
>
> Uma vez que compreendemos que não somos nada, o objetivo de todos os esforços é nos tornarmos nada. É para esse fim que sofremos com aceitação, é para esse fim que agimos, é para esse fim que oramos.
>
> Meu Deus, concedei-me tornar-me nada[174].

Pode-se ver nisso um triunfo da pulsão de morte, que se relacionará sem dificuldade ao que há de possivelmente patológico (desta vez no sentido comum do termo) na personalidade de Simone Weil. Tudo bem. Mas, admitido isso, falta saber o que fizemos dessa pulsão de morte ou, por assim dizer, da agressividade. Pois o que Freud mostrou ou sugeriu, e que esquecemos depressa demais, é que a pulsão de morte triunfa necessariamente, pois a própria vida lhe é subordinada[175], e em todo caso não conseguiríamos nos desvencilhar dela pura e simplesmente. Que desejo não é também desejo de morte? Que vida não é violência? Muitos chamarão de *amor* apenas a negação desse desejo, dessa violência, dessa agressividade, que é viver. Mas Simone Weil pratica pouco a negação. O que vemos nela é, antes, a introversão da morte, da violência, da negatividade, ou, para dizer com palavras que não são as dela, a retroversão da pulsão de morte no sentido do eu, o que liberta a pulsão de vida e a torna disponível para outrem. O desejo permanece (pois "somos desejo"[176]), a alegria permanece (pois "a alegria e o sentimento de realidade são idênticos"[177]), o amor permanece (pois "a crença na existência de outros seres humanos como tais é amor"[178]), mas libertados do egoísmo, da esperança[179], da possessividade – como que libertados de nós mesmos, da "prisão do eu"[180], e mais leves, mais alegres, mais luminosos: já que o ego não é mais um obstáculo ao real ou à alegria, já que cessou de absorver nele todo o amor ou toda a atenção disponíveis. Essa leveza, essa alegria, essa luz, são as da sabedoria, são as da santidade, e é o que as reúne. Não é seguro que Simone Weil as tenha alcançado – aliás, ela nunca o pretendeu. Mas nos ajuda a pensá-las. "O pecado em mim diz 'eu'", ela escreve[181]. E mais adiante: "Devo amar ser nada. Como seria horrível se eu fosse alguma coisa. Amar meu nada, amar ser nada."[182] Ressentimento, ideal ascético, ódio de si? Pode-se dizer assim. Isso pode até existir, e existe sem dúvida. Mas, se fosse o único conteúdo desse amor, Simone Weil nos comoveria a esse ponto? Nos esclareceria a esse ponto? Talvez haja também outra coisa, que seria como que uma inversão das pulsões vitais e mortíferas ou, para dizer melhor (pois essas pulsões, ao que tudo indica, são uma só coisa), como que uma permutação de seus objetos nos dois pólos de uma mesma ambivalência. Pôr sua vida em Deus, explica Simone Weil, é "pôr sua vida no que não se pode de modo algum tocar". E acrescenta: "É impossível. É uma morte. É disso que precisamos."[183] Eros e Tanatos... Na maioria das pessoas, ou em todas e na maior parte do tempo, Eros se concentra no eu (e só se projeta nos outros enquanto estes podem nos faltar ou nos regozijar: enquanto podem nos servir), ao passo que Tanatos se concentra de preferência nos outros: amamo-nos mais facilmente do que aos outros, detestamos os outros mais facilmente do que a nós mesmos. O que Simone Weil chama de *descriação* e que, segundo ela, se exprime na caridade poderia talvez ser pensado (nos conceitos de Freud, se não nos dela) como uma inversão ou um cruzamento dessas duas forças ou de seus objetos, cessando o eu de monopolizar a pulsão de vida, cessando de absorver a energia positiva e concentrando em si, ao contrário, toda a pulsão de morte ou toda a energia negativa. Há lugar aqui, parece-me, para uma leitura não-religiosa de Simone Weil, que poderia integrar numa teoria materialista (por exemplo, de inspiração freudiana) algo dessa *descriação* ou, como ela também diz, dessa "reviravolta do positivo e do negativo".

> Somos revirados. Assim nascemos. Restabelecer a ordem é desfazer em nós a criatura.
>
> Reviravolta do objetivo e do subjetivo.
>
> Do mesmo modo, reviravolta do positivo e do negativo. É esse também o sentido da filosofia dos upanixades.
>
> Nascemos e vivemos ao avesso, porque nascemos e vivemos no pecado, que é uma inversão da hierarquia. A primeira operação é a reviravolta. A conversão.
>
> Se a semente não morre... Ela tem de morrer para liberar a energia que traz em si, a fim de que a partir dela se formem outras combinações.
>
> Assim também, devemos morrer para liberar a energia *atada*, para possuir uma energia livre capaz de amoldar-se à verdadeira relação das coisas[184].

A verdadeira relação das coisas? Sua igualdade absoluta, pois nenhuma vale sem o amor, pois todas valem pelo amor. Pelo que a caridade nada mais é que a justiça ("o Evangelho", observa Simone Weil, "não faz nenhuma distinção entre o amor ao próximo e a justiça"[185]), de modo que, antes, ela só se distingue da justiça pelo amor (podemos ser justos sem amar, não podemos amar universalmente sem ser justos), pelo que ela é como que um amor libertado da injustiça do desejo (*erôs*) e da amizade (*philia*), como um amor universal, pois, sem preferência nem escolha, como uma dileção sem predileção[186], como um amor sem limites e mesmo sem justificativas egoístas ou afetivas. Assim, a caridade não poderia ser reduzida à amizade, que sempre supõe uma escolha, uma preferência, uma relação privilegiada, ao passo que a caridade, ao contrário, pretende-se universal[187] e refere-se especialmente aos inimigos ou aos indiferentes (já que, para os outros a amizade pode bastar). Como observa Ferdinand Prat, "não se diria em latim, nem com maior razão em grego: *'Amate (phileite) inimico vestros'*, seria pedir o impossível; mas sempre: *'Diligete (agapate) inimico vestros'*"[188]. Como poderíamos ser amigos de nossos inimigos? Como poderíamos nos regozijar com sua existência, quando ela nos fere, quando ela nos mata? Portanto, temos de amá-los de outro modo. Quanto a *erôs*, não se encontra nem ele nem qualquer palavra de mesma raiz, em nenhum texto do novo testamento[189]. Como, aliás, poderíamos sentir falta de nossos inimigos? Como poderíamos esperar deles um bem, um prazer, uma felicidade? Isso confirma que o amor *agápico* é bem singular, precisamente pelo fato de se pretender universal. Estar enamorado de seu próximo, em outras palavras, de todo o mundo e de qualquer um, *a fortiori* estar enamorado de seus inimigos seria um absurdo evidente. E não é um amigo, observava Aristóteles, quem é amigo de todos[190]. A caridade é, pois, outra coisa: "É o amor transfigurado em virtude", como diz Jankélévitch[191], ou antes (se a amizade, como creio, já pode ser uma virtude), é o amor "tornado permanente e crônico, estendido à universalidade dos homens e à totalidade da pessoa"[192], que também pode se referir, é claro, àquele de quem somos amante ou amigo, mas que se dirige a todos os humanos, bons ou maus, amigos ou inimigos, o que de resto não nos impede de preferir aqueles (quanto à amizade) nem de combater estes (se pudermos combatê-los sem ódio: se o ódio não for a única motivação do combate), mas que introduz nas relações humanas aquele horizonte de universalidade que a compaixão ou a justiça já sugeriam, por certo, mas sobretudo de maneira negativa ou formal, e que a caridade, na medida do possível, vem encher de um conteúdo positivo e concreto. É a aceitação alegre do outro, e de qualquer outro. Tal como ele é e quem quer que seja.

Enquanto é universal, a caridade refere-se também ao eu (quando Pascal escreve que é necessário se odiar[193], falta-lhe evidentemente caridade por si mesmo: que sentido teria amar o próximo como a si mesmo, se não se devesse amar a si mesmo?), mas sem privilégio algum. "Amar um estranho como a si mesmo", escreve com razão Simone Weil, "implica uma contrapartida: amar a si mesmo como a um estranho."[194] É aí que voltamos a encontrar Pascal: "Numa palavra, o eu tem duas qualidades. É injusto em si por se fazer o centro de tudo. É incômodo aos outros por querer subjugá-los, porque cada eu é inimigo e gostaria de ser tirano de todos os outros."[195] A caridade é o antídoto dessa tirania e dessa injustiça, que ela combate por meio de um *descentramento* (ou, diria Simone Weil, de uma *descriação*) do eu. O eu só é odiável porque não sabe amar – e se amar – como deveria. Porque ama apenas a si, ou para si (por cobiça ou concupiscência). Por ser egoísta. Por ser injusto. Por ser tirânico. Por absorver em si – como se fosse um *buraco negro* espiritual – toda alegria, todo amor, toda luz. A caridade, embora não seja incompatível com o amor a si (que ela inclui, ao contrário, purificando-o: "amar a si mesmo como a um estranho"), opõe-se evidentemente a esse egoísmo, a essa injustiça – a essa escravidão tirânica do eu. Talvez seja isso o que melhor a define: é um amor libertado do ego e que liberta dele.

Fosse ela impossível de se viver, ainda assim seria necessária a se pensar: para saber o que nos falta ou o que faz falta em nós.

Porque esse amor é pelo menos objeto de desejo, e essa falta em nós basta para fazer nascer seu valor ou para fazê-la nascer como valor. Pelo que o amor seria efetivamente "essa sede que inventa as fontes"[196], e a própria fonte: como uma falta que libertasse de toda falta, como uma potência que libertasse da potência. Porque o amor nos falta, porque o amor nos regozija: *agapé* também é um objeto ou um horizonte para *erôs* e *philia*, que proíbe que um e outro permaneça prisioneiro de si, satisfeito de si, que sempre os obriga – e isso Platão percebeu – a ir além de todo objeto possível, de toda posse possível, de toda preferência possível, até essa zona do espírito ou do ser em que nada mais falta e em que tudo nos regozija, zona a que

Platão chamava o Bem, a que outros chamaram Deus, de dois mil anos para cá, e que talvez não seja nada mais do que o amor que nos chama na exata medida – mas apenas nessa medida – em que o chamamos, em que o amamos, em que às vezes vivemos, se não sua presença, que nunca é verificada, pelo menos sua ausência, pelo menos sua exigência, pelo menos seu mandamento. O amor não pode ser comandado, dizia eu, pois comanda. Mas comanda efetivamente, e é por isso que ele é toda a lei, como são Paulo havia visto[197], e mais precioso até que a ciência, a fé ou a esperança, que só valem por ele, quando valem, e para ele. Cabe aqui citar o mais belo texto, talvez, que já foi escrito sobre a caridade, da qual este longo capítulo, no fundo, pretendia apenas ser uma justificação, mas sem Deus, e tanto pior para aqueles que consideram isso impossível ou contraditório:

> Ainda que eu fale a língua dos homens e dos anjos, se não tiver caridade, não serei mais que bronze que soa ou címbalo que retine. Ainda que eu tenha o dom da profecia e conheça todos os mistérios e toda a ciência; ainda que eu tenha a plenitude da fé, uma fé de transportar montanhas, se não tiver caridade, nada serei. E, ainda que eu distribua todos os meus bens em esmolas, ainda que entregue o meu próprio corpo às chamas, se não tiver caridade, nada disso me aproveitará.
>
> A caridade é paciente, a caridade é serviçal; ela não é invejosa; não se gaba, não se infla, ela não se conduz inconvenientemente, não procura os seus interesses, não se exaspera, não leva em conta o mal; não se alegra com a injustiça, mas põe sua alegria na verdade. Ela tudo desculpa, tudo crê, tudo espera, tudo suporta.
>
> A caridade não passa nunca. As profecias? elas desaparecerão. As línguas? elas se calarão. A ciência? ela desaparecerá. Pois parcial é nossa ciência, também parcial nossa profecia. Quando, porém, vier o que é perfeito, o que é parcial desaparecerá. Quando eu era menino, falava como menino, sentia como menino, pensava como menino, raciocinava como menino; quando cheguei a ser homem, fiz desaparecer o que era do menino. Pois vemos

> agora num espelho, enigmaticamente, então veremos face a face; agora conheço de maneira parcial; então conhecerei como também sou conhecido.
>
> Agora, pois, permanecem fé, esperança e caridade, estas três coisas: porém a maior delas é a caridade[198].

Essa três "coisas" são o que tradicionalmente se chama de três virtudes teologais (porque teriam Deus mesmo por objeto). Duas delas, a fé e a esperança, estão ausentes deste tratado, porque me pareceram, de fato, não ter outro objeto plausível que não Deus, em que não creio. Dessas duas virtudes, aliás, podemos prescindir: basta a coragem, diante do futuro ou do perigo, assim como a boa-fé, diante da verdade ou do desconhecido. Mas como poderíamos prescindir da caridade (ao menos como idéia ou como ideal)? E quem ousaria pretender que ela só pode ter Deus como objeto, quando todos sentem (e quando Paulo escreve explicitamente) o contrário, a saber, que ela só pode existir por inteiro no amor ao próximo?[199] De resto, santo Agostinho e santo Tomás, comentando o hino à caridade, bem mostraram que, das três virtudes teologais, a caridade não era apenas "a maior das três", como dizia são Paulo, mas também a única a ter um sentido em Deus ou, como dizem, no Reino. A fé passará (como crer em Deus quando se *é* Deus?), a esperança passará (no Reino, não haverá mais nada a esperar), e é por isso que se diz que apenas a caridade "não passará": no Reino só haverá amor, sem esperança e sem fé![200] Aí estamos. A esperança e a fé nos deixaram: nada mais há senão a falta, nada mais senão a alegria, nada mais há senão a caridade. Isso não é, necessariamente, trair o espírito de Cristo, nem renunciar em tudo a segui-lo. Cristo, observa santo Tomás, não tinha "nem a fé nem a esperança", no entanto houve nele "uma caridade perfeita"[201]. Que essa perfeição não nos é acessível, está claro. Mas será isso uma razão para renunciarmos ao pouco de amor puro, gratuito ou desinteressado – ao pouco de caridade – de que talvez sejamos capazes?

Digo "talvez" porque nada garante que esse amor seja ao menos possível. Mas assim acontece, mostrava Kant, com toda virtude[202], e isso portanto não refuta nem a caridade nem o dever. Um tal amor está a nosso alcance? Podemos vivê-lo? Podemos nos aproximar dele? Não podemos sabê-lo nem prová-lo. Talvez seja "esse amor que falta a todo amor", como diz Bobin[203], ao qual no entanto nada falta, e que por isso nos falta, e nos atrai. Mesmo ausente, ele nos ilumina: a ausência do amor ainda é um amor.

"Amar", dizia Alain, "é encontrar sua riqueza fora de si."[204] É por isso que o amor é pobre, sempre, e a única riqueza. Mas há várias maneiras de ser pobre no amor, pelo amor, ou de ser rico, antes, de sua pobreza: pela falta, que é paixão, pela alegria recebida ou partilhada, que é amizade, enfim pela alegria dada, e dada em pura perda, pela alegria dada e abandonada, que é caridade. Haveria, pois, para resumir, para simplificar, três maneiras de amar, ou três tipos de amor, ou três gradações no amor: a carência (*erôs*), o regozijo (*philia*), a caridade (*agapé*). Pode ser que esta última seja, em verdade, apenas um halo de doçura, de compaixão e de justiça, que venha temperar a violência da falta ou do regozijo, que venha moderar ou aprofundar o que nossos outros amores possam ter de demasiado brutal ou de demasiado pleno. Há um amor que é como uma fome, outro que ressoa como uma gargalhada. A caridade mais pareceria um sorriso, quando não, o que lhe sucede, uma vontade de chorar. Não vejo que isso a condene. Nossos risos são ruins mais freqüentemente que nossas lágrimas[205]. Compaixão? Pode ser que seja de fato esse o conteúdo principal da caridade, seu afeto mais efetivo, ou mesmo seu verdadeiro nome. Em todo caso é o nome que lhe dá o Oriente budista, que seria nisso, como sugeri, mais lúcido ou mais realista do que o Ocidente cristão[206]. Pode ser também que a amizade – mas uma amizade purificada, como que rarefeita à proporção de sua extensão – seja o único amor generoso de que sejamos capazes: é sem dúvida o que um epicurista teria objetado a são Paulo ou aos primeiros cristãos. A caridade, se ela é possível, se reconheceria no entanto pelo fato (no que ela superaria a compaixão) de não ter necessidade do sofrimento do outro para amá-lo, de não estar "a reboque da infelicidade" como dizia Jankélévitch, de ser como que uma compaixão primeira e não-reativa[207]; do mesmo modo que se distinguiria da simples amizade, e a superaria, pelo fato de não ter necessidade de ser amada para amar, e nem poder sê-lo, pelo fato de nada ter a ver com a reciprocidade ou o interesse[208], de ser como uma amizade primeira e não-reativa: seria como que uma compaixão libertada do sofrimento, e como que uma amizade, repitamos, libertada do ego.

Sua ausência, mesmo que seja insolúvel, é o que torna as virtudes necessárias: o amor (mas o amor não egoísta) liberta da lei, quando existe, e a inscreve no fundo dos corações[209], quando falta.

Que ele falte o mais das vezes, e sempre talvez, é o que justifica este tratado: para que falar de moral, se não faltasse o amor? "A melhor e mais curta definição da virtude", dizia santo Agostinho, "é esta: a ordem do amor."[210] Mas o amor, na maioria das vezes, só brilha por sua ausência: daí o fulgor das virtudes e a obscuridade de nossas vidas. Fulgor secundário, obscuridade essencial, mas não total. As virtudes, quase todas, só se justificam por esta falta em nós do amor, e portanto se justificam. Elas não poderiam, porém, preencher esse vazio que as ilumina: aquilo mesmo que as torna necessárias impede que as creiamos suficientes.

Pelo que o amor nos destina à moral e dela nos liberta. Pelo que a moral nos destina ao amor, ainda que ele esteja ausente, e a ele se submete.

# Notas

*Preâmbulo*

1. *Éthique à Nicomaque*, I, 6, 1097 *b* 22-1098 *a* 20 (trad. Tricot, Paris, Vrin, 1979, pp. 57-60).

2. *Essais*, III, 13, p. 1110 da ed. Villey-Saulnier, reed. PUF, 1978.

3. *Éthique*, IV, def. 8 (trad. Appuhn, reed. Garnier-Flammarion, 1965).

4. Montaigne, *Essais*, II, 36 ("Des plus excellents hommes"); Spinoza, *Éthique*, IV, escólio da prop. 50.

5. Ver em especial meu *Traité du désespoir et de la béatitude*, t. 2, *Vivre*, PUF, 1988, cap. 4 ("Les labyrinthes de le morale"), e também *Valeur et vérité*, PUF, 1994.

6. Ver, é claro, Aristóteles, *Éthique à Nicomaque*, II, 4-9, 1105 *b*-110 *b*, e *Éthique à Eudème*, II, 3, 1220 *b*-1221 *b*. É o que se chama, às vezes, de *meio-termo*, ou *mediété*, que não é uma mediocridade, mas seu contrário: "Na ordem da substância e da definição que exprime a qüididade, a virtude é uma *mediété*, ao passo que, na ordem da excelência e do perfeito, é um ápice" (*Éth. à Nicomaque*, II, 6, 1107 *a* 5-7, trad. Tricot, pp. 106-107). Ver também o que escrevi em *Vivre*, cap. 4, pp. 116-118.

*Capítulo 1*

1. Kant, *Réflexions sur l'éducation*, introdução, trad. Philonenko, Vrin, 1980, p. 73.

2. *Id.*, p. 70.

3. Kant, *Anthropologie du point de vue pragmatique*, § 14 (trad. M. Foucault, Vrin, 1979, pp. 35-36).

4. Kant, *Doctrine de la vertu* (segunda parte dos *Fondements de la métaphysique des moeurs*), § 48, trad. Philonenko, Vrin, 1968, pp. 151-152.

5. Aristóteles, *Éthique à Nicomaque*, II, 1, 1103 *a* 33 (trad. Tricot, Vrin, 1979, p. 88).

6. *Id.*, 1103 *b* 1 (trad. Tricot, p. 89).

7. Kant, *Réflexions sur l'éducation*, introduction, p. 70.

8. *Les caractères*, "De la société et de la conversation", 32 (ed. R. Garapon, Classiques Garnier, 1990, p. 163).

9. *Réflexions sur l'éducation*, III, C (trad. Philonenko, p. 129).

10. *Anthropologie du point de vue pragmatique*, § 14 (trad. Foucault, p. 35).

11. *Critique de la raison pure*, Disciplina, 2, AK, III, p. 489 (trad. Tremesaygues e Pacaud, PUF, 1963, p. 512).

12. *Id.*, AK, III, 489-490 (trad. Tremesaygues e Pacaud, pp. 512-513).

13. *Anthropologie...*, § 14 (trad. Foucault, p. 36).

14. *Éthique à Nicomaque*, II, 1, 1103 *b* 21 (trad. Tricot, p. 90).

15. Alain, *Définitions*, Bibl. de la Pléiade, "Les arts et les dieux", p. 1080 (definição da polidez).

16. Alain, *Quatre-vingt-un chapitres sur l'esprit et les passions*, Bibl. de la Pléiade, "Les passions et la sagesse", p. 1243.

*Capítulo 2*

1. Santo Agostinho, *Confessions*, XI (em especial o cap. 20, trad. Trabucco, G.-F., 1964, p. 269).

2. Nietzsche, *Considérations intempestives*, II (trad. G. Bianquis, Aubier-Montaigne, 1964, reed. 1979, p. 207).

3. Segundo a feliz expressão de François George a propósito de Nietzsche: "D'un critère nouveau en philosophie", *L'âme et le corps*, sob a direção de M.-P. Haroche, Plon, 1990.

4. Vladimir Jankélévitch, *L'imprescriptible*, Seuil, 1986, p. 55.

5. Ver *supra*, Preâmbulo, p. 11.

6. *Éthique à Eudème*, VII, 2, 1237 *b* 37-40 (trad. V. Décarie, Vrin-Presses de l'Université de Montréal, 1984, p. 164).

7. Aristóteles, *Éthique à Nicomaque*, IX, 3, 1165 *b* 32-36 (trad. Tricot, Vrin, 1979, p. 441).

8. V. Jankélévitch, *Traité des vertus*, II: *Les vertus et l'amour*, t. 1, cap. 2, Flammarion, 1986, p. 140.

9. *Id.*, pp. 140-142.

10. *Id.*, pp. 142-143. Na fidelidade, nota Jankélévitch no mesmo lugar, "os estóicos teriam reconhecido a *Constantia sapientis*" (a constância do sábio).

11. *Id.*, p. 141.

12. *Pensées*, 673-123 (ed. Lafuma).

13. M. Conche, *Montaigne et la philosophie*, ed. de Mégare, 1987, pp. 118-119. Ver também Montaigne, *Apologie de Raymond Sebond*, pp. 602-603 da ed. Villey-Saulnier, reed. PUF, 1978 (em especial a evocação de Epicarmo).

14. *Les vertus et l'amour*, t. 1, p. 154 (é ela, para Jankélévitch, "a fidelidade por excelência").

15. V. Jankélévitch, *L'imprescriptible*, p. 60.

16. M. Conche, *Orientation philosophique*, reed. PUF. 1990, p. 106.

17. *Les deux sources de la morale et de la religion*, pp. 86-90 (pp. 1047-1050 da ed. do Centenário, reed. PUF, 1970).

18. "Éducation morale et laïcité", *Foi et vie*, nº 2, janeiro de 1928, p. 8. Ver também meu artigo "Jean Cavaillès ou l'heroïsme de la raison", *Une éducation philosophique*, PUF, 1989, pp. 287-308.

19. *Supra*, cap. 1, pp. 13 s.

20. *Éthique*, III, explicação da definição 27 das afeições (salvo precisão contrária, cito Spinoza, em todo este tratado, a partir da trad. Appuhn das *Oeuvres complètes* (reed. Garnier-Flammarion, 1964, 1965 e 1966), que às vezes modificarei um pouco.

21. Nietzsche, *La volonté de puissance*, liv. III, § 498 (trad. G. Bianquis, Gallimard, 1937, t. 2, p. 156).

*Capítulo 3*

1. Com a coragem (ou força de alma), a temperança e a justiça. Essa classificação (na qual a prudência, em francês, é às vezes chamada *sagesse**) parece remontar ao século VI a.C. Encontramo-la quase

* Sabedoria, mas também tino, ponderação, juízo (no sentido de ter juízo, ser ajuizado). (N. do T.)

assim em Platão (ver, p. ex., *Rep.*, IV, 427 *e* e *Leis*, I, 631, *c*) e se tornará clássica no estoicismo (ver p. ex. Diógenes Laércio, VII, 126) e, mais tarde (transmitida principalmente por Cícero) no pensamento cristão, em especial em santo Ambrósio, santo Agostinho e santo Tomás de Aquino. Ver a esse respeito P. Aubenque, *La prudence chez Aristote*, PUF, 1963, pp. 35-36; G. Rodis-Lewis, *La morale stoïcienne*, PUF, 1970, pp. 72-86; e santo Tomás, *Somme théologique*, I a II ae, quest. 61 (pp. 371 ss. do tomo 2 da edição do Cerf, 1984, reimpr. 1993). Ver também Alain, Consideração de 19 de janeiro de 1935 ("Les quatre vertus", Bibl. de la Pléiade, *Propos*, I, pp. 1245-1247), assim como a bela definição da virtude (*Définitions*, em *Les arts et les dieux*, Bibl. de la Pléiade, p. 1098).

2. Ver p. ex. *Fondements de la métaphysique des moeurs*, II, p. 87 da trad. Delbos-Philonenko (Vrin, 1980), *Critique de la raison pratique*, I, I, cap 1, esc. 2, p. 37 da trad. Picavet (PUF, 1971), *La religion dans les limites de la simple raison*, II, pp. 82-83 da trad. Gibelin (Vrin, 1972) e *Doctrine de la vertu*, pp. 101 e 132 da trad. Philonenko (Vrin, 1968). Ver também P. Aubenque, "La prudence chez Kant", *Revue de métaphysique et de morale*, 1975, pp. 156-182.

3. Kant, *Sur un prétendu droit de mentir par humanité*, (trad. Guillermit, Vrin, 1980, pp. 67-73).

4. Ver Max Weber, *Le savant et le politique*, trad. franc., reed. "10-18", 1963, pp. 172 ss.

5. Aristóteles, *Éthique à Nicomaque*, VI, 5, 1140 *a-b*. Ver também o magistral estudo de Pierre Aubenque, *La prudence chez Aristote*, Paris, PUF, 1963.

6. Santo Tomás de Aquino, *Somme théologique*, I a II ae, quest. 57, art. 5, e quest. 61, art. 2. Ver também II a II ae, quest. 47 a 56 (especialmente quest. 47, art. 5 a 8). Ver também E. Gilson, *Saint Thomas moraliste*, Vrin, 1974, pp. 266 ss.

7. De fato, é sobre os meios e não sobre os fins que deliberamos: *Éthique à Nicomaque*, III, 5, 1112*b*, 11-19. Ver também santo Tomás, *Somme théologique*, I a II ae, quest. 57, art. 5: "Para bem agir, é necessário não apenas fazer algo, mas fazer como se deve, ou seja, é necessário agir de acordo com uma opção bem regrada e não apenas por impulso ou paixão. Mas, como a opção diz respeito aos meios em vista de um fim, sua retidão requer duas coisas: o fim devido e meios adequados a esse fim. (...) Por isso é necessário haver na razão uma virtude

intelectual que lhe dê perfeição suficiente para bem se comportar com relação aos meios a empregar. Essa virtude é a prudência" (p. 352 do tomo 2 da ed. do Cerf).

8. Aristóteles, *op. cit.*, VI, 13, 1144 *a* 6-9: "A virtude moral garante a retidão do objetivo que perseguimos, e a prudência a dos meios para alcançar esse objetivo" (trad. Tricot, Vrin, 1979, p. 308). Ver também X, 8, 1178 *a* 18 (p. 516): "A retidão das virtudes morais depende da prudência."

9. Ver p. ex. o depoimento de Estobeu, *Ecl.*, II, 59, 4, nos *Stoïcorum veterum fragmenta*, III, 262 (cit. por P. Aubenque, *op. cit.*, p. 33 e nº 1). Ver também a comunicação de P. Aubenque "La 'phronèsis' chez les stoïciens", *Actes du VII^e Congrès de l'Association Guillaume Budé*, Paris, Les Belles Lettres, 1964, pp. 291-292.

10. *Éthique à Nicomaque*, VI, 5 (especialmente p. 285 da trad. Tricot). Quando nossas ciências modernas tratam do acaso, por exemplo na forma do cálculo das probabilidades, é para nele buscar o necessário. Ora, isso (que novamente dá razão a Aristóteles) só é válido para os grandes números, quando qualquer escolha e qualquer ação devem enfrentar o singular.

11. Ver P. Aubenque, *op. cit.*, p. 78.

12. Epicuro, *Lettre à Ménécée*, 130 (trad. M. Conche).

13. *Id.*, 132. Ver também as *Máximas capitais* V a X, bem como a *Sentença vaticana* 71.

14. *Lettre à Ménécée*, 129.

15. *Des lois*, XXIII (trad. Appuhn, reed. G.-F., 1965, p. 149).

16. Ver Cícero, *République*, VI, 1, *De la nature des dieux*, II, 22, 58, e *Des lois,* I, 23. Ver também P. Aubenque, *op. cit.*, p. 95.

17. P. Aubenque, *op. cit.*, p. 137.

18. *Critique de la raison pratique*, Analytique, cap. I, (trad. Picavet, p. 37).

19. *Éthique à Nicomaque*, VI, 13, 1144 *b* 31 (trad. Tricot, p. 313).

20. Citado por J.-L. Bruguès OP, *Dictionnaire de morale catholique*, ed. CLD, Chambray-lès-Tours, 1991, verbete "Prudence" (p. 346). O autor não indica a referência. Pode se tratar de uma tradução aproximada do *De moribus catholicae Ecclesiae*, II, 1, § XV-25: "*Prudentia, amor ea quibus adjuvatur ab eis quibus impeditur, sagaciter seligens*" ("a prudência é o amor que separa com sagacidade o que lhe é útil do que lhe é prejudicial", trad. B. Roland-Gosselin, Desclée, 1936, pp. 62-63).

21. Ver Hans Jonas, *Le principe de responsabilité*, trad. franc., Éditions du Cerf, 1990. Ver também J.-M. Besnier, *L'humanisme déchiré*, Descartes & Cie, 1993, pp. 111-121. Notemos de passagem que J.-M. Besnier está evidentemente errado ao me opor, neste ponto, a Hans Jonas. O fato de não haver outra ética que não a ética presente não impede que toda ética deva, como a prudência requer, preocupar-se com o futuro – inclusive (sobretudo hoje, devido ao poderio sem precedente de nossas técnicas) o das gerações vindouras. Somente os vivos podem ter deveres; mas também os têm, é o que mostra o livro de Jonas, para com os que ainda não estão vivos, para com a humanidade futura, cuja existência não poderíamos comprometer sem culpa. No que me diz respeito, é claro que nunca pensei que devêssemos, nem pudéssemos, nos dispensar de qualquer relação com o futuro. Escrevi freqüente e claramente o contrário (ver p. ex. *Le mythe d'Icare*, pp. 149-150; *Vivre*, pp. 214-224; *Une éducation philosophique*, pp. 350-352; *L'amour la solitude*, p. 26; *Valeur et vérité*, pp. 145-146 e 158-160...). O que quis mostrar, contra as seduções da esperança e os perigos da utopia, foi simplesmente que a relação com o futuro só podia ser política e moralmente responsável na medida em que dissesse respeito ao futuro *enquanto este depende de nós*; portanto na medida em que fosse uma relação não de esperança, mas de vontade. Assim é a prudência: vontade atual (como toda vontade) de preparar ou de preservar o futuro – o seu, tanto quanto possível, e o dos outros, tanto quanto devido.

22. Era esta a divisa inscrita em seu sinete.

*Capítulo 4*

1. Spinoza, *Éthique*, IV, escólio da prop. 45 (trad. Appuhn).

2. *Ibid.*

3. Ver Aristóteles, *Éthique à Nicomaque*, II, 7, 1107 *b* 4-8 e III, 14, 119 *a* 5-20. Sobre a virtude como meio-termo (e como ápice) entre dois vícios opostos, um por excesso, o outro por falta, ver também *Éthique à Nicomaque*, II, 5 e 6 (especialmente 1107 *a* 1-7).

4. Epicuro, *Lettre à Ménécée*, 130 (trad. M. Conche). Comparar com o que Aristóteles escreve sobre a temperança: *Éthique à Nicomaque*, III, 13-15. Sobre a *autarkéia* em Aristóteles, ver *Éth. à Nic.*, I, 5, 1097 *b* 8 ss.

5. Sobre o sentido dessa distinção, ver meu artigo "Morale ou éthique?", em *Valeur et vérité*, PUF, 1994, pp. 183-205. Sobre a preocupação consigo, ver, é claro, M. Foucault, *Histoire de la sexualité*, especialmente os tomos 2 e 3 (Gallimard, 1984).

6. Sobre os desejos naturais e necessários e sobre os que não o são, ver Epicuro, *Lettre à Ménécée*, § 127 ss., assim como a *Máxima capital* XXIX. Sobre a classificação dos desejos no epicurismo, ver M. Conche, *Epicure, Lettres et maximes*, reed. PUF, 1987, Introduction, pp. 63-69.

7. Como Lucrécio dizia de Epicuro: "*Et finem statuit cuppedinis atque timoris*" (*De rerum natura*, VI, 25).

8. *Essais*, III, 13, p. 1110 (em todo este tratado, minhas referências a Montaigne remetem à edição Villey-Saulnier, reed. PUF, 1978, de que modernizo a ortografia e, às vezes, a pontuação).

9. Epicuro, *Lettre à Ménécée*, 130-131.

10. Lucrécio, *De rerum natura*, V, 1117-1119.

11. *Somme théologique*, II a II ae, quest. 141, art. 8 (tomo 3 da ed. du Cerf, 1985, pp. 814-815).

12. *Id.*, art. 4 (p. 811).

13. *Somme théologique*, II a II ae, quest. 142, art. 1, pp. 815-816. Ver também Aristóteles, *Éthique à Nicomaque*, II, 7, 1107 *b* 4-8, e III, 14, 1119 *a* 5-21.

14. Ver p. ex. *Éthique*, III, escólio da prop. 56, e V, prop. 42 e escólio.

15. *Ibid.*, e Éthique, IV, def. 8.

16. Alain, *Définitions*, em *Les arts et les dieux*, Pléiade, p. 1094 (def. da temperança).

17. Ver Montaigne, *Essais*, I, 30 ("De la modération") e Kant, *Doctrine de la vertu*, introdução, XVII (trad. Philonenko, Vrin, 1968, p. 81).

*Capítulo 5*

1. Não encontrei a referência; mas, procurando-a, dei com a mesma idéia em *Rome sauvée, ou Catilina*, V, 3: "Uma coragem indômita, no coração dos mortais,/ Faz ou os grandes heróis ou os grandes criminosos" (*Oeuvres complètes*, t. 5, Garnier-Frères, 1877, p. 264).

2. Como viram Aristóteles (*Éthique à Nicomaque*, III, 9, 1115 *a* e *Éthique à Eudème*, III, 1, 1229 *b*), santo Tomás (*Somme théologique*, II

a II ae, quest. 123, arts. 4 e 5) e Jankélévitch (*Traité des vertus*, II, 1, *Les vertus et l'amour*, ed. Champs-Flammarion, Paris, 1986, cap. 2, pp. 134-135).

3. *La religion dans les limites de la simple raison*, Primeira parte, observação geral (trad. Gibelin, Vrin, 1972, p. 68 e nº 1). Ver também *Critique de la raison pratique*, I, escólio 2 do teorema 4 (trad. Picavet, PUF, 1971, pp. 35-40) e *Fondements de la métaphysique des moeurs*, II (trad. Delbos-Philonenko, Vrin, 1980, em especial pp. 76 e 96).

4. Descartes, *Traité des passions*, II, art. 59, e III, art. 171; Kant, *Doctrine de la vertu*, introdução, XII, e *Fondements de la métaphysique des moeurs*, I, pp. 55-57 e 64-65 da trad. Delbos-Philonenko. Lembremos que "patológico" em Kant não significa anormal ou doentio, mas, de acordo com a etimologia, designa tudo o que está ligado à paixão (*pathos*) ou, em geral, aos impulsos sensíveis (cf. *Critique de la raison pure*, trad. Tremesaygues e Pacaud, PUF, 1963, p. 541).

5. *Somme théologique*, II a II ae, quest. 123, art. 2 (ed. du Cerf, 1985, t. 3, p. 735).

6. *Id.* As duas citações, feitas por santo Tomás, são tiradas, a de Aristóteles, da *Ética a Nicômaco*, II, 3, 1105 *a* 32, e a de Cícero, da *Retórica*, *De inventione*, II, 54.

7. *Les propos d'Alain*, NRF, 1920, p. 131 (é uma consideração magnífica, que não encontro nas coletâneas de La Pléiade, mas talvez tenha procurado mal).

8. Ver *Laques* inteiro, *Protágoras*, 349 *d*-350 *c* e 358 *d*-360 *e*, *República*, IV, 429 *a*-430 *c* e *Leis*, XII, 963 *a*-964 *d*. Sobre a coragem em Platão (e, em geral, na história da filosofia), ver também V. Jankélévitch, *Les vertus et l'amour (Traité des vertus*, II), cap. 2, assim como os artigos de E. Smoes e S. Matton no nº 6 da série "Morales" da revista *Autrement* ("Le courage", Paris, 1992).

9. *Op. cit.*, cap. 2, em especial nas pp. 90-103 da ed. Champs-Flammarion (1986). E já Aristóteles: "Sócrates também não tinha razão de dizer que a coragem é um saber" (*Grande morale*, I, 20, 1190 *b* 26-32, trad. C. Dalimier, *Les grands livres d'Éthique*, Arléa, 1992, p. 89).

10. *Id.*, p. 110.

11. Ver meu artigo "Jean Cavaillès ou l'héroïsme de la raison", *Une éducation philosophique*, especialmente pp. 302-308.

12. Epicuro, *Lettre à Ménécée*, 135; Spinoza, *Éthique*, V. Isso não quer dizer (apesar de Jankélévitch, *op. cit.*, pp. 98-99) que não haja, em

Epicuro ou Spinoza, lugar para a coragem, ou para uma coragem diferente da *aphobia* (ausência de medo) do sábio; quer dizer, antes, que sobra para a coragem todo o lugar que a sabedoria em nós não consegue ocupar...

13. *Éthique*, III, 59, escólio (trad. Pautrat, Seuil, 1988). Ver também *Éthique*, IV, prop. 63 e dem.

14. *Éthique*, III, 9 e escólio. Ver também *Éthique*, V, escólio da prop. 10 e prop. 41.

15. Ao contrário do que escreve Jankélévitch (mas para em seguida matizar) no início de seu capítulo sobre a coragem, *op. cit.*, p. 89.

16. Jankélévitch, *op. cit.*, p. 96.

17. *Lettres au Docteur H. Mondor sur le sujet du coeur et de l'esprit*, Bibl. de la Pléiade, "Les arts et les dieux", p. 733.

18. *Éthique*, IV, escólio da prop. 73.

19. *Grande morale*, I, 20, 1191 *a* 33-36 (trad. Dalimier, p. 92), que cito aqui a partir da tradução bastante livre de Jankélévitch, *op. cit.*, p. 107. Ver também *Éthique à Nicomaque*, III, 9, 1115 *a* 33-35 e *Rhétorique*, II, 5, 1382 *a* 25-30. A esse tipo de personagem, que chama de fanfarrão, La Fontaine consagrou uma fábula, *O leão e o caçador*, cuja moral merece ser recordada: "A verdadeira prova de coragem? Está apenas no perigo palpável. / Buscava-o aquele, disse, que mudando de linguagem / Fugiu assim que o viu" (*Fables*, ed. de la Nouvelle librairie de France, 1958, t. 1, p. 281).

20. *Op. cit.*, p. 107.

21. *Op. cit.*, p. 108.

22. Ver Epicteto e Marco Aurélio, claro, mas também Jankélévitch, *Le Je-ne-sais-quoi et le Presque-rien*, Points-Seuil, 1980, t. 3: *La volonté de vouloir* (especialmente o cap. 2), assim como o *Traité des vertus*, II, 1, p. 125.

23. *Traité des passions*, III, art. 173. Ver também, em *Principes de la philosophie*, a carta-dedicatória à princesa Elisabeth: "O medo proporciona devoção, e o desespero, coragem" (ed. Alquié, t. 3, p. 88, AT, p. 22).

24. *Ibid.*

25. *Éthique à Nicomaque*, III, 11, 1116 *a* 1-4.

26. São as três traduções, de resto todas aceitáveis, que se pode encontrar para *to kalon prattousin* (*Eth. à Nic.*, III, 11, 1116 *b* 30), nas edições mais acessíveis em francês, a saber, pela ordem, as de Barthélemy Saint-Hilaire (revista e corrigida por A. Gomez-Muller, Le

livre de poche, 1992, p. 138, tradução quase idêntica em Gauthier e Jolif, Louvain, 1970, p. 80), Tricot (Vrin, 1979, p. 156) e Voilquin (Garnier-Flammarion, 1965, p. 83). Ver também III, 10, 1115 *b* 12-13 e 23.

27. Ver Aristóteles, *Éthique à Nicomaque*, III, 11, 1116 *b*-1117 *a* e *passim*.

28. R. A. Gauthier e J. Y. Jolif, *L'Éthique à Nicomaque*, introdução, tradução e comentário, Louvain, 1970, II, 1, pp. 233-234.

29. Sylvain Matton, art. citado, pp. 34-35.

30. Não posso deter-me aqui nos problemas de interpretação, e em especial na difícil conciliação de duas passagens da *Éthique à Nicomaque*, a saber 1115 *b* 33-1116 *a* 3, de um lado, e 1117 *a* 10-27 de outro (ler de preferência, quando não se é helenista, na tradução de Gauthier e Jolif, pp. 7 e 81). Fica claro a partir daí que "o covarde é uma espécie de pessimista, pois teme tudo"; mas também que o otimista, se em algo se parece com o corajoso, nem por isso é corajoso: "Não se é mais corajoso por ser otimista." Em suma, o otimismo assemelha-se à coragem (pela segurança) ao mesmo tempo que dela se distingue (por sua fragilidade). Não vejo que a coragem seja, por isso, "antinômica da esperança" (como diz S. Matton em seu bonito artigo); de resto, todos sabem que não é assim: os otimistas podem ser corajosos *também*. Mas é verdade que resulta desses dois textos, e é isso que importa, que coragem e esperança são duas coisas não apenas diferentes, mas independentes – de direito como de fato – uma da outra (ver a esse respeito as pertinentes observações de Gauthier e Jolif, em seu comentário da *Éthique à Nicomaque*, Louvain, 1970, II, 1, pp. 232-234). Quem tem esperança pode, decerto, *por outro lado*, ser corajoso; mas só o é verdadeiramente sob a condição de sua audácia ou sua valentia virem *somente* da esperança. É o que explica muito bem a *Grande morale* (I, 20, 1191 *a* 11-21, p. 91 da trad. Dalimier): "Se privando alguém de alguma coisa sua coragem não permanece, já não é um homem corajoso"; quem só dá prova de bravura "por causa da esperança ou da expectativa de um bem" não é pois corajoso, na verdade, pois sua coragem aparente não sobreviveria à perda de sua esperança. Aristóteles está aqui, como com tanta freqüência, bem próximo da experiência comum: só é verdadeiramente corajoso, para ele como para nós, aquele que pode sê-lo na derrota, mesmo quando certa, tanto quanto na vitória, mesmo quando garantida. A coragem do desespero não é, portanto, *toda* a coragem, mas é sua pedra de toque, graças à qual a coragem se distingue da simples confiança.

31. *Gargantua*, cap. 43 (p. 168 da ed. do Seuil, col. "L'Intégrale", da qual modernizo a ortografia).

32. *Souvenirs de guerre*, Pléiade, "Les passions et la sagesse", p. 441.

33. *Souvenirs concernant Jules Lagneau*, cap. 2, Pléiade, "Les passions et la sagesse", pp. 751 e 758. Ver também pp. 738, 741 e 748.

34. *Éthique à Nicomaque*, II, 7, 1107 *a* 33-1107 *b* 4, *Éthique à Eudème*, III, 1, 1228 *a* 23-1229 *b* 26.

35. *Éthique*, IV, prop. 69 e escólio (o homem livre, segundo Spinoza, é aquele que vive unicamente conduzido pela razão).

*Capítulo 6*

1. Consideração de 2 de dezembro de 1912 (Pléiade, *Propos*, II, p. 280). Ver também os *81 chapitres*, IV, 7 e VI, 4 (Pléiade, "Les passions et la sagesse", pp. 1184 e 1228).

2. *Fondements de la métaphysique des moeurs*, I, pp. 55-56 da trad. Delbos-Philonenko, Vrin, 1980.

3. *Id.*, p. 57.

4. Ver p. ex. *Doctrine du droit*, introdução geral, III e IV (especialmente, pp. 94 e 98 da trad. Philonenko, Vrin, 1971).

5. *Éthique à Nicomaque*, V, 3, 1129 *b* 25-31 (trad. Tricot, Vrin, 1979, pp. 218-219).

6. Kant, *Doctrine du droit*, II, 1, Observação E (trad. Philonenko, p. 214). Ver também Dostoiévski, *Les frères Karamazov*, II, livro 5, cap. 4 (trad. franc., reed Folio, 1990, t. 1, pp. 343-344); Bergson, *Les deux sources de la morale et de la religion*, p. 76 (p. 1039 da ed. do Centenário, PUF, 1970); Camus, *L'homme révolté*, II (Bibl. de la Pléiade, pp. 465-466); e Jankélévitch, *Traité des vertus*, II, 2, cap. 5, p. 47 da ed. Champs-Flammarion, 1986.

7. *Maximes capitales* 31 a 38.

8. Bentham, *An introduction to the principles of morals and legislation*, reed. University of London, 1970; Mill, *L'utilitarisme*, trad. franc., Flammarion, 1988 (sobretudo o cap. 5). Mesma orientação em Hume: *Enquête sur les principes de la morale*, seção III (trad. Baranger-Saltel, G.-F., 1991, pp. 85-109); ver também *Traité de la nature humaine*, livro III, segunda parte (trad. Leroy, Aubier, 1983, pp. 593 ss.).

9. John Rawls, *Théorie de la justice*, trad. franc. Seuil, 1987 (em especial as seções 1, 5 e 87). Essa obra importante, ainda pouco lida na França, é um clássico do pensamento político contemporâneo. Deu lugar, sobretudo no mundo anglo-saxão, a numerosíssimos estudos e discussões. Ver a esse respeito a obra muito bem informada de Ph. Van Parijs, *Qu'est-ce qu'une société juste?*, Seuil, 1991.

10. Ver Aristóteles, *Éthique à Nicomaque*, V, 2 e V, 9 (trad. Tricot, pp. 216 e 246-247).

11. Aristóteles, *Éthique à Nicomaque*, V, 2, 1129 *a* 34 (trad. Tricot, p. 216). Ver também *Grande morale*, I, 23, 1193 *b* (trad. Dalimier, *Les grands livres d'éthique*, Arléa, 1992, pp. 111 ss.).

12. *Éthique à Nicomaque*, V, 3, 1129 *b* 12 (trad. Tricot, p. 217).

13. *Pensées*, 645-312 (cito Pascal segundo a ed. Lafuma de *Oeuvres complètes*, Seuil, col. "L'intégrale", 1963; para *Pensées*, o segundo número corresponde à ed. Brunschvicg). Ver também meu prefácio a Pascal, *Pensées sur la politique*, Rivages Poche, 1992.

14. No texto latino do *Léviathan*, II, cap. 26 (trad. Tricaud, Sirey, 1971, p. 295, nota 81).

15. Como mostraram Hobbes (*Léviathan*, II, cap. 26), Spinoza (*Traité politique*, caps. 3 e 4), depois Rousseau (*Contrat social*, II, cap. 6). É aí que convergem positivismo e voluntarismo: ver H. Batiffol, *La philosophie du droit*, PUF, col. "Que sais-je?", reed. 1981, pp. 11-15 e 22-24.

16. *Pensées*, 81-199.

17. *République*, IV. Para uma introdução geral às diferentes teorias da justiça, de Platão a Rawls, ver também o pequeno livro, muito pedagógico, de Gérard Potdevin, *La justice*, Paris, Quintette, 1993.

18. Pascal, *Pensées*, 103-298.

19. *Id.*, 85-878.

20. Platão, *Crítias*, especialmente 48-54.

21. *Doctrine du droit*, II, 1, Observação E (p. 216 da trad. Philonenko).

22. *Pensées*, 562-534.

23. *81 chapitres sur l'esprit et les passions*, VI, 4 (Pléiade, "Les passions et la sagesse", pp. 1229-1230).

24. *Id.*, VI, 5, pp. 1230-1231. Mesma idéia em Simone Weil (que foi aluna de Alain): a virtude de justiça "consiste, para quem é superior na relação desigual das forças, em conduzir-se exatamente como se

houvesse igualdade" (*Attente de Dieu*, Fayard, 1966, reed. "Le livre de vie", 1977, p. 129).

25. *Id.*, VI, 4, p. 1230.

26. *Doctrine du droit*, introdução à doutrina do direito, C (p. 104 da trad. Philonenko, que modernizo um pouco). Ver também *Théorie et pratique*, II, pp. 289-290 (p. 30 da trad. Guillermit, Vrin, 1908): "O *direito* é a limitação da liberdade de cada um à condição de seu acordo com a liberdade de todos, na medida em que esta é possível segundo uma lei universal."

27. Ver Alain, *op. cit.*, p. 1228.

28. *Théorie et pratique*, II, Corolário, pp. 38-39 da trad. Guillermit. Ver também *Doctrine du droit*, Observação geral, A (p. 21 da trad. Philonenko) e § 52 (p. 223). Kant permanece fiel, aqui, a Rousseau, para quem a idéia de contrato social não tem por finalidade explicar um fato, mas fundar uma legitimidade: *Contrat social*, I, 1 (Pléiade, pp. 351-352). Quanto a Spinoza, cuja problemática é diferente, também vai apagar cada vez mais qualquer referência a um contrato histórico original. Ver a esse respeito A. Matheron, *Individu et communauté chez Spinoza*, ed. de Minuit, 1969, pp. 307-330.

29. Kant, Refl., Ak. XVIII, nº 7416, p. 368, e nº 7734, p. 503, citado por Guillermit na nota 59 de sua edição de *Théorie et pratique* (pp. 86-87).

30. *Ibid.*

31. Ver *Théorie de la justice*, especialmente as seções 3-4 e 20-30. A análise de Rawls pretende-se expressamente de inspiração kantiana; ver p. ex. seu prefácio, p. 20 da trad. franc., e sobre sua interpretação de Kant (às vezes discutível mas sempre sugestiva), a seção 40.

32. Rawls, *id.*, seção 24, pp. 168-169 da trad. franc.

33. Como Pascal havia visto: *Pensées*, 597-455 e 978-100.

34. *Théorie de la justice*, seção 24, p. 171.

35. É o que Rawls chama de desinteresse mútuo (*mutual desinterestedness*: ver *Théorie de la justice*, seções 3, p. 40, e 22, p. 162), suficiente para distinguir com bastante clareza a justiça da caridade.

36. Ver o *Contrat social*, I, 6 (sobre o cotnrato original) e II, 6 (sobre a generalidade da lei).

37. *Pensées*, 597-455.

38. *Les frères Karamazov*, II, V, 4 ("La révolte"), pp. 332-333 da trad. Mongault (reed. Folio, t. 1, 1990).

39. *Éthique à Nicomaque*, V, 7, 1131 *b* 16-20 (p. 231) e 10, 1134 *a-b* (p. 249).

40. *Traité théologico-politique*, cap. 16 (trad. Appuhn, reed. G.-F., 1965, p. 269).

41. *Traité politique*, cap. 2, § 23 (trad. Appuhn, reed. G.-F., 1966, p. 24).

42. Ver a esse respeito o verbete "Justice" na *Encyclopédie philosophique universelle*, II, *Les notions philosophiques*, PUF, 1990, t. 1, pp. 1406-1407. Ver também santo Tomás, *Somme théologique*, II a II ae, quest. 58, art. 1 (pp. 383-384 do t. 3 da ed. du Cerf, Paris, 1985). Santo Tomás parte da "definição dos juristas: `A justiça é uma vontade perpétua e constante de conceder a cada um seu direito'", definição que "é exata", diz ele, "se bem compreendida". Mais adiante mostrará, apoiando-se em santo Ambrósio, que "a justiça é a virtude que dá a cada um o que lhe é devido" (*ibid.*, art. 11, pp. 392-393).

43. *Éthique*, IV, escólio 2 da prop. 37; ver também *Traité politique*, II, 23.

44. *Ibid.*

45. Hobbes, *Léviathan*, I, cap. 13, p. 126 da trad. Tricaud (Sirey, 1971).

46. "Os homems que são governados pela razão, isto é, os que buscam o que lhes é útil sob a condução da razão, não cobiçam para si mesmos nada que não desejem também para os outros homens, e assim são justos, de boa-fé e honestos" (*Éthique*, IV, escólio da prop. 18).

47. Costuma-se distinguir tradicionalmente, desde Aristóteles, a justiça *distributiva* da justiça *comutativa* (do latim *commutatio*, troca; Aristóteles dizia "corretiva" ou "sinalagmática"). A justiça distributiva é a que reparte riquezas ou honras entre os membros de uma comunidade; não está submetida à igualdade, mas à proporção (pode ser legítimo determinado indivíduo ter mais que outro, por exemplo se ele contribui mais para o bem comum. A justiça comutativa, ao contrário, é a que rege as trocas; ela deve respeitar a igualdade entre as coisas trocadas, quaisquer que sejam, por outro lado, as diferenças dos indivíduos (ver Aristóteles, *Éthique à Nicomaque*, V, 5-7, 113 *b*-1132 *b*). Encontramos a mesma idéia em santo Tomás: a justiça comutativa tem por objeto "os intercâmbios entre duas pessoas", explica, ao passo que a justiça distributiva é "chamada a repartir proporcionalmente o bem comum da sociedade" (*Somme théologique*, II a II ae, quest. 61, p. 45).

48. *Enquête sur les principes de la morale*, seção III, 2, pp. 108-109 da trad. Baranger-Saltel (G.-F., 1991).

49. *Op. cit.*, seção III, 1, pp. 85 ss. Sigo aqui, por ser mais sucinta e elegante, a argumentação da *Enquête*...; no entanto as mesmas teses encontram-se, no essencial, no *Traité de la nature humaine*, III, 2.

50. *Enquête sur les principes de la morale*, III, 1, pp. 85-95.

51. *Éthique à Nicomaque*, VIII, 1, 1155 *a*, 26-27 (trad. Gauthier-Jolif, 1958, p. 213).

52. *Op. cit.*, III, 1, p. 86.

53. Ver, *id.*, III, 2, p. 106 ("a propriedade, que é o objeto da justiça...").

54. *Théorie de la justice*, seção 22, pp. 160-161.

55. *Op. cit.*, III, 1, p. 88. Também aí Rawls parece de acordo com Hume: *Théorie de la justice*, seção 22, pp. 160-161.

56. T. Todorov, *Face à l'extrême*, Seuil, 1991 (pp. 218 e 330 para as expressões citadas).

57. Ver por exemplo o belo livro em que Robert Antelme tira as lições de sua experiência de deportado (*L'espèce humaine*, Gallimard, 1957, reed. 1990, especialmente p. 93: é nos campos de concentração, escreve, "que teremos conhecido as estimas mais inteiras e os desprezos mais definitivos, o amor ao homem e o horror a ele, numa certeza mais total do que jamais em qualquer outra parte. Os SS que nos confundem não podem nos levar a nos confundir. Não podem nos impedir de escolher. (...) O homem dos campos de concentração não é a abolição dessas diferenças. Ao contrário, é sua realização efetiva."

58. *L'espèce humaine*, p. 94. Ver também o depoimento de Primo Levi sobre seu amigo Alberto: *Si c'est un homme*, trad. franc., Julliard, reed. Presses Pocket, 1988, p. 61 e *passim*.

59. *Id.*, p. 93.

60. *Op. cit.*, seção IV, p. 117: "Podemos constatar que é até impossível os homems se matarem sem estatutos nem máximas, nem sem uma idéia da justiça e da honra. A guerra tem suas leis, como a paz (...). O interesse comum e a utilidade engendram infalivelmente uma norma do bem e do mal entre as partes envolvidas."

61. *Op. cit.*, seção III, 1, p. 93 (é Hume que sublinha).

62. *Id.*, p. 93.

63. O que, aliás, não quer dizer que não tenham nenhum direito. Ver a esse respeito meu artigo "Sur les droits des animaux", a ser publicado na revista *Esprit*.

64. *Id.*, p. 94.

65. *Essais*, III, 6 ("Des coches"), e *passim*. Notemos que, em Montaigne, como em Pascal (ver *Penséees*, 729-931 e 905-385), a determinação dos valores é sobretudo negativa. Não sabemos o que poderia ser uma justiça ideal ou perfeita, mas reconhecemos claramente a injustiça quando ela existe: "Ainda que não possamos indicar o justo", escreverá Pascal, "vemos muito bem o que não o é" (729-931).

66. *Essais*, II, 12, p. 499 da ed. Villey-Saulnier, reed. PUF, 1978.

67. *Ibid.*

68. *Op. cit.*, p. 94.

69. *De rerum natura*, V, 1011-1023 (trad. Ernout). Pode ser que Lucrécio, pela importância que dá, na emergência da justiça, à proteção dos fracos e à vida afetiva, se diferencie do utilitarismo mais estrito de Epicuro. Ver a esse respeito o comentário de Léon Robin, *Commentaire du De rerum natura* (em colaboração com A. Ernout), Les Belles Lettres, 1962, t. 3, pp. 138-140.

70. *Pensées*, 103-298. Sobre o que entendo por cinismo, no sentido filosófico do termo, ver minha obra *Valeur et vérité (Études cyniques)*, PUF, 1994. Sobre o pensamento político de Pascal, ver meu prefácio para seu *Pensées sur la politique* (Rivages-Poche, 1992).

71. *Ibid.*

72. Ver Aristóteles, *Éthique à Nicomaque*, V, 14, 1137 *a* 31-1138 *a* 3.

73. *Rhétorique*, I, 13 (trad. Ruelle-Vanhemelryck, Le livre de poche, 1991, p. 165).

74. *Éthique à Nicomaque*, V, 14, 1137 *b* 34-1138 *a* 3 (p. 268 da trad. Tricot).

75. Citado e traduzido por Jankélévitch, *Traité des vertus*, II, 2, reed. 1986, p. 79. Jankélévitch, em nota, remete à *Grande morale*, II, 2, mas não encontro essa idéia na minha edição (trad. C. Dalimier, Arléa, 1992); em compensação, encontro uma formulação próxima na *Rhétorique*, I, 13, 17, 1347 *b* (trad. Ruelle-Vanhemelryck, p. 166): "Uma coisa eqüitativa é também desculpar as ações humanas."

76. Ver Aristóteles, *Éthique à Nicomaque*, V, 2-5, 1129 *a*-131 *a*.

77. *Id.*, especialmente V, 3, 1129 *b* 11-1130 *a* 13.

78. *Id.*, V, 3, 1129 *b* 27-29 (trad. Tricot, p. 219); o texto em itálico é uma citação de Eurípides.

*Capítulo 7*

1. Cf. *supra*, cap. 6, p. 98.
2. *Maximes et pensées*, cap. 2, § 160 (G.-F., 1968, p. 82).
3. *Dictionnaire historique de la langue française*, sob a direção de A. Rey, Dictionnaires Le Robert, 1992, verbete "Solidaire".
4. *Ibid.*
5. *Pensées*, 139-143 (ed. Lafuma, Seuil, 1963).
6. *Traité des vertus*, II, 2, cap. 6, reed. Champs-Flammarion, 1986, p. 314.
7. *Id.*, p. 327.
8. Ver Aristóteles, *Éthique à Nicomaque*, IV, 1-3, 1119 *b* 22 - 1122 *a* 16 (sobre a liberalidade) e 7-9, 1123 *a* 34-1125 *a* 33 (sobre a magnanimidade). Ver também *Éthique à Eudème*, III, 4 e 5, assim como a *Grande morale*, 1, 23-25.
9. *Les passions de l'âme*, III, art. 153 ("En quoi consiste la générosité"). Sobre a dupla natureza, passional e virtuosa, da generosidade, ver art. 161.
10. *Id.*, art. 156, Ver também o art. 187 ("é uma parte da generosidade ter boa vontade para com cada um...").
11. *Id.*, art. 161.
12. Descartes, *Lettre du 20 novembre 1647, à Christine de Suède* (ed. Alquié, Garnier, t. 3, p. 746).
13. *Ibid.*
14. Ver meu *Traité du désespoir et de la béatitude*, t. 2 (PUF, 1988), cap. 4, especialmente pp. 67-93 e 142-149.
15. Ver Kant, *Critique de la raison pratique*, Des mobiles de la raison pure pratique (trad. Picavet, PUF, 1971, p. 87), e *infra* nosso cap. 18.
16. *Essais*, I, 28 ("De l'amitié"), p. 190 da ed. Villey-Saulnier.
17. *Ibid.*
18. Sobre a concepção da moral aqui exposta, ver meu artigo "Morale ou éthique?", em *Valeur et vérité (Études cyniques)*, PUF, 1994, pp. 183-205.
19. Num outro sentido: ver *Éthique*, III, prop. 27, demonstração, escólio e corolário.
20. Ver *supra* nosso cap. 1.
21. "Eu ainda não amava, e amava amar" (santo Agostinho, *Confessions*, III, 1).

22. *Éthique*, IV, escólio da prop. 18.

23. *Éthique*, III e IV, *passim*. Ver também as primeiras páginas do *Traité de la réforme de l'entendement*, assim como o *Court traité*, II, 5.

24. *Éthique*, III, escólio da prop. 59 (trad. Appuhn, que modifico ligeiramente).

25. *Id.* (trad. Pautrat). Sobre a firmeza de alma em Spinoza, cf. *supra*, cap. 5, p. 70.

26. *Éthique*, IV, prop. 21. Ver também a prop. 20 e seu escólio.

27. *Éthique*, IV, prop. 20 a 25 e *passim*.

28. Ver p. ex. o *Traité théologico-politique*, cap. 1, e as *Lettres 73, 75* e *78, à Oldenburg*. Ver também S. Zac, *Spinoza et l'interprétation de l'écriture*, PUF, 1965 (pp. 190-199), e sobretudo A. Matheron, *Le Christ et le salut des ignorants chez Spinoza*, Aubier-Montaigne, 1971. Recordemos de passagem, para evitar qualquer mal-entendido, que Spinoza nunca acreditou nem na divindade de Cristo nem em sua ressurreição (ver p. ex. as *Cartas 73* e *78*).

29. *Éthique*, III, prop. 19, 21, 25, 28 e 39, com suas demonstrações.

30. Ver *Éthique*, III, escólio da prop. 22, e prop. 27, escólios e corolários (especialmente o escólio do corolário 3), assim como a def. 35 dos afetos. Ver também *infra* nosso cap. 8.

31. *Éthique*, IV, escólio da prop. 18.

32. *Éthique*, IV, prop. 41 e 45. Ver também III, escólios das prop. 11, 13 e 39, assim como as definições 3 e 7 dos afetos.

33. *Éthique*, IV, escólio da prop. 18, prop. 37 e escólio da prop. 73.

34. *Éthique*, IV, prop. 46, demonstração e escólio. Ver também o corol. 1 da prop. 45.

35. Aqui está ele: "Quem vive sob a condução da razão se esforça, na medida do possível, por compensar pelo amor ou pela generosidade o ódio, a cólera, o desprezo, etc., que o outro tem por ele" (*Éthique*, IV, prop. 46; ver também V, escólio da prop. 10). Que significa exatamente esse "*amore contra, sive generositate compensare*"? Poder-se-ia crer que o *sive* indica aqui uma identidade, como na conhecida expressão "*Deus sive Natura*", mesmo sabendo-se que *sive*, em latim, pode designar também uma disjunção ou uma alternativa. Do mesmo modo e com maior razão, na demonstração, quando Spinoza escreve "*amore contra compensare conabitur, hoc est generositate*", não se deverá entender, como Appuhn e todos os tradutores, "pelo amor,

*isto é*, pela generosidade"? Mas *quid* então da diferença entre essas duas palavras ou, antes, entre esses dois conceitos? Ora, deve haver alguma, pois Spinoza, que não costuma ser redundante, utiliza as duas e, por sinal, delas dá definições expressamente diferentes (*Éthique*, III, def. 6 dos afetos e escólio da prop. 59). Quanto ao *hoc est da* demonstração (que de fato podemos traduzir por *isto é*), não posso compreendê-lo a não ser assim: a generosidade é idêntica, não ao amor, claro, mas ao *esforço de amar ou de agir, na falta do amor, como se se amasse*. É esse, aliás, o sentido da definição da generosidade, tal como citamos acima: não uma alegria ou um amor, recordemos, mas "um desejo pelo qual um indivíduo se esforça" por ajudar seu semelhante e estabelecer com ele uma relação de amizade (o que supõe que ela ainda não exista). Em suma, e voltamos a encontrar a demonstração da prop. 46, "quem vive sob a condução da razão se esforçará, diante do ódio, etc., de outrem, por compensá-la pelo amor, isto é [*hoc est*] pela generosidade" (trad. Pautrat), não que o amor seja a mesma coisa que a generosidade ("cuja definição veremos", recorda Spinoza, "no escólio da prop. 59 da terceira parte"), mas porque a generosidade é a mesma coisa que esse esforço.

36. *Éthique*, IV, escólio da prop. 73 (que remete às prop. 37 e 46).

37. *Éthique*, III, def. 6 dos afetos. Essa causa também pode ser interna, e é isso que define o contentamento consigo (*acquiescentia in se ipso*): *Éthique*, III, escólios das prop. 30 e 55 (ver também a prop. 53) e def. 25 dos afetos.

38. Já que "o homem sente pela imagem de uma coisa passada ou futura o mesmo afeto de alegria ou de tristeza que pela imagem de uma coisa presente" (*Éthique*, III, prop. 18). É que, precisa a demonstração, "enquanto o homem for afetado pela imagem de uma coisa, ele a considerará como presente, ainda que [*tametsi*] ela não exista."

39. Visto que "quem ama se esforça necessariamente em ter presente e conservar a coisa que ama" (*Éthique*, III, escólio da prop. 13).

40. Ver *Éthique*, III, escólio da prop. 59, e V, escólios das props. 10 e 42.

41. *Éthique*, V, prop. 41.

42. *Éthique*, V, escólio da prop. 10.

43. *Ibid.*

44. *Ibid.*

45. *Éthique*, IV, escólio 1 da prop. 37, e V, prop. 41. A tradução

de *pietas* por *moralidade*, com a qual a maioria dos tradutores concordam, é fiel não apenas à definição que Spinoza dá, a qual não faz nenhuma referência à religião nem a um sentimento qualquer de piedade ("Chamo de *moralidade* o desejo de fazer o bem que se origina do fato de vivermos sob a condução da razão"), mas também ao sentido latino da palavra *pietas*, que concerne ao cumprimento dos deveres, tanto para com os deuses (nesse caso, pode-se traduzir legitimamente por *piedade*), como para com os homens (nesse caso, de fato, corresponde bem à nossa *moralidade*).

46. *Éthique*, IV, prefácio, e escólios das props. 50 e 58; ver também, na quinta parte, o escólio da prop. 10, assim como a prop. 41, sua demonstração e seu escólio. Sobre a relação Spinoza-Nietzsche, ver meu artigo "Nietzsche et Spinoza", em *De Sils-Maria à Jérusalem*, obra coletiva org. por D. Bourel e J. Le Rider, Cerf, 1991, assim como as pertinentes observações de Sylvain Zac, em *La morale de Spinoza*, PUF, 1972, pp. 45 ss.

47. *Éthique*, III, prefácio, e IV, prop. 18 e escólio.

48. Para retomar uma expressão de A. Negri, *L'anomalie sauvage, Puissance et pouvoir chez Spinoza*, PUF, 1982, p. 262.

49. *Éthique*, IV, escólios das props. 50 e 73.

50. Hume, *Enquête sur les principes de la morale*, III, 1, p. 87; ver também, *supra*, nosso cap. 6, pp. 101-102.

51. Hume, *Enquête sur les principes de la morale*, V, 2; Spinoza, *Éthique*, III, prop. 27 e escólio (sobre essa espécie de *função mimética*, em Spinoza, ver também meu *Traité du désespoir et de la béatitude*, t. 2, cap. 4, pp. 102-109); Freud, *Malaise dans la civilisation*, e *passim*.

*Capítulo 8*

1. M. Scheler, *Nature et formes de la sympathie*, I, 1, trad. franc., Payot, 1950. p. 17.

2. *Id.*, p. 18.

3. Ver M. Scheler, *op. cit.*, I, 9, pp. 205 ss.

4. *Op. cit.*, I, 1, p. 17.

5. Ver o verbete Karunâ (compaixão) na *Encyclopédie philosophique universelle*, PUF, 1990, t. II, 2, p. 2848. Ver também, para uma introdução, W. Rahula, *L'enseignement du Bouddha*, Seuil, col. "Points-sages-

se", reed. 1978, pp. 69-70 e 104, assim como L. Silburn, *Le bouddhisme*, Fayard, 1977 (numerosas referências indicadas no índice do verbete Karunâ).

6. Ver p. ex. Diógenes Laércio, *Vies et opinions des philosophes*, VII, 123, e Cícero, *Tusculanes*, III, 10, 21 (Bibl. de la Pléiade, *Les stoïciens*, pp. 55 e 302). Essa condenação da piedade, que é uma constante do estoicismo, não impedirá Epicteto nem Marco Aurélio de utilizarem positivamente a palavra (ver p. ex. *Entretiens*, I, 18, *Pensées*, II, 13 e VII, 26, Pléiade, *Les stoïciens*, pp. 850, 1149 e 1193); mas a piedade, no sentido em que eles a entendem (como ausência de ódio e de cólera contra os maus ou os ignorantes), está mais próxima do que chamarei de *misericórdia* (ver *infra* cap. 9; sobre a piedade em Marco Aurélio, ver também P. Hadot, *La citadelle intérieure, Introduction aus Pensées de Marc Aurèle*, Fayard, 1992, p. 240).

7. Cícero, *Tusculanes*, IV, 26 (Pléiade, *Les stoïciens*, p. 350). Mesma idéia em Epicuro: "Simpatizemos com nossos amigos não por nossas lágrimas, mas por nossa solicitude" (*Sentences vaticanes*, 66, trad. Voelke; M. Conche traduz diferente: "Estejamos em simpatia com nossos amigos, não gemendo, mas meditando").

8. *Éthique*, IV, prop. 50 (trad. Misrahi). Appuhn traduz *commiseratio* por *comiseração*, o que é por certo aceitável. Na medida em que Spinoza a define como "uma tristeza nascida do dano do outro" (*Éthique*, III, escólio da prop. 27), "uma tristeza que acompanha a idéia de um mal que sucedeu a um outro que imaginamos semelhante a nós" (*Éthique*, III, def. 18 dos afetos), a tradução por *piedade* (pela qual optou a maioria dos tradutores: Guérinot, Caillois, Misrahi, Pautrat...) é igualmente aceitável e, sem dúvida, mais fiel ao espírito da língua; além da palavra ser de uso mais corrente, parece-me que a tristeza, essencial à definição de Spinoza, se entende melhor com ela...

9. *Id.*, corolário.

10. *Éthique*, III, escólios das props. 22 e 27.

11. *Éthique*, IV, props. 37, 46 e *passim*.

12. *Éthique*, IV, escólio da prop. 50. Ver também A. Matheron, como sempre notavelmente preciso e claro, *Individu et communauté chez Spinoza*, Éditions de Minuit, 1969, pp. 145-148 e sobretudo 156-159.

13. *Éthique*, IV, escólio da prop. 58 (em que se diz que, "*como a piedade*, a vergonha, que não é uma virtude, é no entanto boa").

14. *Id.* Ver também S. Zac, *La morale de Spinoza*, PUF, 1959, reed. 1972, pp. 76-77, assim como (sobre o arrependimento) A. Matheron, *Le Christ et le salut des ignorants*, pp. 111-113.

15. *Éthique*, III, defs. 35 e 43 dos afetos.

16. Ao contrário, é claro, do que Nietzsche sempre apregoava: ver p. ex. *La généalogie de la morale*, I, 11, assim como o que eu escrevia em *Pourquoi nous ne sommes pas nietzschéens*, obra coletiva sob a direção de L. Ferry e A. Renaut, Grasset, 1991, especialmente pp. 66-68. Sobre a relação entre Nietzsche e Spinoza (que Nietzsche sempre considerou um predecessor, mas também um adversário, dominado pelo medo e pelo ressentimento), ver também meu artigo "Nietzsche et Spinoza", em *De Sils-Maria à Jérusalem (Nietzsche et le judaïsme; les intelectuels juifs et Nietzsche)*, obra coletiva sob a direção de D. Bourel e J. Le Rider, Cerf, 1991, pp. 47-66.

17. Consideração de 5 de outubro de 1909, *Propos*, I, p. 60 (salvo explicitação em contrário, nossas referências a Alain remetem aos quatro volumes da ed. da Pléiade.) Sobre a relação entre Alain e Spinoza, ver meu artigo "Le dieu et l'idole (Alain et Simone Weil face à Spinoza)", em *Spinoza au XX^e siècle*, obra coletiva org. por O. Bloch, PUF, 1993, pp. 13-39.

18. Consideração de 3 de fevereiro de 1910, *Propos*, II, p. 161.

19. Consideração de 5 de novembro de 1927, *Propos*, I, p. 750.

20. Para retomar uma distinção proposta por Sylvain Zac, *La morale de Spinoza*, cap. 5. Ver também pp. 116-117, onde S. Zac nota com razão que, dessa moral de todo o mundo (especialmente de sua forma judaico-cristã), "Spinoza nunca contesta o valor".

21. Spinoza, *Traité théologico-politique*, cap. 4 (trad. Appuhn, G.-F., 1965, p. 93).

22. *Id.*, cap. 14. Ver também A. Matheron, *Le Christ et le salut des ignorants...*, caps. 2-3, e S. Zac, *La morale de Spinoza*, Remarques finales.

23. *Éthique*, III, def. 24 dos afetos. Eis o texto latino: *"Misericordia est Amor, quatenus hominem ita afficit, ut ex bono alterius gaudeat, et contra ut ex alterius malo contristetur."*

24. *Éthique*, III, explicação da def. 18 dos afetos.

25. *Éthique*, III, defs. 6, 18 e 24 dos afetos.

26. *Éthique*, III, prop. 21 e escólio da prop. 22.

27. *Éthique*, def. 6 dos afetos.

28. *Éthique*, III, corol. 2 da prop. 27.

29. *Id.*, corol. 3: "Se um objeto nos inspirar piedade, nós nos esforçaremos, tanto quanto pudermos, por libertá-lo de sua miséria." Spinoza, em tudo isso, não está tão longe assim de Descartes: ver o *Traité des passions,* III, arts. 185-189.

30. V. Jankélévitch, *Traité des vertus*, II, 2, cap. 6, Champs-Flammarion, 1986, pp. 168-169.

31. Ver p. ex. *L'Antéchrist*, § 7: "O cristianismo é chamado de a religião da *compaixão*. A compaixão é o oposto das emoções tônicas que elevam a energia do sentimento vital: ela tem um efeito deprimente. (...) Ela preserva o que está maduro para perecer, ela se arma para a defesa dos deserdados e dos condenados da vida, e, pela multidão dos fracassados de todo gênero que *mantém* em vida, ela dá à própria vida um aspecto sinistro e equívoco. Ousou-se chamar a compaixão de virtude (em toda moral *aristocrática* ela passa por fraqueza)." Ver também *Par-delà le bien et le mal*, § 260, e *La volonté de puissance*, III, 227 (trad. G. Bianquis, Gallimard, 1937, t. 2, p. 80).

32. *Introduction à la connaissance de l'esprit humain*, Reflexões e máximas, 82 (G.-F., 1981, p. 189).

33. *Le fondement de la morale*, principalmente cap. III e IV, em especial §§ 16-19 e 22. Ver também *Le monde comme volonté et comme représentation*, IV, 67.

34. Ver meu artigo "Sur les droits des animaux", a sair na revista *Esprit*.

35. *Anthropologie structurale deux*, Plon, 1973, cap. 2 (especialmente pp. 50-56).

36. Ver p. ex. o belíssimo ensaio "De la cruauté" (*Essais*, II, 11; ver também I, 1, p. 8 da ed. Villey-Saulnier: "Tenho um maravilhoso fraco pela misericórdia e a mansuetude. Tanto que, a meu ver, eu me inclinaria mais facilmente para a compaixão do que para a estima..."). Sobre a relação de Lévi-Strauss com o budismo, ver *Tristes tropiques*, pp. 471-480; e sobre sua relação com Montaigne: *Histoire de lynx*, Plon, 1991, cap. 18, pp. 277 ss.

37. *Le fondement de la morale*, III, 19 (trad. Burdeau, Aubier-Montaigne, 1978, pp. 162-164). Trata-se de citações do *Discours sur l'origine de l'inégalité* e de *L'Emile*.

38. *Op. cit.*, pp. 45-56. Ver também *Tristes tropiques*, Plon, 1955, cap. 38, pp. 451-454.

39. *Discours sur l'origine et les fondements de l'inégalité parmi les hommes*, I, pp. 154-157 da ed. da Pléiade (t. 3 de *Oeuvres complètes*), de que, nas citações que seguem, modernizarei a ortografia e a pontuação.

40. *Id.*, p. 154 (e pp. 155-156 para a identificação). Sobre a piedade em Rousseau, ler as belas análises de Jacques Derrida, em *De la grammatologie*, Éd. de Minuit, 1967, II, cap. 3, pp. 243-272.

41. Rousseau, *op. cit.*, p. 156.

42. *Id.*, p. 155. Bernard Mandeville, que nasceu na Holanda mas viveu na Inglaterra (1670-1733), é autor de *A fábula das abelhas*, que fez escândalo por sua visão subversiva dos valores morais, que ele reduz, todos, ao amor-próprio e ao amor a si. Ver Paulette Carrive, *Bernard Mandeville*, Vrin, 1980.

43. Aristóteles, *Rhétorique*, II, 8, 1385 *b* (trad. Ruelle Vanhemelryck, Le Livre de poche, 1991, p. 218). Pelo que a piedade é (com o temor), um dos móbeis da tragédia: ver Aristóteles, *Poétique*, 1449 *b* 27-28, 1452 *a*, 1453 *b*.

44. *Id.*, 1386 *a* (p. 221 da trad. citada). Essa idéia terá sua voga sobretudo nos séculos XVII e XVIII. Ver p. ex. La Rochefoucauld, máxima 264: "A piedade é freqüentemente um sentimento de nossos próprios males nos males de outrem; é uma hábil previdência dos infortúnios em que podemos cair..." Ou Chamfort, *Sur l'art dramatique*, máxima 36: "A piedade nada mais é que um secreto recolhimento em nós mesmos, à vista dos males de outrem de que podemos ser igualmente vítimas." La Bruyère, ao mesmo tempo que retoma essa idéia, parece ver melhor seus limites: "Se é verdade que a piedade ou a compaixão é um retorno a nós mesmos, que nos coloca no lugar dos infelizes, por que eles tiram de nós tão pouco alívio em suas misérias?" (*Les Caractères*, Du coeur [Do coração], 48). Já Vauvenargues recusa-a pura e simplesmente: "A piedade nada mais é que um sentimento misto de tristeza e de amor; não penso que ela precise ser excitada por um retorno sobre nós mesmos, como se crê. Por que a miséria não poderia fazer sobre nosso coração o que a vista de uma chaga faz sobre nossos sentidos? Não há coisas que afetam imediatamente o espírito? A impressão das novidades não previne sempre nossas reflexões? Nossa alma é incapaz de um sentimento desinteressado?" (*Introduction à la connaissance de l'esprit humain*, II, "De la pitié", G.-F., p. 96; ver também p. 259). Mesma recusa, no século XX, em Alain: "É descrever muito mal a piedade dizer que quem a sente pensa

em si mesmo e se vê no lugar do outro. Essa reflexão, quando vem, só vem após a piedade; pela imitação do semelhante, o corpo se dispõe imediatamente segundo o sofrimento, o que provoca uma ansiedade a princípio inominável; o homem cobra de si mesmo esse movimento do coração, que lhe vem como uma doença..." (Consideração de 20 de fevereiro de 1923, Bibl. de la Pléiade, *Propos*, I, p. 469).

45. *Essai sur la révolution*, cap. 2, trad. franc. Gallimard, "Tel", especialmente pp. 99-141 (para a expressão citada, pp. 127-128).

46. *Id.*, p. 121.

47. *Id.*, p. 122.

48. *Id.*, pp. 121-122 (onde H. Arendt opõe "a compaixão muda de Jesus" à "piedade eloqüente do Inquisidor", em *Le Grand Inquisiteur* de Dostoiévski).

49. Ver Lucrécio, *De rerum natura*, II, 1-19.

50. É notadamente o caso (e com que altura!) em Descartes. Ver o art. 187 do *Traité des passions*.

51. Consideração de 22 de julho de 1922, Bibl. de la Pléiade, *Propos*, II, p. 496.

52. *Ibid.*

53. *Éthique*, IV, Apêndice, cap. 17. Ver também A. Matheron, *Individu et communauté*..., p. 157.

54. *Éthique*, III, def. 35 dos afetos: "A *benevolência* é um desejo de fazer o bem à pessoa pela qual temos comiseração."

55. *Doctrine de la vertu*, §§ 34 e 35 (trad. Philonenko, Vrin, 1968, pp. 134-135).

56. *Id.*, § 35: "Se bem que não seja em si um dever compartilhar da pena ou da alegria de outrem, é um dever, no entanto, participar ativamente de seu destino, e é, portanto, afinal de contas, um dever indireto cultivar em nós os sentimentos naturais (estéticos) de simpatia (...). Por isso é um dever não evitar os lugares em que se encontram os infelizes aos quais falta o mais necessário, mas ao contrário procurá-los, e não se deve fugir dos hospitais ou das prisões para devedores, etc., a fim de evitar o doloroso sentimento de simpatia, do qual não nos poderíamos defender, pois esse sentimento é todavia um móbil implantado em nós pela natureza, para fazer o que a representação do dever por si mesma não indicaria."

57. Esta última conjunção, mesmo para Spinoza, não é contraditória: ver *Éthique*, III prop. 37 e demonstração ("quanto maior a tristeza,

maior o poder de agir pelo qual o homem se esforça por sua vez em afastar a tristeza"). Ver também o belo artigo de Laurent Bove, "Spinoza et la question de la résistance" *L'enseignement philosophique*, nº 5, maio-junho de 1993, pp. 3 ss.

58. Para citar mais uma vez a bela fórmula de santo Agostinho, que resume tão bem o espírito dos Evangelhos (*Commentaire de la première Epître de saint Jean*, Tratado VII, cap. 8, trad. P. Agaësse, SJ, Cerf, col. "Sources chrétiennes", 1961, pp. 328-329).

*Capítulo 9*

1. *Lettre à Morus, du 5 février 1649* (ed. Alquié, t. 3, pp. 881-882). Mesma idéia em Aristóteles: *Éthique à Nicomaque*, VI, 2, 1139 *b* 6-11 (p. 279 da trad. Tricot).

2. Ver *supra*, cap. 3, p. 44 e nota 22.

3. *Vie de Spinoza*, por J. Colerus (Bibl. de la Pléiade, p. 1510).

4. *Evangelho segundo são João*, VIII, 1-11.

5. Máxima 330.

6. Como dizia diante do pelotão de execução nazista em fevereiro de 1944 um dos vinte e três fuzilados do "*affiche rouge*" [o cartaz vermelho, que denunciava um grupo de resistentes contra a ocupação alemã da França], pelo menos se acreditarmos na reconstituição poética (mas que se baseia nas cartas dos fuzilados) feita por Aragon em "Strophes pour se souvenir": poema de fidelidade – foi escrito em 1955 – e de misericórdia (*Le roman inachevé*, Gallimard, 1956, reed. 1975, pp. 227-228).

7. *Entretiens*, I, 18 (9), Bibl. de la Pléiade, *Les stoïciens*, p. 850. Ver também I, 28 (9), p. 871, e II, 22 (36), p. 948.

8. *Pensées*, VIII, 59, Bibl. de la Pléiade, *Les stoïciens*, p. 1211. Ver também II, 13 (p. 1149), V, 28 (p. 1176), VI, 27 (p. 1183), VII, 63 (p. 1198), VIII, 17 (pp. 1203-1204), IX, 42 (pp. 1220-1221), XI, 18 (pp. 1236-1238).

9. *Evangelho segundo são Lucas*, XXIII, 34 (segundo fr., tradução *Bible de Jérusalem*, Cerf, 1973).

10. V. Jankélévitch, *Le Pardon*, Aubier, 1967, pp. 98-99.

11. Ver p. ex. Platão, *Protágoras*, 358 *c-d*, *Mênon*, 77 *b*-78 *b*, *Timeu*, 86 *d-e*, *Leis*, V, 731 *c* e 734 *b*, IX, 860 *d*. Essa tese famosa, que é um

lugar-comum da sabedoria grega, será retomada especialmente pelos estóicos.

12. V. Jankélévitch, *Traité des vertus*, III (*L'innocence et la mechanceté*), ed. Champs-Flammarion, (1986, p. 167). Ver também *Le Pardon*, cap. 2.

13. Spinoza, *Éthique*, III, def. 7 dos afetos: "O *ódio* é uma tristeza que acompanha a idéia de uma causa externa." Ver também Descartes, *Traité des passions*, II, art. 140.

14. Sobre essa distinção, ver Kant, *La religion dans les limites de la simple raison*, I, 3, p. 58 da trad. Gibelin, Vrin, 1972.

15. *Le Pardon*, p. 209.

16. Ver principalmente *Vivre*, cap. 4, especialmente pp. 67-89 e 142-149. Ver também meu artigo "L'âme machine, ou ce que peut le corps", em *Valeur et vérité*, especialmente pp. 124-127.

17. Ver, p. ex., *Éthique*, III, prop. 49, dem. e escólio, e IV, escólios das props. 50 e 73.

18. *Traité politique*, I, 4 (p. 12 da trad. Appuhn, de que me afasto um pouco).

19. No sentido em que tomo a palavra, que não é o mesmo, recordemos, que Spinoza lhe dá geralmente, o qual corresponde muito mais à nossa *compaixão* (ver *supra*, nosso cap. 8, especialmente pp. 120-121). Notemos todavia que às vezes Spinoza também utiliza *misericórdia* [*misericordia*] no sentido que dou à palavra. Ver p. ex. o *Traité théologico-politique*, cap. 14, (trad. Appuhn, G.-F., 1965, p. 244). Outras vezes, *misericordia* é principalmente o contrário de vingança: *Traité politique*, I, 5 (onde Appuhn, notemos, traduz *misericordia* por *piedade*), e *Éthique*, IV, cap. 13 do Apêndice.

20. Pelo menos quando utiliza a linguagem um tanto antropomórfica do *Traité théologico-politique* (cap. 14, p. 244 da trad. Appuhn).

21. *Éthique*, I, Apêndice, e IV, prop. 64, dem. e corol. Ver também B. Rousset, "La possibilité philosophique du pardon (Spinoza, Kant, Hegel)", nas atas do colóquio sobre *Le Pardon*, M. Perrin (org.), Beauchesne, "Le Point théologique", nº 45, 1987, pp. 188-189.

22. *Lettre 23, à Blyenbergh* (trad. Appuhn, t. 4, p. 220).

23. Sobre isso tudo, expliquei-me em outro lugar: ver *Vivre*, cap. 4, especialmente pp. 84-93.

24. *Éthique*, IV, prop. 45 e corol. 1; *Traité théologico-politique*, cap. 7, pp. 144-145 da trad. Appuhn.

25. V. Jankélévitch, *Le Pardon*, p. 92, que remete em nota a R. Misrahi, em *La conscience juive face à l'Histoire: le Pardon* (Congresso judaico mundial, 1965), p. 286, e ao *Traité politique* de Spinoza, I, 4 (cuja citação latina, que acabo de evocar no início do parágrafo precedente, é assim traduzida por Appuhn: "Não ridicularizar as ações dos homens, não chorar sobre elas, não as detestar, mas adquirir delas um conhecimento verdadeiro").

26. V. Jankélévitch, *Le Pardon*, p. 203.

27. Ver *Le Pardon*, pp. 204 ss., assim como *L'Imprescriptible*.

28. *L'Imprescriptible*, pp. 14-15.

29. *Le Pardon*, pp. 204-205 (trata-se evidentemente, no contexto, dos criminosos nazistas). Ver também *L'Imprescriptible*, pp. 50 ss., assim como o *Traité des vertus*, III, p. 172.

30. "Quem quer vingar suas ofensas com um ódio recíproco, vive seguramente miserável. Quem, ao contrário, procura combater vitoriosamente o ódio com o amor combate decerto na alegria e na segurança..." (Spinoza, *Éthique*, IV, escólio da prop. 46).

31. *Éthique*, IV, prop. 46, dem. e escólio; Apêndice, caps. 13-14.

32. *Evangelho segundo são Lucas*, XXIII, 34; *Atos dos apóstolos*, VII, 60. Ver também a bela figura de monsenhor Bienvenu, em *Les misérables* (especialmente I, 2, 12).

33. Comparar desse ponto de vista, no *Evangelho segundo são Mateus*, os versículos V, 39 e X, 34.

*Capítulo 10*

1. Lembremos mais uma vez a referência: *Éthique*, III, def. 6 dos afetos ("O amor é uma alegria que a idéia de uma causa externa acompanha.").

2. Isto é, literalmente, *o repouso* (mas agradável e confiante) *em si mesmo*, que Spinoza define como "uma alegria nascida do fato de o homem considerar a si mesmo e à sua potência de agir" (*Éthique*, III, def. 25 dos afetos). Os tradutores vertem legitimamente por *contentamento de si* (Appuhn), *satisfação íntima* (Guérinot), *satisfação interior* (Caillois), *satisfação de si* (Pautrat, Misrahi). É como que uma gratidão de si para consigo. Epicuro diria que é o prazer em repouso da alma, quando não tem outra causa no indivíduo a não ser o próprio indiví-

duo. Eu diria: é o prazer em repouso de si em si. Também se poderia traduzir, parece-me, por *confiança em si* ou, simplesmente, por *amor a si* (que não se deve confundir, nesse caso, com amor-próprio, *philautia*). Ver também *Éthique*, IV, prop. 52, dem. e escólio, assim como (sobre o amor-próprio) o escólio da prop. 55 do livro III.

3. Cf. *Éthique*, V, prop. 24.

4. Ver p. ex. *La volonté de puissance*, IV, §§ 462, 463 e 464 (trad. G. Bianquis, 1937, t. 2, pp. 343-345).

5. *Discours sur l'origine et les fondements de l'inégalité parmi les hommes*, II, p. 182 da ed. da Pléiade ("o reconhecimento é um dever que se tem de cumprir, mas não um direito que se possa exigir").

6. *Éthique*, IV, escólio da prop. 71.

7. *Éthique*, III, def. 34 dos afetos (trad. A. Guérinot, Éditions d'art E. Pelletan, Paris, 1930; assinalemos que esta excelente tradução, quase tão bela quanto a de Appuhn e às vezes mais precisa, acaba de ser reeditada pelas Ed. IVREA, Paris, 1993). Ver também, *id.*, as props. 39 e 41, assim como o escólio da prop. 41 (onde se encontra a expressão "amor recíproco").

8. *Doctrine de la vertu*, "Du devoir de reconnaissance", p. 132 da trad. Philonenko.

9. *Éthique*, III, escólio da prop. 41.

10. *Éthique*, IV, escólio da prop. 71.

11. *Éthique*, V, último escólio.

12. *Éthique*, III, escólio da prop. 41. É por isso que "os homens são muito mais dispostos à vingança do que ao benfazer" (*ibid.*).

13. Máxima 228.

14. C. Bruaire, *L'être et l'esprit*, PUF, col. "Epiméthée", 1983, p. 60. Ver também p. 198.

15. Citado por Sêneca, *Lettres à Lucilius*, 15, 9 (491 Us). Ver também a *Sentence vaticane* 69 ("A ingratidão da alma torna o vivo infinitamente ávido de variedades no gênero de vida"), e as observações esclarecedoras de M. Conche, em sua edição das *Lettres et maximes* de Epicuro, reed. PUF, 1987, pp. 52-53.

16. *Lettres à Lucilius*, 45, 13 (*"non vivunt, sed victuri sunt"*).

17. *Pensées*, 47-172 (ed. Lafuma).

18. Epicuro, *Lettre à Ménécée*, 122 (trad. M. Conche). Esta última expressão parece indicar (pois de outro modo seria pleonástica) que a gratidão, para Epicuro como para nós, também pode ter por objeto o

presente – ainda que, em Epicuro, pelo menos em seus textos que foram conservados, pareça essencialmente ligada à memória. Mas o que é a consciência, senão uma memória no presente e do presente?

19. *Lettre à Ménécée*, 135.

20. Epicuro, *Sentences vaticanes*, 55. Sobre a noção de luto, ver também meu artigo "Vivre, c'est perdre", no nº 128 da revista *Autrement*, col. "Mutations" (*Deuils*).

21. Citado por Plutarco, *Contre Epicure*, 28 (fr. 213 Us.), trad. Solovine, *Epicure, Doctrines et maximes*, Hermann, 1965, p. 139.

22. Rousseau: cf. *supra*, nº 5; Kant, *Doctrine de la vertu*, § 32 (trad. Philonenko, pp. 132-133).

23. *Doctrine de la vertu*, § 36 (trad. Philonenko, pp. 136-137).

24. Pelo menos na "maioria dos homems", para quem ela nada mais é "que uma vontade secreta de receber as maiores benfeitorias" (Máxima 298). Ver também as máximas 223 a 226.

25. Máxima 564.

26. *Éthique*, IV, escólio da prop. 71 (trad. Appuhn e Guérinot). Ver também a prop. 70, sua demonstração e seu escólio.

27. V. Jankélévitch, *Traité des vertus*, II, 2, p. 250. Ver também I, pp. 112 ss.

28. Epicuro, *Sentences vaticanes*, 52, que retraduzo baseando-me sobretudo em Jean Bollack, "Les maximes de l'amitié", nas *Actes du VIII*[e] *Congrès de l'Association Guillaume Budé*, Les Belles Lettres, 1969, p. 232 ("A amizade conduz sua dança ao redor do mundo, convidando todos nós a despertar para a louvação"). Eis algumas das traduções mais usuais: "A amizade dá a volta ao mundo e convida todos nós a despertar para a vida feliz" (Solovine); "A amizade conduz alegremente sua ronda ao redor do mundo. Como um arauto, ela lança a todos nós o chamado: 'Despertai para vos felicitar uns aos outros'" (Festugière); "A amizade conduz sua ronda ao redor do mundo habitado, como um arauto chamando todos nós a despertar para nos estimarmos venturosos" (Conche); "A amizade conduz sua ronda ao redor do mundo: ela chama todos nós a despertar para uma felicitação comum" (Rodis-Lewis). A palavra grega que mais causa problema é *makarismos* (da mesma família de *makarios*, feliz, venturoso), que pode significar a ação de estimar, de gabar ou de invejar a felicidade alheia (Bailly), mas também, portanto, na reciprocidade da amizade, uma comum e recíproca ação de graça.

*Capítulo 11*

1. Montaigne, *Essais*, II, 2, pp. 345-346 da ed. Villey-Saulnier (PUF).

2. *Essais*, II, 12, p. 604 da ed. Villey-Saulnier; ver também III, 13, pp. 1115-1116 (notemos que se trata, aqui, das conclusões, respectivamente, do mais longo e do último dos ensaios de Montaigne: as últimas palavras de Montaigne são de uma humildade tranqüila e alegre).

3. *Éthique*, III, def. 26 dos afetos (recordemos que, salvo explicitação em contrário, cito Spinoza a partir da tradução Appuhn, que às vezes corrijo).

4. *Éthique*, III, prop. 55 (ver também o escólio).

5. *Éthique*, IV, prop. 53.

6. *Éthique*, IV, escólio da prop. 54.

7. *Ibid.*

8. *Éthique*, IV, demonstração da prop. 53. Sobre a diferença entre a "humildade virtuosa" e a "humildade viciosa", ver também Descartes, *Traité des passions*, III, arts. 155 e 159.

9. *Éthique à Nicomaque*, IV, 9. Isso explica, sem o justificar totalmente, que Tricot, seguindo nisso santo Tomás e a etimologia, traduza *micropsuchia* (literalmente: pequena alma) por "pusillanimité" [pusilanimidade], que, se de fato significa "pequena alma" em latim, não tem esse sentido em francês moderno: ao homem pusilânime falta coragem ou audácia; ao homem baixo, altivez e dignidade.

10. Spinoza, *Éthique*, III, def. 29 dos afetos (trad. B. Pautrat, Seuil, 1988).

11. *Éthique*, III, explicação da def. 28 dos afetos.

12. Sem dúvida poder-se-ia dizer da humildade, *mutatis mutandis*, o que Alexandre Matheron escreve do arrependimento: "Esse conhecimento verdadeiro do mal nos sensibiliza para a verdade libertadora" (*Le Christ et le salut des ignorants chez Spinoza*, Paris, Aubier, 1971, p. 113). A humildade, mesmo como tristeza, pode ajudar cada um a se desprender de si: é um antídoto contra o narcisismo. Aliás, pelo menos tanto quanto o arrependimento, ela faz parte da mensagem profética (como Spinoza recorda: *Éthique*, IV, 54, escólio) e evangélica (Cristo, "manso e humilde de coração": Mateus, XI, 29), de que, como se sabe, Spinoza pretende expressamente ser o herdeiro.

13. "Quanto maior é a tristeza, maior é a parte da potência de agir do homem a que ela se opõe necessariamente; logo, quanto maior é a

tristeza, maior é a potência de agir pela qual o homem se esforça, por sua vez, em se afastar da tristeza" (*Éthique*, III, dem. da prop. 37). Temos aí material para pensar numa "dinâmica da resistência": ver a esse respeito o belo artigo de Laurent Bove, "Spinoza et la question de la résistance", *L'enseignement philosophique*, maio-junho de 1993, nº 5, pp. 3-20.

14. *Éthique*, IV, escólio da prop. 52.

15. *Doctrine de la vertu*, introdução da primeira parte (trad. Philonenko, Vrin, 1968, pp. 92-93).

16. *Id.*, segunda seção, § 11 (p. 109 da trad. franc.).

17. *Id.*, § 12 (p. 111).

18. Como faz Kant: *id.*, p. 111.

19. *Ibid.*

20. *Op. cit.*, pp. 108-109.

21. E não mais com a Lei: *id.*, § 11, p. 110.

22. *Id.*, Questões casuísticas (p. 111).

23. *Éthique*, III, definição 29 dos afetos, explicação. Ver também *Éthique*, IV, Apêndice, cap. 22 (assim como Descartes, *Traité des passions*, art. 159).

24. *Le crépuscule des idoles*, Máximas e ditos, af. 31.

25. *Traité des passions*, III, art. 155; ver também a condenação do orgulho, no art. 157. Sobre a humildade na tradição cristã, remeto ao belo artigo de Jean-Louis Chrétien, no nº 8 da série "Morales" da revista *Autrement* (*L'humilité*, 1992), pp. 37-52.

26. *Éthique*, IV, escólio da prop. 58.

27. *Par-delà le bien et le mal*, af. 260.

28. *Ibid.*

29. *Traité des vertus*, II, 1, cap. 4 ("L'humilité et la modestie"), p. 286.

30. *Id.*, p. 285.

31. Citado pelo *Vocabulaire de théologie biblique*, verbete "Humilité", Éd. du Cerf, 1971, p. 555.

32. *Op. cit.*, p. ex. pp. 287 e 401.

33. *Id.*, p. 289.

34. *Id.*, pp. 308-309.

*Capítulo 12*

1. Angelus Silesius, *Le pèlerin chérubinique*, 289. Encontraremos esse dístico na edição bilíngüe de R. Munier, Paris, Arfuyen, 1993, pp. 64-65; mas cito-o aqui a partir da versão – na minha opinião, mais bonita – que nos dá A. Préau em sua tradução de Heidegger, *Le principe de raison*, cap. 5 (Gallimard, col. "Tel", 1983, p. 103).

2. *Sentences en prose*, trad. Lichtenberger, *La sagesse de Goethe*, La Renaissance du livre, 1930.

3. *Le philosophe et les sortilèges*, Éditions de Minuit, 1985, p. 52. Ver também *Le réel et son double,* Gallimard, 1976, reed. 1984.

4. Como bem viu Michel Dupuy, no verbete "Simplicité" do monumental *Dictionnaire de spiritualité ascétique et mystique*, sob a dir. de M. Viller, SJ, Paris, Beauchesne, 1990 (para o tomo 14), p. 921.

5. *L'éloignement du monde*, Lettres vives, 1993, p. 12.

6. *Essais*, I, 26, p. 169 da ed. Villey-Saulnier. Isso também vale, e *a fortiori*, para a expressão: "O falar que aprecio é um falar simples e ingênuo, tanto no papel como na boca, um falar suculento e nervoso, curto e denso, não tão delicado e arranjado quanto veemente e brusco..." (*id.*, p. 171).

7. Montaigne, *id.*, p. 172.

8. *Discours de la méthode*, VI, AT, 70-71 (ed. Alquié, p. 642).

9. *Lettres et opuscules spirituels*, XXVI, "Sur la simplicité", Bibl. de la Pléiade, t. 1, 1983, p. 677.

10. *Id.*, p. 683.

11. *Id.*, p. 677.

12. *Id.*, pp. 677 e 679.

13. *Id.*, 686.

14. *Traité des vertus* , III (*L'innocence et la méchanceté*, pp. 404 ss. da ed. Champs-Flammarion, 1986.

15. *Maximes et réflexions*, 289.

16. *Evangelho segundo são Mateus,* VI, 26-28 (ver também Lucas, XII, 22-27).

17. Christian Bobin, *L'éloignement du monde*, p. 37.

18. *Evangelho segundo são Mateus*, VI, 34.

19. *Éloge du rien*, Fata Morgana, 1990, p. 15.

*Capítulo 13*

1. O que não quer dizer que seja verdadeira, mas simplesmente que deve ser possível, se ela é falsa, mostrá-lo (ver K. Popper, *La logique de la découverte scientifique*, trad. franc., Payot, 1973); nem que seja única ou totalmente científica (ver K. Popper, *La quête inachevée*, trad. franc., Presses Pocket, reed. 1989, cap. 37), mas simplesmente que uma parte nela escapa da opinião – logo também da tolerância.

2. *Maximes et réflexions*, 19.

3. V. Jankélévitch, *Traité des vertus*, II, 2, ed. Champs-Flammarion, 1986, p. 92.

4. *La société ouverte et ses ennemis*, trad. franc., Seuil, 1979, t. 1, nº 4 do cap. 7, p. 222.

5. J. Rawls, *Théorie de la justice*, II, 4, seção 35, p. 256 da trad. franc., Seuil, 1987.

6. *Op. cit.*, p. 93.

7. *Op. cit.*, p. 222. Ver também o texto já citado de Rawls, especialmente nas pp. 254-256.

8. Ver Jankélévitch, *op. cit.*, p. 93.

9. Montesquieu, *L'esprit des lois*, III, 1-9; Hannah Arendt, *Les origines du totalitarisme*, t. 3: *Le système totalitaire*, cap. 4: ("Idéologie et terreur: un nouveau type de régime"), pp. 203 ss. da trad. franc., Seuil, col. "Points Politique", 1972. Sobre o caso particular do stalinismo, ver também *Le mythe d'Icare*, cap. 2.

10. *Définitions*, Pléiade, *Les arts et les dieux*, p. 1095 (definição da tolerância).

11. *Op. cit.*, p. 224.

12. Sobre tudo isso, que aqui posso apenas esboçar, ver *Valeur et vérité (études cyniques)*, PUF, 1994.

13. Montaigne, *Essais*, III, 11, p. 1032 da ed. Villey-Saulnier; Bayle, *De la tolérance (Commentaire philosophique sur ces paroles de Jésus-Christ "Contrains-les d'entrer")*, da ed. Gros, Presses Pocket, 1992, p. 189; Voltaire, *Dictionnaire philosophique*, verbete "Tolérance", pp. 362-363 da ed. Pomeau, G.-F., 1964 (ver também, do mesmo autor, *Traité sur la tolérance*, especialmente os caps. 21, 22 e 25, pp. 132 ss. da ed. Pomeau, G.-F., 1989). Essa idéia permanece, é claro, perfeitamente atual: ver K. Popper, *Conjectures et réfutations*, pp. 36-37 da trad. franc., Payot, 1985.

14. *Dictionnaire philosophique*, p. 386. Sobre a idéia de tolerância no século XVIII, ver E. Cassirer, *La philosophie des Lumières*, IV, 2, pp. 223-247 da trad. franc. (Fayard, reed. "Agora", 1986).

15. Spinoza, *Traité théologico-politique* (sobretudo o cap. 20); Locke, *Lettre sur la tolérance* (recentemente reeditada com uma longa e rica introdução de J.-F. Spitz, G.-F., 1992).

16. *Traité théologico-politique*, cap. 20, p. 332 da ed. Appuhn, reed. G.-F., 1965.

17. *Id.*, ed. Appuhn, p. 336.

18. *Veritatis splendor* (*la splendeur de la vérité*), encíclica de João Paulo II, trad. franc., Mame/Plon, 1993, p. 95 (grifado por João Paulo II).

19. Ver p. ex., *id.*, pp. 4, 133, 156, 163, 172.

20. *Id.*, p. 150.

21. P. ex., pp. 146-149. Ver também pp. 157, 170 e 180.

22. *Ibid.*, sobretudo nos §§ 35-37 (contra a autonomia) e 53 (contra o relativismo cultural e histórico).

23. *Id.*, p. ex. §§ 29, 37 e 109-117.

24. *Id.*, p. 172.

25. *Id.*, p. 180 (grifo de João Paulo II ).

26. *Id.*, p. 157. Ver também pp. 152-153.

27. *Id.*, pp. 109 a 112.

28. *Id.*, p. 182.

29. *Esquisse d'un tableau historique des progrès de l'esprit humain*, VIII, p. 129 da ed. Prior, Vrin, 1970.

30. Todas essas citações são extraídas do sempre precioso *Vocabulaire technique et critique de la philosophie* de Lalande, *Bulletin de la Société française de philosophie*, 1902-1923, reed. PUF, 1968, pp. 1133-1136 (verbete "Tolérance"). Há reticências do mesmo tipo no capítulo já citado de Jankélévitch (pp. 86 ss.).

31. *Op. cit.*, pp. 86 e 94.

32. F. Abauzit, na discussão da Sociedade Francesa de Filosofia, *Vocabulaire* de Lalande, p. 1134. Mesma idéia em Jankélévitch, *op. cit.*, p. 87.

33. *Op. cit.*, pp. 101-102.

34. Cf. *supra*, cap. 1, pp. 15 ss. A expressão "pequena virtude", que utilizei a propósito da polidez, é empregada por Jankélévitch a propósito da tolerância (*op. cit.*, p. 86).

*Capítulo 14*

1. Cf. *Confessions*, XI, 14.
2. *De rerum natura*, IV, 1075 e 1081.
3. *La pesanteur et la grâce*, p. 69 da ed. 10/18 (reimpr. 1979).
4. *Ainsi parlait Zarathoustra*, I.
5. *La pesanteur et la grâce*, p. 71.
6. *Ibid.*
7. *La religion dans les limites de la simple raison*, primeira parte, Observação geral, trad. Gibelin, Vrin, 1972, p. 68.
8. Ver, *id.*, essa mesma Observação geral (especialmente pp. 56-57 e 68-69 da trad. Gibelin), assim como *Fondements de la métaphysique des moeurs*, passim.
9. Cf. Spinoza, *Éthique*, III, def. 6 das afeições: "O amor é uma alegria que a idéia de uma causa externa acompanha." Portanto, quem só se regozija em possuir o outro não o ama: ama apenas a *posse* do outro (regozija-se com a idéia não de que o outro existe, mas de que ele lhe pertence!), só ama o desfrutar dele e, portanto, só ama a si. Evidentemente, não se deve extrair disso nenhuma condenação da sexualidade enquanto tal: ver a esse respeito a bela explicação de Alexandre Matheron, "Spinoza et la sexualité", *Anthropologie et politique au XVI^e^ siècle (Études sur Spinoza)*, Paris, Vrin, 1986, pp. 201-230.
10. Sobre *erôs*, *philia* e *agapé*, ver, *infra*, nosso cap. 18. Lembremos que essas três palavras significam *amor* em grego, mas em três sentidos diferentes: *érôs* é a carência ou a paixão amorosa, *philia* é a amizade, enfim *agapé* é o amor desinteressado ao próximo (o que será traduzido em latim por *caritas*, em francês por *charité* [caridade]). Conforme o uso, escrevo *eros* sem acento no o, quando se trata da palavra francesa (assim figura em nossos dicionários, com acento (*erôs* [*idem*]) quando se trata da transcrição da palavra grega.
11. Todas essas citações são extraídas de *Lettres et opuscules spirituels*, XXIII, "Sur le pur amour" pp. 656-671 do volume da Pléiade (Fénelon, *Oeuvres*, t. 1, Paris, Gallimard, 1983).
12. *De diligendo Deo*, cap. XIV, § 28, citado por V. Jankélévitch, *Traité des vertus*, II, 2, cap. VI, p. 230 da ed. Champs-Flammarion, 1986.
13. *De rerum natura*, IV, 1058 ss. O prazer é puro, aos olhos dos epicuristas, quando não está misturado com sofrimento, frustração ou angústia – o que a paixão impede.

14. *Id.*, 1071 (*volgivaga Venere*).

15. Como dizia Montaigne (*Essais*, III, 5, p. 849 da ed. Villey), mas é uma expressão que Lucrécio não recusaria: ver p. ex. *De rerum natura*, IV, 1278 ss. Encontramos do mesmo modo em Montaigne (III, 9, 975) a expressão "amizade marital", que não poderia deixar de agradar a um discípulo de Epicuro.

16. Ver Spinoza, *Éthique*, II, prop. 35, dem. e escólio.

17. *Phèdre*, primeiro discurso de Sócrates, 237 *a*-241 *d*.

18. *La pesanteur et la grâce*, p. 71.

19. *Id.*, pp. 71-72.

20. Simone Weil, *op. cit.*, p. 124.

21. São Paulo, *Epístola aos romanos*, XIV, 14.

22. São Paulo, *Epístola a Tito*, I, 15.

23. *Op. cit.*, p. 124.

24. *Op. cit.*, p. 672.

25. Fénelon, *ibid.*, p. 662.

26. Fénelon, *id.*, p. 663.

27. É outra idéia que encontramos em Simone Weil e que resume todas as demais: ver a esse respeito os artigos de Aimé Forest ("Simone Weil et l'idée de purification") e de Georges Charot ("Simone Weil ou la rencontre de la pureté et de l'amour") no nº VI, 3, dos *Cahiers Simone Weil* (setembro de 1983). Ver também *Attente de Dieu*, p. 40 (Fayard, 1966, reed. "Livre de vie", 1977).

28. *Éthique*, V, prop. 42.

*Capítulo 15*

1. Carta a Falconet, de julho de 1767, citado por Ch. Guyot, *Diderot par lui-même*, Seuil, 1957, p. 37.

2. Como bem viu Tzvetan Todorov, refletindo sobre a moral a partir da experiência dos campos de concentração, *Face à l'extrême*, Seuil, 1991, pp. 328-330.

3. *Id.*, p. 239.

4. *Une vie bouleversée (Journal, 1941-1943)*, trad. franc., Seuil, 1985, p. 185; ver também p. 186.

5. Como dizia maravilhosamente Camus a propósito de sua mãe (*Le premier homme*, Gallimard, 1994, p. 154; ver também p. 283: "Sua mãe *é* Cristo").

6. *Op. cit.*, p. 330. "Será necessário precisar", acrescenta Todorov, "que o casal de que falo pode ser formado por dois homens ou por duas mulheres, e que, por outro lado, sua estabilidade não está em questão?" A humanidade é sexuada, e bissexuada; mas essa diferença permeia cada um de nós, como se sabe, e não impõe evidentemente nenhum comportamento sexual particular.

7. *Tristes tropiques*, Plon, 1955, reed. 1973, p. 473.

8. Sobre Svâmi Prajnânpad (1891-1974), que é um dos mestres espirituais de nosso tempo, ver, sobretudo, S. Prakash, *L'expérience de l'unité*, trad. franc., Paris, Éd. L'originel, 1986. Ver também meu prefácio ao t. 2 de sua correspondência (*Les yeux ouverts*, L'originel, 1989), bem como (sobre a passividade) as pp. 177-179 do t. 1 (*L'art de voir*, L'originel, 1988). Pode-se ler também, para uma apresentação mais universitária, porém rica e precisa, os três volumes de D. Roumanoff, *Svâmi Prajnânpad*, La Table Ronde, 1989, 1990 e 1991, assim como, para uma apresentação mais livre e mais pessoal, as diferentes obras de Arnaud Desjardins (que foi o introdutor de Prajnânpad na França), quase todas publicas por La Table Ronde.

9. Ver p. ex. *Attente de Dieu*, Fayard, 1966, reed. Livre de vie, 1977, pp. 126-132, assim como *La pesanteur et la grâce*, *passim*.

10. *Éthique*, IV, escólio 1 da prop. 37 (trad. Appuhn).

11. *Essais*, II, 11, p. 435 da ed. Villey-Saulnier.

12. *Discours sur l'origine de l'inégalité*, I, Pléiade, p. 156. Como observa em nota J. Starobinski, existe aí uma referência implícita aos Evangelhos segundo são Mateus, VII, 12, e são Lucas, VI, 31.

13. Rousseau, *ibid.* Essa máxima, segundo Rousseau, é inspirada na piedade, o que é possível; mas não poderia em absoluto se confundir com ela: a piedade supõe o sofrimento do outro, ao passo que a doçura, se a antecipa, visa, antes, evitá-la. É como uma compaixão sem objeto e, com isso, livre do sofrimento (uma compaixão não-reativa).

14. Ver o belo e erudito livro de Jacqueline de Romilly, *La douceur dans la pensée grecque*, Paris, Les Belles Lettres, 1979.

15. J. de Romilly, *op. cit.*, p. 38.

16. J. de Romilly, *op. cit.*, p. 1.

17. Apesar das reticências de Platão, que preferia à doçura a justiça e o conhecimento: ver as análises, ricas e matizadas, de J. de Romilly, *op. cit.*, pp. 176 ss. Epicuro, como sempre, estará do lado de Aristóteles: sobre a "legendária doçura de Epicuro", ver A.-J. Voelke, *Les rapports*

*avec autrui dans la philosophie grecque d'Aristote à Panétius*, Vrin, 1061, pp. 98-101, assim como a *Sentence vaticane* 36 (atribuída a Hermarco).

18. *Éthique à Eudème*, II, 3, 1220 *b* 35 seg., e III, 3, 1231 *b* 5-27 (trad. Décarie, pp. 89-90 e 131-132). Ver também, é claro, a *Éthique à Nicomaque*, IV, 11, 1125 *b* 26-1126 *b* 9 (trad. Tricot, pp. 196-199), assim como os comentários de J. de Romilly, *op. cit.*, pp. 189-196.

19. Como diz J. de Romilly (*op. cit.*, p. 195) e como Aristóteles reconhece (*Éthique à Nicomaque*, IV, 11, 1125 *b* 31-1126 *a* 2).

20. *Éthique à Nicomaque*, IV, 11, 1125 *b* 32-34.

21. *Id.*, *1126 a* 7-8.

22. Ao contrário, é claro, do ensino evangélico, cujo extremo radicalismo com freqüência esquecemos: "Ouvistes que foi dito: *Olho por olho, dente por dente*. Pois bem! Eu vos digo que não resistais ao perverso; ao contrário, se alguém que te ferir na face direita, volta-lhe também a outra; se ele que quer demandar contigo e tirar-te a túnica, deixa-lhe também tua capa..." (*Evangelho segundo são Mateus,* V, 38-40).

23. *La pesanteur et la grâce*, "La violence", p. 90 da reed. 10-18, 1979.

24. *Id.*, p. 90.

25. *Id.*, p. 91.

26. Não a *abolição* da pena de morte, mas sua *suspensão*, que "poderia ser anulada, por exemplo, se nos víssemos de novo às voltas com inimigos públicos do tipo dos que foram julgados em Nurembergue": *Le fondement de la morale*, cap. 29 e 30, pp. 124-130, Éd. de Mégare, 1982, reed. PUF, 1993 (a paginação é a mesma nas duas edições; a citação que acabamos de ler está na p. 130, nº 1).

27. *Op. cit.*, p. 91.

28. Como diz a segunda beatitude: *Evangelho segundo são Mateus*, V, 4.

## *Capítulo 16*

1. De *alethéia* (*verdade*, em grego), por oposição, é claro, à virtude *teologal* – porque teria Deus como objeto – que é a fé, na tradição cristã.

2. É, de fato, a primeira frase do primeiro parágrafo dos *Essais* (a extraordinária advertência ao leitor), p. 3 da ed. Villey-Saulnier.

3. "Refléxions diverses", 5 (Da confiança), *Maximes et réflexions*, Le livre de poche, 1965, p. 141.

4. Máxima 62.

5. *Essais*, II, 17, p. 647 da ed. Villey-Saulnier.

6. *Ibid.*

7. *Id.*, pp. 647-648.

8. *Id.*, p. 648.

9. *Éthique à Nicomaque*, IV, 13, 1127 *a* 13-1127 *b* 32 (trad. Tricot, pp. 202-206).

10. *Ibid.* Ver também II, 7, 1108 *a* 19-22 (p. 111), assim como a *Éthique à Eudème*, III, 7, 1233 *b* 38-1234 *a* 4 (trad. Décarie, p. 141).

11. *Éthique à Nicomaque*, IV, 13, 1127 *a* 23-25 (p. 203).

12. *Id.*, 1127 *a* 29-30 (p. 203).

13. *Id.*, sobretudo 1127 *b* 22-32 (pp. 205-206).

14. Sobre o amor a si do homem virtuoso (oposto ao egoísmo do mau), ver *Éthique à Nicomaque*, IX, 4 (1166 *a*-1166 *b*, pp. 441-447) e 8 (1168 *a*-1169 *b*, pp. 455-460).

15. *Éthique à Nicomaque*, IV, 8, 28-30 (p. 192). A magnanimidade, ou grandeza de alma, quase desapareceu do vocabulário ético contemporâneo. Para os que gostariam de um exemplo literário não muito antigo, além do que diz Aristóteles (IV, 7-9), digamos que a magnanimidade é a virtude de Athos, em *Os três mosqueteiros* (e mais ainda em *Vinte anos depois* e *O visconde de Bragelonne*), assim como a prudência é a de d'Artagnan, a polidez a de Aramis e a coragem, se não fosse evidentemente comum aos quatro, seria a virtude de Porthos.

16. Ver *Éthique à Nicomaque*, IV, 7, 1123 *b* 15-1124 *a* 19 (pp. 187-190).

17. *Éthique*, IV, prop. 72.

18. *Id.*, demonstração.

19. *Id.*, escólio.

20. *Éthique*, III, def. 1 dos afetos, e *passim.*

21. Ver *Éthique*, IV, props. 2 a 4 (em especial o corolário da prop. 4).

22. *Éthique*, IV, demonstração da prop. 72.

23. Spinoza, *Traité politique*, II, 12 (ed. Appuhn, G.-F., 1966, p. 20).

24. *Éthique*, III escólio da prop. 9 e *passim.*

25. *Éthique*, III, def. 1 dos afetos e explicação.

26. Lembremos que traduzo assim a *misericordia* de Spinoza: ver *Éthique*, III, def. 24 dos afetos, e *suprà*, cap. 8, pp. 120-121.

27. Spinoza, *Traté théologico-politique*, cap. 14.

28. Ver *Éthique*, prop. 20, demonstração e escólio.

29. *Éthique*, IV, prop. 66, demonstração, corolário e escólio.

30. *Doctrine de la vertu*, I, liv. 1, seção 2, § 9, pp. 103-106 da trad. Philonenko, Vrin, 1968; *Sur un prétendu droit de mentir par humanité*, pp. 67-73 da trad. Guillermit, Vrin, 1980.

31. *Sur un prétendu droit de mentir...*, pp. 71-73.

32. Benjamin Constant, citado por Kant, *Sur un prétendu droit de mentir...* p. 67.

33. Kant, *id.*, pp. 67-71. Ver também *Doctrine de la vertu*, § 9, pp. 103-104.

34. *Doctrine de la vertu*, § 9, p. 104.

35. *Traité des vertus*, II, 1, cap. 3 ("La sincerité"), ed. Champs-Flammarion, 1986, p. 283).

36. *Id.*, pp. 249-250.

37. *Ibid.*

38. *Id.*, p. 249.

39. *Id.*, p. 251.

40. *L'être et le néant*, I, cap. 2, Gallimard, 1943, reed. 1969, pp. 85-111 (assinalemos uma bela apresentação desse texto difícil por Marc Wetzel, na col. "Profil philosophique", *Sartre, La mauvaise foi,* Hatier, 1985).

41. *Id.*, p. 111.

42. *Id.*, nota 1.

43. Como dizia mais ou menos Pascal, *Pensées*, 926-582 (ed. Lafuma).

44. *Éthique*, V, prop. 32 e corolário.

45. *Id.*, prop. 24.

46. Freud, carta a James J. Putnam, de 30 de março de 1914, citada por A. de Mijolla, *Les mots de Freud*, Hachette, 1982, pp. 147-148.

47. "Análise terminada e análise interminável", citado por A. de Mijolla, *op. cit.*, p. 117.

48. *Définitions* (definição do espírito), Bibl. de la Pléiade, *Les arts et les dieux*, p. 1056.

49. Cf. *Éthique*, III, escólios das props. 9 e 39.

*Capítulo 17*

1. *Traité des vertus*, II, 1, cap. 4 ("L'humitilé et la modestie"), ed. Champs-Flammarion, 1986, p. 338.

2. Cf. *supra*, cap. 16, p. 274 e nº 48.

3. Montaigne (que se apóia aqui em Juvénal), *Essais*, I, 50, p. 303 da ed. Villey-Saulnier. Ver também a nota de Villey, *ad loc.*, t. 2, p. 1261.

4. *Ibid.*

5. *Id.*, pp. 303-304.

6. *Id.*, p. 304.

7. *Traité politique*, I, 4: "Não rir [isto é, não ridicularizar, não zombar], não chorar, não detestar, mas compreender." Na *Ética*, o riso e o gracejo são, ao contrário, saudados como "pura alegria"; mas porque se trata de outro riso, expressamente distinguido da zombaria (*Éthique*, IV, escólio da prop. 45; ver também o *Court traité*, II, cap. 11, §§ 1 e 2, Bibl. de la Pléiade, pp. 116-117).

8. *Post-scriptum définitif et non scientifique aux Miettes philosophiques*, VII, 493 (p. 189 da trad. Tisseau, *Oeuvres complètes*, t. XI, Éd de l'Orante, Paris, 1977). Sobre o humor e a ironia, ver também o que escrevi em *Vivre*, cap. 5, pp. 193-198.

9. *Lettre à un jeune poète*, 2, trad. franc., p. 320 do t. 1 das *Oeuvres*, Seuil, 1966.

10. *Op. cit.*, VII, 544, p. 235 da trad. Tisseau; ver também a nota da p. 234).

11. Como observa Theodor Lipps, citado por Luigi Pirandello, *L'humour et autres essais*, trad. franc., Paris, Éd. Michel de Maule, 1988, p. 31.

12. Cf. *L. Pirandello*, *op. cit.*, especialmente p. 13: "A ironia, enquanto figura de retórica, supõe uma simulação que é absolutamente contrária à natureza do humor autêntico. Essa figura de retórica implica uma contradição, mas fictícia, entre o que se diz e o que se quer dar a entender. A contradição do humor, em compensação, nunca é fictícia, mas essencial..."

13. "L'illusion, la vérité et la moquette de Woody Allen", *Valeur et vérité*, PUF, 1994, p. 16.

14. *Traité politique*, I, 4 (trad. P.-F. Moreau, que condenso).

15. *Le mot d'esprit et ses rapports avec l'inconscient*, Apêndice, "L'humour", trad. franc., Gallimard, "Idées", 1981, p. 402.

16. *Id.*, p. 405. Ver também p. 408.

17. *Id.*, p. 402.

18. *Id.*, pp. 402-403.

19. *Id.*, p. 408.

20. *Id.*, p. 403.

21. É o exemplo que Freud dá, *op. cit.*, pp. 385-399.

22. *Id.*, p. 402.

23. *Ibid.*

24. *L'éloignement du monde*, Paris, Lettres vives, 1993, pp. 50-51.

25. D. Noguez, em seu excelente artigo sobre a estrutura da linguagem humorística, "La structure du langage humoristique", *Revue d'esthétique*, 1969, t. 22, pp. 37-54 (pp. 51-52 para a passagem citada). Ver também R. Escarpit, *L'humour*, col. "Que sais-je?", reed. PUF, 1972, pp. 114-117, assim como V. Jankélévitch, *L'ironie*, cap. III, § 4, reed. Champs-Flammarion, 1991, pp. 171-172. O uso, observa Jankélévitch, "dá à palavra 'humor' uma nuance de gentileza e de afetuosa bonomia, que às vezes recusa ao ironista. Há na ironia cortante certa malevolência e como que uma malícia amarga que excluem a indulgência; a ironia às vezes é biliosa, depreciativa e agressiva. O humor, ao contrário, não existe sem a simpatia. É verdadeiramente o 'sorriso da razão', não a censura nem o duro sarcasmo. Enquanto a ironia misantropa mantém, em relação aos homens, a atitude polêmica, o humor se compadece do objeto do gracejo; é secretamente cúmplice do ridículo, sente-se conivente com ele..." O mesmo indivíduo, repitamos, pode, é claro, misturar humor e ironia, mas as duas coisas ainda assim permanecem diferentes. É o que sublinha L.Pirandello, *op. cit.*, p. 15: "Da ironia, mesmo quando é utilizada com fins benéficos, não se pode dissociar a idéia de algo *zombeteiro* e *acerbo*. Ora, zombeteiros e acerbos, escritores indubitavelmente humorísticos decerto podem ser, mas seu humor não consiste nessa acerba zombaria."

26. *Post-scriptum...*, VII, 544, p. 235 da trad. Tisseau.

27. Freud, Carta a Marie Bonaparte, de 13 de agosto de 1937 (*"Why live, if you can be buried for ten dollars?"*), citada por A. de Mijolla, *Les mots de Freud*, Hachette, 1982, p. 236. As citações de Woody Allen são extraídas de seus *Opus 1* e *2*, trad. franc., reed. Seuil, col. "Point virgule", 1985 e 1986.

28. *Ibid.*

29. *Op. cit.*, VII, 279, p. 272 da trad. Tisseau, t. X (conforme a trad., que me parece mais feliz aqui, de P. Petit, Gallimard, reed. 1989, col. "Tel", p. 195).

30. *Id.*, e VII, 544-546, t. XI, pp. 235-237 da trad. Tisseau (pp. 374-375 da trad. Petit).

31. *Op. cit.*, VII, 492 ss., pp. 188 ss. da trad. Tisseau, t. XI (pp. 339 ss. da trad. Petit).

32. *Id.*, VII, 278, p. 271 da trad. Tisseau (t. X), p. 195 da trad. Petit.

33. *Id.*, VII, 490-512, pp. 187-207 (trad. Tisseau, t. XI) ou 338-352 (trad. Petit).

*Capítulo 18*

1. Kant, *Critique de la raison pratique*, Dos móbeis da razão pura prática, p. 87 da trad. Picavet, PUF, 1971, e sobretudo *Doctrine de la vertu*, introdução, XII, *c*, "De l'amour des hommes", pp. 73-74 da trad. Philonenko, Vrin, 1968: "O amor é uma questão de *sentimento* e não de *vontade*, e não posso amar porque *quero*, menos ainda porque *devo* (estar na necessidade de amar); daí decorre que um *dever de amar* é um disparate" (grifos de Kant).

2. Sobre o dever como coerção, ver Kant, *Critique de la raison pratique*, Analítico (em especial os capítulos 1 e 3), bem como *Doctrine de la vertu*, introdução, I. Neste último texto, Kant mostra que a lei moral só adquire a forma do *dever* para seres razoáveis, "que carecem o bastante de santidade para terem vontade de violar a lei moral, embora reconheçam a autoridade desta, e, quando obedecem a ela, para o fazerem *contra a vontade* (resistindo à sua inclinação), no que consiste precisamente a coerção" (pp. 49-50 da trad. Philonenko, grifos sempre de Kant). Mesma idéia no § 4: "O dever é uma *coerção* tendo em vista um fim que não é desejado de bom grado" (p. 56). Se admitirmos (contra Kant, mas com Aristóteles e todos os antigos), que a virtude supõe, ao contrário que se aja *de bom grado*, resulta que dever e virtude tenderão a evoluir, em toda vontade boa, numa proporção inversa: que, por exemplo, quem só der *por dever* e, portanto, por assim dizer, *de boa vontade mas de mau grado*, nem por isso será generoso (será apenas um avaro que se força, um avaro moral, o que sem dúvida é melhor do que um avaro que não se força), e que, inversamente, para o homem

verdadeiramente generoso, o dom ou a beneficência cessarão de ser coerções e, portanto (já que ele dá *de bom grado*), deveres. Esses dois extremos permanecem teóricos: nunca existiu, sem dúvida, virtude pura sem nenhuma coerção (seria santidade) nem, ao que tudo indica, pura obediência ao dever sem nenhuma virtude (seria moralidade sem coração, sem prazer, sem amor, moralidade toda ela de mau grado: triste moralidade!). O que existe realmente, o que todos podem experimentar, são os graus intermediários, mas que só o são em relação a esses dois extremos, que, por mais teóricos que pareçam, e talvez por o serem mesmo, permanecem esclarecedores. Aliás, poderíamos dizer o mesmo de outro modo, e melhor, distinguindo dois tipos de virtude: uma virtude apenas moral (a virtude segundo Kant: agir por dever) e uma virtude ética (a virtude segundo Aristóteles ou Spinoza: fazer o bem de bom grado, e alegremente). Necessitamos é claro das duas, e tanto mais da primeira, infelizmente, quanto menos somos capazes da segunda... Ver a esse respeito o que eu escrevia em *Vivre*, pp. 115-133, e em *Valeur et vérité*, pp. 183-205.

3. *Par-delà le bien et le nal*, af. 153 (trad. G. Bianquis, reed. "10-18", 1973, p. 130).

4. *Critique de la raison pratique*, Analítico, cap. 3, p. 89 da trad. Picavet.

5. *Doctrine de la vertu*, introd., XII, *c*, p. 73 da trad. Philonenko.

6. *Critique de la raison pratique*, "Des mobiles de la raison pure pratique", p. 87 da trad. Picavet.

7. *Id.*, pp. 87-88.

8. *Supra*, cap. 1.

9. Como dizia excelentemente santo Agostinho, numa fórmula que, obviamente, nada tem a ver com o laxismo, mas que é, ao contrário, a mais exigente, ao mesmo tempo que a mais libertadora (*Commentaire de la première Epître de saint Jean*, VII, 8, pp. 328-329 da trad. Agaësse, Cerf, 1961).

10. *Evangelho segundo são Mateus*, V, 17.

11. Spinoza, *Traité théologico-politique*, cap. 4, p. 93 da ed. Appuhn, G.-F., 1965 ("ele os libertou da servidão da lei e, não obstante, a confirmou e a escreveu para sempre no fundo dos corações"). Sobre a diferença, desse ponto de vista, entre Nietzsche e Spinoza, ver minha contribuição a *Pourquoi nous ne sommes pas nietzschéens*, org. por L. Ferry e A. Renaut, Grasset, col. "Le collège de philosophie", 1991,

especialmente pp. 65-68, assim como minha intervenção no colóquio sobre Nietzsche e o judaísmo, *De Sils-Maria à Jérusalem*, org. D. Bourel e J. Le Rider, Cerf, 1991 ("Nietzsche et Spinoza", pp. 47-66).

12. Sobre a diferença entre moral e ética (e sobre a moral como *simulacro de amor*), ver meu artigo "Morale ou éthique?", em *Valeur et vérité*, PUF, 1994, pp. 183-205.

13. Pascal, *Pensées*, 513-4 (ed. Lafuma). Hume, *Traité de la nature humaine*, livro III, primeira parte, seções 1 e 2 (trad. Leroy, Aubier, 1983, pp. 569-592); ver também *Enquête sur les principes de la morale*, especialmente o apêndice I, pp. 205-216 da trad. Baranger-Saltel, G.-F., 1991. Bergson, *Les deux sources de la morale et de la religion*, pp. 85-99 (pp. 1046-1057 da ed. do centenário, reed. PUF, 1970). Aristóteles, antes de todos eles, já notava que "há apenas um princípio motor, a faculdade desejante" e que "o intelecto manifestamente não se move sem o desejo" (*De anima*, III, 10, 433 *a*, 21-24, p. 204 da trad. Tricot, reed. Vrin, 1982; ver também II, 3, 414 *b*, 1-5, p. 81). É um dos numerosos pontos em que Epicuro e Lucrécio estariam de acordo com Aristóteles.

14. Platão, *Le Banquet*, 198 *c*- 99 *b*.

15. Ver, por exemplo, *Le Banquet*, 177 *d* ("eu, que declaro não saber que o amor"), 198 *d* (em que Sócrates se declara "perito em amor"), 212 *b* ("entrego-me a ele mais que a tudo")... Ver também o *Lysis*, 204 *b-c*.

16. *Id.*, 178 *a*-197 *e* (cito em geral *Le Banquet* na tradução de Émile Chambry, reed. G.-F., 1964, que poderei modificar um pouco, apoiando-me sobretudo, então, nas trad. de L. Robin, da Pléiade, e de P. Vicaire, da Belles Lettres). Para uma análise e um comentário desses diferentes discursos, ver a notícia detalhada de L. Robin, *Le Banquet*, Paris, Les Belles Lettres, reed. 1992 (com uma nova trad. de P. Vicaire), assim como, num gênero bem diferente, o *seminário* (incrivelmente prolixo, mas sugestivo) de J. Lacan, *Le transfert (Séminaire, VIII)*, Seuil, 1991, especialmente pp. 29-195. Sobre o papel cosmológico do amor em Hesíodo, Parmênides e Empédocles, ver Aristóteles, *Métaphysique*, A, 4, 984 *b* 23-985 *a* 10 (pp. 36-37 da trad. Tricot). Enfim, assinalemos um surpreendente *remake* do *Banquete* (que se apóia parcialmente nas teses de Francesco Alberoni, Boris Cyrulnik, Eric Fuchs e Jacques Lacan), no livro inclassificável e estimulante de Hubert Aupetit e Catherine Tobin, *L'amour déboussolé*, Paris, ed. François Bourin, 1993.

17. Platão, *Le Banquet*, 189 *a*-193 *e* (essa referência vale, salvo

explicitação contrária, para todas as citações que seguem, até o fim deste parágrafo).

18. L. Robin, *op. cit.*, pp. LIX-LXIII.

19. Hume, *Enquête sur l'entendement humain*, seção X.

20. Lucrécio, *De rerum natura*, IV, 1105-1112.

21. *Id.*, 1133-1134.

22. *Le Banquet*, 199 *b* (nas trad. de É. Chambry e P. Vicaire).

23. *Id.*, 199 *d*-200 *b*. Isso também é válido, segundo Platão, para a amizade (*philia*): *Lysis*, 221 *d-e*.

24. *Id.*, 201 *b*.

25. *Id.*, 200 *e*.

26. *Ibid.*

27. Plotino, *Traité 50 (Ennéades*, III, 5), § 7, p. 130 da trad. Hadot, Cerf, 1990; ver também pp. 142-143. Sobre a teoria plotiniana do amor, em sua relação com a de Platão, além da introdução de P. Hadot a esse *Tratado 50*, ver igualmente do mesmo autor *Plotin ou la simplicité du regard*, Études augustiniennes, 1989, cap. 4, assim como a bela meditação de J.-L. Chrétien sobre "L'amour du neutre", *La voix nue*, Éd. de Minuit, 1990, pp. 329 ss.

28. *Le Banquet*, 206 *e*.

29. 251 *d*.

30. *Id.*, 200 *a*-201 *c* e 204 *a*-206 *a*.

31. *Op. cit.*

32. *Id.*, 206 *b*- 207 *a*.

33. *Id.*, 207 *a-d*.

34. *Id.*, 207 *d*-208 *e*.

35. *Id.*, 208 *e*-209 *e*.

36. *Id.*, 210 *a*.

37. Sobre o amor como desejo de morte, ver L. Robin, *La théorie platonicienne de l'amour*, reed., PUF, 1964, p. 182. Sobre o Belo como manifestação do Bem, ver, *id.*, p. 188.

38. Ver o primeiro discurso de Sócrates em *Fedro* (237-241). O segundo discurso de Sócrates (244-257) reencontra, por outros caminhos (mais pela nostalgia do que pela esperança) a inspiração religiosa ou idealista do *Banquete*. Sobre a comparação entre esses dois diálogos (e com o *Lísis*), ver L. Robin, *La théorie platonicienne de l'amour*, cap. 1.

39. *Phèdre*, 240 *e* e 241 *d*.

40. A transferência, no sentido freudiano do termo, seria em particular o sentido do discurso de Alcibíades (212-222), ou antes, da "interpretação" que Sócrates dá desse discurso, por sua vez interpretada por Lacan: *op. cit.*, pp. 179-213; ver também p. 460.

41. *Banquet*, 200 *e*.

42. *L'amour et l'Occident*, I, 9, reed. "10-18", 1974, p. 36.

43. R. Allendy, *L'amour*, Denoël, reed. 1962, p. 144.

44. Stendhal, *De l'amour* (reed. G.-F., 1965; ver em especial os cap. 2-12, assim como a nota do cap. 15). André Breton, *L'amour fou*, Gallimard, 1937, reed. 1971.

45. D. de Rougemont, *op. cit.*, I, 11, p. 42: "Eu definiria o romântico ocidental como um homem para o qual a dor, especialmente a dor amorosa, é um meio privilegiado de conhecimento."

46. *Id.*, pp. 36-37.

47. Wagner, *Tristão e Isolda*, citado por D. de Rougemont, *id.*, p. 40.

48. *Phédon*, 64. Sobre a ausência do ser e sobre o amor à morte, em Platão, ver *Vivre*, cap. 4, pp. 21-29.

49. *À la recherche du temps perdu,* Bibl. de la Pléiade, 1954, t. 3, p. 419.

50. *Id.*, p. 506. Ver também Stendhal, *op. cit.*, cap. 6, p. 43: "Vocês se deixam, e a cristalização recomeça..."

51. D. de Rougemont, *op. cit.*, I, 8, p. 33.

52. *Id.*, I, 11, p. 43.

53. *Id.*, p. 37. Do mesmo modo, em Platão, "o amor é uma espécie de morte", ou tende a se confundir "com o desejo da morte" (L. Robin, *op. cit.*, p. 182).

54. Na maravilhosa reconstituição de Joseph Bédier, Paris, édition d'art H. Piazza, 1926 (que já era a 231.ª edição).

55. *Le principe de cruauté*, Éd. de Minuit, 1988, p. 54.

56. *Éthique*, IV, prop. 21.

57. Ser feliz, para Platão como para qualquer um, é de fato ter o que se deseja: *Banquet*, 204 *e*-205 *a*.

58. *Id.*, 200 *e*.

59. *Banquet*, 200 *b-e*.

60. *L'être et le néant*, Gallimard, reed., 1969, p. 652.

61. *Id.*, p. 467.

62. Ver *Une éducation philosophique*, pp. 350-353.

63. *Éthique*, III, def. 12 dos afetos (com a explicação da def. 13) e, sobretudo, IV, prop. 47, com sua demonstração e seu escólio.

64. *Banquet*, 199 *d-e*.

65. *Banquet*, 200 *d*.

66. Cf. *Banquet*, 200 *d-e*.

67. Ver *Éthique à Nicomaque*, livros VIII e IX. As citações são tiradas do livro VIII, caps. 9 e 10, 1159 *a* 25-34 (trad. Tricot, pp. 404-405). Ver também *Éthique à Eudème*, livro VII, e *Grande morale*, livro II, cap. 11-16. Sobre a amizade na Antiguidade, o leitor poderá consultar a tese de Jean-Claude Fraisse, *Philia, La notion d'amitié dans la philosophie antique*, Vrin, 1984 (com um longo capítulo sobre Aristóteles, pp. 189-286), assim como o livro de André-Jean Voelke, *Les rapports avec autrui dans la philosophie grecque d'Aristote à Panétius*, Vrin, 1961. Assinalemos enfim as páginas, infelizmente pouco numerosas, mas sugestivas, que Pierre Aubenque consagrou à "Amizade em Aristóteles", num apêndice de *La prudence chez Aristote*, PUF, 1963 (reeditado recentemente na col. "Quadrige").

68. Spinoza, *Éthique*, III, escólio da prop. 9 e def. 1 dos afetos.

69. *Éthique*, III, props. 6-13, com as demonstrações e escólios, e def. geral dos afetos, com sua explicação. Não volto ao que já mostrei em outro lugar: "Spinoza contre les herméneutes", *Une éducation philosophique*, pp. 245 ss.

70. *Ibid.*, e def. 6 dos afetos, com sua explicação.

71. *Éthique*, III, def. geral dos afetos.

72. Ver Spinoza, *Éthique*, III, escólio da prop. 59.

73. Especialmente, segundo Denis de Rougemont, nas línguas européias: ver *Les mythes de l'amour*, Albin Michel, 1961, reed. NRF, "Idées", 1978, introd., pp. 15-16. Já que estamos falando das considerações lingüísticas, lembremos de passagem, para os puristas, que *amour*, no plural, em francês, pode ser indiferentemente masculino ou feminino ("o uso não está definido", constata Grevisse, "o masculino é sempre permitido", recorda Hanse) e é geralmente "masculino no singular como no plural em sua acepção geral" (V. Thomas, *Dictionnaire des difficultés de la langue française*, Larousse, 1956, reed. 1976). O feminino plural, de aparência sempre rebuscada e muitas vezes enfática, hoje só é utilizado para designar ligações amorosas.

74. *Op. cit.*, cap. 2, p. 34.

75. *Éthique*, III, def. 6 dos afetos.

76. *Banquet*, 204 *d-e*.

77. Ver *Éthique*, III, prop. 41 e escólio.

78. Ver *Éthique*, III, props. 58 e 59, com as demonstrações e o escólio. Ver também a prop. 40 da quinta parte.

79. *Supra*, cap. 10.

80. *Éthique*, III, explicação da def. 6 dos afetos (as passagens entre colchetes são acrescentadas por mim). Comparar com Descartes, *Traité des passions*, II, arts. 79 e 80 (AT, 387).

81. Ver *Éthique*, III, prop. 19 e demonstração. Ver também a prop. 21.

82. *Éthique*, I, axioma 3 e prop. 28.

83. *Éthique*, I, axioma 4.

84. *Éthique à Nicomaque*, VIII, 9, 1159 *a*, 27-33 (trad. Tricot, pp. 404-405). Ver também VIII, 14, 1161 *b* 26, p. 419, e sobretudo IX, 4, 1166 *a* 7-9, p. 443: um amigo pode ser definido como "aquele que deseja que seu amigo tenha existência e vida, para o amor de seu amigo mesmo (é precisamente esse sentimento que as mães têm por seus filhos), [...] ou aquele que partilha as alegrias e as tristezas do amigo (sentimento que encontramos também em particular nas mães)".

85. *Éthique à Nicomaque*, VIII, 14, 1162 *a* 15-33 (trad. Tricot, pp. 420-421).

86. *Id.*, VIII, 14, 1161 *b* 16-1162 *a* 15, trad. Tricot, pp. 418-420. Ver também *Éthique à Eudème*, VII, 10, 1242 *a* 23-*b* 1 (trad. Décarie, Vrin, 1984, pp. 184-185), onde Aristóteles mostra que "a família é uma amizade", inclusive que é em seu seio que "se encontram primeiramente o começo e as fontes da amizade, do Estado e da justiça".

87. *Éthique à Nicomaque*, VIII, 5, 1157 *a* 6-15 (p. 393) e IX, 1, 1164 *a* 2-13 (p. 432).

88. *Id.*, VIII, 4, 1156 *b* 6-35 (pp. 390-392).

89. Ver *id.*, VIII, 2, 1155 *b* 27-31 (p. 387): "Para designar o sentimento pelo qual amamos as coisas inanimadas, a linguagem corrente não emprega a palavra amizade. Porque não seria possível que essas coisas nos amassem por sua vez, nem que desejássemos a felicidade delas (faríamos rir se, falando do vinho, pretendêssemos 'desejar-lhe felicidade'! Claro, desejamos que se conserve, mas é para que nós mesmos tenhamos o que beber!). Ora, a um amigo, devemos, diz-se, desejar o bem para ele mesmo" (p. 215 da trad. Gauthier-Jolif, Louvain, 1958). Tampouco podemos, segundo Aristóteles, ter amizade por ani-

mais (*Éthique à Nicomaque*, VIII, 13, 1161 *b* 2-3, p. 416) nem pelos deuses (*Éthique à Nicomaque*, VIII, 9, p. 403). Ver também *Grande morale,* II, 11, 1208 *b* 28-32: "É um erro imaginar que uma divindade ou seres inanimados possam ser objetos de amizade. A nosso ver, de fato, só há amizade quando temos contrapartida. Ora, a amizade por um deus não pode ter contrapartida e, de maneira geral, está excluído ter amizade por um deus: que absurdo seria dizer que temos amizade por Zeus!" (pp. 193-194 da trad. Dalimier, Arléa, 1992). É um ponto em que santo Tomas não seguirá Aristóteles: "A caridade", podemos ler na *Suma teológica*, "é uma amizade do homem por Deus" (IIa IIae, quest. 23, art. 1, p. 160 da ed. do Cerf, t. 3, 1985). Isso porque, é claro, com esse Deus, uma "reciprocidade de amor", como diz santo Tomás, é possível, o que não era com Zeus. Notemos, porém, que essa exigência de reciprocidade, mesmo em Aristóteles, não é, no caso da amizade, uma condição absoluta, como mostra o exemplo das mães, que amam o recém-nascido sem serem amadas por ele e, até, quando acontece tenham de abandoná-lo definitivamente a alguma ama ou mãe adotiva, continuam a amá-lo sem serem amadas nem conhecidas, o que, para Aristóteles, confirma que "a amizade consiste antes em amar do que em ser amado" (*Éthique à Nicomaque*, VIII, 9, 1159 *a* 28-32, pp. 404-405; ver também *Éthique à Eudème*, VII, 5, 1239 *a* 34-40, pp. 170-171).

90. Ver p. ex. *Éthique à Nicomaque*, VIII, 9, 1159 *a* 25-28 (p. 404).

91. *Id.*, VIII, 2, 1155 *b* 31-1156 *a* 5 (p. 387). A benevolência pode, no entanto, ter sentido único (por exemplo, da mãe ao recém-nascido) sem deixar de ser uma *philia*: ver *Éthique à Nicomaque*, VIII, 9, 1159 *a* 27-33 (pp. 404-405).

92. *Éthique à Nicomaque*, IX, 12, 1171 *b* 29-1172 *a* 8 (pp. 473-474). Ver também *Política*, III, 9, 1280 *b* 39: "a escolha deliberada de viver juntos nada mais é que amizade" (trad. Tricot, reed. Vrin, 1970, p. 210).

93. Ver p. ex. *Éthique à Eudème*, VII, 2, 1237, *a* 30-*b* 27: "A amizade em ato é uma escolha recíproca, acompanhada de prazer e de conhecimento mútuo. [...] A amizade é reconhecida como uma coisa estável [...]. Ora, não há amizade estável sem confiança, nem confiança sem o tempo..." (trad. Décarie, pp. 162-163).

94. Tomo a expressão de Denis de Rougemont (que a opõe, é claro, como também faço, ao amor-paixão: *L'amour et l'Occident*, VII), mas sem trair Aristóteles: "É melhor amar que ser amado, pois amar é uma espécie de atividade de prazer e um bem, ao passo que do fato

de ser amado não procede nenhuma atividade por parte do amado" (*Grande morale*, II, 11, 1210 *b* 6-8, p. 201 da trad. Dalimier). Sobre o amor como atividade em Aristóteles, ver também A.-J. Voelke, *Les rapports avec autrui...*, *op. cit.*, p. 33.

95. *Éthique à Nicomaque*, VIII, 14, 1162 *a* 16-33 (trad. Tricot, pp. 420-421). Como observa R. Flacelière, Aristóteles, "que se casou duas vezes, e sentiu-se muito bem assim", com isso "reabilitou o amor conjugal aos olhos dos filósofos, integrando-o explicitamente à categoria da *philia*, que é o caminho da virtude (*areté*)" (*L'amour en Grèce*, Hachette, 1960, reed. "Le club du meilleur livre", 1961, pp. 198-199). Para santo Tomás, do mesmo modo, o casamento é "uma amizade, é inclusive a mais íntima de todas" (E. Gilson, *Le thomisme*, p. 347).

96. *Éthique à Eudème*, VII, 2, 1237 *a* 37-38 (trad. Décarie, p. 162).

97. *Ainsi parlait Zarathoustra*, I, "De l'enfant et du mariage".

98. Colóquio "Paroles d'amour", organizado pelo Planejamento familiar do departamento de Isère, em Grenoble, nos dias 16 e 17 de março de 1990. As Atas do colóquio (para cujo encerramento fui convidado, esboçando então algumas das teses aqui desenvolvidas) foram publicadas em 1991, *Paroles d'amour*, Paris, Éd. Syros, "Alternatives".

99. *L'amour et l'Occident*, VII, 4, p. 262.

100. *Essais*, III, 9, p. 975 da ed. Villey-Saulnier. Sobre o amor e a amizade segundo Montaigne, ver também e sobretudo o famoso cap. 28 do livro I ("De l'amitié").

101. Denis de Rougemont, *L'amour et l'Occident*, I, 11, p. 41. A citação latina é tirada das *Confissões* de santo Agostinho, III, 1 (*"Nondum amabam et amare amabam"*: eu ainda não amava e amava amar).

102. Ver D. de Rougemont, *id.*, pp. 41-42.

103. Como dizia Gide em *Les Nourritures terrestres*: "Famílias, eu as odeio! Lares fechados; portas trancadas; posses ciumentas da felicidade" (liv. IV, reed. "Le livre de poche", 1966, pp. 69-70).

104. *Les sentiments familiaux*, Bibl. de la Pléiade, "Les passions et la sagesse". p. 335.

105. Ver Cl. Lévi-Strauss, "La famille", em *Le regard éloigné*, Plon, 1983, p. 91: "Em todo caso, a palavra da Escritura 'Deixarás teu pai e tua mãe' fornece a regra de ouro (ou, se preferirmos, a lei de bronze) ao estado de sociedade." De fato, sabemos que a proibição do incesto, por obrigar as famílias a só "se aliarem umas às outras, e não cada uma

por conta própria, consigo" (*id.*, p. 83), é, segundo Lévi-Strauss, a regra universal pela qual se opera "a passagem da natureza à cultura, da condição animal à condição humana" (*ibid.*; ver também *Les structures élémentaires de la parenté*, Paris, Plon, reed. 1973, especialmente a introdução e os caps. 1 e 2).

106. *Somme théologique*, Ia IIae, quest. 26, art. 4 (t. 2, p. 194 da Ed. du Cerf). Ver também E. Gilson, *Le thomisme*, reed., Vrin, 1979, pp. 335-344.

107. E. Gilson, *Le thomisme*, p. 340.

108. *Somme théologique*, *id.*, t. 2, p. 194. Cf. Aristóteles, *Rhétorique*, II, cap. 4, § 2: "Amar será querer para alguém o que imaginamos ser um bem para esse alguém, considerando seu interesse, não o nosso, e o fato de nos tornarmos potencialmente capazes de realizar esse bem" (trad. Ruelle-Vanhemelryck, Le livre de poche, p. 197). Ver também *Éthique à Nicomaque*, IX, 4: "Define-se um amigo: aquele que deseja e faz o que é bom na realidade ou assim lhe parece, tendo em vista seu amigo mesmo..." (trad. Tricot, p. 443).

109. *Somme théologique*, *id.*, Soluções, 1, p. 194. A mesma distinção se encontrará, no século XVII, em são Francisco de Sales: "Divide-se o amor em duas espécies, uma das quais é chamada amor de benevolência e a outra, amor de cobiça. O amor de cobiça é aquele pelo qual amamos algo pelo proveito que pretendemos tirar; o amor de benevolência é aquele pelo qual amamos alguma coisa pelo bem desta, pois que mais é ter amor de benevolência por uma pessoa senão querer-lhe o bem?" (*Traité de l'amour de Dieu*, Bibl. de la Pléiade, p. 392). Quanto ao amor de amizade, pode ser definido como um amor de benevolência ao mesmo tempo recíproco e íntimo: "Quando o amor de benevolência é exercido sem correspondência de parte da coisa amada, chama-se amor de simples benevolência; quando o é com mútua correspondência, chama-se amor de amizade. Ora, a correspondência mútua consiste em três pontos: pois é preciso que os amigos se amem reciprocamente e tenham comunicação, privança e familiaridade juntos" (*id.*, p. 393).

110. *Somme théologique*, *id.*, Soluções, 3 (p. 194).

111. *Éthique à Nicomaque*, VIII, 9, 1159 *a* 27-33 (pp. 404-405).

112. *Id.*, VIII, 15, 1162 *b* 35 (p. 425).

113. Sobre essa *philautia* (amor a si, não no sentido do egoísmo, mas no sentido em que o sábio é amigo de si mesmo), ver Aristóteles, *Éthique à Nicomaque*, IX, 4 e 8.

114. *Traité de l'amour de Dieu*, cap. VIII (*Oeuvres mystiques de saint Bernard*, trad. A. Béguin, Seuil, 1953, reed. 1992, p. 60). Sobre os graus do amor em são Bernardo, ver também E. Gilson, *La théologie mystique de saint Bernard*, reed. Vrin, 1986, especialmente pp. 53-61 e 108-112.

115. *Traité de l'amour de Dieu*, caps. IX e X (pp. 63-68). Ver também o cap. XII.

116. Aristóteles, *Éthique à Nicomaque*, VIII, especialmente os caps. 1, 4, 7 e 10; ver também J.-C. Fraisse, *op. cit.*, pp. 257 ss., assim como A.-J. Voelke, *op. cit.*, pp. 59-61 (que mostra que "a amizade não é unicamente uma virtude entre outras, mas a coroação de todas elas"). Santo Tomás, *Somme théologique*, Ia IIae, quest. 26, arts. 2-4, t. 2, pp. 192-194, e IIa IIae, quest. 23, t. 3, pp. 159-167; ver também E. Gilson, *Le Thomisme*, reed. Vrin, 1979, pp. 335 ss. (especialmente nota 5 da p. 338: "A amizade não é uma paixão, mas uma virtude.").

117. *Les dieux*, IV, 10, Bibl. de la Pléiade ("Les arts et les dieux"), p. 1352.

118. *Éthique à Nicomaque*, VIII, 1, 1155 *a* 28-29.

119. *Sentences vaticanes*, 23 (trad. G. Rodis Lewis, que sem dúvida tem razão, com Jean Bollack, de conservar a lição do manuscrito: ver *Epicure et son école*, Gallimard, "Idées", 1975, p. 364, assim como as *Actes du VIII^e^ Congrès de l'Association Guillaume Budé*, Belles Lettres, 1969, pp. 223-226). Sobre a relação, em Epicuro, entre a moral e a amizade, ver meu *Traité du désespoir et de la béatitude*, t. 2, cap. 4, pp. 124-131.

120. *Supra*, Preâmbulo, pp. 9-10.

121. Aristóteles, *Éthique à Nicomaque*, IX, caps. 4 e 8. São Bernardo, *Traité de l'amour de Dieu*, cap. VIII. Sobre os limites dessa *philautia*, ver também V. Jankélévitch, *Traité des vertus*, II, 2 (*Les vertus et l'amour*), cap. VI, §§ 3-4, pp. 179-206.

122. Por ex., *Cartas 43* (a J. Osten) e *76* (a Albert Burgh), pp. 275 e 342 da ed. de Appuhn das *Lettres*, reed. G.-F., t. 4, 1966. Ver também o *Traité théologico-politique*, cap. XIV. Sobre a relação entre Spinoza e Jesus Cristo (que não é, para ele, nem Deus nem filho de Deus, e sim o maior dos mestres espirituais), ver Sylvain Zac, *Spinoza et l'interprétation de l'Ecriture*, PUF, 1965 (especialmente pp. 190-199), e sobretudo Alexandre Matheron, *Le Christ et le salut des ignorants chez Spinoza*, Aubier, 1971.

123. *Evangelho segundo são Mateus*, V, 43-44. Ver também Lucas, VI, 27.

124. A propósito de Cristo crucificado, que é a própria imagem desse amor: *Primeira epístola aos coríntios*, I, 23.

125. *Primeira epístola de são João*, IV, 8 e 16. Sobre as questões de vocabulário e sobre o conteúdo doutrinal que se prende a elas, ver o importante verbete "Charité" do *Dictionnaire de spiritualité ascétique et mystique*, sob a dir. de M. Viller, SJ, t. 2, Beauchesne, 1953, pp. 507-691, ou, numa forma mais condensada e de um ponto de vista evidentemente tomista, a introdução, por A.-M. Henry, ao tratado da caridade de santo Tomás (*Somme théologique*, IIa IIae, quests. 23 a 46), pp. 153-157 do t. 3 da Ed. du Cerf. Este último autor observa que "o substantivo *agapé*, extremamente raro na literatura profana, é quase uma criação do Novo Testamento", onde aparece "117 vezes, entre as quais 75 em Paulo e 25 em João" (p. 153). Sobre a *agapé*, o livro de referência (embora por vezes unilateral ou demasiado sistemático) é *Erôs et agapé*, de A. Nygren, trad. franc., Aubier, reed. 1962 (em três volumes, infelizmente impossíveis de se encontrar nas livrarias). Numerosas indicações também nos dois livros já citados de Denis de Rougemont. Para um confronto com a tradição grega (que falava antes de *philantropia* ou de *philoxenia*: o amor à humanidade, o amor ao estrangeiro), ver as páginas sugestivas de Marcel Conche, em *Vivre et philosopher*, PUF, 1992, pp. 195-202, assim como as observações de A.-J. Voelke, *Les rapports avec autrui...*, *op. cit.*, p. 185-188 ("Sagesse antique et charité chrétienne" [Sabedoria antiga e caridade cristã]). Para um confronto com a tradição judaica, ver o artigo de Catherine Chalier, "Equité et bonté", no nº 11 da série "Morales" da revista *Autrement* (*La charité*, abril de 1993, pp. 20 ss.).

126. Descartes, *Méditations métaphysiques*, III e V; Leibniz, *Discours de métaphysique*, § 1, *Monadologie*, § 41. Assinalemos uma boa apresentação do problema por Bernard Sève, *La question philosophique de l'existence de Dieu*, PUF, 1994 (especialmente, para Descartes e Leibniz, o cap. 1).

127. *Métaphysique*, Λ, 7, especialmente 1072 *b* 3 (trad. Tricot, reed. Vrin, 1981, p. 678).

128. Aristóteles, *ibid.*, 7-9 (trad. Tricot, pp. 672-706). Ver também A. Nygren, *Erôs et agapé*, t. 1, pp. 203-207 da trad. franc. ("La conception aristotélicienne de l'éros").

129. Mesmas referências que *supra*, nota 27.

130. *Grande Morale,* II, 11, 1208 *b* 30-32 (trad. Dalimier, pp. 193-194).

131. *Éthique à Nicomaque*, IX, 4-9.

132. Spinoza, *Éthique*, III, escólio da prop. 11 e def. 2 dos afetos. Ver também a def. 6 da segunda parte.

133. *Éthique*, III, prop. 6 e seg. Ver também, na primeira parte, o escólio da prop. 11.

134. *Éthique,* V, prop. 17, demonstração e corolário.

135. *Éthique,* I, def. 6, prop. 11 (com as demonstrações e o escólio), e corol. 2 da prop. 20.

136. *Éthique,* I, props. 15 e 18, e V, prop. 35.

137. *La pesanteur et la grâce*, p. 112 da reed. UGE, "10-18", 1979.

138. *Attente de Dieu*, p. 216.

139. *Id.*, p. 215.

140. *Les dieux*, IV, 2, Bibl. de la Pléiade, p. 1324. Sobre a relação de Simone Weil com Alain, que foi seu professor, e sobre a recusa, comum a ambos, do panteísmo e do Deus-potência, ver minha exposição "Le Dieu et l'idole (Alain et Simone Weil face à Spinoza)", em *Spinoza au XXe siècle*, org. O. Bloch, PUF, 1993, pp. 13 a 39 (o mesmo artigo foi publicado nos *Cahiers Simone Weil*, t. XIV, nº 3, setembro de 1991, pp. 213 ss.).

141. *La pesanteur et la grâce*, p. 112.

142. *Id.*, p. 75.

143. *Attente de Dieu*, Fayard, 1966, reed. "Livre de vie", 1977, p. 106.

144. *Ibid.*

145. *Id.*, pp. 131-132. Esse tema da criação-retirada e, portanto, do mundo como ausência de Deus, já estava presente, ao que parece, na tradição mística judaica: ver a esse respeito o artigo de Richard A. Freund, "La tradition mystique juive et Simone Weil", em *Cahiers Simone Weil*, t. X, nº 3, setembro de 1987. Trata-se, ao que tudo indica, mais de um encontro do que de uma influência: sabe-se que Simone Weil, cujos pais eram judeus laicos e agnósticos, mostrou-se muito injusta com o judaísmo.

146. *La pesanteur et la grâce,* p. 20, ou *Attente de Dieu*, p. 127 ("Sempre, por uma necessidade natural, cada um manda onde quer que tenha o poder"). A citação de Tucídides é extraída de *Histoire de la guerre du Péloponèse*, V, 105.

147. *Attente de Dieu*, p. 131.

148. *La pesanteur et la grâce*, p. 43. Temos aí uma referência implícita à *Epístola aos filipenses* de são Paulo, II, 7 ("antes a si mesmo se esvaziou").

149. *Attente de Dieu*, p. 130.

150. Simone Weil, *La connaissance surnaturelle*, Gallimard, 1950, p. 267.

151. *La pesanteur et la grâce*, p. 114.

152. Alain, *Cahiers de Lorient*, t. 2, Gallimard, 1964, p. 313. Ver também meu artigo sobre "Alain et Simone Weil face à Spinoza" (cf. *supra*, nº 140), assim como minha conferência pronunciada na Associação dos Amigos de Alain, "L'existence et l'esprit selon Alain", *Bulletin de l'Association des amis d'Alain*, nº 77, Le Vésinet, junho de 1994.

153. Alain, *Entretiens au bord de la mer*, Bibl. de la Pléiade, *Les passions et la sagesse*, pp. 1369-1370.

154. Ver o capítulo, com este título, de *La pesanteur et la grâce*.

155. Alain, *Préliminaires à la mythologie*, Bibl. de la Pléiade, *Les arts et les dieux*, pp. 1178-1179.

156. Ver Alain, *Entretiens au bord de la mer*, p. 1368; e *Les dieux*, p. 1352.

157. Ver p. ex. *Lettres et opuscules spirituels*, XXIII e XXIV (Bibl. de la Pléiade, t. 1, pp. 656 ss.), assim como, *supra*, nosso cap. 14.

158. *Op. cit.*, p. ex., pp. 73-80 do t. 1. Ver também, sobre a oposição a *erôs*, o quadro da p. 235 (assim como, no t. 3, as pp. 299 ss.).

159. *Id.*, t. 1, p. 74.

160. *Id.*, p. 75.

161. *Id.*, p. 77.

162. Ver p. ex. *L'amour et l'Occident*, VII, 4-5 (especialmente p. 262 da reed. 10-18).

163. Sobre esses três autores, e a crítica que a eles faz A. Nygren (numa perspectiva luterana), ver *Erôs et agapé*, t. 3, cap. II (sobre Agostinho) e IV (sobre Tomás de Aquino e Bernardo de Clairvaux), bem como a conclusão, pp. 312 ss., em que Nygren opõe a *caritas* católica (que daria "ao *erôs* helenístico um espaço maior do que à *agapé* do cristianismo primitivo") à concepção luterana do amor, a qual seria "inteiramente determinada pela *agapé* cristã" e na qual buscaríamos em vão "um só traço acentuado por *erôs*". Para uma apresentação mais positiva dos três doutores da Igreja, ver os três livros que lhes consagrou Étienne Gilson: *Introduction à l'étude de saint Augustin*, Vrin,

1982, *La théologie mystique de saint Bernard*, Vrin, 1986, *Le thomisme, Introduction à la philosophie de saint Thomas d'Aquin*, Vrin, 1979.

164. *Primeira epístola aos coríntios*, XIII, 5.

165. "O amor que praticamos na esperança vai por certo para Deus, mas retorna a nós [...] e, portanto, esse amor até mesmo é amor, mas amor de cobiça e interessado" (são Francisco de Sales, *Traité de l'amour de Dieu*, II, 17, Bibl. de la Pléiade, pp. 459-462).

166. Ver p. ex. Francisco de Sales, *op. cit.*, II, 22, p. 476: a caridade "é uma amizade e não um amor interessado, pois pela caridade amamos a Deus pelo amor a ele mesmo" (e não, como na esperança, pelos bens que dele esperamos: ver pp. 459-460). Ora, dizia também Francisco de Sales, "o soberano amor está unicamente na caridade; mas na esperança o amor é imperfeito" (p. 462). Apesar disso, podemos, segundo são Francisco de Sales, como segundo são Bernardo, passar de um ao outro: "Deus, por um progresso cheio de suavidade inefável, conduz a alma, que ele faz sair do Egito do pecado, de amor em amor, como de morada em morada, até fazê-la entrar na Terra de promissão, quero dizer, na santíssima caridade..." (p. 476).

167. Santo Tomás de Aquino, *Somme théologique*, IIa IIae, quest. 23, art. 1, p. 160 do t. 3 da Ed. du Cerf.

168. Pseudo-Platão, *Définitions*, 412 *e*, trad. Robin (Pléiade, t. 2, p. 1395). Ver também M. Conche, *Vivre et philosopher*, pp. 199-201.

169. De fato, parece (mas os textos conservados não permitem atestá-lo de maneira absoluta) que há em Epicuro uma vontade de universalização da amizade, que devia mudar um pouco sua natureza e aproximá-la da *philantropia*: ver a esse respeito G. Rodis-Lewis, *Epicure et son école*, Gallimard, "Idées", 1975, pp. 362 ss., assim como J. Salem, *Tel un dieu parmi les hommes, L'éthique d'Epicure*, Vrin, 1989, pp. 152-159.

170. Epicuro, *Sentences vaticanes*, 52.

171. *Éthique*, III, escólio da prop. 9.

172. *Ainsi parlait Zarathoustra*, I, "Des mil et un buts".

173. *La pesanteur et la grâce*, p. 42.

174. *Id.*, p. 43. Sobre tudo isso, ver também o belo livrinho de Gaston Kempfner (que é sem dúvida a melhor introdução ao pensamento de Simone Weil), *La philosophie mystique de Simone Weil*, La Colombe, Éd. du Vieux Colombier, 1960; ou, num registro mais universitário, a rica obra de Miklos Vetö, *La métaphysique religieuse de Simone Weil*, Vrin, 1971.

175. Como Freud explica, no que é, sem dúvida, seu maior texto: "Au-délà du principe de plaisir", *Essais de psychanalise*, trad. franc., Payot, 1981.

176. Simone Weil, *Attente de Dieu*, p. 216.

177. *La pesanteur et la grâce*, p. 70.

178. *Id.*, p. 69.

179. Ver, p. ex., *La pesanteur et la grâce*, pp. 29-30 ("Renoncement au temps"), em que Simone Weil está bem próxima do que chamei de desespero. Ver também *Attente de Dieu*, p. 71, e *Pensées sans ordre concernant l'amour de Dieu*, Gallimard, 1962, pp. 13-14.

180. *Attente de Dieu*, pp. 216-217.

181. *La pesanteur et la grâce*, p. 39.

182. *La pesanteur et la grâce*, p. 114.

183. *La pesanteur et la grâce*, pp. 112-113.

184. *La pesanteur et la grâce*, pp. 43-44.

185. *Attente de Dieu*, p. 125.

186. *Diligere* é o equivalente latino de *agapan*, assim como *amare* é o equivalente de *philein*. Daí a velha palavra *dilection* [dileção], que hoje caiu em desuso (mas que era freqüente até o século XVII, nos textos religiosos ou místicos), calcado, é claro, no latim *dilectio*, que às vezes serve na Vulgata para traduzir *agapé* (com menos freqüência, porém, que *caritas*, que aparece 90 vezes contra 24 para *dilectio*: ver o verbete "Charité" do *Dictionnaire de spiritualité*, t. 2, Beauchesne, 1953, pp. 508-510).

187. Ver Simone Weil, *Attente de Dieu*, p. 198: "A preferência por um ser humano é necessariamente outra coisa que não a caridade. A caridade é indiscriminada." Comparar com Alain, *Quatre-vingt-un chapitres sur l'esprit et les passions*, IV, 8. Bibl. de la Pléiade, *Les passions et la sagesse*, p. 1187.

188. *Dictionnaire de spiritualité*, verb. "Charité", p. 509, que cita aqui a célebre fórmula dos evangelhos segundo são Mateus (V, 44) e são Lucas (VI, 27), que é traduzida em francês como "Aimez vos ennemis" [Amai vossos inimigos].

189. Como observa também Jean Prat, art. citado, p. 510.

190. *Éthique à Nicomaque*, IX, 10, 1171 *a* 15-20 (trad. Tricot, p. 470).

191. *Traité des vertus*, II, 2, cap. 6 ("L'amour"), p. 171.

192. *Ibid.*

193. *Pensées*, 220-468, 271-545 e 597-455 (ed. Lafuma).

194. *La pesanteur et la grâce*, p. 68. Ver também Alain Vinson, "L'ordre de la charité chez Pascal, chez Péguy et chez Simone Weil", *Cahiers Simone Weil*, t. XIV, nº 3, setembro de 1991, pp. 234-254.

195. *Pensées*, 597-455.

196. Para retomar, em outro registro, uma bela fórmula de Jean-Louis Chrétien, *La voix nue*, p. 329.

197. *Epístola aos gálatas*, V, 14: "Um só preceito contém toda a lei em sua plenitude: *Amarás o teu próximo como a ti mesmo.*" Mesma idéia na *Epístola aos romanos*: "Pois quem ama ao outro cumpre assim a lei", pois todos os mandamentos se resumem "nesta palavra: *Amarás ao teu próximo como a ti mesmo.* A caridade não pratica o mal contra o próximo. A caridade é, portanto, a lei em sua plenitude" (XIII, 8-10). Para uma apresentação geral de são Paulo, ver o belo livrinho de Stanislas Breton, *Saint Paul*, PUF, col. "Philosophies", 1988. Sobre a *agapé* paulina, ver o livro já citado de Anders Nygren, t. 1, pp. 108-156. Recordemos enfim, de passagem, que Spinoza, que se pretendia fiel ao espírito de Cristo, reconheceu-se especialmente na mensagem paulina (que, é evidente, ele interpreta à sua maneira: na imanência, e por ela); ver a esse respeito o livro de Sylvain Zac, *Spinoza et l'interprétation de l'Écriture*, PUF, 1965, pp. 170-171.

198. São Paulo, *Primeira epístola aos coríntios*, XIII (é o chamado "hino à caridade"). *Caridade* traduz aqui (recordemos que cito as Escrituras a partir da *Bíblia de Jerusalém*, Cerf, 1973) o grego *agapé*, que outros tradutores (por exemplo L. Segond, na edição de Genebra, ou M. Carrez, em sua edição bilíngüe do Novo Testamento) traduzem por *amor*. Seríamos tentados a preferir esta última tradução, para escapar das contanimações pela esmola e pela condescendência que estão, para nós, ligadas a caridade, no sentido moderno da palavra, que se tornou quase pejorativo. Mas isso poderia fazer surgir outros contra-sensos, menos evidentes e por isso mais perigosos. Stanislas Breton, padre católico, observa (*op. cit.*, p. 115) que esse hino "aparece com freqüência na ementa das missas de casamento", em que se traduz de preferência *agapé*, imagino eu, por *amor*... Sem ser impossível, essa tradução é equívoca: ela sugere (sobretudo nesse contexto matrimonial!) que basta estar enamorado para viver em harmonia com a ética mais elevada, o que a experiência, é o mínimo que se pode dizer, não confirma de modo algum: não basta estar enamorado para viver de maneira cristã, assim como não basta ser cristão para permanecer enamorado... A tradução

por *caridade*, pela qual acabei me decidindo, embora também se preste a equívocos, pelas razões aludidas, o faz de maneira mais evidente, poderíamos dizer, e por isso menos perigosa. Ninguém confundirá esse amor desinteressado com aquilo que são Paulo "ridiculariza", como observa Stanislas Breton, ou de que, em todo caso, constata a inanidade, a saber, "o gesto de misericórdia esmoladora distribuindo aos que não têm as migalhas que às vezes caem da mesa dos poderosos" (S. Breton, *op. cit.*, p. 115). É o que se chama "fazer a caridade". Mas "fazer caridade, dizia-se em minha juventude, está para a caridade como fazer amor está para o amor": às vezes sua expressão, às vezes sua caricatura.

199. Ver os textos citados *supra*, nota 197.

200. Santo Agostinho, *Soliloques*, I, 7, e *Sermons*, 158, 9. Santo Tomás, *Somme théologique,* IIa IIae, quest. 18, art. 2 (t. 3, p. 125 da Ed. du Cerf).

201. *Somme théologique*, Ia IIae, quest. 65, art. 5 (t. 2, pp. 395-396). Inversamente, notará são Francisco de Sales, todo amor de esperança é sempre imperfeito: *Traité de l'amour de Dieu*, II, 17, Bibl. de la Pléiade, pp. 459-462.

202. Ver p. ex. *Fondements de la métaphysique des moeurs*, início da segunda seção (pp. 75-77 da trad. Delbos-Philonenko, Vrin, 1980), e *La religion dans les limites de la simple raison*, I, 3 (que, aliás, cita são Paulo), pp. 59-60 da trad. Gibelin, Vrin, 1972. Sobre o amor como ideal, ver também *Critique de la raison pratique*, "Des mobiles de la raison pure pratique", pp. 87-88 da trad. Picavet.

203. Christian Bobin, *La part manquante*, Gallimard, 1989, p. 24.

204. *Quatre-vingt-un chapitres sur l'esprit et les passions*, V, 4, Bibl. de la Pléiade, *Les passions et la sagesse*, p. 1199.

205. Sobre os dois tipos de riso, ver *supra*, nosso cap. 17, p. 279 e nº 7.

206. Ver *supra*, o fim de nosso capítulo 8.

207. Jankélévitch, *Traité des vertus*, II, 2, p. 168.

208. Ao contrário da amizade epicuriana: *Sentences vaticanes*, 23 e 39; ver também Diógenes Laércio, X, 120.

209. Para retomar, de outro ponto de vista, uma expressão de Spinoza (apoiando-se, aliás, na *Epístola aos romanos* de são Paulo, III, 28, e VII, 6 de nossas edições), *Traité théologico-politique*, cap. 4, p. 93 da ed. Appuhn, reed. G.-F., 1965.

210. *Cité de Dieu*, XV, 22 (trad. Saisset, Paris, Charpentier, 1855, t. 3, p. 175).

# Índice analítico

# Índice das obras citadas

*Actes du VII^e Congrès de l'Association Guillaume Budé*
*Bíblia sagrada*
*Bulletin de l'Association des amis d'Alain*, n.º 77
*Dictionnaire des difficultés de la langue française*, de V. Thomas, Larousse, Paris, 1956
*Dictionnaire de spiritualité ascétique et mystique* [Dicionário de espiritualidade ascética e mística], Beauchesne, Paris, 1990
*Dictionnaire historique de la langue française* [Dicionário histórico da língua francesa], Dictionnaires Le Robert, Paris, 1992
*Encyclopédie philosophique universelle* [Enciclopédia filosófica universal], PUF, Paris, 1990
*Vocabulaire de théologie biblique*, CERF, Paris, 1971

**Revistas**

*Autrement*, série "Morales", col. "Mutations"
*Cahiers Simone Weil*, t. X, n.º 3, setembro de 1987; t. XIV, n.º 3, setembro de 1991
*Foi et vie*, n.º 2, janeiro de 1928
*L'enseignement philosophique*, n.º 5, maio-junho de 1993
*Revue d'esthétique*, 1969, t. 22
*Revue de métaphysique et de morale*, 1975

**Autores e obras**

**Agostinho, santo**

*Commentaire de la première Epître de saint Jean* [Comentário da primeira epístola de são João]

*Confessions* [Confissões]

*La Cité de Dieu* [A cidade de Deus]

*Sermons* [Sermões]

*Soliloques* [Solilóquios]

**Alain**

*Cahiers de Lorient* [Cadernos de Lorient]

*Définitions* [Definições]

*Entretiens au bord de la mer* [Conversas à beira-mar]

*Les dieux* [Os deuses]

*Les sentiments familiaux* [Os sentimentos familiares]

*Préliminaires à la mythologie* [Preliminares à mitologia]

*Propos* [Considerações]

*Quatre-vingt-un chapitres sur l'esprit et les passions* [Oitenta e um capítulos sobre o espírito e as paixões]

**Allen, W.**

*Opus 1* e *2*

**Allendy, R.**

*L'amour* [O amor]

**Angelus Silesius**

*Le pèlerin chérubinique* [O peregrino querubínico]

**Antelme, R.**

*L'espèce humaine* [A espécie humana]

**Aragon, L.**

*Le roman inachevé* [O romance inacabado]

**Arendt, H.**

*Essai sur la révolution* [Ensaio sobre a revolução]

*Les origines du totalitarisme* [As origens do totalitarismo]

**Aristóteles**

*De anima* [Da alma]

*Éthique à Eudème* [Ética a Eudemo]

*Éthique à Nicomaque* [Ética a Nicômaco]

*Grande morale* [Grande moral]

*Métaphysique* [Metafísica]

*Poétique* [Poética]
*Politique* [Política]
*Rhétorique* [Retórica]

**Aubenque, P.**
*La prudence chez Aristote* [A prudência em Aristóteles]

**Aupetit, H. e Tobin, C.**
*L'amour déboussolé* [O amor desnorteado]

**Batiffol, H.**
*La philosophie du droit* [A filosofia do direito]

**Bayle**
*De la tolérance (Commentaire philosophique sur ces paroles de Jésus-Christ "Contrains-les d'entrer")* [Da tolerância (Comentário filosófico sobre as palavras de Jesus Cristo "Faze-os entrar")]

**Bentham**
*An introduction to the principles of morals and legislation* [Uma introdução aos princípios da moral e da legislação]

**Bergson**
*Les deux sources de la morale et de la religion* [As duas fontes da moral e da religião]

**Bernardo, são**
*De diligendo Deo*
*Traité de l'amour de Dieu* [Tratado do amor a Deus]

**Besnier, J.-M.**
*L'humanisme déchiré* [O humanismo dilacerado]

**Bloch, O (org.)**
*Spinoza au XX^e^ siècle* [Spinoza no século XX]

**Bobin, C.**
*Éloge du rien* [Elogio do nada]
*La part manquante* [A parte faltante]
*L'éloignement du monde* [O distanciamento do mundo]

**Bollack, J.**
*Epicure et son école* [Epicuro e sua escola]

**Bourel, D. e Le Rider, J. (org.)**
*De Sils-Maria à Jérusalem (Nietzsche et le judaïsme; les intelectuels juifs et Nietzsche)* [De Sils-Maria a Jerusalém (Nietzsche e o judaísmo; os intelectuais judeus e Nietzsche)]

**Breton, A.**
*L'amour fou* [O amor louco]

**Breton, S.**

*Saint Paul* [São Paulo]

**Bruaire, C.**

*L'être et l'esprit* [O ser e o espírito]

**Brugués OP, J.-L.**

*Dictionnaire de morale catholique* [Dicionário de moral católica]

**Camus, A.**

*L'homme révolté* [O homem revoltado]

*Le premier homme* [O primeiro homem]

**Carrive, P.**

*Bernard Mandeville*

**Cassirer, E.**

*La philosophie des Lumières* [A filosofia das Luzes]

**Chamfort**

*Maximes et pensées* [Máximas e pensamentos]

*Sur l'art dramatique* [Sobre a arte dramática]

**Chrétien, J.-L.**

*La voix nue* [A voz nua]

**Cícero**

*Des lois* [Das leis]

*République* [República]

*Tusculanes* [*Tusculanae Disputationes*, Discussões tusculanas]

**Colerus, J.**

*Vie de Spinoza* [Vida de Spinoza]

**Comte-Sponville, A.**

*L'amour la solitude* [O amor a solidão]

*Traité du désespoir et de la béatitude* [Tratado do desespero e da beatitude]: t. 1 *Le mythe d'Icare* [O mito de Ícaro]; t. 2 *Vivre* [Viver]

*Une éducation philosophique* [Uma educação filosófica]

*Valeur et vérité (Études cyniques)* [Valor e verdade (Estudos cínicos)]

**Conche, M.**

*Epicure, Lettres et maximes* [Epicuro, cartas e máximas]

*Le fondement de la morale* [O fundamento da moral]

*Montaigne et la philosophie* [Montaigne e a filosofia]

*Orientation philosophique* [Orientação filosófica]

*Vivre et philosopher* [Viver e filosofar]

**Condorcet**
*Esquisse d'un tableau historique des progrès de l'esprit humain* [Esboço de um panorama histórico dos progressos do espírito humano]
**Dalimier, C.**
*Les grands livres d'Éthique* [Os grandes livros de Ética]
**Derrida, J.**
*De la grammatologie* [Da gramatologia]
**Descartes**
*Discours de la méthode* [Discurso do método]
*Lettre à Morus* [Carta a Morus]
*Principes de la philosophie* [Princípios da filosofia]
*Traité des passions* [*Les passions de l'âme*, As paixões da alma]
**Diógenes Laércio**
*Vies et opinions des philosophes* [Vida e opiniões dos filósofos]
**Dostoiévski**
*Les frères Karamazov* [Os irmãos Karamazov]
*Le Grand Inquisiteur* [O grande inquisidor]
**Epicteto**
*Entretiens* [Conversações]
**Epicuro**
*Lettres et Maximes* [Epístolas e Máximas], editadas por M. Conche
*Sentences vaticanes* [Sentenças vaticanas]
**Escarpit, R.**
*L'humour* [O humor]
**Estobeu, J.** (Johannes Stobaios)
*Eklogai* [Éclogas]
**Fénelon**
*Lettres et opuscules spirituels* [Cartas e opúsculos espirituais]
**Ferry, L. e Renaut, A.**
*Pourquoi nous ne sommes pas nietzschéens* [Por que não somos nietzscheanos]
**Flacelière, R.**
*L'amour en Grèce* [O amor na Grécia]
**Foucault, M.**
*Histoire de la sexualité* [História da sexualidade]
**Fraisse, J.-C.**
*Philia, La notion d'amitié dans la philosophie antique* [Filia, a noção de amizade na filosofia antiga]

**Freud, S.**

*Essais de psychanalise* [Ensaios de psicanálise]

*Le mot d'esprit et ses rapports avec l'inconscient* [O chiste e suas relações com o inconsciente]

*Malaise dans la civilisation* [O mal-estar na civilização]

**Gide, A.**

*Les Nourritures terrestres* [Os alimentos terrestres]

**Gilson, E.**

*Introduction à l'étude de saint Augustin* [Introdução ao estudo de santo Agostinho]

*La théologie mystique de saint Bernard* [A teologia mística de são Bernardo]

*Le thomisme, Introduction à la philosophie de saint Thomas d'Aquin* [O tomismo, Introdução à filosofia de santo Tomás de Aquino]

*Saint Thomas moraliste* [Santo Tomás moralista]

**Goethe**

*Sentences en prose* [Sentenças em prosa]

**Guyot, Ch.**

*Diderot par lui-même* [Diderot por ele mesmo]

**Hadot, P.**

*La citadelle intérieure, Introduction aus Pensées de Marc Aurèle* [A cidadela interior, introdução aos Pensamentos de Marco Aurélio]

*Plotin ou la simplicité du regard* [Plotino ou a simplicidade do olhar]

**Haroche, M.-P.** (org.)

*L'âme et le corps* [A alma e o corpo]

**Hillesum, E.**

*Une vie bouleversée (Journal, 1941-1943)* [Uma vida transtornada (Diário, 1941-1943)]

**Hobbes**

*Léviathan* [O Leviatã]

**Hugo, V.**

*Les misérables* [Os miseráveis]

**Hume**

*Enquête sur les principes de la morale* [Investigação sobre os princípios da moral]

*Traité de la nature humaine* [Tratado da natureza humana]

**Jankélévitch, V.**
*L'Imprescriptible* [O imprescritível]
*L'ironie* [A ironia]
*Le Je-ne-sais-quoi et le Presque rien* [O não-sei-quê e o quase-nada]
*Le Pardon* [O perdão]
*Traité des vertus* [Tratado das virtudes]
**João Paulo II**
*Veritatis splendor* (*la splendeur de la vérité*) [O esplendor da verdade]
**Jonas, H.**
*Le principe de responsabilité* [O princípio de responsabilidade]
**Kant**
*Anthropologie du point de vue pragmatique* [Antropologia do ponto de vista pragmático]
*Critique de la raison pratique* [Crítica da razão prática]
*Critique de la raison pure* [Crítica da razão pura]
*Doctrine de la vertu* [Doutrina da virtude] (parte II dos *Fundamentos da metafísica dos costumes*)
*Doctrine du droit* [Doutrina do direito]
*La religion dans les limites de la simple raison* [A religião nos limites da simples razão]
*Réflexions sur l'éducation* [Reflexões sobre a educação]
*Sur un prétendu droit de mentir par humanité* [Sobre um pretenso direito de mentir por humanidade]
*Théorie et pratique* [Teoria e prática]; *Fondements de la métaphysique des moeurs* [Fundamentos da metafísica dos costumes]
**Kempfner, G.**
*La philosophie mystique de Simone Weil* [A filosofia mística de Simone Weil]
**Kieerkegaard, S.**
*Lettre à un jeune poète* [Carta a um jovem poeta]
*Post-scriptum définitif et non scientifique aux Miettes philosophiques* [Post-scriptum definitivo e não-científico aos Fragmentos filosóficos]
**La Bruyère**
*Les Caractères* [Os caracteres]
**La Rochefoucauld**
*Réflexions ou Sentences et Maximes morales* [Reflexões ou Sentenças e máximas morais]

**Lacan, J.**
*Le transfert (Séminaire, VIII)* [A transferência (Seminário, VIII)]
**Lalande, A.**
*Vocabulaire technique et critique de la philosophie* [Vocabulário técnico e crítico da filosofia]
**Leibniz**
*Discours de métaphysique* [Discurso de metafísica]
*Monadologie* [Monadologia]
**Levi, P.**
*Si c'est un homme* [Se é um homem]
**Lévi-Strauss, C.**
*Anthropologie structurale deux* [Antropologia estrutural II]
*Histoire de lynx* [História de lince]
*Le regard éloigné* [O olhar distante]
*Les structures élémentaires de la parenté* [As estruturas elementares do parentesco]
*Tristes tropiques* [Tristes trópicos]
**Locke**
*Lettre sur la tolérance* [Carta sobre a tolerância]
**Lucrécio**
*De rerum natura* [Da natureza das coisas]
**Marco Aurélio**
*Pensées* [Pensamentos]
**Matheron, A.**
*Anthropologie et politique au XVIe siècle (Études sur Spinoza)* [Antropologia e política no século XVII (Estudos sobre Spinoza)]
*Individu et communauté chez Spinoza* [Indivíduo e comunidade em Spinoza]
*Le Christ et le salut des ignorants chez Spinoza* [Cristo e a salvação dos ignorantes em Spinoza]
**Mijolla, A. de**
*Les mots de Freud* [As palavras de Freud]
**Misrahi, R.**
*La conscience juive face à l'Histoire: le Pardon* [A consciência judaica diante da história: o perdão]
**Montaigne**
*Apologie de Raymond Sebond* [Apologia de Raymond Sebond]
*Essais* [Ensaios]

*Les passions et la sagesse* [As paixões e a sabedoria]

**Montesquieu**

*L'esprit des lois* [O espírito das leis]

**Negri, A.**

*L'anomalie sauvage, Puissance et pouvoir chez Spinoza* [A anomalia selvagem, Potência e poder em Spinoza]

**Nietzsche**

*Ainsi parlait Zarathoustra* [Assim falou Zaratustra]
*Considérations intempestives* [Considerações inatuais]
*L'Antéchrist* [O Anticristo]
*La généalogie de la morale* [A genealogia da moral]
*La volonté de puissance* [A vontade de poder]
*Le crépuscule des idoles* [O crepúsculo dos deuses]
*Par-delà le bien et le mal* [Além do bem e do mal]

**Nygren, A.**

*Erôs et agapé* [Eros e agapé]

**Pascal**

*Pensées* [Pensamentos]

**Perrin, M. (org.)**

*Le Pardon* [O perdão]

**Pirandello, L.**

*L'humour et autres essais* [O humor e outros ensaios]

**Platão**

*Le Banquet* [O banquete]
*Lois* [Leis]
*Lysis* [Lísis]
*Ménon* [Mênon]
*Phédon* [Fédon]
*Phèdre* [Fedro]
*Protagoras* [Protágoras]
*République* [República]
*Timée* [Timeu]

**Plotino**

*Ennéades* [Enéades]

**Plutarco**

*Contre Epicure* [Contra Epicuro]

**Popper, K.**

*Conjectures et réfutations* [Confutações e refutações]

*La logique de la découverte scientifique* [A lógica da descoberta científica]
*La quête inachevée* [A busca inacabada]
*La société ouverte et ses ennemis* [A sociedade aberta e seus inimigos]

**Potdevin, G.**
*La justice* [A justiça]

**Prajnânpad, S.**
*L'art de voir* [A arte de ver]
*Les yeux ouverts* [Os olhos abertos]

**Prakash, S.**
*L'expérience de l'unité* [A experiência da unidade]

**Proust, M.**
*À la recherche du temps perdu* [Em busca do tempo perdido]

**Pseudo-Platão**
*Définitions* [Definições]

**Rahula, W.**
*L'enseignement du Bouddha* [O ensinamento do Buda]

**Rawls, J.**
*Théorie de la justice* [Teoria da justiça]

**Robin, L.**
*Commentaire du De rerum natura* [Comentário ao *De rerum natura*]
*La théorie platonicienne de l'amour* [A teoria platônica do amor]

**Rodis-Lewis, G.**
*La morale stoïcienne* [A moral estóica]
*Epicure et son école* [Epicuro e sua escola]

**Romilly, J. de**
*La douceur dans la pensée grecque* [A doçura no pensamento grego]

**Rosset, C.**
*Le philosophe et les sortilèges* [O filósofo e os sortilégios]
*Le principe de cruauté* [O princípio de crueldade]
*Le réel et son double* [O real e seu duplo]

**Rougemont, D. de**
*L'amour et l'Occident* [O amor e o Ocidente]
*Les mythes de l'amour* [Os mitos do amor]

**Roumanoff, D.**
*Svâmi Prajnânpad*

**Rousseau, J.-J**

*Discours sur l'origine et les fondements de l'inégalité parmi les hommes* [Discurso sobre a origem e os fundamentos da desigualdade entre os homens]

*Du contrat social* [Do contrato social]

*L'Emile* [Emílio]

**Salem, J.**

*Tel un dieu parmi les hommes, L'éthique d'Epicure* [Como um deus entre os homens, A ética de Epicuro]

**Sales, são Francisco de**

*Traité de l'amour de Dieu* [Tratado do amor a Deus]

**Sartre, J.-P.**

*L'être et le néant* [O ser e o nada]

**Scheler, M.**

*Nature et formes de la sympathie* [Natureza e formas da simpatia]

**Schopenhauer**

*Le fondement de la morale* [O fundamento da moral]

*Le monde comme volonté et comme représentation* [O mundo como vontade e representação]

**Sêneca**

*Lettres à Lucilius* [Cartas a Lucílio]

**Sève, B.**

*La question philosophique de l'existence de Dieu* [A questão filosófica da existência de Deus]

**Silburn, L.**

*Le bouddhisme* [O budismo]

**Spinoza**

*Court traité de Dieu, de l'homme et de sa béatitude* [Curto tratado de Deus, do homem e de sua beatitude]

*Éthique* [Ética]

*Lettres* [Cartas]

*Traité de la réforme de l'entendement* [Tratado da reforma do entendimento]

*Traité politique* [Tratado político]

*Traité théologico-politique* [Tratado teológico-político]

**Stendhal**

*De l'amour* [Do amor]

**Stuart Mill, J.**
*L'utilitarisme* [O utilitarismo]
**Todorov, T.**
*Face à l'extrême* [Em face do extremo]
**Tomás de Aquino, santo**
*Somme théologique* [Suma teológica]
**Van Parijs, Ph.**
*Qu'est-ce qu'une société juste?* [O que é uma sociedade justa?]
**Vários**
*Paroles d'amour* [Palavras de amor]
**Vauvenargues**
*Introduction à la connaissance de l'esprit humain* [Introdução ao conhecimento do espírito humano]
**Vetö, M.**
*La métaphysique religieuse de Simone Weil* [A metafísica religiosa de Simone Weil]
**Voelke, A.-J.**
*Les rapports avec autrui dans la philosophie grecque d'Aristote à Panétius* [As relações com o outro na filosofia grega de Aristóteles a Panécio]
**Voltaire**
*Dictionnaire philosophique* [Dicionário filosófico]
*Rome sauvée, ou Catilina* [Roma salva, ou Catilina]
*Traité sur la tolérance* [Tratado sobre a tolerância]
**Weber, M.**
*Le savant et le politique* [com esse título, foram reunidos dois pequenos escritos: *Ciência como vocação* e *Política como vocação*]
**Weil, S.**
*Attente de Dieu* [Espera de Deus]
*La connaissance surnaturelle* [O conhecimento sobrenatural]
*La pesanteur et la grâce* [A gravidade e a graça]
*Pensées sans ordre concernant l'amour de Dieu* [Pensamentos desordenados acerca do amor a Deus]
**Wetzel, M.**
*Sartre, La mauvaise foi* [Sartre, A má-fé]
**Zac, S.**
*La morale de Spinoza* [A moral de Spinoza]
*Spinoza et l'interprétation de l'Écriture* [Spinoza e a interpretação da Escritura]

Este livro foi composto na fonte ITC Garamond e impresso
pela gráfica PRINTI, em papel Lux Cream 60g/m², para a
Editora WMF Martins Fontes, em outubro de 2024.